毒梟烏托邦

解密逃出中情局掌握的亞洲販毒集團

◆ ◆ ◆ ◆ ◆ ◆

NARCOTOPIA

In Search of the Asian Drug Cartel That Survived the CIA

甘迺迪新聞獎得主
Patrick Winn
派屈克．溫——著
林玉菁——譯

明白

致　世上所有高地人

目錄

第一部

第二部

第三部

第四部

作者的話

我們所聽到過有關查緝毒品的敘述，多半是從「執法者視角」出發，這是有原因的。那些向記者侃侃描述驚險破案過程的美國緝毒局（Drug Enforcement Administration, DEA）幹員，不僅吹噓自己化身為毒品案件裡的英雄，還可以順勢為緝毒局爭取到更多的預算。

對照之下，毒品走私者就沒大肆張揚的動機了。在這個行業裡，多嘴只會招致禍端，若非入獄，就是更慘的下場。因此，多數毒品戰爭故事聽起來都大同小異——英勇的探員對上邪惡的吸毒者、毒販或販毒集團老大。

在這類千篇一律的敘事體裁裡，故事都只講了一半。

本書既不循舊套路，不預設緝毒局幹員身懷美德，或販毒者生性殘忍，也不刻意反向操作。我大量引用了金三角地區犯罪者的親身敘述，他們之中有些人甚至是冒著丟掉腦袋的危險跟我說話。這些人很少留下縝密的紀錄或小本本，單單就是憑藉著他們的記憶來述說，因此，我必須盡可能透過其他人的證言，交叉印證這些口述歷史；不過在某些情況下，我也只能呈現他們所告訴我的回憶。

我利用警方的紀錄與一些佤族（Wa）儀式的人類學研究，重建了部分場景。美國中央情報局（Central Intelligence Agency, CIA）與緝毒局的官方文件至關重要，有的文件已經解密，有些則是我以「創意」手段取得。為了讓敘述邏輯更加清晰，有時我會合併多次對話，或調整事實揭露的順序。書中多數名字是真名，不過我也隱匿了幾個身分，防止他們遭到黑幫或政府幹員的報復。

以下是我的警告：本書讓鮮少有人聽聞過的觀點浮現出來，而且這些罕見的敘事角度幾乎不曾在其他地方出現過。我想要呈現一個更全面、更真實，而且不流於單調的故事。書中的人物為了榮譽與權力而拚鬥，他們相信自己比敵手更為正義，善與惡只主觀存在於他們的腦袋裡。

最後一點是關於「金三角」（Golden Triangle）這個詞，它其實並沒有正式的定義。我使用「金三角」一詞來描述東南亞的毒品生產中心：它主要位於緬甸境內，並跨入中國、寮國與泰國邊界的多山區域。我們可以稱呼此地為一處「毒梟烏托邦」（Narcotopia）：在這裡，毒品是形塑地方商業、政治與日常生活的關鍵力量。金三角支撐起整個以海洛因與冰毒為主體的地區經濟；根據聯合國的說法，這個毒品經濟體可能超越全緬甸的國內生產毛額。1

毒梟烏托邦中的團體與個人

✲團體

佤邦（Wa State）

人口：六十萬人

面積：約一萬兩千平方英哩

統治方式：專制

由佤邦聯合軍（United Wa State Army，簡稱 UWSA）統治，分成兩處不相鄰的領土——北佤（核心地帶）與南佤，兩者都位於緬甸境內，緬甸當局卻無管轄權。佤邦並不向國際社會尋求正式獨立地位；然而就各方面來說，事實上它都是以主權國家的形式在運作。

緬甸（Burma，官方名稱為 Myanmar）

人口：五千四百萬人

面積：二十六萬一千平方英哩

統治方式：軍事獨裁

一九四八年獨立的前英國殖民地。從一九六二年開始，由孤立主義的軍事政權控制。這個軍政府既怕中國，也怕美國——還怕自己的人民，尤其是山區的少數民族。緬人（Burmese）是主要族群，占總人口的三分之二，主要居住在低地地區。然而緬甸的邊境山區不在政府的控制之內，是由當地武裝團體統治。而佤族是其中最強大的一支。

撣國（Shanland，現已不存）

巔峰時期人口：三至四百萬人
巔峰時期面積：約五千平方英哩
統治方式：個人崇拜威權統治

一九七六至一九九六年間存在的流氓國家，控制著泰緬邊境上一些塊狀領土，由世界級的海洛因走私者坤沙（Khun Sa）所領導。他自稱為撣族的自由鬥士，撣族是緬甸少數族群中人數最多的一支，也是傣族近親。撣國為美國緝毒局與中情局的目標。

泰國

人口：七千兩百萬
面積：十九萬八千平方英哩
統治方式：軍隊主導的準民主政體

自冷戰以來，泰國是美國的主要盟友，當時與今日都為中情局及緝毒局提供行動基地。緬甸內陸山區生產的毒品往南方流入泰國，進入全球市場，泰緬邊境是世上最繁忙的毒品走私地帶之一。今日邊境的大部分地區都由佤邦聯合軍控制。

中國

人口：十四億

面積：三百七十萬平方英哩

統治方式：共產主義（一黨專政）

中國為美國的競爭對手，力爭東南亞的主導權。一九四九年以來由中國共產黨統治，該黨對自己的人民實施嚴格的禁毒法。然而，中國並不排斥跟毒品走私者勾結。北京根據一項協議支持佤邦聯合軍：佤族只能向其他國家販毒，不許將毒品賣到中國。

緬甸共產黨（Communist Party of Burma，相關團體，現已不存）

中國共產黨的代理人，現已解散。這個武裝團體由緬族的毛澤東主義者領導，希望征服全緬甸，卻失敗。它只成功地在一九六〇年代末至一九八〇年代末，占領佤族的核心地帶。

美國

人口：三億三千兩百萬人

面積：三百八十萬平方英哩

統治方式：民主制度、帝國

爭取全球霸權，並與中國競逐對東南亞的影響力。美國與泰國是關係密切的盟友，對抗緬甸的孤立主義獨裁政權，後者拒絕選邊站。美國也希望佤邦聯合軍的垮台。從歷史來看，美國透過緝毒局與中情局這兩個機構，對東南亞毒品貿易發揮影響力。

美國緝毒局（DEA）

與海外警方、軍隊合作，扣押毒品並逮捕外國毒品走私者。

美國中央情報局（CIA）

透過收集情報及進行破壞等祕密手段，維護美國的霸權。願意與犯罪組織合謀，包含毒品走私者在內。

流亡者（The Exiles，相關團體，現已不存）

曾是亞洲最大的鴉片走私集團。一九六〇至一九八〇年代間，根植於泰緬邊境。受到中情局庇護而免遭起訴。流亡者集團協助美國與台灣間諜在緬中邊境進行間諜活動，這些行動有時也運用佤族軍閥作為線人。①

軍閥聯盟（The League of Warlords，相關組織，現已解散）

存在於一九六〇年代末至一九七〇年代初的短命佤族軍閥聯盟，會將鴉片賣給流亡者組織。部分成員協助中情局對抗中國的行動。這個組織由四名軍閥領導：掃羅、沙赫（Shah）、麻哈散（Mahasang）與造物者（Master of Creation）。

✲個人

掃羅（Saw Lu，佤族）

一九四四年生於中緬邊境，在美國浸信會傳教士的教派中長大。年輕時是反共軍閥，後來成為佤邦聯合軍的高級領袖，也是緝毒局的線人。

雅各（Jacob，佤族）

掃羅的女婿，信仰虔誠，娶了掃羅的女兒葛蕾絲。生於一九七〇年代末期。

來（Lai，佤族）

一九四〇年左右生於佤邦高地，全名為趙尼來（Zhao Nyi Lai）。年輕時是毛派游擊隊員，後來放棄這種意識形態，轉而支持佤族民族主義。他是佤邦的創建者。

鮑（Bao，佤族）

目前的佤邦領導人。一九四九年生於佤邦高地，全名是鮑有祥（Bao Youxiang）。曾是緬共游擊隊指揮官，後轉為支持佤族民族主義。

魏學剛（Wei Xuegang，佤族－華裔）

到目前為止，二十一世紀最成功的毒梟。一九四〇年代中期生於佤族山區。曾是坤沙的徒弟，自一九八九年起就掌握了佤邦聯合軍的財務大權。

坤沙（Khun Sa，撣族－華裔）

二十世紀後期最強大的亞洲毒梟。一九三四年生於緬甸撣邦山麓，原名張奇夫（Zhang Qifu）。撣國的創建者，也是魏學剛的前導師。

譯註①：此處譯名採作者使用名稱，「流亡者」係指中文讀者所熟悉的「泰緬孤軍」。

李文煥將軍（Gen. Lee Wen-huan，華人）

一九一七年生於中國雲南省近緬甸邊境，為鴉片商人家族後裔。他是堅定的反共主義者，一九四九年毛澤東接管中國後逃至緬甸。李文煥將軍是流亡者組織的創始人，受中情局與泰國軍方保護。②

安傑羅・薩拉迪諾（Angelo Saladino，美國人）

一九八九至一九九二年間為緝毒局駐緬甸的主要幹員，先前曾派駐泰國清邁。

瑞克・霍恩（Rick Horn，美國人）

一九九二年至一九九三年緝毒局駐緬甸的主責幹員。

約翰・惠倫（John Whalen，美國人）

在職時間最長的緝毒局駐緬甸幹員。一九九七年上任，二〇一四年退休。

富蘭克林・「潘喬」・哈德爾（Franklin "Pancho" Huddle，美國人）

一九九〇至一九九四年間為美國國務院駐緬甸最高層級官員（臨時代辦）。在美國使館內督導相互對立的緝毒局與中情局。

比爾．楊（Bill Young，美國人）

駐清邁的緝毒局幹員。這位對特務機構不滿的前中情局幹員，是被稱為「人間之神」的傳奇浸信會傳教士威廉．馬庫斯．楊（William Marcus Young）的孫子。

譯註②：李文煥爲中華民國陸軍少將，一般尊稱爲「石公」。生於中國雲南省鎮康，非正統軍人出身，國共內戰時期因家鄉盜匪肆虐，受命組織鄉勇維護治安。當時雲南省主席盧漢倒戈投向中共後，李文煥率領家鄉子弟兵出走緬甸，投奔李彌的雲南反共救國軍。李彌因爭取美援，遭到中共及聯合國向泰緬政府施壓干預，一九五四年率部撤往台灣，剩餘孤軍則由李文煥、段希文兩位軍長改編成第三軍及第五軍，稱爲「泰緬孤軍」。李文煥爲換取孤軍軍民居留泰國的權利，率領孤軍爲泰國政府對抗泰國共產黨。李文煥死後葬於泰北熱水塘新村的石公墓園，終生未撤往台灣或返回雲南家鄉。

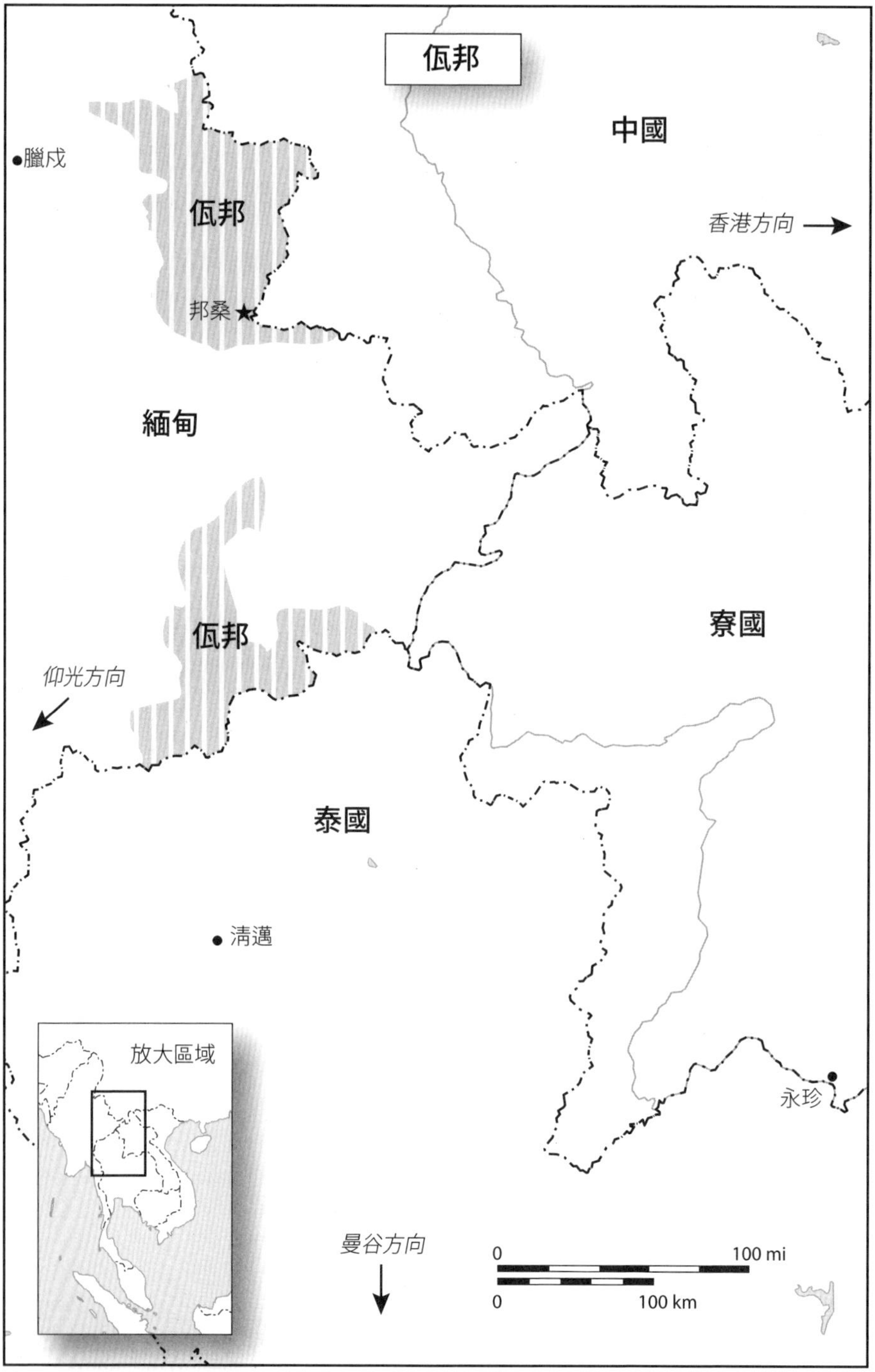
佤邦
中國
臘戌
佤邦
香港方向
邦桑
緬甸
寮國
佤邦
仰光方向
泰國
清邁
放大區域
永珍
曼谷方向
0
100 mi
0
100 km

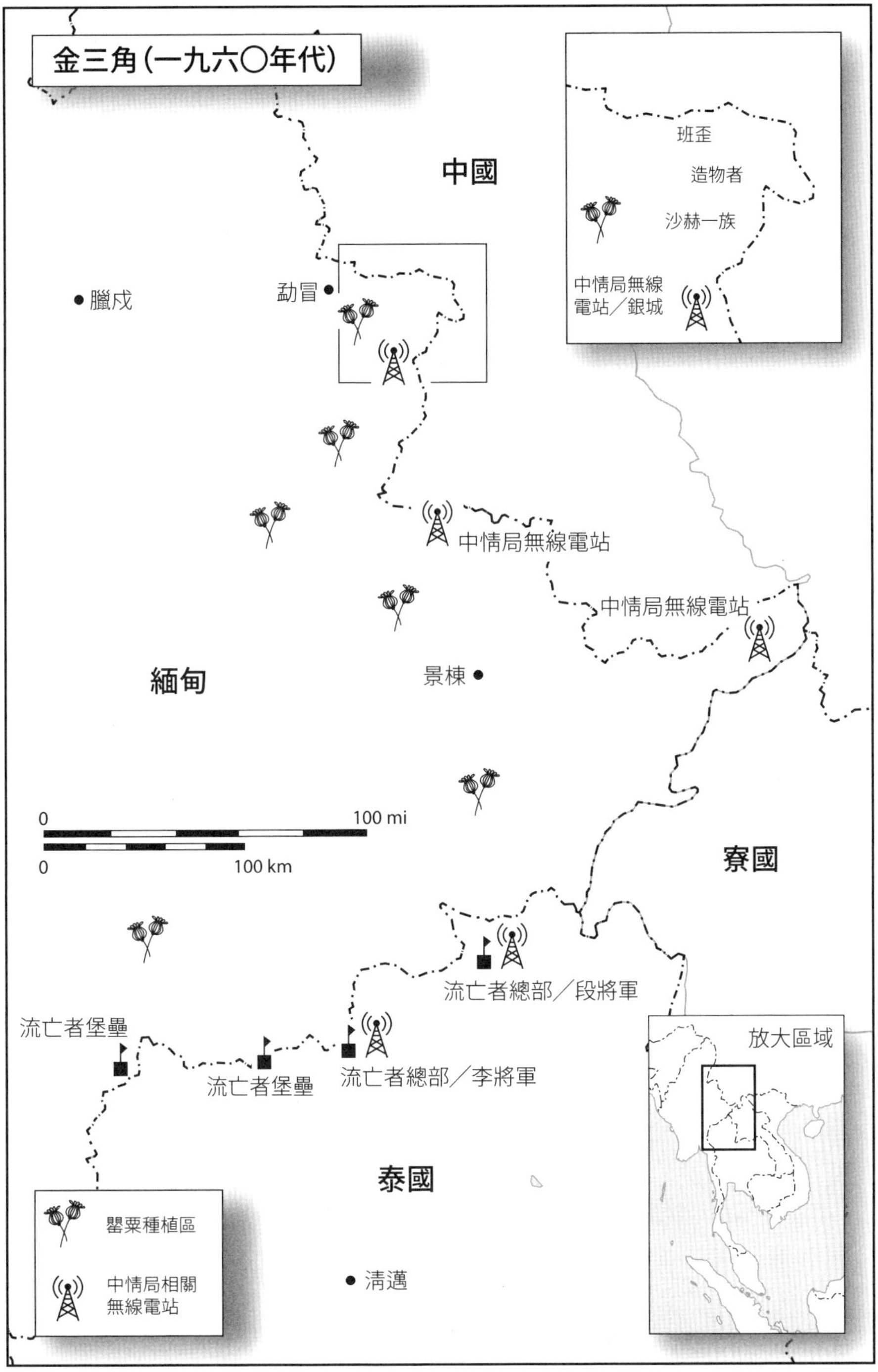
金三角（一九六〇年代）
中國
班歪
造物者
沙赫一族
中情局無線
電站／銀城
勐冒
臘戍
中情局無線電站
中情局無線電站
緬甸
景棟
0
100 mi
0
100 km
寮國
流亡者總部／段將軍
流亡者堡壘
流亡者堡壘
流亡者總部／李將軍
放大區域
泰國
罌粟種植區
中情局相關
無線電站
清邁

金三角
（一九八〇年代）
放大區域
中國
臘戍
坤沙出生地
（萊莫）
邦桑
緬甸
景棟
寮國
撣國初期總部
（一九七六至一九八二）
流亡者總部／李將軍
撣國最後總部
（一九八二至一九九六）
泰國
0
100 mi
0
100 km
清邁
控制區域
撣國
緬甸共產黨
佤民族軍

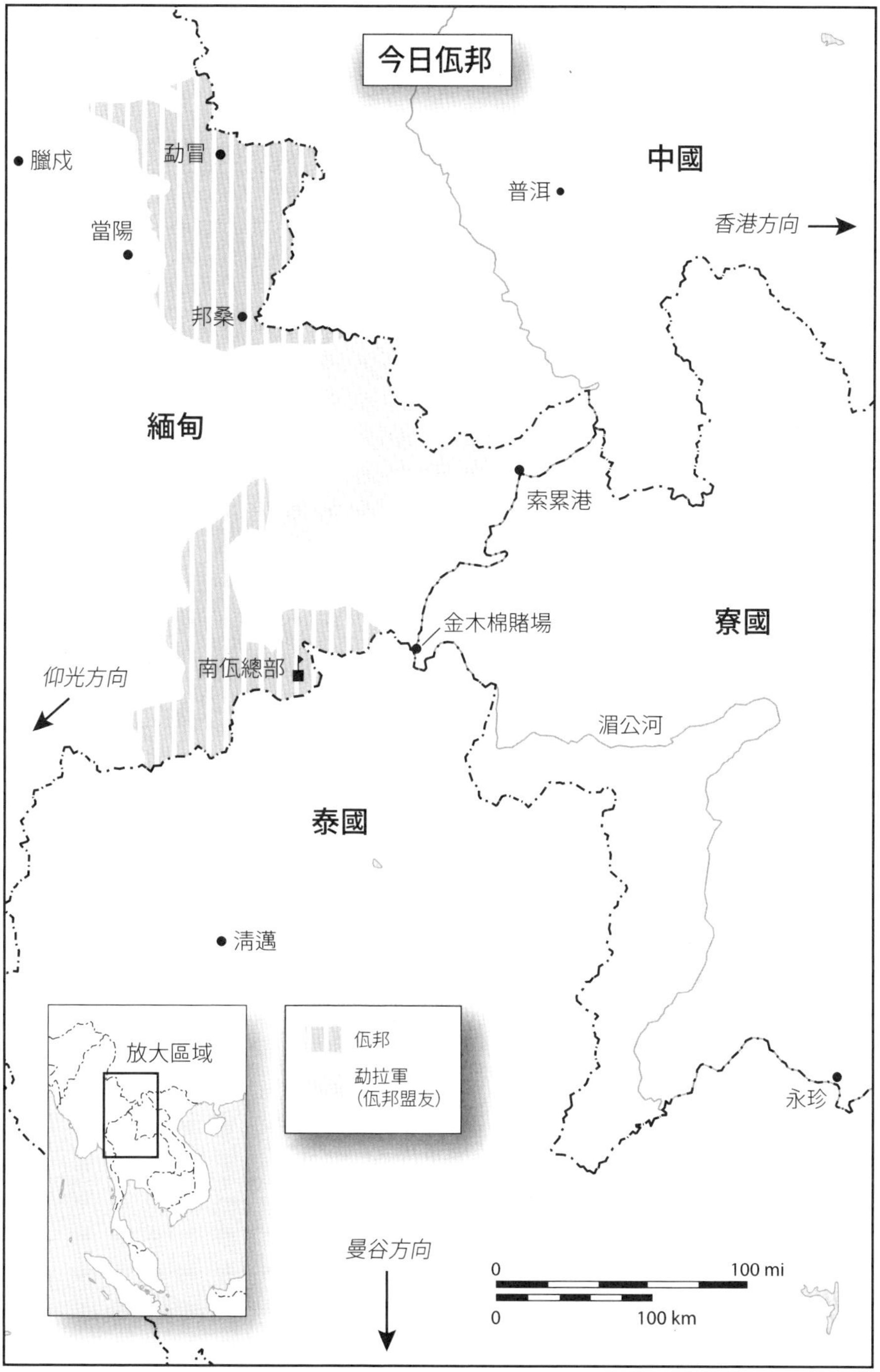
今日佤邦
臘戌
勐冒
當陽
邦桑
中國
普洱
香港方向
緬甸
索累港
金木棉賭場
寮國
南佤總部
仰光方向
湄公河
泰國
清邁
放大區域
佤邦
勐拉軍
(佤邦盟友)
永珍
曼谷方向
0
100 mi
0
100 km

前言

佤族是亞洲乃至全世界最受到醜化的族群之一，幾個世紀以來一直都是如此。對英帝國來說，佤族人既「骯髒」且「毫無疑問的野蠻」。在此之前，中國清朝也將他們視為「蠻夷中最頑固者」。1

就連十六世紀的探險家瓦斯科．達伽馬（Vasco da Gama）也誹謗過佤族，儘管他從未曾涉足佤族的家園：那片分隔緬甸與中國的崎嶇山脈。不過是聽到有關這個部落的傳聞，就將之永遠鐫刻在詩歌之中：2

殘酷的饑餓中，他們吞食人肉。
以熱鐵烙上自己的身軀——行徑鄙陋！

但他錯了。佤族並非食人族，而是獵頭者，他們在儀式上將敵人的頭顱插在槍尖上。就像蘇格蘭氏族跟法國革命者一樣，他們這麼做是有理由的。

從中世紀一直到二十一世紀，佤族持續遭到貶低，即使他們早在好幾代人之前，就已經停止獵頭活動。最後一枚被砍下的頭顱，大約是在披頭四狂熱到迪斯可流行之間的某個時間點，然而汙名流傳至今。今日，他們被貼上的是「毒品部落」的標籤。幾乎所有關於佤族的文字，都是將他們描繪成不斷產出非法毒品的兇惡山民。

很少有文化跟單一商品之間有如此緊密的連結。美國的阿米許人（Amish）①製作家具、瑞士人打造手表，佤族人則製造冰毒（meth）。在冰毒流行之前，他們曾大量生產海洛因。佤族居住的土地苦寒，不適合種植蔬菜，卻是種植海洛因原料——鴉片罌粟的理想之地。

就像車臣或美國奧薩克（Ozarks）山區②的山民一樣，佤族也喜歡照自己的方式行事。一個名為「佤邦聯合軍（UWSA）」的部落，威權控制著他們的原生土地，儘管這裡的每一寸土地都位於緬甸境內，但佤邦聯合軍自行制定法律，保衛自己的祖國，修建道路，徵收稅款，甚至還發放駕照。從各方面來說，它就是個政府。然而，對於最近將矛頭指向佤族的帝國——美國——來說，佤邦聯合軍只是一群「首腦」跟「毒梟」組成的幫派，掌控著「危險的犯罪集團」。但即使這樣，又對誰造成危害呢？據說是對美國人。對那些從未聽過佤族的美國人來說，這種說法不免讓他們感到訝異；事實上，幾乎所有的美國人都沒有聽過佤族。然而美國緝毒局堅稱，

譯註①：分布於美國賓州與印第安那州的特定民族宗教社群，由十七世紀出自瑞士與法國阿爾薩斯省的重浸派基督教移民組成，以簡樸服飾、自給自足的簡樸生活、基督和平主義及拒絕現代科技為特色。

譯註②：車臣位於高加索山區。奧薩克山區位於美國密蘇里、阿肯薩斯、奧克拉荷馬與堪薩斯州之間，此地居民傳統上以漁獵、畜牧、林業及礦業為生，擁有獨特的文化、建築與方言。

佤族造成「美國境內的犯罪、暴力以及可怕的社會危害」。

非法毒品確實是佤邦聯合軍的主要收入來源之一。多年來，佤族土地上生產的大量毒品流入黑市，毒品走私者將它們偷偷運上美國海岸。因此，美國緝毒局將佤邦聯合軍視為首要打擊標的。美國的明確目標就是要「破壞瓦解」整個佤族統治體系。

問題就在這裡。佤邦聯合軍不是什麼叢林黑幫，它經營運作的是一個稱為佤邦，擁有超過五十萬人口，一個真的不能再真的國家。它有自己的學校、電網、國歌與國旗。雖然它因為未獲得聯合國的認可，幾乎所有世界地圖上都未標示出它的領土，但是這片領土的面積超過一萬兩千平方英哩呢。佤邦控制的土地面積，幾乎跟荷蘭一樣大。

指揮著三萬名士兵以及兩萬名後備軍人的佤邦軍隊，比瑞典或肯亞的軍隊規模還大。佤族擁有高科技武器：大炮、無人機與足以擊落飛機的導彈。佤邦聯合軍火力之強大，讓墨西哥毒梟與其相比簡直像一群街頭混混。佤族儲備強大火力的武器是有原因的，他們擔心的不只是美國。佤族是中國邊境上的原住民，就像藏人跟維吾爾人一樣，少數民族在中國政府的統治下吃足了苦頭，中國鉅細靡遺地控制著他們的一舉一動。佤族也面臨著相同的威脅。

你或許會好奇，為什麼有「自由西藏（Free Tibet）」運動，卻沒有佤族解放運動呢？因為佤族早已經解放了自己。然而從西方人的眼光來看，他們卻選了一條錯誤的道路：透過生產非法毒品，將利潤用來購買武器，對抗任何膽敢奪取他們土地的外來者。

這是無法閃躲的事實。就像海地立國於蔗糖，沙烏地阿拉伯奠基在石油之上，佤邦則是藉由海洛因跟甲基安非他命（methamphetamine，冰毒為其俗名）而安身立命。佤邦聯合軍位於東南亞毒品貿易的核心，光是冰毒一項的年產值就高達六百億美元。[3] 多數「真正」國家的經濟產值甚至遠不及這個數字。

佤族領袖確實主宰著一個毒品國家；然而抓捕他們、扔進美國監獄，將會清空一個外國政府的行政機構。換句話說，這將造成政權更迭。本書寫作是出於一個簡單的信念：當一個超級強權試圖破壞另一個文明，並將其人民貶為世界舞臺上的賤民時，我們得找出居於劣勢一方的故事。這是我多年來持續努力的目標。

我是一名美國記者，在曼谷生活、工作超過十五年。在美國國家公共廣播電台（National Public Radio）的國際新聞報導節目《世界》（*The World*）的日常工作中，我可能報導的新聞內容從流行音樂團體到暴動都有。但我也兼任毒品新聞的記者，專門報導毒品跟組織犯罪相關的新聞。我的第一本書——《你好，陰影之地》（*Hello, Shadowlands*）——的寫作前提認為，犯罪者往往是理性行為人，而不盡然單純是心狠手辣的妖魔鬼怪。這本短篇合輯說的是東南亞走私客跟叛亂者的真實故事。你可能以為本書會提供更多佤邦聯合軍的事蹟，但我知道的也就那麼多。跟達伽馬一樣，我也是透過二手故事接觸到佤族。

自從得知佤邦存在的那一刻起，我就對這個藏在光天化日之下的禁忌共和國深深著迷。我是在美國阿帕拉契山腳下的工業小鎮長大，對山民有種特殊情感，我一直認為佤族並不像他們的名聲那般險惡。然而要進入佤邦相當困難、極為困難、遠比前往北韓或南極更困難。這裡有美國人面臨的最高入國門檻，因為佤邦聯合軍認定所有美國公民都是潛在間諜。想面見佤邦聯合軍領袖更是難上加難，因為他們有許多人遭到美國緝毒局通緝。但我仍然決心去面見亞洲毒品貿易中所謂的「超級反派」，進一步了解他們的世界觀。

本書就是此行的成果。這是一支原住民族利用毒品力量，傳奇性地創建前所未有的國家。這個故事不僅是鮮為人知的部落群體之掙扎，還有更多利益牽涉其中。好萊塢影視跟有線新聞網讓我們以為反毒戰爭只發生在美洲，而且媒體已經榨乾了所有拉美毒梟的相關細節。同時間，亞洲的地下世界卻無人聞問。它被視為邊緣地帶的獵奇現象，跟美國種種皆無關係。

這是個危險的謊言。

當我開始窺探佤邦聯合軍的內部運作時，並不指望會發現溫馨甜美的景象，但我發現的卻遠比想像中還要奇詭。事實證明，這支毒品軍隊的起源故事裡，到處都是美國染指的痕跡。中情局不僅創造了佤邦聯合軍崛起的條件，他們的重要領袖之一更曾是美國緝毒局的線人。

美國政府告訴我們，佤邦聯合軍是「為了利益毒害我們社會」的怪獸，但它也是在美國特勤幹員的惡意與無能之中祕密培養出來的野獸。

每個帝國都需要野蠻人。

超級巨星

他們稱他為超級巨星。

前美國緝毒局的上線談及此人時，仍語帶敬重，此舉頗不尋常，因為機密線人很少獲得讚揚。線人靠出賣同伴避免牢獄之災，有些線人出賣他人換取現金，其他人則幫助警方逮捕他們地下世界的競爭對手。在美國緝毒局幹員眼裡，多數線人是謊話連篇的逃避者，他們只相信自己。

但超級巨星不一樣。他不像其他線人，他對線人角色帶著一股研究生般的熱情。他的緝毒局上線前往某個緬甸安全屋跟他會面時，他老早就等在那裡，膝蓋上妥妥地放著一疊文件。他的手寫報告裡，包含海洛因精製廠以及高地罌粟農場的座標，甚至有些腐敗員警的名單。這些報告讀起來簡直像一本犯罪年鑒。

「天啊！」一名緝毒局分析師說：「看看他給我們的情報，還有他為了拿到那些情報而冒的風險。」一名緝毒局特工說：「我不想洩露任何機密資訊，但他確實實至名歸，是個超級巨星。」另一名特工說：「我從未碰過像這種身兼理想主義者的線人。」

美國緝毒局幹員從超級巨星那裡獲取資訊時，他當然也期待得到一些回報：他希望美國能兌現基督徒理念的承諾，拯救世上受苦的人民，包含他的同胞——佤族。超級巨星夢想著，有一天佤族的孩子可以拿著教科書，而不是AK-47步槍。那些過去見到外人就將人斬首的佤族長者，會歡迎外國人進入家屋；他想像每座山上都有醫生，讓病人不至於毫無意義地失去生命。他夢想著一個讓他感到驕傲的佤族國家。

超級巨星告訴緝毒局，佤族希望能脫離毒品。他們會燒掉罌粟田，毀去海洛因實驗室，停止製造讓紐約、洛杉磯等地吸毒者沉迷的白色毒藥。這些地方的人對佤族一無所知，卻對佤人生產的絲滑粉末深深著迷。超級巨星希望以此作為交換，獲得美國援助：學校、醫院、建設現代國家的專業知識，以及跟美國交好所帶來的榮耀。

超級巨星相信，神的力量會將世上最強大的國家與最受蔑視的部落結合起來，他則是神的中介。這名線人的說話談吐就像彌賽亞一樣：「我們種下鴉片造就海洛因成癮者，我們自己同樣因此遭到奴役。」他在一份機密報告中寫道：「我們想尋求幫助，打破奴役。」

他夢想著讓美國緝毒局跟佤邦聯合軍成為盟友。盟友？佤邦聯合軍在美國可是被視為毒品集團呢！幹員們大可對此一笑置之。然而他們卻一個接一個，受到超級巨星的基進想法所誘惑：美國緝毒局可以不費一枚子彈，實現有史以來規模最龐大的禁毒行動。一時之間，憑空出現了一個不濺血的替代方案，取代了原先的反毒戰爭。

美國緝毒局幹員們稱他為超級巨星。但是在我遇到他的時候，已經很長一段時間沒人喚他這個代號了。那時他是個身上帶疤的老人，悲劇般的生命卻未曾削弱他的信念。

他要我以佤名稱呼他：掃羅（Saw Lu）。

第一部

初相遇

據說要進入佤族地區只有兩種方式：不想打進去，就得受到邀請。[1] 我上次打架是在中學（還打輸了），所以我只好自己邀請自己。問題在於要如何展開對話。

佤邦聯合軍有很多政府機關，包含中央委員會和財政、衛生及教育部門，卻沒有積極向國際媒體招手的新聞局。佤邦聯合軍根本不想給記者任何聯繫管道，尤其是西方記者，他們認定我們寫的東西只會進一步強化老生常談的「毒品部落」論述。上谷哥搜尋一下「UWSA」，你就會明白。這個縮寫召喚出一堆關於冰毒實驗室跟兒童兵的三手故事，全都來自英國廣播公司（BBC）所稱的「地球上最神祕之處」之一。

多年來，我通過各種中間人請求許可訪問佤邦。有時我收到簡短拒絕，通常是直接遭到忽視。但在二〇一九年，我的固執終於帶來一線希望。我發給佤邦聯合軍一名高級軍官（某種特使）的電子郵件，竟然收到助理用谷歌英文翻譯所寫的回覆。首先他要我提供護照頁掃描檔，我有些不情不願地寄出。接著他要我在當週稍晚前往他們的辦公室，那是佤邦聯合軍實際上的大使館，位於佤族領土以西約五十英哩處的緬甸城市臘戍（Lashio）。

助理的信裡沒有提供地址、日期或時間。我試圖搞清楚細節，但他的後續回應毫無幫助。

早安，派屈克。感謝收到您的詢問。

佤邦敬上

從 Windows 10 郵件發送

我想想，算了不等了，邀請就是邀請，於是我買了從曼谷到臘戌的機票，開始打包行李。行李裡的信封裝滿嶄新的百元美金鈔票（這在緬甸非常有用），還有一盒送給特使的巧克力。我妻子對此行表示疑慮：「你是要去約會嗎？」我解釋說，巧克力是給他的孩子，此舉可用來規避《毒梟法》（Kingpin Act），這套美國法律可以將任何跟佤邦聯合軍進行「交易」的人關上十年。

接著，我匆忙地尋找翻譯人員，最好的人選是在臘戌的佤族人，能夠清楚表達我長期以來的請求：進入佤邦聯合軍的領土，採訪他們的領導人。我聯繫了一家當地旅行社，他們通常可以提供會說雙語且性格外向的人選。透過電子郵件，他們幫我聯繫上一名「年約四十歲、品格高尚、擁有佤族政府工作經歷的佤族男子」。太完美了。

這位翻譯在電郵中自我介紹——我將稱他為雅各（Jacob）——並說他期待跟我在臘戌機場相見。我告訴他不用麻煩，我可以自己找到飯店，但他不同意。雅各在入境大廳外等候，周圍都是攬客的計程車司機跟臉頰上塗著譚娜卡樹皮膏（thanaka）的女士。他目光搜尋著從行李提領處走出來的白色臉龐。我一出現，他向前推擠，夾腳拖鞋在地磚上嘎吱作響。這名陌生人直直朝我走來，跟我握手，另一隻手接過我的行李。

「雅各嗎？我可以自己拿。」

「派屈克先生，讓我來吧。很高興與您相見。」

戴著眼鏡，墨黑頭髮如學生般中分，雅各穿著一件乾淨的毛衣跟灰色運動褲，而非緬甸男女一般常穿的長裙。我們朝他的車走去，車停在持槍員警的安檢亭後。我的滑輪行李箱在他身後滾動。

「您第一次來臘戌。」雅各說。我將此視為提問。

「對，但我已經數不清來過……」

我停了一下，猶豫該怎麼說，我不想說 Burma 或 Myanmar，對這兩個緬甸國名的偏好，會顯現出個人的政治立場，我不想透露太多關於自己的資訊，至少此刻還不想。

「……這個國家多少次。」

我察覺到雅各的腳步有些顛簸，拖著行李箱時更明顯。大多數佤族男子都曾在佤邦聯合軍中服役，每個家庭至少都得出一個兒子服役數年，有時候甚至十二歲就要入伍。我好奇他是否在服役期間受傷。

「您在機場裡有被警察騷擾嗎？」他說。

「還算不上騷擾。」我剛下飛機時，兩名眼神茫然的緬甸警察把我招到一邊，用手機拍下我的臉。這沒什麼不尋常，我很慶幸他們沒問我來此的目的。

「我不覺得警察會是此行的問題。」雅各說，一邊把行李箱放進他老舊日式小車的後車廂。「不用擔心。在這裡我們會好好照顧你。」

雅各告訴我，旅館距離機場很近，「但我們得繞一段遠路。」路途中會遇到緬甸的東北司令部（Northeast Command Headquarters），這是一處巨大的緬甸軍事基地。

自英國殖民時代以來，臘戍一直是個軍事城鎮，它坐落在山脈環繞的高原上。早在維多利亞女王時代，英國軍隊就以此為基地，向山區突襲當時他們一心想征服的當地部落。

這類征服行動至今仍未結束。第二次世界大戰後英國人撤出，結束一個多世紀的占領，緬甸成為獨立國家。緬甸軍隊繼承了殖民者的未竟之業，將粗暴武力派入邊境地區。這部古老殖民機器仍舊勉力運作，只是現在將軍們變成緬族佛教徒，這是緬甸國內的主要族群，溫暖潮濕低地區的原住民。他們的使命是支配這處前殖民地境內的所有人，尤其是桀傲難馴的山民。雖然他們並不是太成功。

臘戍以東往中國的方向，軍事統治愈發薄弱，國家分崩離析。這是一片各方起事反抗的群島，散布著各個山區少數族群的領土：撣族（Shan）、克欽族（Kachin）、果敢（Kokang）及拉祜族（Lahu），這些不過是緬甸少數族群之一二，總數量高達數十。各少數族群皆意圖自治，多數都擁有自己的小型政府，配有武裝側翼，以槍械火箭捍衛自己的家園。在這些團體中，佤邦聯合軍是最強大的。就像十九世紀的佤族嚇壞英國人一樣，此刻他們也令緬甸軍方畏懼。

行車經過東北司令部時，我看到尖銳鐵閘門圍起來的廣闊堡壘。看見緬甸軍隊在塵土飛揚的操場上訓練時，我心想，接下來他們將攻擊哪個原住民族群呢？「幸好你不是上個月飛來。」雅各說。那時顯然有些游擊隊從山區潛入，朝著軍事基地發射迫擊炮，雖未能命中目標，卻炸毀了機場跑道。「有段時間都沒有飛機。」

雅各問了很多問題。我結婚了嗎？是的。妻子是美國人嗎？她是泰美混血，我們住在曼谷。問我在美國哪個州長大？卡羅萊納。我刻意省略「北」，避免他誤會我是北方人。但雅各對美國各州相當熟悉，問我是否來自跟田納西州接壤的那個卡羅萊納州。這一點令我印象深刻。

輪到我問問題。你在那家旅行社工作嗎？不是。我在這個城裡挺出名的，他們只是好意介紹我們認識。你在哪工作？我從事各種工作。他這麼說，但沒有具體說明。有家庭嗎？有的，我有妻子小孩。會講幾種語言？佤語、緬語、英語跟一點中文。

你跟佤族特使關係不錯？對。他說這裡的佤族社群很小。雅各說他正在安排我進佤族「大使館」會面，大使館是佤族跟低地人進行外交的地方。

「太棒了。等一下，你也是佤邦聯合軍的成員嗎？」雅各猶豫了一下。一段沉默之後，他說自己不是。

此刻是傍晚時分。臘戌看起來跟任何緬甸二線城市沒什麼兩樣，混凝土牆上爬滿寬葉藤蔓，金屬屋頂上咖啡色鐵鏽斑駁。曬得發白的廣告牌上，賣的是即溶咖啡粉或翡翠項鏈。一層灰塵給街景蒙上了深褐色調。

雅各在旅館前停車。門前招牌上畫著一把打叉的手槍，是個「禁止武器」的圖示。「派屈克，我已經擬好行程。」雅各一邊說，一邊從車上取下我的行李。「明天上午八點十五分，我會在這裡接你。八點二十到四十五分，我們吃早餐。然後我們會在上午九點抵達佤邦聯合軍辦公室，進行會面。」

我只在德國人跟軍官身上看過這種程度的精準定時，而雅各並不是德國人。

「非常具體。」我開玩笑地說，但他沒有笑。

「我喜歡準時。好好休息，願主賜福。」

隔天早上，我不搭電梯走樓梯下來大廳，因為我擔心大停電會把我困在那個金屬箱子裡，破壞我寶貴的會面機會。下樓後，我看見雅各坐在沙發上，他臉上痛苦的表情讓前額皺成一團。

「喔，派屈克，我很抱歉。我剛剛才知道，我們的會面取消了。特使被緊急召到邦桑（Panghsang）去。」

邦桑是佤邦首都、佤邦聯合軍的總部。位於中緬邊境，距離臘戌大約一百英哩，中間相隔無數個檢查哨。雅各低頭看著手機，像個拿出一張糟糕成績單的孩子。

「他什麼時候回來？」

「也許幾天後。不確定。」

「我在臘戌等他回來呢？」

那沒問題，雅各這週都有空。但在提議的同時，我覺得我這決定聽起來挺冒險的。取消會面是否真的是巧合，或者特使根本沒打算見我。特使的主要任務是跟緬甸打好關係，因為佤邦就尷尬地位於緬甸境內。而他就是個官僚，從我的經驗得知，東南亞官僚從來不會直接要你離開，他們寧願忽視你，或無限期推遲會議。

雅各帶我去一家茶店吃早餐。然後我們在城裡開車四處閒晃，兩個陌生人眼前有漫長時間等著打發。我以為他是隨意亂開，直到車子努力爬上一座山丘後，他宣布：「到了，這是我們佤族的村落。」

這是個典型的緬甸村落，因為重力而歪斜的竹屋、婦女蹲在炭火邊忙碌著；街道分隔著街區，兩層樓高的房屋沿街而建；還有一些中產階級的象徵：衛星天線、車道上的卡車、有鍍鐵欄杆的陽台；幾座房屋的側面畫著水牛頭骨，這是佤族的生命力象徵。

「村落？這裡看起來更像個社區。」

「精神上的村落，」他說。「這裡所有人都是佤族，都來自同一個地方。」

我指向遠處山區，他笑了。「對，從那個方向來，但比你的眼睛所能見的更遙遠。以前有個叫班歪（Pang Wai）的佤族老村落出了事，他們不得不逃到這裡來重新開始。但這都是我出生前的事了。」

坐落在山頂上最大的屋舍，漆上了海沫綠的顏色，以沉重鋼門保護著。遮簷下的攝影機鏡頭向下方凝視著。「這是我們村長的家，」雅各說，「他是一位非常重要的人物。」我驚訝地發現這位重要領袖的家對面，是一座古老紅磚教堂。教堂木門漆上深紅色十字架，不用懷疑，這真的是一座教堂。前方兩根木柱拔地而起，之間有一條沉重的鏈子懸吊著一枚老樣式彈殼。雅各將車停在旁邊，引擎停在怠速。

「派屈克，你有宗教信仰嗎？」

我預期會碰到這個問題。在緬甸，種族與宗教是所有社交互動的基礎。它們預先決定了你的盟友與對手、你的職業前景，以及你是被國家忽視還是變成直升機攻擊的目標。這題答案的利害風險對我這個外國訪客來說，顯然低得多，但錯誤的答案可能會導致大門關閉。我不確定該怎麼回答。我知道佤邦聯合軍是嚴格的非宗教組織，我也知道佤族傳統上是信奉自然泛靈，但我仍覺得「無神論者」會是個錯誤的答案。

「我成長過程中有上過教堂。」

「這樣啊，那是什麼教堂呢？羅馬天主教還是浸信會？」

「浸信會。」

雅各興奮了起來。「這裡是我們的浸信會堂！」他跳下車，拖著腳步走到懸掛的彈殼旁，用手指敲了一下，發出像西藏頌缽似的低沉聲響。他解釋，這是個臨時設置的教堂大鐘。是很久以前，他們逃出佤族家園後，村長建起這個村落時掛起來的。

「這裡的人是因為基督信仰被逼走的？」

「差不多。很少佤人是基督徒，其他人對我們抱持懷疑態度。」雅各說，一百年前其他佤人認為佤族基督教徒太自以為是，因為他們要求停止把人頭插在棍子上。

參訪的最後一站，是一間拼拼湊湊的房子，一半是磚，一半是木頭，屋頂是波浪狀鐵皮。它看起來比其他房子還要破舊一些。雅各說：「這是我跟妻兒住的地方。我希望你能來吃晚餐。今晚怎麼樣？」

事情就這麼定了。雅各先把我送回酒店，這段期間他跟妻子準備了一頓佤族盛宴。然後他會在下午五點二十分來接我，出席五點三十分的晚餐。

雅各的跛行不是因為戰場舊傷。當他跪在門檻邊解開鞋帶脫鞋進入家門時，我發現了這件事。我仔細看著他包裹著乾淨紗布的右腳，他發現我盯著看時，說這只是輕微感染。

「我只是要買點藥。等你的行程結束後，我會好好照顧它。」

我感到一絲罪惡感。只因為他是佤人，我的想像力就給他強加了艱苦的背景故事。我還擔心他需要用我付給他的翻譯費來購買抗生素。再看到晚餐餐桌時，罪惡感更是湧上心頭。他的妻子葛蕾絲準備了一桌美味佳餚，有肥美豬肉塊、一條炸成金黃色的大魚，還有一種稱為「糜（moik）」的佤族主食，一種點綴香草、類似義大利燉飯的米飯餐點。這完全推翻了佤族不善待客的刻板印象。對許多緬甸人來說，肉類是一週只能吃一次的奢侈品，他們為了招待我而大肆揮霍。

他們請我按照浸信會的方式祝福食物。我們手拉著手，我支支吾吾地說了一番禱詞。然後我們在後花園的水泥露台上野餐。晚餐期間，我坦言自己並不常去教堂。雅各說這沒什麼。就在不久前，他的生命更多是奉獻給佤邦聯合軍，而非耶穌基督。

「所以你**曾是**士兵。」

「軍官。」他說。「但從未參戰。我不喜歡打仗。」

「那你做些什麼事？」

「主要是教育。我開始教一些小兵。」我問他指的是低階士兵嗎。「不是。」他站起來，手指向肋骨高度，表示個子矮小。「十歲、十一歲、十二歲。」

我們談到佤邦聯合軍時，雅各的口氣一變，像是在講述一樁離婚悲劇。「解釋起來很困難，派屈克。佤邦聯合軍中有些想要改善我們政府的好人，但有些領導人，不怎麼好。我們社會中存在著……」

他握拳相擊，試圖尋找正確詞彙。

「戰爭？」

「沒那麼強烈。但也對，像一場戰爭。在那些努力奮鬥跟只在乎金錢的人之間。」**努力奮鬥**（striving）是雅各最喜歡的英文字之一。他相信人類分成自私自利者跟努力奮鬥者，後者追求大於自身的價值。

他的妻子將更多麋舀到我的盤子上。「想像一下，你若想弄點骯髒的生意，」雅各說，「那些佤邦聯合軍的軍官會搶著跟你見面。但若你想討論一點什麼好事，例如蓋學校，他們會遲到兩個小時，或根本不出現。」

「你喜歡大家準時。」

「對，」他說。「佤族人太落後，我們不能浪費時間。」

這時我察覺到一個機會。我對佤邦聯合軍的著迷集中在兩個領導人身上。一個是主席鮑有祥（Bao Youxiang），他是佤邦的門面。就像菲德爾．卡斯楚（Fidel Castro）一樣，他似乎只有一套衣服：橄欖綠迷彩軍裝，偶爾搭配一條愛馬仕皮帶。他僵固的神情總是陰陰沉沉：嘴唇往下垂，眉毛斜上繃起，表現出不悅之情。

「那鮑主席呢？你見過他嗎？」

「很多次。」

「他是好人還是壞人？」

「他是很好、很努力的人。」

美國緝毒局對鮑的看法截然不同。緝毒局視他為「毒品大亨」（drug lord），但在緝毒局的階層中，毒品大亨比更危險狡詐的「毒梟」（kingpin）低了一階。毒梟是用來形容至關重要的毒品巨頭，他們倘若被殺，全球販毒活動的一大板塊將即刻崩潰。至少緝毒局的理論是這麼說的。

我真正著迷的領導人物，是所謂的佤邦聯合軍毒梟：魏學剛（Wei Xuegang），他是這個組織的財務沙皇，也是美國緝毒局亞洲通緝名單上的頭號人物。無論佤邦聯合軍本身是個販毒集團，還是由販毒集團資助的政府，這只是措辭問題。無論如何，魏學剛的確主導了這個集團的毒品走私活動，既強大又神祕。在目前少數已知的魏學剛照片中，在一張一九八〇年代晚期顆粒模糊的警方嫌犯照上，他面露怒容。他可能只有五呎六吋高，但對緝毒局來說，他就跟傳說中的大腳怪一樣難以捉摸。

我本想問他一些關於魏學剛的事情，但為了不嚇到雅各，此刻最好還是先聊聊鮑有祥就好。

「雅各，我若想請求採訪鮑主席，會不會有點瘋狂？」

雅各推了推鼻子上的眼鏡，嘆口氣。他把我的問題翻給妻子聽。葛蕾絲不發一語，但仔細觀察我的臉。雅各問我究竟想知道什麼。所有的一切，我說。鴉片、海洛因、冰毒。整個運作到底是怎麼開始的。內部是什麼情況。外界對此有什麼誤解。我想從有分量的人嘴裡得到這些資訊。

雅各對妻子嘀咕些什麼。兩人似乎都在努力思索。葛蕾絲突然將椅子往後一推，椅腳摩擦水泥地發出尖銳的聲音。她走到後院，用手機撥了個電話。我看到她在香蕉樹蔭下踱步，以尊敬的語調說話。雅各豎起耳朵，聽著妻子的對話。當下的能量感覺很奇怪，我開始後悔在原本愉快的晚餐裡，提起二級管制毒品的話題。

「好！」

當她笑著回到桌邊時，我鬆了好大一口氣。

「好什麼？雅各？」

「村長可以見你。他是像鮑主席一樣重要的人。他的名字是掃羅，是我妻子的父親。他是……」

雅各努力想著、找尋那個字。

「岳父？」

「對，派屈克。掃羅是我的岳父。」

我們立刻動身前往，試圖趕在掃羅睡前抵達。雅各在路上匆匆向我說明，他說得很快，因為只有五分鐘的時間。掃羅曾經是佤邦聯合軍的最高政治人物，他的地位跟鮑有祥相當，雅各說他很難完全傳達他的崇高地位。他曾是一位戰士、外交家與激勵人心的人物，最重要的是，掃羅是國父——打造佤族國家的建築師。關於佤邦聯合軍他幾乎無所不知，至於他是否願意回答我的問題，就要看他的心情。

一名女傭打開掃羅院子的大門，領我們進入客廳，稍待片刻房子主人就會下來。這個家中裝潢看來頗具一九七〇年代風格：牆壁漆成青綠色，布滿刮不掉的潮濕斑點；家具看起來彷彿出自希爾斯百貨目錄。桌上鋪著白色網眼桌巾，角落裡有一具笨重的電壓轉換器。每個緬甸人家中都有一具，避免電壓暴增燒壞電子設備；但這個型號是史前等級的。這些跡象顯示這戶人家不窮，但主人並不愛奢華。

我抬頭看向牆上照片，推斷這個家族的威望。一如許多東南亞家庭，那些上過大學的兒孫照片都高掛牆上，頭上戴著流蘇學士帽，凝視來客。通常最多只會看到一兩人，但掃羅家的大學畢業生照片展卻是一路延伸到另一面牆。所有照片裡最顯眼的就是大家長：掃羅身著全副軍裝，點綴黃銅鈕扣的翠綠制服，頭戴尖頂帽，紅色胸章繡著ＵＷＳＡ。對我來說這是新奇的景象：佤族領袖不再像警方照片中怒目瞪視的嫌犯，而是值得鑲在金框裡的英雄。

肖像照裡的年輕掃羅看來英俊瀟灑，黑眼明亮，皮帶上繫著一把手槍。儘管明顯是個徹頭徹尾的基督徒——對面牆上掛了一幅白人耶穌畫像，然而掃羅的臉卻像佛祖，寬鼻、豐唇、沉穩自信。

門板吱呀一聲，我轉頭看見髮色灰白、身形沉重的掃羅。他穿著西褲與格紋襯衫。雅各伸出一隻手臂幫老人穩住步伐，但他擺擺手，一屁股坐進椅子。

我介紹自己是個記者。掃羅用沙啞聲音問我是不是美國人。我以為我的回答會讓他緊張，相反地，他的肩膀卻鬆了下來。他以佤語對雅各輕聲問了個問題，我聽到「Ｄ-Ｅ-Ａ」這幾個字母。雅各偷偷瞧我一眼，回頭看向岳父，聳了聳肩，好像在說他不知道。

「就像剛剛說的，能見到您是我的榮幸。我可以寫筆記嗎？」

他說可以。我本來預期會有一場審問或漫長前言，但他似乎已經做過類似的事情——面對在記事本上狂寫的外國人，回答種種提問。通常這類採訪要花上好幾個月時間安排，但我到達的第一天，就坐在佤族版的富蘭克林對面，儘管經過多年研究，我仍覺得自己像似毫無準備。我只能丟出一個冗長的問題，詢問佤族是如何建國，並捲入毒品之中。

「不是這樣的。」他說。

不是這樣？

鴉片先來，然後才是國家。在兩者之前，是一個自相殘殺的血腥世仇時代，這可以追溯到歷史紀錄之前了。收集人頭是部落的原罪，這種習俗導致佤族脆弱與分裂，無法團結起來成為一個強大的民族。

掃羅讓女傭去倒茶。

「讓我們從頭開始吧。你想聽聽獵頭者的故事嗎？」

頂峰上的陌生人

一九六六年末，冬季。

掃羅步履艱難地往上攀爬，腿腳在寒冷中麻木。他背後突起的緬甸山地，形狀像臼齒一樣圓滑；眼前邁進的佤邦高山，卻狀如獠牙。隨著高度上升，蟲鳴聲漸弱，樹木愈發矮小，空氣漸形稀薄，呼吸不由加快。

石頭小徑旁，有許多插著頭顱的棍子。整齊排列的頭骨，眼窩一致朝向西方，朝著日落的方向，也是死亡的方向。這是佤族表達「禁止入內」的方式，無需文字、無需言語。

小徑旁放置著兩三顆頭骨，警告來者附近有個佤族小村寨。中等規模的佤族村寨，則會放置二十顆骷髏頭來宣示存在。掃羅的目的地是班歪，一個更大型的寨堡，將會有幾十顆頭顱的空洞眼窩瞪著入侵者，發出嚴厲警告。時日較久的頭顱，骨蓋上覆裹著斑斑青苔，新鮮的頭骨則是白晃晃的。獵頭者習慣將頭顱排置在距離寨堡入口一段距離之外，似乎是要給不請自來的訪客最後一次機會——聽從你內心的不安，轉身離開吧。

即使眼前景象陰森，掃羅仍繼續向前。你可以說這是勇敢，但任何熟悉佤族名聲的人都認為他瘋了。要進入獵頭者領域，沒帶上一支軍隊是不成的，而掃羅甚至連步槍都沒有。更糟的是，他還帶著新婚妻子瑪麗。瑪麗一張稚嫩的臉，彷彿剛成年，所嫁的男人卻拉著她進入這片恐怖森林。[1]

掃羅自己也不過二十二歲，然而一旦他心裡打定主意，就不會輕易放棄，即便此舉可能讓他遭到斬首。這不僅是年少衝動，「頑固」深深刻寫進他的骨子裡。當時掃羅的想法是這樣：我要進入班歪這處獵頭者的堡壘，一直到那裡的居民，也就是我的族人，變成像我一樣文明的佤人之前，我都不會離開。

身為緬甸軍政府底下的幹員，掃羅奉命而來。他被派來融入獵頭者之中，設法說服他們，將殺戮能力轉成對付中國共產黨人。這些高山形成緬甸與中國之間的天然屏障，但中國政府正策劃越過山脈，將共產主義傳向緬甸的原住民，包括佤族。

儘管他們家園的土地實際上位於緬甸這一側，獵頭者對緬甸或任何國家都沒有忠誠。因此若他能成功獲得信任，掃羅打算提出這樣的建議：捍衛現狀，因為緬甸人不會試圖支配你們的祖居地，不像在毛澤東領導下的中國共產黨人，他們想要抹去你們獨特的部落認同、消滅你們的生活方式。

掃羅願意遵從命令，純粹因為這個命令跟他個人的想法一致。自詡「文明」佤人，他從小受教於美國傳教士，他希望能從各個方面啟蒙他的族人。依照緬甸軍政府的指示，掃羅打算團結族人共同對抗共產主義，但掃羅還想要更進一步：廢除他們的獵頭儀式，教他們讀書，甚至讓一些人皈依基督教。這幾乎是不可能的壯舉，掃羅也沒有太多計畫，但他相信自己總會找到成功之道，所有佤人都將奉他為救世主。

掃羅跟瑪麗抵達班歪郊外時，才意識到這個寨堡比他們想像中要大上許多。外圍防禦牆如樹木高聳。從遠方就可以看見由夯土及厚實原木築成的高牆。佤人在牆上種下一種帶刺荊棘（hrax），恰好成為生機盎然的天然鐵絲網。

他們倆無論從哪個方向都無法趨近寨堡。佤族以陷阱包圍村寨聞名：護寨河中充填的不是水（因為高地上水源稀少）而是木樁，尖端塗滿由毒蛙腺體提取的毒液。入寨只有壕溝小道這一條路。入寨者得爬下土坑往前走，每往前一步，壕溝就加深一些，逐漸形成一處遮蔽陽光的小型峽谷。這條黑暗廊道以奇異角度蜿蜒曲折，縮短了視線可及的範圍。掃羅跟瑪麗在黑暗通道中穿梭前進，擔心會遭遇死角而來的突襲。然而推進過程中卻無人現身。幾分鐘後，他們步出隧道，站在兩扇深嵌於寨牆之間，如巨人般高聳的木門前。

班歪的大門半開著，幾分鐘後，才有人發現這對夫妻。

他們很快就被佤族男女形成的半圓包圍，這群人除了腰間遮掩生殖器的布條，身上全裸，沾滿色如黃骨的灰塵。

掃羅要瑪麗保持安靜。他自己往前走，接受眾人審視。他眼神溫和，體瘦強健，皮膚如同多數佤人一般黝黑，比東邊的華人或西邊的緬人更黑。但外貌上跟圍觀者的相似之處僅止於此。掃羅身著低地服飾：格子紋長裙，鈕扣襯衫及皮鞋。如豹黑亮的烏髮梳到一側。赤腳的圍觀者不確定該如何看待這個似乎非其族類的男子，直到他嘴裡吐出佤語。

我們想跟你們住在一起，掃羅說。我跟我妻子，我們前來尋求許可。許可？誰的許可？他們說，沒人能給出許可。任何真正的佤人都該明白這一點。

佤族從不服從戴冠之人或祭司會議。班歪寨堡也沒有監獄守衛或商鋪店主。除了少數例外，這裡只有一種人：戰士農民——隨心所欲的無政府主義者。[2]

過去遇到佤族的外人總是很難相信，人類竟能活得如此自由自在。十九世紀末，試圖將佤族高地納入緬甸殖民地的英國殖民者也提出類似請求：帶我去見你們的領袖。探險家寫下，這種「黑膚、骯髒、貧窮且野蠻的食人種族……」必定臣服於偉大的佤族酋長之下，而英國王室則可加以操縱。[3]但他們錯了。這個部族散居在許多堡壘村寨中，如星羅棋布的各村寨完全獨立自主，與其他村寨關係疏離。

如何征服一群無領袖的人？英國人束手無策。即便如此，甚至在一八九七年收到村寨警告後，英國人仍舊堅持入侵佤地：「請原路返回。我們是野蠻之地，人民生吞老鼠與松鼠。我們的人民跟你們毫無共通之處。」[4]失去了幾顆自己人的頭顱之後，殖民者才終於了解這段訊息。他們失敗潛逃，書面上卻還是將佤族高地劃進緬甸地圖，彷彿真的征服了這些高峰。這完全都是虛構。私底下，英國人抱怨佤族是「惡名昭彰的不馴」。[5]

一九六〇年代中期，掃羅跟瑪麗現身班歪寨門前時，情況仍舊如此。這樣更好，因為沒有統治者能要他們離開。倘若他們是持槍的殖民者或敵對部落的戰士，可能會立刻被當地人砍死。但這對夫婦被視為無害之人，領進寨牆後，被指了一塊可以建造家園的土地。

不是家園，掃羅修正東道主的話，是學校。我們來替你們蓋一所學校。

掃羅跟瑪麗探索了班歪寨堡的隱蔽內部。牆內有數百間粗草屋頂的木屋，內部寬敞，足以在室內生火做飯。這個寨堡人口眾多，超過五百位居民，孩子歌唱、水牛低吼、鐵匠打鐵的叮咚聲讓此地生機蓬勃。一座原木雕刻的彩繪鼓占據寨堡中心，這是他們的公共廣播系統，偶爾會有族人敲打出類似摩斯密碼的節奏，發出危險（敵人來襲）或喜悅（成功狩獵）的信號。班歪甚至還有水道，蜿蜒繞行牆上的竹管，直通山邊的潺潺小溪。當地人解釋，隨時有活水供應是一大便利，因為他們討厭走出寨門。他們通常結伴而行，以免遭到敵對部落攻擊。婦女除了去附近的罌粟田或玉米田耕作，幾乎從不離開寨堡。男人也只有在耕作、打獵或殺敵時才會離開寨門。他們總是來去匆匆。

當地人對掃羅跟瑪麗很友善，幫他們收集竹子建造房屋。掃羅不斷向他們重複說，他在蓋的實際上是一所學校。幾天之後，佤人對這對夫婦的新鮮感就消失了。掃羅不斷重申自己跟他們一樣，是佤人，即使他不間斷的提問，顯露出他連高地生活最簡單的面向也一無所知，但也沒人爭論這一點。

掃羅與瑪麗懷抱著希望。儘管他們曾害怕跟狂熱的獵頭者一起生活，卻未看到太多殘忍行為。也許採集頭顱的儀式只是一小部分惡人所為，心軟的村民肯定厭惡此類暴行。然而到了三月份，這種天真的想法就胎死腹中——他們親眼目睹鄰居在新鮮斬下的頭顱前歡呼慶祝。

獵頭季即將開始。

六、七名班歪男人剛從野外返村，將新鮮的人頭安置在樹幹彎曲處，了無生氣的眼睛與視線平高。它帶著鐵味，像生鏽釘子的金屬味。班歪所有人圍在四周，渴望親眼見到這一年的首次殺戮。婦女們擠到人群前，輕輕戲弄著頭顱：喔，親愛的，你怎麼會獨自走進森林，作為送給我們戰士的禮物？她們拿著雞蛋往頭顱的牙齒上敲，順道將蛋黃滴入嘴裡，這是給亡者的最後一頓點心，他的犧牲將為部落帶來好運。

被害者做了什麼惹惱獵頭人？這是掃羅的另一個愚鈍問題。殺人者解釋，此事無關個人，單純是錯誤的氏族、錯誤的地方、錯誤的時間。獵頭者說，他們潛伏在敵人村寨附近，預備在通往村寨的小路上發動突襲。有人剛好走過，他們從灌木叢裡跳出來，搶著斬斷他的脊髓，他們把砍下的頭塞進柳籃裡，胸前沾滿血，走回班歪，將那人的身體留在小路上抽搐。

這就是殺戮發生的過程。至於為什麼，掃羅大概知道。雖然不是在獵頭者之間長大，他也夠瞭解佤人的信仰——每顆人頭都充滿神祕力量，只有佤族能夠「提取」這種力量，為他們的需要所用。

這個提取力量的程序很簡單：把頭插在木柱上，肉漸形腐爛，滴落至土壤，戰士農民挖起沾滿血汙腐液的泥土，撒在發出幼苗的田地中。死亡力量是一種超自然殺蟲劑，會嚇跑病害與昆蟲。[6] 若不遵守儀式，害蟲將吃掉作物，村人就會挨餓。根據當地習俗，新鮮的頭顱會留在班歪寨內，直到每寸血肉都脫落，直到顱骨被曬到發白且光滑時，戰士才會將它加入小徑旁的展示區。也就是掃羅跟瑪麗進入寨堡時途經的那條小徑。

掃羅深感厭惡，但當地人卻歡欣無比，猶如主場球隊剛取得勝利。然而，歡欣之下卻也有不快之處，特別是那些未能參加狩獵的男人，他們受到不安情緒困擾，因此透過高地最受歡迎的運動尋找釋放的出口。有人將一頭高大的黑水牛帶到鼓旁的一片土場，手握刀子的男人們圍著牛。一人砍下牠的尾巴，投向空中，此舉就像起跑槍響，標誌著遊戲開始。一夥人起跑般地衝向水牛，發動攻擊，刀起刀落，空氣被不斷噴濺的血染成噴霧狀的血紅色。誰能削下最大一塊肉，就會成為勝利者，享有僅次於獵頭者的榮耀。掃羅得知，宰牛競賽者常在狂熱中被削去手指，有的還會失去耳朵。

黑水牛競賽在幾分鐘內就結束，但慶祝活動持續入夜。太陽下山後，他們以篝火取代日光的溫暖。佤人將水牛肉穿刺成串，灌下共享竹杯裡的米酒。大鼓催動著節奏，男女老少圍繞著火堆旋舞，陷入狂歡。

掃羅沒有旋舞的心情。他們的狂歡對他來說是可恥的。他跟瑪麗站在圈子邊緣，橘黃火光閃爍下，對那些沉浸在惡魔狂喜中的人心生憐憫。一些老人圍著他們，想用誇張故事讓新來的人留下深刻印象。一名年邁痀僂的長者誇耀自己曾砍下一名全速跑者的頭。他戳了戳掃羅的肋間，問：你覺得沒頭的人能跑多遠？

我不知道，掃羅說。

比你想像的還要遠！我手裡拿著頭時，他的身體還在小徑上往前跑。

主啊，請賜我力量，掃羅心想。我要怎麼讓這樣的人走向正派？他深吸口氣，提醒自己一定有可能。畢竟他也是佤族，而美國人也讓他走向開化。

掃羅生於一九四四年，在一個不尋常教派的最後時日中長大。他的同胞雖是佤人，但外觀上不明顯，因為他們穿著粗糙的黑上衣，並相信獵頭會激怒上帝。

這是來自他們先知的教導。

這位先知名叫威廉·馬庫斯·楊（William Marcus Young），來自內布拉斯加州的美國浸信會傳教士。他留著海象一般的八字鬍，堅信他的激情福音足以改造任何非信徒，甚至是被遺忘的部落民族。楊渴望在亞洲偏遠地區測試自己的能耐，因此在二十世紀初期，三十多歲的時候，就跟妻子一起航向緬甸。當時，緬甸是大英帝國統治下的殖民地，鼓勵傳教士到邊陲地區擔任「教化使者」。

楊氏一家人前往殖民地北部，一處稱為撣邦（Shan State）的丘陵起伏區域，這裡是許多族群的原鄉。起初，他們集中心力想讓撣人改宗基督教，撣族是緬甸最大的少數族群，也是緬北人口最多的種族。多數撣人住在肥沃山谷，形成多個小型內陸王國，寺廟閃閃發光，市集熱鬧蓬勃。撣族跟族裔近親的傣人一樣，也有深厚的佛教信仰，[7] 對滔滔不絕的耶穌信仰傳教不感興趣。威廉．馬庫斯．楊在名為景棟（Keng Tung）的城鎮周邊徘徊多年，試圖改變當地人的信仰，卻遭到嘲笑，偶爾還遭遇搶劫。在緬甸的頭二十年裡，除了生下兩個兒子外，幾乎一無所獲。[8]

之後，奇蹟卻踏著四蹄前來。一天午後，一匹白色高山小馬朝牧師慢慢登來，身後跟著三名來自遠方的部落民。打赤膊的陌生人告訴楊，這匹馬著了魔，我們沿著艱險山路一路向下追牠好幾個星期。牠要帶我們找到一位「偉大的白人老師」，一名信奉「真正宗教」的先知。[9]

我？

正是。男人說，我們的部落稱為佤族，而您，先生，一定就是「神之白色律法與白書的奉行者」。三人要求威廉．馬庫斯．楊收拾行囊，往東行，越過英帝國的勢力範圍，跟我們前往一處由邪惡主導的絕望之地。您的到來將實現預言：有一天，一名白人將前來教導我們部落過上虔誠的生活。

這就是楊氏一家的傳奇。說它是杜撰已經相當客氣。然而楊氏一家一直堅稱這就是他們移往佤族祖居地——其實是佤族的邊緣地帶——的原因。部落人不會直接把楊家人帶到佤族獵頭者統治的山區。他們說，「連我們都無法安全前往。」「我們是佤族裡熱愛和平的支系，放棄了暴力的中心地帶，定居在山區附近低矮的綠色丘陵，一個稱為版納（Banna）的地方。」[10]

版納位於中國這一側，但當時並沒有任何公認的邊界。這裡是中國邊境族群的偏僻藏身地：罌粟種植者、鴉片走私者、亡命之徒，及其他自認勇於在佤族山峰陰影下定居的人。這也是獵頭者偶爾會下山襲擊村莊的範圍。懇求楊氏前往的佤族分支，就生活在這群堅韌的低地人之間。他們放下了獵頭的劍，但也因此失去尊嚴。為了生存，他們出賣勞力給中國屯墾者，那些人像牛馬一樣驅使他們。許多人沉迷鴉片，日日沉醉其中。威廉·馬庫斯·楊渴望拯救他們遠離墮落。他帶著妻兒搬到版納，希望建立一處小小的基督教烏托邦，最終能實現他的傳教追求。11

讓楊氏一家感到高興的是，他們抵達後沒多久就聚集了數十名信徒。聚到他們身邊那些衣衫襤褸的佤人，成了傳教好目標，因為傳教士許諾他們更好的生活——即便不是此刻，也會在天堂。當地對社會不滿的少數族群也加入這個教派，特別是拉祜族。拉祜族是個長期受到迫害的遷徙部落，同樣也是中緬邊境的原住民族，族名意為「獵虎人」。佤族與拉祜族信徒稱楊為「人間之神」（Man-God）。

到了一九二〇年代，人間之神跟人數已達數百的追隨者，一起在大型公社中生活。他在社區裡強力施行基督教軍事生活方式。不喝酒、不抽鴉片、不能裸體，強制要求讀寫能力，否則怎麼讀聖經？然而，佤族跟拉祜族都沒有書面文字。因此楊家使用英文字母創造了一種文字，並將新約聖經翻譯成這種原始文字。通往救贖之路只有一條：服從人間之神與其子——當時二十多歲的哈洛德（Harold）及文森（Vincent）。向追隨者傳道時，楊家人談愛與救贖，然而私底下，他們說佤人有種「難以理解的奇怪之處」。12

對遠遠觀察的中國邊民來說，楊氏一家才真是怪人：戴著遊獵帽、膚色蒼白的一家人主持著滴酒不沾的部落邪教。這個教派裡出生的嬰兒淨取些奇奇怪怪的名字，比如耶利米、摩西跟彼得。儘管威廉．馬庫斯．楊的信徒不斷增加，但他從未覺得滿足。他總是帶著渴望的目光，望著獵頭者領地所在的那座雲霧繚繞的山峰。

追隨者屢次提出警告：那條路只會帶來死亡。

他們說，高地佤人深信人類起源的民間故事，這些想法難以打破。許多獵頭佤族相信人類起源於山峰上的一個洞穴，第一批爬上地面的人非常勤奮，他們發明工具、耕作及語言，並稱自己為佤族。不幸的是，洞穴不斷吐出更多人：舉止粗魯的後來者，從佤族那裡竊取知識，然後下山往更溫暖、更平坦的地方去。很快地，這些低地人創造出自己的可笑語言，最終向皇帝及聖人屈服。今天，他們是緬人、華人、印度人、歐洲人及其他種族，這些人拒絕追隨原初人類及其未經改變的自由生活。13

楊的信徒一直警告他：這些佤族獵頭者永遠不會向你這樣的蒼白先知屈服。但楊氏一家人卻不願放棄這個想法，讓真正的獵頭者改宗，是他們信仰的最終考驗。他們說，浸信會的熾熱福音將燒掉這種神祕信仰，也會將所有爭吵不休的獵頭部落融合成基督之下的單一光榮政體。人間之神的兒子寫下：「每年看到人類生命遭到驚恐浪擲，實在令人不忍卒睹。甚至光是知道這件事，都令人無法無動於衷……基督教是唯一救贖。」14

然而為此付出自己的血作為代價的，卻是楊家的信徒。威廉．馬庫斯．楊談到一九三一年一次失敗的傳道之行，他說：「四名改宗男孩失去頭顱。被帶回來的另一人，傷勢嚴重，背上插著矛。」死者下葬時，他說：「他們的手臂壓在頸部，在原本該是頭顱的位置。」愈發絕望之中，楊家人想過一些瘋狂的解決方法，例如請求美國政府派飛機飛越高地，震懾佤族獵頭者。哈洛德·楊說：「這能在不流血的情況下，讓他們意識到西方文明的巨大，即便是他們的巫醫也不敢聲稱能飛上天。」

威廉·馬庫斯·楊想讓獵頭者大規模轉宗基督教的幻想從未實現。一九四四年底掃羅出生時，楊已經去世近十年。人間之神的兒子文森跟他的信徒一起管理版納的傳道團，其中包含掃羅的父母親。這對夫婦以第一位以色列國王掃羅（Saul）為兒子起名，掃羅國王將分散的以色列統一在有組織的國家之下。他們夢想著，有朝一日，他們的兒子也能讓佤族實現相同目標。

掃羅雖從未見過人間之神，卻深受他的教義影響。他的核心信條是：多數佤人深陷黑暗之中；美國人會帶來光明；冒死教化無知的同胞佤人，是受到祝福的。

掃羅沒機會加入那些進入山區的「教化」行動。一九四九年，當他還是個小男孩，他的教派不得不拋下一切，逃離版納。在掃羅最早的記憶裡，當時五歲的男孩小手緊握著母親的上衣。他們在一列隊伍中前進，數百名身穿黑色長袍的佤族浸信會信徒，悽慘地朝著緬甸逃去，家當只有身上的衣服，沒有家畜也沒有金子。背後是他唯一的家園，隨著步伐往前進，他們居住的版納竹屋愈來愈小。

媽媽，誰在追我們？他問。

共產黨，她說。快跟上。

還是小男孩的掃羅，對那些已經被發現的中國共產黨士兵知之甚少，他們身著米色衣服，頭戴鋼盔，朝著版納前進。他的父母解釋，這些人會燒掉他們的傳道所，射殺所有白種外國人，然後把所有佤族跟拉祜族信徒圈進勞改營。浸信會信徒不打算留在這裡讓他們為所欲為。

共產黨鄙視我們這些人，母親說，你只需要知道這一點。跟在她身後的掃羅決定以牙還牙。事實上，他已經嚇得六神無主，就跟中國邊境上很多人一樣。

現代亞洲史上，再沒有比一九四九年中國遭共產黨接管更重大的事件，這場動盪波及周邊每個鄰國，改變無數生命。毛澤東領導下的共產黨贏得內戰，控制了國家。他們擊敗的敵手，是美國支持的國民黨政權，它推翻最後一位王朝君主後，統治中國二十年。國民黨是公認的民族主義者，一位學者形容：「除了效率之外，各方面都很法西斯」。[15] 國民黨執政後腐敗不堪，以至於中國農民在毛澤東的煽動下，願意追隨舉起農具以「人海戰術」相抗，奪取其槍砲。敗戰的國民黨政府與一些店主、地主及其他資本家，遂逃往中國海岸之外的台灣島。

毛澤東取得勝利，但他的革命尚未完成。他需要確保中國每個角落，甚至最遙遠的邊疆地區，都一統在共產主義的鐵腕之下。中國偏遠地區住著蒙古人、維吾爾人、圖博人及其他堅守傳統與信仰的少數民族。此事對毛澤東來說是不可容忍的，少數民族需要被馴服，即便是號稱最難馴的佤族，也不例外。

當時約有五十萬人的佤族，既不服從任何政府，也對邊界視若無睹。他們的高牆村寨分布在中緬邊界兩側。幾世紀以來，中國君主都對他們保持距離，認定佤族「外貌醜陋，本性邪惡」，最好別去打擾這個戰士部落。[16]然而，毛澤東卻持不同意見，他認為過去的中國領導人並沒有人民解放軍，這支五百多萬人、裝備精良的大軍，不會畏怯只有粗劣刀劍的獵頭族。

毛澤東於是下令部隊征服中國邊界內的所有佤人。[17]這相當於佤族總人口的半數，及一半的佤族祖居地。共產黨士兵槍殺佤族戰士，燒毀村寨，踢翻顱柱，軍靴踩碎頭顱；成年人被趕進集體農場，兒童送進中文學校。這就是掃羅所屬教派想要逃離的恐怖攻擊。

毛澤東殘酷的征服運動持續了十多年。到一九六〇年代中期，中國邊界所有佤人都被中國殖民。同時間，處於緬甸邊界內的另一半佤族，則持續著古代生活。這片超級崎嶇的高地，共約六千五百平方英哩的面積上，佤族部落仍持續著先祖的傳統，用對手的頭顱裝飾村寨。[18]除了占領山坡與谷地的部分佤族軍閥氏族之外，佤人沒有統治者。這裡是佤族文明的最後容身地。

根據國際法，這片人跡罕至的區域屬於緬甸政府，但這是個笑話。第二次世界大戰之後，英帝國放棄了緬甸，重生為民族國家的這片殖民地，控制權落入本土軍事統治集團的手裡。這些緬族統治者繼承了英國曾擁有的一切，包含謊言。[19]除了書面宣稱之外，沒人曾真正征服這片佤地。遜於毛澤東的是，緬甸領導者並沒有足以征服佤族高地、讓謊言成真的軍力。

一九六〇年代，緬甸正分崩離析。軍政府勉強維持著國家的統一外貌，山區的反抗卻風起雲湧。撣族想要建立自己的國家；克欽族、克倫族（Karen）、蒙族（Mon）與其他高地原住民族也渴求自治，一如殖民前的漫長時期。緬甸軍隊勉力鎮壓每次新興的民族起義，以免國家裂解。軍隊力量分散，士氣低落，也過度疲憊，難以應付佤族戰士。

疲憊不堪的緬甸將領更情願遺忘佤族的存在，卻辨不到，因為毛澤東的革命就在後門口。毛主義者已經殖民半數佤人（生活在中國境內的佤人），也移除了數世紀以來隔開緬甸跟中國文明的多數人類緩衝區。此刻人民解放大軍集結在邊境上，那裡正是越過邊境占領其餘佤族土地的最佳位置。其實他們大可輕易宣稱本來就擁有這塊領土，因為緬甸政府並未控制該區。

緬甸軍政府有充分理由感到恐慌。當時，共產主義的幽靈似乎正準備吞噬人類多數區域。共產主義者控制著世界上最大的國家——俄羅斯，以及人口最多的國家——中國；歐洲東部是共產主義者，馬克思主義起事橫掃非洲與拉丁美洲。更糟的是，毛主義者是共產主義者之中的福音派，特別熱中以武力傳播他們的信條。

瀕臨崩潰的緬甸成了一個令人垂涎的標的。倘若毛澤東的軍隊想要入侵緬甸境內的佤地，緬甸軍政府事實上無能為力。毛主義者可能還會軟土深掘，吞沒緬甸的其他地區，從無能政權手中「解放」大眾，從雲霧繚繞山區到波光嶙峋的岸邊，一路插滿紅旗。這個威脅如此真實，緬甸的將軍們需要一個奇蹟。

他們找到的奇蹟，就是掃羅。

掃羅從未搞清楚緬甸軍方是怎麼找到他，只知道自己正是他們所需要的人。雖是佤族，卻非生佧（Wild Wa）。①受過教育，仍舊勇猛。也天真到願意去承擔這個極危險的任務。

譯註①：中國明清時期將少與鄰族接觸，保有獵人頭原始習俗的佤人稱爲「生佧」（Wild Wa），與傣族（擺族）毗鄰而居，且革除獵人頭習慣的佤人，則稱爲「熟佧」（Tamed Wa）。

一九六六年底，掃羅二十二歲，勁瘦卻渾身是膽。連同其他逃離毛澤東中國的佤族與拉祜族浸信會難民，在緬甸丘陵區域長大。他們落腳在景棟市附近。童年時期的掃羅很快適應了新國度，學會緬語，接著在不同基督教寄宿學校之間遊走，總是憑藉著聰明才智驚艷學校老師。緬甸情報人員在首都仰光（Yangon）市郊一所傳教士管理的學院裡發現他。這名大膽的年輕人剛跟心上人瑪麗結婚，這名拉祜族女孩也在浸信會教派中長大。當時她也在同一間學院裡學習。

緬甸間諜請掃羅喝茶。他們說，你們佤族正受到共產黨人的威脅。那些將你們殘酷驅離童年家園的毛派軍隊，此刻正將饑渴目光投向我國境內的佤族。你不想救他們嗎？

在他們的計畫裡，掃羅將以祕密幹員的身分進入高山地區。他將滲透班歪寨堡，自稱是緬甸政府派來開辦免費學校的普通老師。瑪麗可以一同前往，幫忙教佤人讀緬文。

教學可以給真正的任務打掩護。對軍政府來說，佤地是一片未知領土，掃羅將充當它的眼睛跟耳朵，回報他所見的一切。然而他的主要任務（若他接受）將不只是偵察。班歪寨堡距離中國邊境只有一日步行路程，毛派帝國由此邊界往東延伸約一千英哩到達海岸邊。掃羅的工作是以某種方法，阻止巨人出鬧。軍政府的想法模糊不清，但就是希望掃羅跟佤人打成一片，敦促他們停止互相殘殺，至少暫時休兵，並組織起來對抗入侵的中共。財政吃緊的緬甸軍方手頭沒有多餘槍枝可以武裝高地人，因此掃羅必須發揮想像力，以任何必要方式強化佤人，為即將來襲的入侵做好準備。

這個半拼半湊的絕望計畫，很可能會將這對年輕夫婦的頭顱送上兩根立柱。

掃羅卻立刻答應。

這是他報復無神論共產黨的機會，他們破壞了他的童年，驅散他的教派。雖然永遠失去了版納，但這個名叫班歪的寨堡也許能倖免於難。掃羅從未聽過班歪，此處距他出生地約一百英哩，但他渴望以任何可能的方式，保護佤族土地不受毛澤東大軍侵襲。

接受任務當晚，掃羅對妻子說：瑪麗，神在我們面前預備了一項神聖任務。緬人不懂這項請求的重要性。我們不僅能保護佤山不受共產黨入侵，還能重新啟動威廉．馬庫斯．楊的使命，讓高地佤人走向開化文明，我們也許能在人間之神跌倒的地方成功。

瑪麗問，你會讓這些獵頭族受洗成為基督徒嗎？就像楊氏一家渴望達成的目標。

掃羅已經胸有定見。他不想步上人間之神的覆轍，初見面就拿耶穌話語來招惹這些高地人，此舉相當危險。他將專注在最危急的要務：鼓動佤人對抗共產黨入侵。為了達成這個目標，掃羅說，他跟瑪麗得溫和地融入他們的世界，了解這些高地佤人做事的動機，才能將他們推往正確的方向。

掃羅想像自己如一束光，穿透無明的黑暗深淵。強大的使命感驅使他爬上險峭山峰，進入班歪的大門，寨堡的中心。他跟瑪麗在此以竹子、泥土與乾草搭建一間教室。融入佤族比他想像的容易許多。

直到一九六七年春天，掃羅才完全意識到這份任務有多艱難。讓他動搖的不只是獵頭事件，還有隨之而來的理解：高地佤人只尊敬原始力量。而他只是個穿著奇裝異服的外來者，除了救世主情結之外，手無寸鐵。

一九六七年春季。

掃羅在班歪開展任務後約三個月。

戰士農民並不習慣靜靜坐著，反覆背誦課程。參加掃羅跟瑪麗課程的孩子與青少年也會回嘴，無聊時就偷偷溜走。課程往往以暴動告終。

在竹子蓋的教室裡，掃羅跟瑪麗用粉筆在黑板上寫下緬文字母，圓球形的字母盤旋環繞。沒有書本，學生們拿著自己的小黑板，有些學生用尖銳石頭取代粉筆刻出字母。

老師一轉過身去，課堂立刻陷入八卦聊天。因為無力控制學生，掃羅跟瑪麗只好放下粉筆，聽著學生聊天。他們因此知道了追求儀式如何進行，區域內各氏族的鬥爭，仇恨網絡就跟地緣政治一樣複雜。有時候很難講到底是誰在教誰。家長也經常路過參一腳，帶來自己的故事。至少掃羅逐漸一塊塊地拼湊出這個社會是如何運作。

儘管掃羅跟他的學生同是佤族，但兩方存在著巨大的文化鴻溝。掃羅是佤人中罕見的類型，不只是因為他是由非獵頭族養大，也因為很少佤人見過電燈或汽車，但掃羅見過。作為緬甸境內的難民，他的家人定居在熱鬧的景棟城鎮；而身為寄宿生，他跟瑪麗住在仰光這座英國人留下的大型都市，現在是則是獨立緬甸的首都。

儘管不多，掃羅的學生偶爾也想聽聽都市的生活，那些關於磚房、喧鬧的街道、唱盤。他們對現代生活感到好奇，卻不驚訝。楊氏一家曾認為，光是看到飛行器就足以讓佤人跪倒在地，但事實並非如此。事實證明，這些孩子已經知道飛機。

學生說，銀色螺旋槳飛機曾在班歪上空呼嘯而過，丟下連著「大毯子」的木箱，這些木箱順風飄向森林地面，每箱都裝滿外觀奇特的武器。學生說，去問問耆老，他們記得很清楚。

武器？什麼樣的武器？

金屬槍、很重很長。多奇怪的故事啊，但高地人總是充滿種種奇談。掃羅的學生還叫他要小心森林裡潛伏的巨大狼人。

掃羅跟學生及其家人互動時，有過多次徒勞無功的嘗試，他試著提起耶穌，想測試他們是否感興趣，後來他明智地放棄了。討論宗教會讓他看起來更怪異，為了好好收集情報，他得先跟當地人建立融洽的關係。於是，他開始探究他們對共產黨的想法，發現只有少數人有些抽象理解。多數人對中國人心懷警惕——畢竟邊境就在十英哩外——但入侵只是次要的憂慮，因為他們已被敵對佤族部落的永恆恐懼所淹沒。他們還擔心食物。當地灰褐色的土壤，冬季期間大多霜寒凍結，土壤缺乏養分，玉米跟稻米的生長狀況不佳。只有一種作物能在這種鹼性的土壤長得好：罌粟。

學校出席率一直不穩定，尤其罌粟收割季節一來到，出席率幾乎就降到零。父母親需要孩子到田地裡幫忙。每年兩次，山坡上會開滿象牙白及深紅色的花，花瓣脫落後，露出下方綠色果莢。劃開果莢會滲出乳白色的液體，遇空氣漸漸轉成蜜糖色。佤族人將鴉片刮進大陶罐裡。除了耕種稻米跟玉米，這就是他們日常生活圍繞的重心。

黃昏時分，父母親從罌粟田回來時，掃羅會責罵他們的孩子逃學。他們臉上的表情卻寫著，這樣做會讓你更不受歡迎。掃羅教的緬語課幾乎沒什麼用處，因為班歪人從未見過緬人，也不指望遇到。他的課程對他們的生活來說，幾乎毫無用處。

掃羅說，我是來幫忙的。他們說，若想幫忙，可以在日出時拿把鴉片刮刀，加入他們的行列。掃羅的任務搖搖欲墜。緬甸軍政府的控制者曾告誡他要保持靈活，必要時可以調整方向。掃羅決定撇除自己先入為主的想法，把重心放在對方有興趣的主題上。

鴉片。

他們對鴉片非常著迷。看著佤族種罌粟的人，沒人會說他們懶惰。他們的職業道德令掃羅感到驚歎，卻無法理解動機何在。[20]鴉片是個神奇的東西，抽上一口可以讓坎坷地面感覺像棉花床，然而除非重病，沒人會輕易嘗試。他們認為在迷醉中慵懶閒晃，有失戰士精神，幾乎等於邀請敵人輕鬆砍下自己的腦袋。那麼這些罌粟又是為誰而種呢？

直到一列隊伍現身，才解開這些不合理之處。

一天下午，鼓聲響起，表示有訪客靠近班歪。掃羅加入一群戰士出寨迎接來客。他們穿過黑暗迷宮，走到陽光底下。附近山脊上出現一隊中國人臉孔的士兵，人人手持突擊步槍，全都穿著同樣的卡其制服。

掃羅一陣驚愕。共產黨發動攻擊了，他心想。但其他佤人向他解釋，這些是非共產黨的中國人，他們是來買鴉片的商人。佤族家庭全都湧出寨堡，捧著裝滿鴉片的陶罐，歡喜地走向訪客，將陶罐放在他們腳邊。這支中國貿易部隊帶來一長列驢子跟騾子，全都綁在一起，稱為馬幫。他們從牲口背上卸下布袋，將內容物扔在地上。掃羅看見來自工業世界的寶藏：可以打成飾品的金塊、獵鹿或熊時需要的火槍跟火藥、嚴冬時用來保存肉類的鹽塊以及裝滿米粒的厚重布袋。這些商人只接受一種貨幣，而高地貨幣就是鴉片。掃羅終於知道為什麼沒人抽鴉片，因為那就像是把現金拿去燒一樣。

由於不太會說中文，掃羅沒去接近這些商人，只是看著他們把鴉片裝進帆布袋，全都綁在騾背上，踩著沉重的腳步離去。稍後，學生返回課堂，他向學生問起這些人，得知他們確實是共產黨人的對頭：頑強的中國資本家，在毛澤東統治下的中國備受憎恨。他們在一九四九年逃進緬甸，跟掃羅所屬的教派一樣。這些商人此刻在緬甸邊境這一側的叢林藏身，至於確切的位置，班歪人不知道，也不在乎。他們只知道，每年兩次，馬幫會前來用寶貴物品交換鴉片。

掃羅問起，這些中國外人是怎麼潛入佤山的？帶著行動遲緩的驢子爬上髮夾彎山徑，卻沒遭到佤人劫貨或獵頭顱。這些人彷彿拿到許可證一樣，能進出獵頭族國度。基本上確實是這樣，學生解釋道，每個人都知道，若跟中國馬幫起衝突，會讓他們的主要貿易夥伴震怒，這裡指的是佤族軍閥——佤族幾個最強大部落的領袖。

班歪以南不遠處，就是那些軍閥的地盤，那裡罌粟生長得更加蓬勃茂盛。他們共有三人，各自統治著自己的地盤。學生解釋，他們不是統治者或酋長，除了要求別人遠離他們的罌粟田之外，這些軍閥也沒有頒布其他法律。但他們的統治方式非常高壓，跟佤族生活中的平等性格相去甚遠。每位軍閥帶領自己的武裝隊伍：一支私人維安軍隊，由最強悍的獵頭者組成，保護罌粟田，殺掉闖入的人。

典型的佤族戰士農夫了不起可能擁有一把火槍，但這些軍閥家族除了刀劍外，他們的戰士還配備了從中國商人那裡買來的高級步槍。身為馬幫的VIP客戶，軍閥可以獨家享有一系列高端武器，他們的配備中，最令人垂涎的是金屬自動裝填步槍，底部凸出的黑色彈匣上，有些還印著「美國（USA）」字樣。中國商人也攜帶同樣的槍枝，但他們不會將這些槍賣給班歪村民，這裡只是他們收鴉片行程中的一小站。

掃羅問學生，軍閥長什麼樣子。他們說，每個人都不一樣，其中一個很花俏。在這個除了太陽以外沒有其他計時器的地方，他戴著金表這樣華而不實的裝置；另外一個人很殘忍，他領導著高地上最熱中收集頭顱的部落；第三位是巫師，他用泥巴雕塑小動物，信手一揮，泥小物就跳起舞來，而且他生氣時會變成一頭老虎。

小道消息滿天飛。再一次，掃羅不確定這些可不可信，但接下來的幾個月裡，他努力收集一切關於軍閥的訊息。他不喜歡這些人惡名昭彰的頭顱數跟黑魔法，卻欣羡他們的力量。他心想，倘若潛伏在邊境另一側的中國毛派軍隊湧入山區，這些兇殘的強人可能派得上用場。

一九六七年夏天，掃羅在高地度過了六個月。起初，他對飛機從天空丟下武器的怪異故事不以為然，現在他卻不斷想起這件事，還發起白日夢，若此事為真，他將要如何運用這些槍。此事在他腦中日夜不去，他下定決心搞清楚這個故事是否屬實，因此訪問了班歪的耆老。

那些貨箱是什麼時候從天上掉下來的？

好幾年前，他們說，也許有十五年了。

箱子落地後發生了什麼事？

我們在森林裡找到它們。裡面裝滿槍，但沒有彈藥。我們把武器放回箱子，埋在掉落處附近。

為什麼？

那不是我們的。

那是誰的？

我們不知道。不管他們是誰，我們都不希望原來要來接收的人找到這些槍，用來對付我們。

為什麼不把槍用來對付敵對部落？

我們每次取頭，都是回應某種不公，例如我們的男人被殺，或女人被侮辱。這些事可以用犯事部落任何人的頭顱來抵消，但我們不像低地人，尋求徹底消滅對手。

掃羅問，若他想挖出幾個箱子來看看，可以嗎？耆老面無表情地看著他。任何佤人都可以依照自己的意願行事。對掃羅來說，這已經接近同意。

一天早上，掃羅暫停當天的語言課，掃羅校長跟年輕學生們說：回家去，翻翻你們父母親跟祖父母的記憶，問他們天上掉下來的箱子藏在哪裡。很快地，學生帶著他進入洞穴，或幫他挖起水牛圈的地面。他永遠記得將手伸進土中，第一次摸到木箱頂部的那一刻。他從土裡拉出木箱，撬開蓋子，把手伸進去，在芬芳的木屑中摸到硬物。當他拉出一把衝鋒槍，將黑色金屬擁入懷中時，一股歡欣衝上心頭。

他花了幾個星期找到所有箱子，箱子裡裝有各式武器。有些小型槍枝，跟掃羅的前臂一樣長，上面刻著「STEN」，看起來像是長管，摺起來的槍托可以抵住肩膀。其他則像小型大炮，帶有可伸縮的三腳架。甚至還有一些M1加蘭德半自動步槍，這是第二次世界大戰時期美軍的標準步槍。21

在掃羅要求下，學生將武器拉進班歪寨門，堆放在他的教室裡。這裡很快就像一座軍火庫。他們挖出八箱，每箱有十二把槍，總共將近一百把槍。

掃羅毫不懷疑是神將武器交到他的手裡，將他拉向某個關鍵時刻。浸信會灌輸給他的佈道說服力，正是該發揮的時刻，但他不會壓迫佤族接受基督。相反地，掃羅要讓他們將他視為保護者，幾乎就像軍閥，一個有品德而非邪惡的軍閥。

人間之神去世前曾預言，「像貓狗一樣互鬥」的佤人，面對某種生存威脅的時候，就會暫時放下氏族衝突，團結起來。這就是掃羅對班歪村民的呼喚。他敲響他們的木鼓，將村民召集到寨子中心，宣布：共產黨人來了！

掃羅揭露自己是緬人的探員。他說，我們的軍事分析人員確信，毛派分子將要入侵，可能就在今年。每個佤人都該及早備戰，而你們獵頭者反倒互相殘殺，不團結將導致你們的滅亡。他告訴群眾，不要低估共產黨人的殘酷，因為我就是從他們摧毀的世界裡逃出來的難民，這是我的親身經歷。他們會扼殺你們的生活方式，甚至毀滅你們的罌粟。

這引起了眾人的注意。

我可能是個外來者，掃羅說，但內心深處，我跟你們一樣都是佤族，準備發動抵抗。你們可以從舉起這些武器開始。掃羅像舉起石中劍一樣，高舉起一把機槍。一位出乎意料的領袖揮舞起強大武器。

他感謝神賜予的意外收穫；然而從天而降的槍枝並非來自神明，而是美國中央情報局。

槍枝、毒品與間諜活動

成為班歪軍閥。

跟其他軍閥見面，贏得他們的敬重。

團結起來對抗紅色威脅，拯救佤族。

以上大致是掃羅的新計畫。但這名年輕人對預期合作對象的想法卻非常天真。擁有大批鴉片的佤族軍閥，可能幫忙顛覆中共的擴張熱情，這種想法是對的。只不過他誤以為這是個前所未有的點子，實際上中情局早已搶先一步實行了。

此外還有很多事情是掃羅不知道的。他並不知道美國（他尊敬的遠方國家）已經是佤山裡的祕密勢力，美國祕密地主導著由槍枝、毒品及間諜活動組成的行動，而軍閥在這個行動中至關重要。至於那些手持美國步槍的神祕中國鴉片收購者？他們就位於行動的中心。因此掃羅若想成為佤山裡的有力軍閥，首先得摸清楚這個由中情局營運的計畫，並找到自己能扮演的角色。

中情局從未打算陷入亞洲毒品交易。這是設想不周的計畫所導致的意外結果，其中就包含從飛機空投機槍。

背景故事如下。一九五〇年代初，毛澤東的軍隊不僅將掃羅的教派逐出中國邊疆，它還清洗了所有不受歡迎的人，包括中共的敵人：邊疆的鴉片貿易商、富裕地主、被困的國民黨士兵。這些被攻擊的團體結合在一塊，從緬甸荒野逃出生天。

起初，中國流亡者四處流浪，吃蜥蜴與樹根求生，日漸骨瘦如柴。一些人在佤地迷路，盡力避開獵頭者；其他人則漂泊到撣族村莊星羅棋布的丘陵區。許多人本想著會在這片陌生土地上挨餓，但救兵隨即到來：進入視野的螺旋槳飛機，低飛投下掛著降落傘的箱子。浮在空中的箱子裡裝著白米、子彈與槍枝。每一箱都是中情局的援助包裹。新成立的間諜機構，正啟動成立以來最雄心勃勃的亞洲任務。

中情局跟流亡台灣島的國民黨政府合作，希望武裝這群遺落在緬甸又厭惡共產黨的人，將他們融合成一支強大的武力。接著，把這些人送回中國，從毛澤東手裡奪取政權，重建國民黨政權。如此一來，中國將再次屬於友美的政權。中情局跟國民黨在緬甸建立的祕密武裝團體有好幾個不同名字，為了方便起見，我將稱他們為「流亡者（Exiles）」。[1]

空投持續不斷，去除所有標誌的中情局飛機向流亡者提供各種槍枝，有英國製的斯登衝鋒槍、M1步槍，甚至湯普森機槍，這種機槍曾因芝加哥黑幫而聲名狼藉。[2]許多槍枝出自美國舊庫存，槍身序號都被刮掉。這個行動是最高機密，只有美國總統及中情局內的小圈子知情。

到了一九五一年春天，流亡者已經準備好穿過邊境返回祖國中國。他們聚集在中緬邊境，等待新一輪的武器補給。多數箱子都準確落在預定投放區，但中情局的機組員可能弄錯其中一次投放，至少有八箱掉到班歪寨堡附近，距離最近的投放地點十英哩以上。[3]佤族人把這些怪箱子埋起來，繼續過他們的生活。（直到十六年後掃羅出現，才挖出這些武器。）

與此同時，流亡者不理會那些誤投，專注在手邊的任務：收復中國。他們裝填好武器，準備戰鬥。他們區區數千人，要面對全面盯緊邊境的三十多萬共軍，中情局卻天真地相信流亡者能突圍凱旋。他們認定中國群眾已經對毛主義生厭，將群起加入自由之戰。[4]但這種想像沒有成真。流亡戰士衝進中國時，人民解放軍將他們打得落花流水，傷兵殘將士氣低落地逃回緬甸叢林。

接下來的幾年裡，美國鼓動這些流亡者進行數次入侵中國的行動，每次都以災難告終。然而中情局並未放棄計畫，反而想出更奇妙的招數，想要招募傳說中的佤族戰士部落加入行動。中情局官員確實認為高地佤人會很樂意參與白人領導的行動——這個想法來自楊氏傳教士家族。中情局跟傳教的楊氏家族討論過後，起草一份備忘錄，寫下：「佤人對白人具有一種特殊情感與敬重，一致希望白人幫助他們，甚至統治他們。」[5]

這實在太瘋狂了，流亡者很清楚這一點。許多流亡者是在中緬邊境附近長大的華人，距離佤人獵頭隊只有一步之遙。他們很清楚試圖「統治」高地佤族，可能會讓你的腦袋變成他們田裡的肥料。

中情局沒辦法接受中國就這樣永遠敗給了共產黨，但流亡者卻必須面對現實：他們永遠困在緬甸了。他們剛好充分利用這一點，重返其中多數人最熟悉的領域：商業貿易。儘管流亡者繼續積聚美國物資，包含武器、食物及藥物，看似仍打算奪回中國，實際上卻將這些物資當成企業投資的種子資金，將游擊隊轉變成鴉片販運集團。

緬甸山區擁有亞洲最適合罌粟生長的土壤，但就流亡者來看，當地的原住民部落卻是浪擲潛力，每年僅僅產出幾十公噸鴉片。為了增加產量，流亡者利用優勢火力對付上游農民。這群擁有新型美國機槍的馬背上征服者，輕易地強迫當地人窮盡地力，種出更多罌粟。他們通常會放過佤人，因為這些人太難征服了，因此緬甸丘陵區人口最多的撣人，就承受了這股壓力。流亡者以微不足道的價格收購農作，將撣人變成勉強餬口度日的農奴。

這類業務擴張極度成功。流亡者將緬甸鴉片產量提升到每年五百公噸，根據中情局的說法，「幾乎是世界鴉片供應量的三分之一」。[6]流亡者新的生存理由顯然是毒品，不再是擊敗共產黨。然而中情局仍不想放棄，於是當流亡者需要將鴉片送到城市買家手中時，中情局還出借飛機來執行任務。[7]中情局僱用的飛行員降落在緬甸的泥地跑道上，卸下槍枝，然後載上流亡者的鴉片包裹，飛往曼谷。當地的買家主要是中情局所支持的泰國警方官員，他們直接在機場接收大宗毒品包裹。這些銷售收入快速推進流亡者的成長。這是中情局僱用飛機為武裝團體運送毒品的首例，但絕非最後一例。

接下來十年左右的時間，流亡者的業務模式愈加完善，他們組建了一個先祖難以想像的龐大鴉片貿易集團。幾乎所有緬甸鴉片供應都落入他們的壟斷控制中。緬甸軍政府並不樂見美國武裝的毒品集團在國內肆虐，但流亡者多數待在緬軍控制以外的山區。流亡者跟緬甸巡邏隊之間偶發槍戰，通常是後者落入下風，因此軍政府部隊試著與他們保持距離。

流亡者甚至成功取得令眾人垂涎的佤人罌粟產物，它比東南亞其他地方的產品更受歡迎。然而佤人與其他原住民族不同，佤人勢大難以駕馭，因此流亡者必須透過公平貿易取得他們的鴉片。例如，在班歪，他們提供金塊跟火槍，而撣族農民只拿到布料跟斧頭。在最豐美的佤族罌粟種植區，流亡者找上最強大的獵頭部落，用更好的禮物收買他們：美製突擊步槍。這些自部落崛起的惡名昭彰軍閥，正是掃羅希望會面的那三位。

這些軍閥是重要的鴉片供應商。在流亡者的指導下，這些佤人軍閥的組織已經足以持續供應最高品質的鴉片，也得到足夠的武力，確保馬幫能安全進入他們的領域。

到了一九六〇年代中期，流亡者經營著遍布緬甸內陸地區的廣闊貿易路線，區域面積比葡萄牙還大。罌粟茂盛的佤山，標誌著供應鏈的最遠端。掃羅在班歪寨門附近看到流亡者前來收購鴉片，此地是最北的收購點。他目睹的馬幫也會從佤族軍閥那裡收購鴉片，接著往南進入撣族各村落取貨，最後再將所有貨物拉回流亡者總部——位於緬泰兩國交界上，佤地以南約兩百英哩處的一連串營地。

從雜亂無章之中起家，流亡者走了很長一段路。隨著他們演變成為亞洲最大的鴉片集團，他們跟中情局的關係也不斷變化。

到了一九六七年，流亡者集團擁有三千多名武裝人員，他們的小腿在緬甸山坡上下跋涉中變得結實堅硬。為期數月的走私行程之外，這些人跟他們的騾子就停在泰緬邊界沿線的祕密營地裡休養。整體來說，生意相當不錯，但普通成員還過不上奢華生活。光是養活所有武裝人員，加上他們的妻兒，就耗去絕大部分利潤。

流亡者有幾位領導者，李文煥（Lee Wen-huan）——自稱李將軍——是其中最有影響力的人物。[8]跟其他地位顯赫的中國人不同，他不穿金戴玉，他的指揮中心是一座像中國農村房舍一般的鱗瓦石屋，坐落在泰國清邁府的一座山頂。此地距離緬甸邊境只有幾英哩。

李將軍的強硬是流亡者的典型性格。這些牛仔型人物來自煙塵滿天的中國雲南邊省。他們的行事風格幾乎就像德州人，喜歡馬匹步槍，不輕易相信外人。李將軍看上去粗魯——個子魁梧，經常低咆——其狡詐性格卻是驚人。在緬甸內陸各地流浪多年，李將軍將流亡者打造成強大卻流動的壟斷集團，並將集團落腳在泰國境內多數人認定不宜人居的區域。以山區環境來說，這裡雖然不像佤山那般生猛原始（陡峭山坡及將人剖成兩半的冽風），但泰緬邊境仍舊是個崎嶇乾涸之地。

分隔緬泰兩國的山脈形成一堵石牆，睿智的李將軍卻一眼看中這片荒地的潛力。這片自然屏障的一側是緬甸的罌粟田，鎖在只有勇者敢闖的地域。另一邊呢？是泰國，這個現代化進行式的國家，連通了世界其他地方。這裡是數百萬潛在顧客的入口，多的是渴望用鴉片消解痛苦的人們。

穿越兩邊的唯一方法，是通過狹窄的山區隘口，有些隘口甚至只容單排騾子隊伍通過。從緬甸往南送的鴉片都會經過這些瓶頸隘口，像小型的蘇伊士運河。李將軍指示流亡者占據這些隘口，設置檢查哨，在此安頓下來。

他們將東南亞毒品貿易牢牢握在掌心。[9]

中情局稱此為「理想的走私區域」，並將此地比作美國的私酒生產中心：阿帕拉契山區（Appalachia）。機密報告描述石灰岩丘陵區「滿布洞穴」，流亡者可在此藏匿「越境走私的非法貨物」。[10] 美國間諜不僅讚揚李將軍的選址，還鼓勵當時是美國附庸的泰國政府，讓流亡者非正式地控制這塊邊境區域。[11]

要求泰國實質上將領土讓給一個販毒集團，是個非比尋常的要求，然而當時時局動盪，他們也不是普通的販毒集團。他們的隊伍裡充滿厭惡共產主義的人，當時這種意識型態正席捲東南亞。此時美國已經入侵越南，想阻止共產主義擴張，但效果不彰。夾在泰國跟越南之間的寮國跟柬埔寨，共產主義叛亂則正在迅速升溫。因此，美國將由軍隊統治的右翼泰國，視為一道阻止共產主義通過的防火牆，以免一路燒進緬甸、印度，甚至更遠。

美國說服泰國領導人讓流亡者在北方邊境落腳，鞏固陣地。[12] 美國的想法是，若有任何形式的共產游擊隊膽敢靠近邊界，或出現在緬甸的毒品走私小徑沿線，流亡者都會輾壓他們。流亡者是勇猛的戰士，擁有火箭推進榴彈跟點五〇口徑機關槍等美製武器，足以堅守陣線。最棒的是，流亡者可以免費提供這項服務，販毒集團不需要外來財務支援。至於他們的犯罪行徑，中情局跟泰國領導人都可以視而不見。販毒固然不光彩，但遏制共產主義比任何事情更加重要。

為了進一步拉攏流亡者跟泰國當局，美國敦促他們形成有利的夥伴關係。到了一九六〇年代末期，流亡者不單販售生鴉片，更將重心放在加值產品：海洛因。他們聘來化學家，在營地周遭運作十多間竹牆築起的精煉廠，利潤空間高得驚人。投資三百美元，流亡者可以購得十公斤的佤族鴉片，合成為一公斤粉末狀海洛因。[13]包在玻璃紙裡的海洛因磚，在曼谷可以售得一千美元。然而首都曼谷相當遙遠，流亡者無法用騾子拉著海洛因翻過整個國家。再一次，流亡者需要協助，幫他們把貨物從內陸運出去。[14]

泰國的邊境巡警（Border Patrol Police）是中情局創建的組織，也介入幫忙。它擁有美國提供的卡車與裝甲車，足以爬上陡峭山坡。為了從售價裡分一杯羹，泰國邊境巡警的卡車裝滿流亡者的海洛因，他們花上十四小時，一路駛向曼谷。大部分行程都跑在美國為了發展泰國而建的平順公路上。[15]由於貪腐的泰國警察出手，流亡者不用擔心被逮捕或沒收，可以安心交付他們的產品。

金三角毒品貿易的基礎建設就這樣逐步建立起來。美國並沒有打算協助打造這條長達六百五十英哩的鴉片通道，但事實就是如此。遠方的一端是鴉片供應商佤族軍閥；中間是馬幫騾隊、毒品實驗室及貪腐員警；終點則是曼谷的批發買家。

流亡者的海洛因只供應給一種客戶：曼谷的華人。他們許久前就移居至此，成為都市商人。據中情局文件顯示，他們出入上流社會，是「社區裡倍受敬重的成員」，視自己「先是商人，其次才是犯罪者，甚至對犯罪不以為意」。泰國華裔家族經營出口業務，運送的貨物從鳳梨到汽車零組件都有，因此他們本來就有倉庫、卡車跟船隻。這些都是將貨物走私到高價市場所需的一切工具。

一九六〇年代末期，最熱門的海洛因市場，就是南越。

隨著越戰戰況愈演愈烈，被徵召入伍的士兵不斷湧入，直到世上最富庶國家的五十萬青年陷入這場叢林噩夢。恐懼創傷橫行，許多士兵渴求化學藥物的逃避。五角大廈無意中為附近金三角產出的海洛因創造出完美顧客，中情局則協助維持這條供應鏈，讓美國士兵成癮。

美國大兵不覺得自己富有，但每月八十美元的薪餉，比此地農民要富裕得多，後者只能靠自己種的作物維生，負擔不起藥物成癮的開銷。隨著戰事拖延，根據最高的估計數據，越南美軍中多達六分之一使用海洛因。[16]本土美國人對自己資助了東南亞毒品貿易一事，毫不知情。美國公民薪水的稅收，被用來支付士兵薪餉，大兵拿這筆錢支付越南毒販，越南毒販轉頭付給曼谷的泰國華裔分銷商，後者則要流亡者持續供應產品。[17]

中情局冷冷地觀察著美金與海洛因的流向，它雖參與其中，卻未採取任何阻止行動。中情局無法聲稱毫不知情，其祕密備忘錄指出，流亡者正在建立新的毒品實驗室，就是為了滿足「南越美軍對海洛因的需求急遽上升」。[18]

究竟有什麼理由，能合理化中情局支持毒品集團把海洛因打進美國士兵的靜脈？

每件中情局醜聞的背後，總有一個深具大局觀的正當理由。在這個案例裡，就是共產主義，具體來說是共產中國。中情局不單希望流亡者在金三角地區監控共產黨人的反抗行動，那不過是他們的職責之一。中情局還想要他們更深入刺探祖國中國，因為這個國家控制著將近五分之一的人類，核彈量更是日益增長。

對美國來說，毛澤東的王國是令人恐懼的難以捉摸，而中情局則著迷於窺探其中，這是非常艱難的任務。在中國境內布置間諜幾乎不可能。中國邊境多數圍繞著對美國不友善的國家，如蒙古、北韓及北越，或者，海水。但有一道後門：矗立在中國西南邊際的佤山。

中情局終於接受了白種人在那裡不受歡迎的事實。但中情局的毒品貿易線人——流亡者——卻能得到佤地獵頭族的許可，來去自如。為了享有中情局的庇護，販毒集團不只要收集鴉片，還得動用必要手段，幫忙蒐集沿邊情報，即便這意味著得將佤族軍閥也綁進中情局的行動之中。

流亡者固然神祕，對外曾使用多種名稱。倘若有人問起，多數走私者只會說，「我們是雲南人」，意指他們在中國的家鄉。中情局則稱他們為中國非正規軍（Chinese Irregular Forces, CIF）。但一名流亡者領袖曾建議更具詩意的描述：「看門狗」。[19]

看門狗聽起來比**毒販**高尚得多。它喚起英勇哨兵的形象，隨時準備當共產黨人在遠處騷亂時，對所謂的「自由世界」發出警戒。此一描述也相當準確，整個一九六〇年代，流亡者代表著兩個間諜機構所進行的連串監視行動：美國中情局及台灣的軍事情報部門。而台灣軍情部門實際上是中情局的附屬機構。正如一名中情局高官所言，台灣的間諜部門是「依託美國而生」。[20]

中情局跟台灣攜手合作，在緬甸山區成立十多個無線電站，這一連串基地位於泰中邊界之間。流亡者負責保衛並運作各個基地。他們最優秀的士兵接受訓練，負責操作美製無線電接收機，並傳遞編碼消息。這些無線電站跟流亡者馬幫保持密切聯繫，馬幫在收集鴉片的路線上雲遊四方。每梯商隊裡都有無線電員，背著笨重的電波發射器，這是一種塗成淺綠色、裝有天線的重型設備。若無線電員在路上發現可疑情況，會立刻將情報傳到最近的基地站，後者再傳送到泰國的流亡者營地。

這項技術是天賜禮物。毒品貿易更像是一場物流遊戲，玩的是如何不發生意外地將物品從甲地送到乙地，無線電讓他們的操作更加緊密有序。這一季暖和的天氣是否影響了鴉片產量？流亡者會知道。路上是否有盜匪埋伏？流亡者也知道。流亡者知道的一切，中情局也會知道。[21]

中情局對組織的毒品貿易過程擁有詳細數據紀錄，甚至細到騾子的平均步行速度：馱運一百五十磅鴉片的騾子每日步行兩英哩。但這並非監視網的主要目的。這項科技禮物的附隨目的是流亡者要協助中情局收集中國內部情報，他們收到指示，要將無線電網絡擴展到中國邊境上的佤族軍閥領域。對中情局來說，幸運的是佤族軍閥並未反對此事，他們在這方面表現得很寬容，讓流亡者這群值得信賴的商業夥伴，在他們的地盤上安裝電子設備。其中一名軍閥甚至容許在他的領地上，建造一處永久的無線電小屋，以間諜的行話來說，這是一處「監聽站」，吸收山那頭傳來的解放軍訊號。另一名軍閥，在收取額外黃金的驅動下，甚至願意更進一步，派佤族獵頭隊進入中國，殺掉共產黨軍官，偷取他們手中的文件。

中情局確實達到他們想要刺探中國情報的目的，這要感謝情報官員口中的「毒品走私者」跟其他「奇怪的同謀者」。[22]這個「毒品－間諜」系統確實怪異，每位參與者——中情局、流亡者、佤族軍閥——都很低調的原因，是因為他們都想阻止中國毛派勢力擴展進入佤山。所有參與者都認為這是生死攸關的威脅，但也各有盤算。

中情局認為共產主義是威脅美國霸權的病毒，他們會盡一切努力阻止病菌在地球上蔓延，甚至不惜跟毒販及獵頭部落合作。除了利用流亡者跟佤族供應商來收集情資外，美國還要靠他們確保共產主義不會進入金三角地區，分食鴉片利潤。正如一份中情局祕密備忘錄所言，若少了美國的祕密行動，所有亞洲人「都會像成熟的水果一樣，被共產黨摘走。」[23]像緬北這樣無法無天的地方，連該國軍政府都控制不了局面，這正是共產黨可能生根之處。美國隊的其他成員，包含泰國跟台灣，也有類似憂慮。

流亡者的動機更加複雜。他們真心痛恨毛派分子將他們從家鄉趕出去。但他們也了解到，若在國際冷戰中沒有角色，他們就只是一個犯罪集團。加入美國隊給了他們某些特權：在泰國找到棲身之地，取得武器跟無線電技術以及免受逮捕。這些條件讓他們在金三角毒品貿易中取得霸主地位。

至於佤族軍閥？他們只想繼續統治。他們知道若毛派征服他們的土地，他們就會從部落霸主淪落到集體農場去鏟雞糞。事情就這麼簡單。

還有年輕的掃羅。他懷抱偉大夢想，一腳踏進混沌局勢，卻沒有多少頭緒。

掃羅是緬甸軍政府的幹員。根據國際法，緬甸是唯一對佤山擁有正當主張的國家。在任何一個教室的地球儀上，這片土地都位於緬甸邊界之內。但中情局或毛派都不在乎這一點。統治緬甸的將軍幾乎孤立無援，害怕中國入侵本可能讓他們成為美帝國的天然附庸，但遭受一個多世紀的殖民統治後，他們拒絕向任何人卑躬屈膝，更何況是另一個白人帝國。因此緬甸領導人孤立無援，軍隊也過於弱小，無法嚇阻中情局或毛派離開佤山。他們只能派出像掃羅這樣的人，並祈禱一切順利。

即便是掃羅，在班歪待了幾個月之後，有時候也會暫時忘了派他來的主子是誰。他有自己的追求，不過是剛好跟軍政府上線交代的任務重疊。他也熱切希望驅逐共產黨，但不是出於某種維護緬甸領土完整的超級愛國主義，掃羅只是想保下地球上最後的佤族據點，這樣他就有機會進行開化工作，去除他們邪惡的獵頭行為，統合為一體，並在準備好的時候，帶領他們走向基督。只有這樣，他才能實現人間之神預言的夢想。

成為軍閥。跟其他軍閥見面，贏得他們的敬重。團結所有人對抗紅色威脅，拯救佤族。

這就是他的計畫。該是開始行動的時候。

軍閥聯盟

要成為一名軍閥並沒有什麼正式的先決條件，但殺敵的履歷肯定有所助益。在這方面，掃羅的經歷顯然不足，這些年，他從未殺過比猴子更大的生物。

但至少這名二十二歲年輕人有些人脈可以拿來炫耀，掩蓋自己的經驗不足。班歪村民指出，若沒有子彈，老師手上的槍也不過是一堆無用鋼鐵。但他說，再等等，緬軍會給我子彈。緬軍果然很快兌現承諾，快馬送來彈藥箱。

瑪麗繼續在教室教文法，但斷斷續續的槍響打斷課堂。掃羅在教室後方演練，十幾歲的男學生正形成一支初生的民兵。掃羅從沒籌組過戰鬥小隊，只能從獵猴經驗裡借鏡，臨時湊合。

身為緬甸城市景棟周邊長大的難民，青少年時期的掃羅有時會借上一把火槍，溜進森林，射殺樹上的猴子。他家很窮，需要蛋白質。他覺得打猴子跟襲擊人類應該沒有太大差別，最重要的是偷襲，因為猴子的聽力很敏銳，還可節省子彈。習慣了步槍四十五秒裝填子彈的時間，掃羅相信要謹慎衡量每一槍，即便他挖出來的是自動步槍。

他向緬甸上線要來一把精心設計、高度致命的武器，拿來嚇唬村民。他們送來一把點五〇口徑的重機槍，配備一條彈帶，讓他掛在肩上。每發子彈看來就像一根黃銅胡蘿蔔，足以穿透鐵砧。這把武器引發轟動，連那些獵頭者也躍躍欲試。掃羅剛出現的時候，大家覺得他古古怪怪，甚至令人厭惡，但這個形象正在改變，每天都有新的志願者跑到轉成指揮所的校舍敲門。

對眾人發號施令，預備跟邪惡對決？這對掃羅來說，無疑有如天堂。但他的民兵指揮系統很鬆散，更像是管理一隊義消，而不是一支綠扁帽特種部隊。受訓者因為爛醉而臉色酡紅，或赤裸著上身，他們對掃羅從緬軍調來的卡其色制服不感興趣。身為外來者，他的權威相當有限。

當地一位名叫朗（Rang）的硬漢，注意到這名年輕人的動作。朗領導的氏族控制著附近一大片罌粟田。他不是軍閥，只是個小頭目，帶領一小群武裝不足的戰士保護自己的農作物。但朗跟掃羅互相擁有對方想要的東西。朗有在地人的合法性，也對地方情況瞭若指掌；掃羅則有未來軍閥的領袖魅力、一批槍枝及穩定的彈藥供應。因此雙方攜手合作。朗擔任民兵副手，幫忙彌合掃羅跟土生土長高地人之間的文化鴻溝。他常常告誡掃羅要節制他的理想主義。

例如，拿鴉片來說，掃羅從小就被教導要恐懼這種毒品。他的教派警告，鴉片會讓任何人沉淪病態，健壯的獵頭者也不例外。[1] 儘管班歪幾乎沒人上癮，因為高地人有種強大的成癮禁忌，但掃羅仍舊認定鴉片對人有害。他告訴朗，壓制共產黨威脅後，佤族必須停止生產鴉片。

不要太自以為是，朗說。鴉片是佤族的命脈，永遠不會改變。我們的民兵得要求當地農民貢獻一部分作物，就像某種稅收，並大量賣給流亡者以換取槍枝，就跟其他軍閥一樣。他們的民兵不能僅依靠緬軍三不五時的供應。但別擔心，朗說，鴉片的事情——收集、儲存、賣給流亡者，交給我來處理。能夠跟毒品保持距離，讓掃羅鬆了一口氣，讓他能專注在他最喜愛的招募工作上。

在手持步槍的學生民兵護衛下，掃羅展開了他的宣道之旅。他前往班歪外圍的佤族小村落，這些村落跟班歪寨堡保持著友好關係。（佤族的敵對聚落通常在一天步行可達的距離之外，而非近鄰。）他走過他們的頭顱林，穿過村莊大門，來到集會鼓前，敲打幾下，召喚眾人。

掃羅的演講內容從黑暗走向光明。他告訴聚集的村民，末日即將來臨，它將以呼嘯尖叫的中國突擊隊形式現身。他把他們嚇得要命，然後就像個好推銷員，垂下一根救命繩。我們可以擊退威脅，但你們得加入我的民兵，停止斬首佤族同胞，這種行為會在最危險的時刻撕裂團結。不能再獵頭，這是掃羅最基進的要求，朗也無法讓他改變主意。他散發著約翰．布朗（John Brown）的氣場——那位一手持槍，一邊引用《聖經》的美國廢奴主義者。「我可以跟他們講道理，」掃羅說：「耐心打破他們的疑慮。但是我不接受拒絕。」面對任何嗤之以鼻的獵頭者，他就發出警告：「聽好了。從現在開始，如果有人砍下另一個人的頭，我們會親自射殺他。」

就這樣，存在了好幾個世紀的作法（這習俗如此古老以至於沒人知道從何時開始）開始在班歪附近消失。掃羅開始志得意滿。「威廉．馬庫斯．楊（人間之神）只是試圖將宗教帶進佤族，」他說，「但我呢？我會改變他們的一切。」

掃羅的演講之後，朗強迫村民繳納鴉片稅。你可以說這是敲詐勒索，或奉獻樂捐，反正如此一來，這支民兵的地盤跟收入都增加了。收入留下來買流亡者的武器。隨著民兵吸納愈來愈多村莊，朗也開始收集僕傭。這些十幾歲的男孩及少年，多半衣衫襤褸，部分因為部落械鬥成為孤兒。為了獲得穩定食物，他們會幫忙奉茶或幫領袖洗內衣褲。這群來來去去的部下裡，掃羅只記得一個人：來。

來是個陰沉的傢伙，長得像隻螳螂，骨瘦如柴，滿口莽撞無禮。「他會坐在木頭上，盯著空氣發呆。」掃羅說：「他從沒講過什麼有用的話，我也不會讓他碰槍。」來經常進進出出，跑腿一陣子，又從民兵隊裡消失。掃羅並不在乎這個人是否回來。「我覺得他是個笨蛋，」他說：「徹頭徹尾的白癡。」

但來並不笨，只是嘴巴緊。他內心裡充滿怒火，對鴉片軍閥拿窮人家孩子當奴隸的行為厭惡透頂。到後來，掃羅才意識到這名陰鬱年輕人內心燃燒的憤怒有多炙烈。

緬甸軍政府對掃羅狂風掃落葉般的進度相當欣喜。在信中，他們說別管學校了，把教學交給你妻子，你現在是我們自己的軍閥。他們甚至給了他正式的頭銜，任命他為「自衛隊（self-defense force）」指揮官，這是種實驗性質的準軍事部隊。[2]

自衛隊基本上是軍閥手下的民兵，跟緬甸軍隊結為鬆散聯盟。這是軍政府維持內地不受共產黨影響的另一種戰略，成本低廉。山區軍閥可以加入這種安排，緬甸軍隊會給加入者一些好處。軍政府領袖會說，我們不管地方瑣事，也不會在你的地盤上實施我們的法律。事實上，你可以擁有非正式的犯罪許可證，生產鴉片的法外之人是他們的首選。一旦成為自衛隊，軍閥跟他的手下就不用擔心緬甸警方或軍隊，他們可以安全離開藏身之地，在緬甸公路上運送毒品，輕鬆通過軍隊檢查哨。這一點，即便是掌握緬甸鴉片貿易的流亡者也辦不到；他們只能通過狹窄山路，避開跟緬甸軍隊起衝突。

以上是這種安排的好處。缺點是，緬軍一直很窮，除了三不五時給點彈藥或偶爾幾把機槍外，沒辦法給自衛隊什麼支持。各派系都得自給自足。現金不夠？多賣點毒品。參加的軍閥還得承諾，絕不會允許自己地盤上出現任何形式的叛亂，包括共產黨在內。這就是此一安排的目的：把國家安全的成本外包給鴉片商。就跟中情局一樣，緬甸軍政府也是利用毒品走私者來實現政治目標。

緬甸的將軍們已經拉攏了一批撣邦山區的知名軍閥，儘管關係並不穩固，主要是以交易為主。不過，掃羅不同，他是軍政府的寵兒，是他們在神祕佤山上的第一位自衛隊指揮官。他們希望他為其他佤族軍閥樹立典範。掃羅收到的新命令是：找到這些人，招募他們，說服他們效忠緬甸，並發誓保護佤地不受毛派分子入侵。

這跟掃羅的個人意向完全一致，但他不認為那些已經跟流亡者建立良好合作關係其他軍閥會買單。此外，提出由緬甸批准毒品交易，只會讓他們哈哈大笑，因為佤族不怕低地警察或軍隊（還不如說緬甸安全部隊比較怕**他們**），他們做事也不需要任何政府許可。

儘管勝算渺茫，掃羅還是決定放手一試。自衛隊的概念是個向軍閥介紹自己的理由。但收到緬甸上線的命令時，他也警醒自己的如簧巧舌可能將無用武之地。「若想贏得佤族敬重，」掃羅說，「你們得展現力量。」為此，他要求軍政府暫時借他兩百名緬軍士兵，並承諾會聽從他的一切命令。

掃羅只知道這些軍閥的大名跟名聲。

其中一人，名為沙赫（Shah），公認是所有軍閥中最為兇猛之人。據掃羅聽到的謠言，沙赫一族「非常骯髒，會吃地上的食物，一年只洗幾次澡。」沙赫的兄弟唐（Tang）則公認是佤山產量最大的獵頭者，據傳已砍下四十九顆，還是五十九顆人頭呢？

還有土司麻哈散（Mahasang），他是另一支強大家族的繼承人。這名軍閥統治的區域名為營盤（Ving Ngun）或銀城，因為土地中含有銀礦而得名。佤人大多厭惡炫耀，但麻哈散家族卻不在乎，他們模仿王室作派（他們唯一見過的王室）。最靠近他們的非佤族鄰居是撣人，生活在山谷王國的撣人擁有王公之類的爵銜，撐持華美傘蓋，出行的馬匹裝飾華麗。[3] 麻哈散家族並非真正的君主——佤族戰士農民永遠不會向他們躬身稱臣，但他們確實很有錢。三名軍閥裡，麻哈散獲得最多鴉片利潤，這也讓他得以維持數百名忠誠戰士。

最奇特的軍閥自稱為造物者，追隨者視他如神祇般崇敬，根據掃羅的民兵所說，他能浮在半空中。關於這個人，掃羅所知甚少。

掃羅派出三名使者，徒步前往中國邊境沿線的三處軍閥領地。他邀請每位軍閥在中立地點會面：班歪以西的一處佤族山谷。緬軍曾進入那處山谷，搭了一處小型木崗哨，但無人守備，可以拿來作為見面場所。掃羅等了很久才收到回應。第一個回應的是造物者，他的訊息：不管你是誰，我都不相信你，去死吧。掃羅在班歪指揮所裡踱來踱去，思索著要如何誘使軍閥離開他的藏身地。根據傳說，造物者閒暇時喜歡跟蛇交流。這樣的人，很難猜測他的心意。

掃羅寫了封信，寄給住在景棟的叔叔，景棟是他度過年少時光的緬甸城市。信中傳達一項非比尋常的請求；掃羅希望他叔叔能進入造物者領地，作為人質。掃羅跟造物者會面時，他會讓這位巫師的手下扣住他叔叔，直到雙方安然返回各自領域之後才釋放。如此一來肯定能減輕軍閥的猜疑。

掃羅等待叔叔回應的同時，好消息傳來。沙赫願意談判。掃羅鼓起勇氣，前往指定的山谷準備會議場所，他讓跑腿少年在容器裡裝滿佤族社交必需的發酵米酒布來（blai）。掃羅在四周的小山上，部署了緬軍借給他的兩百名士兵，凡有任何人靠近都能看見。他想讓沙赫看見，這是權威的證明，也是會面出錯時的保險。

沙赫信心十足地步入會場。他個子矮小卻結實，面容方正，背後跟著兩打面目猙獰的槍手。他和掃羅對坐，敲打竹杯，開始談生意。掃羅開始痛斥共產主義，但沙赫揮揮手，打斷他的話。免了，他說，我聽過了。

沙赫解釋，他是一名自由突擊隊員，外國人僱他進入中國騷擾共產黨。這是掃羅首次聽說這個觸角四通八達、幽靈一般的美國組織，名叫中央情報局。這個中情局會派遣同夥，即台灣間諜，進入佤山，他們總是搭流亡者馬幫的便車。講中文的沙赫會跟這些台灣間諜見面，他們會提出任務。他可以拒絕，卻很少這麼做。

沙赫的故事讓掃羅冷汗直冒。這名軍閥說他曾綁架一個很有價值的目標，某名帶著數百位解放軍士兵的共產黨軍官。沙赫帶著五名佤族戰士偽裝成農民，偷偷潛進去。他們炸毀一座橋，轉移注意力，然後在煙霧混亂中抓住目標，把他拖過邊界，丟在台灣金主的腳下。4

顯然，身為一名中情局－台灣情報機構的承包商，沙赫並不需要掃羅的反共演說。他的資格毋庸置疑。然而，掃羅在沙赫身上感覺不到任何意識形態，這個人骨子裡就是個徹底的傭兵，對政治厭倦，為冒險著迷。他揭露之事令掃羅困惑。在那天之前，他從沒想過美國這個純潔的基督教國家，會跟沙赫這種無信仰的人扯上關係，即便只是個受僱的破壞者。

掃羅說，召集這次會議的原因，是想讓你替另一個政府提供服務：緬甸共和國。不過這不是私密行動，沙赫必須對外宣布他的領地位於緬甸境內，他的戰士會捍衛緬甸不受毛派侵略。掃羅解釋自衛隊的概念，承認自己是班歪的指揮官，也可以叫他軍閥。他坦言，沙赫若成為自己自衛隊的指揮官，並不會讓他更有錢，也不會擴大他的武器庫；他強調，大聲公告跟緬軍的關係，沙赫也許能嚇阻毛澤東入侵。

掃羅告訴沙赫，我知道低地人是怎麼想的。他們把我們的家鄉看作是一片無主的荒蕪之地，誰都可以來任意搶奪。宣布你的土地屬於緬甸，表明我們佤族人會努力維持現狀。佤族夾在緬甸跟中國這兩個民族國家之間，該是選邊站的時候了。選擇軍事力量不足為懼的國家，而不是那個會翻過邊界、將罌粟燒成灰燼的國家。眾所周知，毛派厭惡鴉片，認為它會削弱革命熱情，並憎恨任何賣鴉片的人。

出乎掃羅意料之外，不用太多布來米酒，沙赫就點頭同意了。沙赫說，若緬甸政府能保持距離，我就加入。他只要求遠方的軍政府不要干涉他的鴉片買賣，也別對間諜活動發牢騷，或對他跟流亡者的生意關係大驚小怪。

掃羅雄心勃勃地決定再進一步。他說，若其他軍閥也同意，他們可以利用這個自衛隊框架為基礎，開創更深遠的目標，組成一個佤族軍閥的自治聯盟，名義上效忠緬甸，意識形態上則是致力於佤族的進步。透過族群團結緊密相連，他們可以在佤山頒布自己的法律，例如禁止獵頭。掃羅告訴沙赫，除非直到所有佤族部落都廢除這種可怕行徑，否則他們永遠無法成為真正的民族。

沙赫起身離開。掃羅不確定他對這番反獵頭言論有何看法。但幾個月後，沙赫以自己的方式，以行動而非口說，送上一份禮物來加強他們的關係。在他得知掃羅是虔誠基督徒之後，他將前獵頭人的可憐靈魂送上門，讓他的兄弟唐前來受洗。[5]

此舉讓掃羅大喜，他從緬甸另一處請來牧師，唐站在深及大腿的山溪中，一群圍觀者齊聚，看這位殺手接受名叫耶穌的神祇。牧師抓住唐的肩膀，引導他的身體往後躺，將頭浸入水中。當牧師試圖把唐扶正時，戰士卻掙扎抵抗了起來。無論牧師怎麼拉，他都不肯浮出水面。他是想把自己淹死嗎？

彷彿過了一段永恆時光之久，唐突然從水中起身，急促喘息。牧師問他為什麼要在水裡待這麼久？

「因為我砍了五十九顆頭，先生。那麼多罪可不容易洗乾淨。」

誘惑造物者就沒那麼容易。掃羅的叔叔是個好人，他已經依照侄子的要求，跋涉進入造物者的地盤。此後卻杳無音信，掃羅也不確定他的死活。

不過，陸續有更多好消息上門。麻哈散土司願意碰面。掃羅再次安排同樣的木屋，兩百名緬軍在距離之外警戒，備好無數桶布來米酒。麻哈散趾高氣昂走進屋裡，帶著一群手下跟一陣嗆人煙霧。他煙不離手，這在高地上是種奢侈。二十多歲的麻哈散，正如掃羅所預期的華而不實。他吹噓著家族財富：一群水牛，無數僕傭（實際上是奴隸）跟大批銀礦。

「麻哈散開口說話時，他的人全都安靜下來，彷彿擔心他會發火。」掃羅說：「他很敢講；但我懷疑一旦打起來，他就是那種躲在一邊、讓別人去打殺的人。」[6] 這也沒關係，只要土司以自衛隊指揮官的身分加入陣營，並帶來他的八百戰士。

掃羅開始發表反毛派的長篇大論時，麻哈散打斷他的話。別浪費口舌，他說。麻哈散解釋，他的地盤上已經藏有一座擁有各種外國電子設備的無線電台，裡面有台灣軍官坐鎮，全天候截聽中國訊息，並跟美國分享他們的發現。

掃羅再次聽到「C-I-A（中情局）」這幾個字母，略窺見其龐大機構的端倪，雖然還沒實際遇過他們的間諜。他們都不顯眼，中情局不會派白人，通常只派能融入當地的間諜，如華裔（從流亡者或台灣軍隊裡招募）或原住民族，例如拉祜人。流亡者提供運輸，將中情局訓練的間諜小隊送進佤山。這些間諜身著部落服飾，來回中國，竊聽電話線，監視部隊動向，收集各種情資。根據麻哈散的說法，他們用設在銀城領土上的無線電站，將信號送回泰國，那裡有高功率的中情局接收器。

麻哈散有充分理由協助「中情局－台灣」的行動。跟沙赫一樣，麻哈散從內心深處恐懼毛主義，他知道這將對他的逸樂生活帶來威脅。但當掃羅要求他將手下民兵標誌為自衛隊，並斷然地宣布佤山屬於緬甸時，他卻不願多談。就麻哈散而言，佤地不屬於任何國家。

掃羅不斷追進，軍閥則抽煙、發表高論或喝酒。最終，麻哈散說：好吧，如果這能嚇阻毛派，我會加入。但你要處理政治問題，叫那些緬甸將軍保持距離。這是佤族的土地，永遠都是，無論他們在地圖上怎麼寫。

掃羅進一步問麻哈散對廢除獵頭的想法，他沒有太大反對，這讓掃羅如釋重負。麻哈散也厭倦部落爭端；財富讓他變得實際，明白暴力對生意不利。就他來看，掃羅提出的軍閥聯盟有兩個好處：一方面形成對抗共產黨的統一戰線，還有助於軍閥集體談判鴉片價格。貿易集團可以確保他們從流亡者或任何買家手上，獲取最優惠的條件。

掃羅的聯盟正在成形。只剩下最後一名軍閥等著說服。[7]

掃羅知道肯定出了嚴重問題。他指示叔叔自願當人質留在造物者巢穴，除非巫師軍閥跟掃羅完成對談，否則不要離開。但現在叔叔卻獨自一人回到班歪。

「我的心都涼了。」掃羅說：「但我叔叔面帶微笑，要我冷靜下來。他說：『造物者準備好要見你了。他相信你不會傷害他。』」

「為什麼？」掃羅問。

「『因為現在我們是一家人了。』」

掃羅大吃一驚地發現，他叔叔竟然剛結婚。造物者強迫他跟自己的姐妹當場舉行婚禮。叔叔是虔誠的基督徒，家中已有妻室，但軍閥毫不在意。他只跟家人打交道，加入或滾，隨你。

造物者擁有至少五名妻子與三十多個孩子。由於他幾乎不識字，婚姻是他最相信的契約。他甚至親自主持婚禮，並對掃羅的叔叔說：「歡迎加入我的家族。你若欺騙我，我會殺了你跟你侄子。」叔叔說，他真的沒有聽起來那麼糟糕。即便這個人威脅他的生命，他似乎仍然受到軍閥的魅力吸引。侄子，你見到他，就會明白。

因此同樣的安排：會面木屋、一桶桶布來米酒、兩百名緬軍在附近駐守。造物者踩著土路步行前來，身後默默跟著一百名槍手。造物者入屋時，掃羅就被他的深邃眼眸所吸引。他的魅力不容否認。落腮滿頰的神祕之士開口時，周遭世界都暗了下來。造物者五十多歲，看見掃羅年輕的臉龐，他的神色柔和起來，像對待家人一樣。他的樸實與溫暖，跟麻哈散截然不同，後者總是竭力展現出冷酷高傲的樣子。

再一次，掃羅的反共宣傳並沒有必要。造物者雖未直接參與中情局間諜活動，但他的生意跟家族總是綁在一起。他強迫一個兒子加入流亡者。他憎恨毛主義，擔心煽動者會從中國潛入，破壞他的教派。因此若新姪子掃羅如此期望，造物者可以自稱為自衛軍指揮官，加入其他軍閥的行列。掃羅得知這位軍閥已經在領地上禁止獵頭，更讓他加倍興奮。造物者不會容忍人們腦袋裡盤桓著生命力的這種古老信念，這會削弱他作為世界最終精神權威的地位。他只接受自己設計出來的儀式。

巫師、傭兵、土司跟浸信會教徒，佤族軍閥聯盟已經成形。掃羅不得不承認，這一切比他想像的要容易許多。這些軍閥已經有不少共同點，多虧了流亡者把他們打造成有組織的鴉片供應商，以及「中情局－台灣」的間諜行動，將他們轉成反共線人。其他人已經點出輪廓，掃羅只需將它們聯結起來。

這是歷史上首度，高地佤人自願承認他們的土地屬於單一民族國家：緬甸。他們自行做出這個決定，而非透過毛派軍隊對中國佤族進行的殘酷殖民暴力。緬甸軍政府並未正式承認佤族軍閥聯盟組織，它只承認個別軍閥為正式民兵指揮官。然而聯盟在新生的國家裡頭，扮演著類似於原型政府的角色。它徵稅並發布簡單法令，例如在集體領地中禁止獵頭。它跟緬甸北部最大的商業實體──流亡者販毒集團──進行貿易，也跟多國保持關係，包含緬甸、美國及台灣。聯盟跟流亡者（美國支持的侵略性販毒軍隊）之間的關係，讓軍政府官員頗為不悅，但他們也沒有小題大作。阻止即將爆發的毛派入侵，壓過其他一切憂慮。

掃羅著手統一佤族時，心中設想的並非聯盟這種形式，以鴉片為衣食父母的同盟關係並不理想。不過副手朗的看法一直是對的。由於佤族以鴉片為貨幣，又很少吸食，毒品的危害影響，實則落在無臉無名的低地人身上，也就是那些供應鏈末端的海洛因買家。

掃羅在班歪建了一座簡單教堂，現在的他擁有足夠威望來傳教，讓寨堡居民改信耶穌。陸陸續續有許多人接受了耶穌基督，在佤山最惡名昭彰的獵頭者唐受洗之後，很多前獵頭者也放下憂慮，不再擔心耶穌基督會削弱他們的雄風。

掃羅的反獵頭言論迅速傳播，傳播到他未曾到訪的村寨。高地中蔓延一股一體的精神。掃羅甚至看見婦女兒童走上小徑，穿梭寨堡之間，探望已經疏遠的親人。在他到來之前，每次走出寨堡大門都得冒著生命危險。

但這段和諧時期卻不長久。

聯盟的強大，中國共產黨肯定知道。掃羅原先不信，但在他對上馬克思主義者的一段奇遇後，也將不信掃得乾乾淨淨。

在緬甸低地區域，共產黨小組織已存在數十年，甚至早在英國殖民統治期間即已存在。仰光是馬克思主義思想繁盛之地，至少在某些茶館跟咖啡館裡面是如此。多數轉向共產黨的緬人都崇敬毛主席，他是當時亞洲乃至世界上最成功的共產主義者。他們擁有自己的地下組織——

緬甸共產黨，到了一九六〇年代後期，緬共領導人開始直接接受中國指導。他們模仿毛澤東的路數，計劃先解放緬甸內陸地區，然後才是城市。他們認為緬甸的佤地是發動這場聖戰的完美據點，偏偏此地卻充滿這麼多佤人，天生討厭外來者指手畫腳。

約在此時，一名外表穩重的緬人走進班歪。當地人仍舊不諳緬語，自然對他說的話一無所知。困惑之下，他們將他帶到學校，那裡已經變成指揮中心，讓他坐在軍閥掃羅面前。陌生人說，你就是我要見的那位先生。掃羅，你在這裡打造了驚人的聯盟，卻犯了錯誤，跟緬甸的法西斯政權結盟。你現在糾正錯誤還來得及。

這名緬人自稱是代表緬甸共產黨的馬克思主義者。他說他們是需要拳頭的大腦。倘若軍閥聯盟改弦易轍加入共產黨，中國將給他們更大把的槍跟更好的補給。任何傻瓜都能看到，共產主義正在席捲亞洲，最終將擴散至全世界。掃羅最好現在就擁抱未來。此外，馬克思主義者還說，原住民部落對軍政府又有什麼忠誠可言，後者視多數非緬人如螻蟻一般？

緬共希望以佤地為基地，將軍閥聯盟納為先鋒武力，以這些戰士對抗緬甸政府，最終將他們派往低地，奪取整個國家。代表說，我們這些受過教育的人將帶領你們。我們會成為毛澤東支持的中間人，你們佤人就做你們最擅長的：戰鬥。我們攜手可以變得更強。

掃羅給他一記冰冷的拒絕。這個人講得好似愚蠢的山民只配殺人跟被殺。能夠安然離開班歪已經算他好運。這位馬克思主義者後來竟然厚顏無恥地潛回寨堡，找到朗，要他推翻掃羅，自己上位。朗告訴他這件事時，掃羅笑了，他說這些毛派開始緊張了。瞧瞧這些人四處溜竄，乞求我們加入，他們太怕正面對戰。

然而掃羅低估了敵人的狡猾。

不久之後，一波殺戮襲來。班歪之外靠近中國邊境的森林裡，出現了無法解釋的死者。出寨巡邏的掃羅民兵消失無蹤，屍體被發現時頭顱完好無損，滲出血跡的小口徑子彈傷口，表明出自現代步槍，而非獵人偏愛的火槍。腳印顯示兇手穿著橡膠底的鞋子。

到了一九六八年，這些游擊進化成正面交鋒，襲擊者從樹林裡突然跳出，人數往往多於聯盟巡邏隊。聯盟戰士贏得火拼後，檢查襲擊者屍體，發現他們手裡拿著中國仿製的ＡＫ-４７步槍，腳上穿著中國製運動鞋，口袋裡裝的軍用縫紉包等配備都是中文字。但死者看起來不像中國人或緬人，看起來像佤人！更令掃羅震驚的是，他發現這些人是為緬共而戰，這個組織擁有大量中國補給。

毛派入侵終於來臨，卻不是掃羅想像中的情況。他曾擔心解放軍會大舉湧入高原，現在看來情況更糟，竟然是從部落內部擴散的癌症。有人在催眠年輕佤族男子攻擊聯盟，中國則提供他們從頭到腳的全副裝備。很快地，佤族共產黨人隊伍的膽子已經大到試圖襲擊班歪，這時掃羅首度開了殺戒。他記得自己趴伏在地，以布倫輕機槍瞄準遠方一個身影，接著軀體就像剪線木偶一樣倒下。他既不恐懼，也無悔恨，只是深感驕傲。

鮮血濺上掃羅的佤族團結願景。他要瑪麗停止教學，改跟最近的緬軍哨站協調，確認物資運輸。掃羅說：告訴他們，我們需要他們所能提供的每一發子彈。

這次起事背後是奸滑的馬克思主義者在操縱嗎？不可能。那個人幾乎無法跟佤人溝通，更遑論動員。掃羅要求核心圈子利用他們的氏族網絡，收集每個流言，找出這次叛亂的領袖。他們帶回答案是：襲擊者效忠於一名加入緬共的佤族指揮官。他在這裡出生，激發手下戰士的無畏之心，他還想親自殺了你。

長腿指揮官——他的追隨者如此稱呼他；但掃羅知道他的另一個名字。愚蠢的來。

不再奴役

古老年代裡，佤人透過戰爭取得奴隸。氏族世仇會漸漸升溫，幾十、幾百名佤人席捲敵對的寨堡，掠奪雞、牛跟兒童，甚至年輕男孩都可能被戰士挑中，即便他們踢打叫罵的掙扎，仍會被無情地帶回家送給妻子當僕傭。根據部落習俗，被擄走的男孩會在十八歲左右獲得釋放。

然而鴉片改變了佤族奴隸制度的本質。十八世紀時，這些細小的黑色罌粟種子從中國滲入佤山，最終山坡上開滿了血紅色花朵，綠色果莢在風中搖晃。當時，佤人將鴉片送去佤山外的破落聚落如版納，跟住在那裡的中國邊民換取鹽、廉價火槍跟雜貨。佤人內部將鴉片視為貨幣，這種膠狀物價值高，且不像活牛或厚銀塊，它易於切割。裝在陶罐中，可以保存多年，就像一個定存帳戶。鴉片是種完美的交易工具。

隨著鴉片貨幣的出現，開始區分出有錢人跟窮人。繼而是各種外來的掌控之道：貸款、債務及利息。擁有多餘穀物及牛隻的佤族罌粟富農，可以放貸給飢餓家庭，讓他們深陷債務。這家庭若無法以鴉片償還債務，孩子就會被拿來抵債。來就是這樣成為奴隸。

生於一九四〇年，他跟氏族一起住在班歪附近的一個小村寨。這群小屋位在山坡上，周圍的土壤特別惡劣。想從這片黏土種出稻米或罌粟，無異於從石頭裡挖出生命。來一家人經常挨餓，不得不向最近的鴉片農借錢。[1]有一天，放貸的人從幾個山谷外的農場走過來，他走進來家的茅屋，指指兩個瘦骨嶙峋的男孩，問了他們的名字。

一個是來，另一個是利（Li）。他們是我們的兒子。

把他們給我，你的債務就取消了。

兩個男孩尚未進入青春期，因此很有價值。他們還有十年才能擺脫奴役。來跟兄弟向父母告別，跟著新主人離開，隨他走出村寨的木柵欄。男孩很少冒險走出柵欄，深怕失去頭顱。

他們來到搭建在高腳上的主人木屋，這是他們看過最大的東西。屋子底下滿是糞便的水牛欄，就是男孩睡覺的地方。接下來是多年勞作，汙垢磨進皮膚裡。他們永遠是最後一個吃飯，靠著主人的殘羹剩肴果腹。這種羞辱一輩子跟著來。鴉片貨幣的可怕力量也讓他敬畏不已，竟然可以將兒子從母親身邊奪走，將小男孩變成兩條腿的牲畜。

有天晚上，一聲細語驚醒了夢中的來。那是男孩的父親，他潛入農園，想要解救來跟利，但男孩們不敢跟他離開。離開很容易，他們身上沒綁鎖鏈，但隔天早上主人發現他們失蹤時，肯定會追捕整個家族。

來的父親早有計畫。他已經將他們的母親跟六名兄弟姐妹，移送到佤山中國側一處偏遠的佤地，遠離主人的控制範圍。當時是一九四〇年代末期，佤族仍然可以在中緬邊界以東的區域自由生活，就在毛澤東殖民運動到來之前。

來跟利偷偷溜出水牛欄，跟著父親走在月光下的蜿蜒小徑。他們走了很久，終於抵達新家時，太陽已經高掛空中。新家是一處玉米跟稻草包圍的農舍。來的父親說這裡很安全，因為地處偏僻，少有陌生人路過，也很寧靜，因此跟他們家有親戚關係的農場居民不需要躲在刺牆背後。接待他們的家庭信奉一種奇怪的宗教，這種厭惡獵頭的宗教是由白皮膚傳教士在邊境地區傳播。對來而言，這很好，他也不喜歡獵頭者。

這片土地更為溫和，人情也更溫暖。來跟親人一起耕作。接待他們的家庭有個跟他同齡的兒子，他們在田裡玩遊戲。來終於有了類似童年的經驗。

一九五四年左右，來十四歲時，毛派軍隊開始向農場進軍。他的親戚驚慌失措，確信大屠殺即將到來，便逃進高地。來的家人卻未退縮，他們厭倦逃亡，願意冒險對上那些戴著金屬頭盔的中國人。士兵來到農舍前的台階時，來的家人畏畏縮縮地站在那裡。

誰是農場的主人？

不是我們。主人逃走了。

你們是誰？

我們只是在這裡工作。

共產黨人看著這一家人，四肢沾滿紅土，便叫他們繼續幹活。農場現在屬於中共，眼前一切都是如此；但身為農民，他們可以代表黨自由耕作。接著軍隊就離開了。

對於毛澤東治下的中國，來的體驗跟掃羅相當不同。他那天遇到的中國軍隊，是被派來殖民雲南邊境的十五萬多人的其中一員。他們一發現山坡上的佤族寨堡，就放火燒寨，把居民趕到可以監督的適當城鎮。若在低窪丘陵山谷中發現華裔邊民，就奪走他們的財物。這股恐怖浪潮導致被迫害族群紛紛逃往緬甸。掃羅的教派是其中之一，以及後來組成流亡者的鴉片商跟地主，全都拒絕生活在灰暗、單調、壓迫個人精神的共產主義之下。

但來卻不這麼認為。對這名一無所有的前奴隸而言，平等聽起來還不錯。從一九五〇年代延續到一九六〇年代初期的殖民時代中，中共政府修建了道路、醫院跟學校。[2] 強迫那些沒逃走的前華裔富商到田裡流汗做工；強迫佤族穿上衣服，停止獵頭。來成年之際，在附近城鎮的公立小學上課，他在學校裡學會中文跟毛澤東的信念：鴉片是毒藥、地主是邪惡的、窮人是善良的。這種意識形態為他心中燃燒的憤怒找到語言，告訴他此乃正義。

一九六〇年代中期，來二十幾歲時，中國的殖民運動已經完成。中緬崎嶇邊境的中國那側已經全然改變。毛澤東的官員宣稱，這片過去惡劣的荒地，現處於中共的仁慈保護之下，並在各地設立軍營。鎮壓佤族並不容易，人民解放軍必須以十二個步兵師的永久駐軍占領這片區域。[3]

現在只剩一個問題需要解決。中國的錯誤在於未能**全面**殖民佤族祖居地，包括緬甸境內的「生佧」區域。中國的政治委員稱這些高地佤人為「生佧」，不像那些已經受到他們教化的佤族——已燃去雜質的「熟佧」。在北京看來，這些高地人就像是中國背後的膿瘡，當地佤族軍閥氏族參與「中情局－台灣」聯合發動的間諜行動，若不加以控制，美國的帝國主義陰謀將更加大膽。中國得找到方法清除這群麻煩製造者的侵擾。

跟緬甸軍政府一開始將掃羅送進山區的理由一樣——刺探消息並回報所見所聞，中國政府也想從反方向送進自己的年輕佤族冒險者。有一天，一名中國政治委員接觸了來，問他是否對冒險有興趣。來的性格雖然內向，卻在課堂上展現了他的聰明才智，他擁有基本閱讀能力，還熟悉班歪的環境。政治委員向來提出一項適合他獨特才能的任務：也許他可以回去佤山，進行一些簡單的反情報活動，例如搞清楚這些跟中情局有所牽扯的腐敗軍閥的意圖。政治委員甚至願意出借一兩支步槍，以防他萬一需要打一條出路。

來帶著這些槍，一心想替中國打探情報。但他在佤山的活動實際上更像強盜土匪。他的上線沒能提供太多補給，因此他只好用偷的。罌粟園的水牛跟乳牛是他最喜歡的目標，他偷走一處的牲畜，到另一處出售。來是個獨來獨往的亡命之徒，手持一把中國仿製的AK-47步槍。就反情報線人來說，他頗為失敗。

掠奪佤族戰士農民是要命的勾當。佤族因為身家不多，社會普遍痛恨小偷，來經常在偷竊時被發現而陷入混戰，然後失去剛偷來的水牛。他常因此陷入困境、餓著肚子逃亡。由於他在緬甸側沒有家人，有時也得咬緊牙關，替周圍僅有的少數雇主之一賣命，就是新興軍閥掃羅所領導的反共民兵。

這支新民兵擴張快速，正需要下手來餵馬、沖茶跟打水。來接受這份工作，替副手朗跟軍閥本人幹雜活。肌肉結實、眼神堅毅的掃羅，比來年輕幾歲，對待來卻像是對待小孩一樣。來覺得掃羅愛講大道理，一直談論佤族種族團結，卻對窮苦下人擺出高高在上的姿態。但至少掃羅不像朗與那些負責收稅的手下那般殘忍，他們把來當成狗一樣。

來閉嘴不言，心中卻怒火悶燒。他再次看到鴉片金錢在人身上養出來的道德腐敗。他打算在掃羅民兵底下熬一段時間，這段時間足夠讓他藏身，填飽肚子，並獲得一些能回報中國政治委員的訊息。

然後他就會悄悄離去。

跟其他叛亂一樣，禍心往往都是起自一個小小的羞辱；一巴掌引發了地震。

一九六八年的某個時刻，來再次走上偷搶老路，在班歪周圍的高地出沒，尋找可偷的牛。他抓到三頭壯實的牛之後，需要找到買家，任何有錢的人都可以。他想到了三不五時的臨時雇主朗，就把牲畜帶到他門口。朗看著站在三頭好牛旁邊的邋遢傻瓜，笑了。

你偷了這些牛，對吧？

來沒回答。所以朗什麼都沒給，就把牲畜搶走。他說，快滾，等你想要誠實工作的時候再回來。

盜賊咽下怒火，怒氣沖沖離去。來一路往東，上上下下如雲霄飛車般的斜坡，穿過幾英哩崎嶇坎坷的地形，往中國走去。這是他少年逃離奴役時走的同一條路線。他心中充滿怨恨，他不只渴望報復折磨他的人，朗、掃羅，還有童年的奴隸主，他還想把一切都燒成灰。

憤怒的步伐將他帶到中國政治委員面前。給我更多武器，我會找到佤人來舉起武器。給我們訓練，我們的暴力會淹沒鴉片軍閥。這正是政治委員想聽到的。比起間諜情報，來似乎更適合行動組。他準備組建自己的民兵，一支由中國支持的共產主義游擊隊，將毛主義的控制擴展到邊境另一側的「生佧」山峰。於是中國政委派來返回緬甸的佤地，招募追隨者。

來騎馬搜尋佤族村寨，找尋那些跟他有相同想法的人。採收罌粟的人痛恨向新成立的軍閥聯盟繳稅；饑餓的男女可以從共產主義承諾的公平中獲利。來發現自己喜歡說話，而且生平頭一次人們願意聽他講話，他感覺到佈道者的熱情在內心湧現。

來只能斷斷續續引述毛澤東的話，其他部分都是即興演出。他說奴隸主跟鴉片軍閥都是佤族文化感染的疾病。部落的戰士精神在內部鬥爭中內耗太久，必須重新集中精力對準真正的壓迫者。來的部分演講跟掃羅的佈道幾乎沒有區別。儘管一人相信毛澤東，另一人相信人間之神，但在匯合進化中，他們卻想到相同的處方：獵頭儀式必須結束。部落只有團結，才足夠強大，才能打倒惡人，奪取光明未來。但來跟掃羅對未來的想法，卻是南轅北轍。

來不斷累積追隨者，有時候整個村莊都加入他的游擊小隊，渴望獲得來慷慨分發的中國製步槍。他的中國顧問告訴他，不用發放佤人讀不懂的毛澤東《小紅書》，他應該給新兵制定簡單戒律：不可飲酒過量、絕不強姦、不可施虐、絕不偷取窮人的東西反而要扶助他們。

最終，來的中國金主終於完全揭露他們的策略。他們一直在培養像他這樣的人：受訓的年輕佤族游擊隊指揮官，各自領導一支祕密小隊。其中最熱心者，名叫鮑（Bao）。鮑少年時期曾是獵頭者，現在則是年約二十多歲的強大共產主義戰士。每支小隊很快就能收到更好的武器與補給，足以起事對抗軍閥聯盟，推翻他們脆弱的原型政府，解放緬甸境內的佤山。

但這裡面隱含了一個陷阱，即便這些佤族游擊隊取得勝利，他們也不會統治自己的家園，也不是由中國來統治，至少不是由中國直接統治。北京已經決定，與其偷走緬甸這塊區域，不如在那裡安插一個傀儡組織，成立緬甸共產黨，黨員都是低地人，教育程度比佤人都好，且深刻理解毛澤東教條。緬人適合統治，佤人只適合戰鬥。

中國對低地緬人傀儡抱有很高的期望，在偏遠的佤族高地站穩腳跟只是個開始。正如緬甸軍政府所擔心的，毛澤東希望緬共最終能接管整個國家，招募更多山區原住民，接著吸收平原跟城裡的低地人。軍政府將垮台，緬共將掌權。毛派將掌控這片長達兩千英哩的領土，從寒冷的中國太平洋岸，延伸到緬甸濕熱的印度洋岸。到那時，任何外國勢力，包含美國都無法阻止共產黨的擴張。

這是中國的夢想。但它將佤人貶為戰場炮灰，點燃一場偉大浩劫的秕糠。北京把受過教育的低地人置於佤人之上，實際上是掀起另一種名稱的種姓制度。倘若來曾對此感到不安，他也壓抑了自己的感受，準備迎戰。他、鮑跟其他游擊小隊都收到指示，要肅清軍閥聯盟，擊敗掃羅、沙赫、麻哈散跟造物者，將佤山交給北京的緬族傀儡。

他們在一九六九年左右真正起事。來如閃電般從黑暗中衝出，手持AK-47步槍的高瘦戰士，騎著白色駿馬衝入駁火之中。高地人給他取了一個綽號，在他衝鋒時大喊。

長腿指揮官來了！

長腿指揮官來了！

很快地，消息傳回掃羅，他的老僕人正威脅著要摧毀他所建立的一切。

軍閥聯盟處於嚴重劣勢，它的敗北可以從溫暖的人體與冰冷的後勤這兩方面來總結。整體來說，軍閥聯盟控制的戰士人數不到兩千，補給線僅有遙遠緬軍的涓涓細流，以及從流亡者馬幫買來的更少數量的彈藥槍枝。流亡者雖然號稱反共，但認為此戰無利可圖，因此保持距離。

與此同時，緬共約有一萬名男女，以佤人為主的武力，獲得中國源源不絕的子彈、手榴彈、藥品、食物與指導。[4] 解放軍官加入緬共軍中，在來與鮑的左右傳授戰術。紅衛兵（來自中國城市的年輕毛派狂熱分子）聽聞這場鬥爭，也加入其中。這場起事席捲高地各處，火箭炮推進的榴彈飛擲，共黨佤人發動人海攻勢，衝入軍閥聯盟管理的區域。掃羅說：「有幾天，迫擊炮像雨一般落下。」

值得一提的是，軍閥聯盟堅守高地長達數年，直到一九七〇年代初期。造物者揮舞白旗，得以倖免不死。沙赫跟麻哈散土司在聯盟內發展出兄弟情誼，一起逃走。傳聞他們逃向泰緬邊境，向長期合作的商業夥伴流亡者尋求庇護。

接著是掃羅。

他在一九七一年春天被逐出班歪。共產游擊隊推倒寨堡高牆，小炸彈在罌粟田裡打出彈坑。遭驅逐後，掃羅跟大約五百名戰士向西奔逃，敵人追趕在後，他們躲進一座無人居住的山頂。來的部隊只落後一天，掃羅告訴當時已經皈依基督教的民兵，跟上帝和解。「我已經失去希望，一點希望也沒有。」掃羅說。他相信共產黨會抓到他們，屠殺殆盡。「我們唯一能做的，就是在他們殺戮時還擊。」

掃羅審視自己預期將葬身之地時，天色已經晚了。他們躲藏的地方是一處平坦山頂，足夠讓幾百民兵躲在幾顆大石頭後面的位置。這處山頂俯瞰著一塊如茵草地，大小如足球場。草地的遠端是通往山頂的唯一小徑。他想著，要殺掉我們，共產黨首先得爬上陡峭山坡，衝過草地，然後登上山頂解決我們。

他有一整晚的時間，把此地變成一處射擊場。

掃羅派三百戰士到草地上挖地，淺溝將形成他們的第一道防線。其他兩百人占據山頂，掃羅也在其中。山頂上有個懸崖可以俯瞰下方田野，他將點五〇口徑機槍架在崖邊，打開三腳架把槍腳插進土裡。他將一條彈帶卡在武器側面，然後趴在地上，透過瞄準器凝視前方。他等了整整一夜。

當黎明光芒溫暖了黑暗山坡，掃羅聽到遠方傳來裝備聲響，來的共產黨人正爬上第一道斜坡。短暫寂靜之後，戰鬥以最露骨的人海攻勢展開，這是一種老式的毛派戰術，游擊隊在大吼中爬上山頂。掃羅的民兵像土撥鼠一樣，從壕溝探出頭來開火。山頂上，突出岩架的邊緣，橘紅日頭顫動，是掃羅的點五〇機槍不停地開火。他彎曲手指，武器劈劈啪啪響，地面震動。下方的共產黨人數逐漸減少了。

戰鬥來來回回進行。共產黨人並不是一次全都上陣。他們湧入然後退去，每一波新浪潮都在草地上留下散落倒地的身軀。有些垂死的共產黨人在草地上抖動，用最後一口氣咒罵掃羅。他們說來要他的人頭，他們永遠不會停，直到把他的屍體拖下這座山。

到了中午，掃羅跟他的戰士已經擊倒約五十人，但他們恐怕持續不了太久，共黨人數可能比掃羅民兵手上的子彈數量還多。奇怪的是，此時出現一段寂靜時刻，人潮停止湧入。直到今日，掃羅仍然想不明白，不絕的拍浪為何停止。也許共產黨人覺得勝利已是必然，想要休息一下；也許想圍困讓他們餓死。無論如何，掃羅利用這段暫停時間盤點戰況，總結他的民兵只損失約二十多人。他為神的慈悲而歡欣，也許神還想讓他們活下去。但是要如何保命呢？

通往山頂的小徑被共產黨人封鎖。另一邊十分陡峭，毫無路徑，若他們棄槍，還是可以爬下山壁抵達下方的森林。掃羅下達撤退命令：保持低調、安靜，非全面性撤退，三三兩兩小心翼翼攀下山壁，以免激發敵人追擊的慾望。

隔天早上，他們完成撤離，卻也成了他們的恥辱。

生平第二次，掃羅逃離不斷擴大的共產黨勢力，但這次逃離比第一次還要苦澀。一九四九年毛澤東軍隊清洗他的教派時，他還只是個孩子，只能緊抓母親的衣襬，跟著大人一步一步前行。現在，數百人都看著**他**，想要一個答案。從山頂撤退後，掃羅的民兵四處尋找躲在森林裡的妻小及班歪的老者。每個人都問同樣的問題：我們的家已經成了殘破灰燼，掃羅，你要帶我們往哪裡去？

除了向西前往緬甸低地之外，別無他處可去。這一列悲傷的面孔，背對著山峰離去。這趟路程讓掃羅想起五年前爬上高地的旅程，現在卻是反向而行。他們愈走，坡度變緩，空氣更加潮濕溫暖，蚊子嗡嗡作響。點綴尖銳山峰的佤族天際線漸漸消失在視野中。離開之時，那個地方竟比他來時更不信神，令他內心痛苦不堪。

或許來並不愚蠢，他替自己的共黨主子奪下高地，那群是服從北京毛主義政權的低地寄生蟲。掃羅思索著自己敗北的後果。如今統治佤族群眾的緬共，將力促他們崇拜毛澤東、卡爾·馬克思跟約瑟夫·史達林。他們將抓住掃羅在部落裡灌輸的團結精神，再加以扭曲；他們也將迅速消滅鴉片，以此彰顯掃羅未能把守的原則。掃羅的敵人將實現他的夢想，這一點也不讓他覺得安慰，只增加他的羞愧。

掃羅帶領追隨者來到最近的緬甸城市臘戍。臘戍規模不大，但對高地人來說，已充滿喧囂跟熱度的衝擊。他們看到英國人打造的嘈雜火車，噴出黑煙的公車，穿著紅袍的小和尚誦念佛教經文。這城市的一切都很陌生。

距離臘戍市中心不遠處，有座充滿鹿與蛇的安靜小丘。掃羅說，就是這裡，這是我們的新家。[5]他們用木板廢料跟竹子建造房屋，試圖盡可能仿造舊世界。雖然他們改信基督教，但部分追隨者仍在柱子掛上水牛頭骨，以清潔乾淨的方式，向他們的獵頭傳統致敬。掃羅討來磚塊，在山頂蓋了一座教堂，在門上畫下深紅色十字架。

村裡有人一直帶著半鏽蝕的彈殼作為紀念品。掃羅徵用之後，將這生鏽物體掛在兩根木柱中間。這將是他們的村鼓，他們的教堂鐘。

他伸手敲擊。

彈殼發出悲傷的金屬嘆息。

掃羅告訴我，這幾乎是五十年前的事了。我們——掃羅、雅各跟我——坐在他的客廳，距離對街教堂前掛在黑暗中的彈殼，不到五百英呎。

他花了不少時間講述整個故事，但掃羅似乎心滿意足。他說，現在你知道了獵頭時代的情況，以及它是如何結束的。他說，這些共產黨人即便思想錯誤，卻做對一件事，他們維持了軍閥聯盟首先頒布的獵頭禁令，在長時間施行下，讓佤人對這個儀式完全失去興趣。他說：「據我所知，從那以後就沒有佤人獵頭了。」

掃羅說，那些該死的共產黨人從未實現誓言占領整個緬甸，但確實成功控制了佤族高地將近二十年的慘淡時光。他們的統治持續到一九八九年春天，在輝煌的那一年，勇敢的佤族高地人起身反抗，驅逐共產黨人，建立了佤邦聯合軍，至今仍舊統治著佤山。

掃羅對那個時代——佤族國家的時代——也有很多話想說，因為他也加入了佤邦聯合軍，成為其中最受尊敬的領袖之一。但時間已經很晚了，這個故事得等下一次再說。

第二部

無法言說

我跟掃羅的馬拉松夜談，結束在他同意之後再繼續聊佤邦聯合軍。不過，這得等等，他相當忙碌，這週的時間都被占滿了。

這番談話讓我重新聚焦前往臘戍的初衷：會見佤邦聯合軍的高層使節，安排前往佤邦。我想請求面見當前佤邦聯合軍的領導人，了解他們如何管理美國緝毒局口中的「東南亞最大毒品走私組織」。兩位最出名的領袖是主席鮑有祥，實際上就是總統，以及首席財務官魏學剛。魏學剛正好是東半球最惡名昭彰的毒品大亨，鮑有祥也是美國緝毒局通緝的對象。倘若奇蹟出現，讓我有幸能接近其中一位，即便只是跟他們的下屬交談，也難以想像有人能像掃羅那般坦率。但我決心要試試。

雅各繼續忙著追蹤使節。幾天後，他信守諾言，安排了在佤邦聯合軍位於臘戍的「外交事務辦公室」會面。這裡基本上就是個大使館，但由於佤邦未被聯合國承認，因此無法正式稱之為大使館。雅各開著他的小轎車，我坐在副駕駛座上，前往會面的路上，他嚴肅地對我擬定了一些基本原則。首先，他說無論如何，絕不要向使節提到你認識掃羅。

這讓我有些震驚。雖然尚未聽完掃羅完整的人生故事，但我知道他曾是佤邦聯合軍的政治人物，從客廳裡身著英挺軍服的肖像來看，我猜他也是指揮官。我本來還希望掃羅能替我向當前的領導講點好話。我請雅各解釋，他喃喃著某種「內部政治」，一些他沒時間細講的複雜劇情。

雅各說，第二點，別流露對毒品的興趣。你會被視為間諜。「好吧，」我說：「我不會問魏學剛的行蹤。」

我當然是在開玩笑，追問魏學剛的事**肯定**讓我聽起來就像個間諜，立刻就毀了我前往佤邦的可能，他頭上可是掛著美國緝毒局的兩百萬美元懸賞獎金呢。但我這句玩笑話讓雅各心生不悅，在座位上就僵硬了起來。「派屈克，拜託你，永遠不要在佤邦官員面前提起他。永遠不行，永遠不行。」魏學剛的名字——光是他的名字——毒性就比我所想的還強烈。但若想理解佤邦聯合軍的內部運作，我不可能永遠假裝這位毒品走私首腦不存在。我得找個更恰當的時機，也許問問掃羅。他們肯定有過交集。

我們抵達「大使館」，它位於臘戌偏僻街道上的院落，雅各將車停在高聳的水泥牆外，牆頂嵌著金屬鉤狀物。我從半敞的大門往內望去，看見一座漆成粉藍色的嚴肅建築，周圍圍繞著水泥庭院，中央有一張木桌。使節坐在桌旁向我們招手，示意我們過去坐下。

「謝謝您撥出時間來見我們。」我說。使節耳朵上還架著手機，他豎起食指，向我們傳達稍等片刻的意思。桌上另有一部手機，閃爍著訊息提醒，我感覺我們的對話將在手機聲響之間穿插進行。他並未穿著松樹綠的佤邦聯合軍制服，而是H＆M秋季系列，酒紅色連帽衫、黑色馬球衫、休閒長褲。三十多歲人，髮型整齊，指甲也修剪妥當。

「歡迎。」使節終於把手機放到桌上，旁邊放著一壺茶。他將壺中的茶水倒入中國陶瓷杯裡，等我啜飲，他問起這茶好不好喝。好喝，非常適合清冽的風從遠方藍色山峰吹來的早晨。他以自豪的口吻說，這茶長在佤山坡地，幾個世紀以來那裡只長得出罌粟。說好的不談毒品呢？使節自己就開啟這個話題，開始了一場精心準備的演說。

他說，全世界都搞錯了。佤邦曾經生產鴉片，那不可否認，但後來我們拒絕所有非法藥物製造。使節說，我們甚至有佤邦聯合軍自己的禁毒小組。他問我，有看到他最近的臉書（Facebook）發文嗎？我趁他回應響起的手機時，查了一下。那是一張陽光照耀下的草地照片，草地上散布裝滿冰毒的袋子。被迫跪在袋子後面的是三名年輕走私者，穿著牛仔夾克跟運動服，被手銬銬住，看起來一臉嚇壞的樣子。佤邦聯合軍突擊隊站在附近，自動槍指著他們的頭。使節接完電話後說，那是最近一次臥底行動。非佤族走私者經常潛入我們的家園，然而世上沒有任何國家，包括你們美國，能夠真正擺脫毒品幫派。「我們盡力而為，卻仍舊為千夫所指。我只是想讓你看看佤邦真正的情況。」

「我想親眼看看。」他點頭。倘若由他決定，我肯定能立刻獲得旅行許可。「但你是美國人，對吧？」讓美國人入境會相當復雜。「你究竟想做什麼？」

「前往邦桑，訪問你們的領袖。最好是鮑主席。」

使節以一種緊閉嘴唇、尷尬的方式微笑，於是我立刻向下修正要求。實際上，任何高級領導人都可以。他要求我用英文和中文提交正式請求，等待一個月的時間。然後他站起來，會議結束。我把巧克力盒塞進他手裡，說：「給你的孩子。」他笑了笑，走進建築物一會兒後，帶回一罐種在前罌粟田的佤茶。「送你的禮物。」我們握手。

「離開前一起拍照？」使節帶我前往側邊一間小接待室。牆上印著佤族國徽：在完美的蔚藍天空下，血紅太陽照耀著下方的翠綠山峰。我模仿主人的動作，站在佤族國徽前，雙手合十，彷彿面對某種神聖事物。他的助理從後面房間走出來，用智慧型手機為我們拍照，仔細清楚地拍下我的臉。

「我有多大機會？」

我們回到雅各的車上。他認為我的請求需要經過鮑主席主導的佤邦聯合軍中央委員會批准，而他們很忙，且會質疑替某個美國人安排一次精心訪問有什麼好處。

「百分之五十嗎？」

他嘆了口氣。「派屈克，如果這真是你的夢想，你會找到辦法的。」與此同時，雅各提出一個安慰獎：即便不能前往佤邦（Wa State），也可以拜訪佤族區域（Wa country）。

佤邦跟緬甸本土之間，由一條名叫薩爾溫江（Salween）的河流分隔，這條河源於遙遠的喜馬拉雅山。未經佤邦聯合軍允許，無人可以越過這條水上邊界。它的部隊若發現越界者，會逮捕或直接消滅。然而，佤族社會溢過薩爾溫江的西岸，形成佤邦聯合軍勢力範圍內（或直接控制下）的佤族村落。

「我可以帶你過去。我認識那裡的人。應該沒問題。」

「太好了。」我說：「什麼時候？」

正午時分，我們以極快的速度向東方的崎嶇地平線奔馳，太陽成了頭頂上的白色圓盤。我看見小轎車的窗戶外不停重播的幻燈片，冬季稻田，乾旱枯黃；光禿禿的牛隻，皮膚像剝光的貓一樣下垂；鄉下麵攤；四口之家特技般地共騎一輛摩托車。

大約一小時後，我們經過一名少年，他穿著綠色制服，既不像緬軍制服，也跟佤族不同，手持摺疊式AK步槍獨自巡邏。我問雅各這名士兵屬於哪一方。他聳了聳肩。應該是某個當地的武裝族群，護衛自己的小領域。國內這個區域有很多這樣的人，數不勝數，有些跟緬軍合作，像現代的自衛隊，有些則完全不受約束。我們沿著沒有紅綠燈的破舊道路向山區挺進，引擎轟轟作響。這裡已經超出緬甸的安全陸地，進入一片動盪之地，武裝團體在此萌生、爆發，在你搞清楚他們的名字之前又消失了。

「這些小型武裝團體在這裡幹什麼？」

「跟大的一樣。想幹什麼，就幹什麼。」

「毒品？」

「當然。」雅各知道海洛因跟 ya-ba（冰毒藥丸的本地俗稱）在這裡的售價，是城市價格的一半。他講這話時展現的權威，不大像個上教堂的人。地勢愈走愈陡，雅各切到二檔，轉向一條凹凸崎嶇的小徑。車身顫動，車軸發出嘶鳴，後輪攪起尾塵，像銅粉一樣浮在空中。我們來到目的地，這是一處佤族村落，木屋密集排列在一起。佤族喜歡群居生活，雅各說，這讓我們覺得安全。

我感覺有許多目光盯著我們。村民從窗戶跟門廊盯著入侵的車輛，但雅各搖下貼著隔熱紙的車窗，用佤語大聲招呼的時候，他們的眼神溫和了起來。我們停在一間竹屋前，走進一處雜草叢生的院子。

「這裡住著我親戚。不知道他們在不在家。請稍等一下。」

雅各走進沒有門板的大門，之後拿著一把槍走出來。

他用空下來的手彈開後車廂，拿出一個塑膠瓶，走到木條跟鐵絲圍成的籬笆旁。他將瓶子倒立在一根柱子上，然後把槍遞給我，是一把櫻桃木槍托與金屬準鏡的步槍。槍身的輕巧讓我感到驚訝，原來只是一把空氣步槍。我們輪流射擊瓶身，卻很少擊中目標。他的射擊技術跟我一樣糟糕。

「雅各，你不也在佤邦軍嗎？」

「我說過。我不是戰鬥兵。我是個教師兵。」

射擊變得無聊之後，我們在村裡遊走，看看能不能遇到一些閒著的人。多數是長者，招呼我們到土院子裡的塑膠凳上坐坐，喝口濃茶。我們接受一名七十多歲乾癟男性的邀請，他身材瘦小但精神矍鑠，喊著雅各的名字。雅各說他們是浸信會友。他們用佤語交談。這人很快就跟其他東南亞鄉村老人一樣，哀嘆年輕人總是離開村莊去城裡追求金錢。雅各翻譯了一下，讓我也能加入對話。

「他們去哪裡？」我問。「仰光？曼谷？」

主要是邦桑，佤邦首都因為鄰近中國，成了繁榮的新興城市。雅各解釋，多數佤人寧願在山上抱團取暖，也不想到低地定居。「他們瞧不起我們。在仰光，人們會問：『哦，你是佤人？我以為你會有黑牙。你們還在砍頭嗎？』」

雅各說這名老人生於佤山，以他的年紀，少年時還看過柱子上掛著被斬下的頭顱。老人似乎察覺到我感興趣，開始發表激昂演說，手勢比出砍斷的動作。「他說那就跟古代一樣。他的家族是梁家（Leun），他們討厭布勞家（Braox）。所以他們來來回回，互相殘殺。他很高興這些時光已經過去。」

事實上要感謝掃羅。這位老人在一九六〇年代末期成年，正是軍閥聯盟統治的時代，他懷念起那個時期。他當時就認識掃羅，當我問他對掃羅的評價時，他露出被逗樂的笑容。他說，掃羅固執到骨子裡，但也只有極度熱情到接近瘋狂的人，才會要求佤族停止獵頭，更別說還成功了。

老人說掃羅對佤族有許多方面的貢獻。他問我知不知道掃羅在佤邦聯合軍時代的事。他說，沒有其他佤族領袖像他那樣，努力讓組織擺脫毒品貿易，然而這場聖戰的結果卻是那麼令人遺憾。我想聽更多，但泥地上影子漸長，雅各擔心在夜間開車穿越山區。於是我們道別，彼此祝福，然後走回車上。

雅各估計我們可以在掃羅上床前回到臘戍。他說再看看掃羅是否有興趣聊聊。他要我直接問問本人關於佤邦創建的一切經過，以及他如何努力讓國家從創建初年就走上正確的道路。

在破碎的柏油路上往臘戍急馳，我們看到赭色山丘升起縷縷黑煙。看不見的村莊裡，家家戶戶正燃起晚間爐火，用大金屬鍋煮飯。喝了這麼多像羽衣甘藍一樣苦澀的高能量佤茶，我們倆都有點飄飄然。在小車廂的親近空間裡，我冒險提出在我腦裡翻滾了一整天的問題。

「雅各，」我說，「我們能談談魏學剛嗎？」

他皺了皺眉，倒吸一口氣。發出類似倒吹口哨的痛苦聲音。「那不是個開心的故事！」

「我知道。但他是當今在世最有名的佤人。你怎麼看他？」

一陣長長的停頓。「我認為他是百分之一千的商人。」輕蔑之意滲入他的聲音，「那個人跟我們家族有恩怨。他就是我們不再住在佤邦的原因。」我注意到他避免說出魏學剛的名字，彷彿說出這個名字會召喚出某種邪惡力量。

接著是一段不安的沉默。我用我所知道的關於魏學剛的一切來填補這段沉默。他曾是惡名昭彰的金三角毒梟坤沙（Khun Sa）的手下，幫他建立了一九八〇年代最強大的海洛因走私帝國。後來他跟坤沙分道揚鑣，把自己的專業帶進剛成立的佤邦聯合軍，用販賣海洛因的利潤滋養甫成立的佤族國家。他對這門禁忌藝術的掌握不斷提升，從未停止。據美國緝毒局所言，魏學剛此刻已是能跟墨西哥的「矮子」（El Chapo）齊名的毒梟。這名冷酷無情的天才，擁有財星五百大企業執行長的思維。他們說後宮佳麗跟干邑美酒對他都沒有吸引力，他穿得像是個購物中心的會計。他愛錢，卻討厭花錢。魏學剛寧願把錢堆起來，就像在遊戲中積累代幣一樣。在極其困難的毒品走私遊戲中，他可能是有史以來最擅長玩這場遊戲的人。

我一停下話聲，沉默又回來了。只餘引擎聲響跟逐漸暗下的景色。我們就這樣開了很長一段路，停在掃羅家門口時，路燈已經亮起來，在柏油路上灑下幽靈光芒。蝙蝠在頭頂上盤旋，輕輕拍動翅膀。

掃羅在客廳裡等著我們。他身邊有一位年長女性，灰髮紮成端莊髮髻。「您是瑪麗嗎？掃羅的太太？」她微笑。瑪麗在椅子上扭過身，讓女僕取來一盤餅乾。掃羅以他一貫作風，絲毫不浪費時間，我們還沒坐下，他就開始獨白。

當晚的主題是佤邦的起源跟掃羅在國家形成過程中的角色，他保證這是個精采的故事。但他跳太快了，佤族國家及其軍事化政府——佤邦聯合軍——是在一九八九年成立，我提醒他，上次談話結束時，我們還停留在一九七〇年代初期。我們當時談到掃羅就像摩西一樣，帶著高地佤人離開佤山，遠離共產黨征服，來到緬甸的臘戌。他們在這個山頂重新開展生活。

對，他說。接下來十五年多的時間裡，掃羅未再涉足佤山，那裡處於毛派統治之下。他說，住在臘戌的日子並不壞，反而是他生命中相對平靜的時期之一。但他顯然想盡快跳過這一段。

所以故事回到一九七三年的臘戍。掃羅告訴他旗下的高地佤人，你們必須適應，不然就會死。緬甸都市人認定你們是野蠻人，你們的生存取決於能否證明他們錯了。微笑、學會他們的語言、假裝無害、不要赤身裸體外出。

當時，緬甸軍事政權陷入愈來愈深的種族偏見。少數民族（每三個緬甸人就有一位少數民族）被懷疑、推定是具有煽動對抗政府的思想。從二十多歲就跟軍方合作的掃羅，向緬甸官員強調，他屬於好人，他號召佤族部落對抗毛派侵略者，這可以證明他的忠誠，即便那次任務失敗，軍政府也該把他視為完美的少數民族領袖，是其他少數民族的榜樣。

軍方同意他，也給了他一份新工作，成為平民情報官，這個職位非常適合他的說服才能。他們派遣掃羅進入緬甸撣邦的偏遠山區，聯繫各個少數民族社區。他接受的命令是監視他們的活動，評估他們叛變的潛力。這不是祕密工作。掃羅在整個緬甸北部以政權代理人廣為人知，但據他所說，村莊領袖通常會迎他入屋。每個人都知道，若他將該區標記為順服，軍隊就會放過他們。

這份監視少數民族同胞的工作讓掃羅覺得矛盾，但他一直持續做到一九八〇年代。為惡毒的軍政府服務，自然是有他的理由，他認為，只要軍政府認為他有用，緬甸士兵就不會像對待其他少數民族聚居地那樣，騷擾他在臘戍的佤族同胞。在他的羽翼下，最近才都市化的難民也對軍政府具有宣傳價值，他們扮演著體面好佤人的角色，讓那些中國邊境的佤族共產主義者顯得更加邪惡。

在這幾年中生活比較平靜，掃羅跟瑪麗養大了八個孩子；他們管理當地教堂，開辦一所孤兒院；他們建造了此刻我身處的海沫綠房子。掃羅的世界變得狹小。他四十歲了，髮線後退，偉大遠景也隨之消逝。

接著一九八九年到來。對佤族而言，這是神聖的一年，就跟美國人崇拜一七七六年一樣。在共產黨統治的佤山上，邦桑鎮有一群勇敢的佤人起身反抗統治者，把他們趕出去，重新收回他們的祖居地。不久之後，這些革命者找到掃羅，並召喚他加入；佤山上仍然流傳著掃羅的偉大領袖名聲。他加入他們，一同奠定第一個佤族國家的基石。

掃羅的演講變得光榮偉大，我感覺到那時他正在講述建國神話。每個國家都有這種神話，抹去了一些尷尬細節的，關於國家誕生的光榮故事。然而，眾所周知，佤邦從一開始就是靠著毒品資助的，首要走私者一直是那位名叫魏學剛的神祕人物。在不情願錯過重要情節的心情下，硬是打斷了他的話。

「掃羅？我想問你關於魏學剛的事。」

這名字讓他陡然停下話頭。我討厭這樣，但我有什麼選擇呢？我總不能拿一堆跟佤邦聲譽不符的描繪，來填滿筆記本，我得引出未加修飾的故事版本，至少得試試看吧。

「我不談那個人。」

我不曉得掃羅也會緊張。房間陷入一陣難堪的寂靜。天花板嘎吱作響，外頭昆蟲唏嗚。

「我沒辦法。」

雅各接著試圖振奮他的情緒，讓他繼續講故事，但掃羅的話語變得生硬，缺乏生氣。他整個人正在向內收縮，思緒被拉進某處我不得進入的黑暗之地。瑪麗拍拍她丈夫的手臂，並告訴我們時間很晚了，該讓大家長上床休息。

當晚離開那房子時，我擔心他以後再也不會跟我講話，我可能永遠也無法解開他跟美國緝毒局亞洲最大目標之間的關聯。

天才

魏學剛無疑是史上最厲害的金三角毒品走私者。然而，他如何一路崛起至此高峰的故事，卻從未被完整講述。主要是因為魏學剛極度保密，連生活瑣事都密不透風。

但也不僅如此。魏學剛跟其他毒梟如巴勃羅．艾斯科巴（Pablo Escobar）或魏學剛的前導師坤沙不同，美國已經建立起後兩者的傳奇事蹟，刻意形成這些不法之徒具有一方之霸的名聲，待他們垮台時將會引起更大的聲勢。然而要將注意力引向魏學剛卻有較高的風險，他的生命史中有太多不方便公開的事實，他不只一次跟美國的機密計畫交織在一起，交織的方式可能會令美國政府或其盟友臉上無光。他跟伊拉克的沙達姆．海珊（Saddam Hussein）或巴拿馬的曼努埃爾．諾瑞加（Manuel Noriega）是同一類的惡名昭彰之人，他們都曾協助美國情報機構，後來卻成了美國的敵人。

要理解魏學剛，以及形塑他崛起的美國干預行動，需要以更清醒的眼光來看待金三角。美國官員將此地描繪為國家、部落跟毒品集團爭奪不休的漩渦，包含中國人、撣族、佤族、泰國人及緬甸人在內，無止無盡地進行結盟、交惡、交換子彈及領地。這麼說並不全然錯誤，但是往往美化了兩個特定「部落」的角色。

我指的是美國中央情報局跟緝毒局。

這兩個官僚部落跟佤族獵頭者，有某些相似之處。兩者來自同一個故鄉，但他們爭奪的不是頭顱，而是影響力、預算跟聲譽。因此要理解魏學剛的職業生涯以及佤邦聯合軍，你首先得明白，美國在金三角地區不只有一個戰略，而是兩個，由美國政府的不同部門分別執行的戰略。有時候這兩個機構會達成共識，但當緝毒局跟中情局不對盤時，金三角的一切都會發生震盪。最聰明的毒品走私者，則利用這些混亂謀取自己的利益，魏學剛無疑就是其中之一。

藉由這兩個美國官僚部落的「簡明民族誌」描述，可以澄清他們經常相鬥的原因。緝毒局跟中情局的人員雖然服務同一個政府，但通常出身不同家庭背景，在一九七〇、一九八〇年代時更是如此。緝毒局幹員大多是員警或士兵轉任，他們是工人階級的兒子（有時是女兒）。他們天生正直，高中時從未吸食大麻，傾向單色的世界觀：我們是好人，毒販是「混蛋」。這些緝毒局幹員則會接近混蛋，向他們榨取其他罪犯的黑資料，希望能阻止毒品販運。他們相信破獲一公噸海洛因可以拯救一千條生命，抓捕毒梟可以拯救更多人。正義必須得到伸張，法律就是法律。

但對中情局官員來說，法律不是法律。[1]他們的工作是採取任何必要手段，確保美國一直是地球上最強大的國家。中情局官員更常來自常春藤盟校或其他頂尖大學。訓練期間，他們被灌輸帝國瀕臨危險邊緣的感覺。他們必須盡一切努力拯救它，包含撒謊在內。間諜就是這麼幹的。中情局官員可以對任何人撒謊，甚至是對美國政府的同僚。

當你想像一名中情局官員時，別想像出那種嘴裡含刀空降到敵對陣營的形象；應該想像那種坐在美國大使館辦公桌後面，嘴巴吐著咖啡味的人。他們可能在使館員工名錄上名列某個乏味的職位，比如農業事務二等祕書。但這是掩護，他們實際上花費大量時間管理一群線人或截取通訊。他們的工作是收集資訊，並時不時用來破壞競爭對手。他們最不想看到的是，另一名聯邦幹員跑來干擾情報的流動。[2]

這就是問題了。緝毒局想把每個毒販都關進監獄，包括替中情局提供情報的毒販。正如一名中情局前駐緬站長所說，緝毒局幹員認為他們的「主要工作是把壞人關進監獄。相比之下，中情局更喜歡招募壞人來提供更重要壞人的情報。」[3]如同緝毒局，中情局也很關心毒品，但出發點卻不一定相同。中情局官員了解海洛因跟冰毒就像石油一樣，可以賦予新國家生命，或破壞既有的國家。只要美國能管理這種黑暗力量，一切都沒事。倘若中情局得「為了捍衛國家利益」（他們多熱愛這個詞），跟毒品集團打交道，那就這樣做吧。中情局不欠任何人解釋，當然也不會跟緝毒局解釋。

這不是說緝毒局幹員跟間諜一定要討厭彼此。「我跟緝毒局的人合作很久，」前中情局站長說：「我喜歡緝毒局的人。但那是個文化問題，你懂吧？他們是警察，他們把犯法者關進監獄。我們則打破法律。當然不是美國法律，是各種外國法律。這是我們運作的方式。」

在金三角，兩個美國部落的衝突是難以避免的。中情局先進入金三角，緝毒局遲至一九七〇年代初期才抵達，卻威脅到中情局的毒販間諜體系。從那時起，他們的鬥爭就給地下世界帶來混亂。這種不可預測性讓當地毒販感到困惑，許多人認為美國人實在奇怪，如此好戰，甚至飛越全世界來跟自己人打。

魏學剛卻不這麼想。當時的魏學剛與眾不同，現在仍舊不同，因為他的職業生涯還沒結束。魏學剛擁有非凡機智，他反覆窺探中情局跟緝毒局內鬥造成的混亂，並從中尋找機遇。他洞悉間諜的計畫跟緝毒局幹員的夢想，他能預測他們的干預將如何形塑毒梟中的贏家跟輸家，從而創造出他可以乘虛而入的權力真空。他幾十年來的主宰地位，正是建立在利用各種緝毒局或中情局行動，而為自己謀求利益。

不過，魏學剛並非總是完美操控遊戲，但失敗過後，他會變得更聰明，最終在佤邦成立時，將積累的智慧帶到佤邦。魏學剛跟掃羅就是在爭奪這個年輕國家靈魂的鬥爭中相遇。

晚一點會談到這一段的故事。接下來要先說說魏學剛的出身，這名毒販在職涯上的起起伏伏，揭露了美國反毒戰爭的瘋狂一面。這個故事始於佤山，在一處塞滿中情局監視設備的木屋之中。4

生於一九四〇年代中期，魏學剛在銀城長大，這塊佤族區域緊鄰中國邊境。魏學剛的少年時期並不出色，看不出未來會有強大的影響力。這位笨拙害羞的少年，跟其他佤族男孩格格不入，後者多是戰士農民之子。

他的母親雖是佤人，但他並非純佤人，他父親是融入部落的中國邊民。這對夫婦有三個兒子，魏學剛是老二。他父親教他讀寫中文，這幫他找到第一份工作。一九六〇年代初期，當其他佤族青少年在種罌粟時，魏學剛到一個跟中情局有關的「監聽站」工作，這個站點就設在麻哈散土司的領土上。監聽站的監督是一名台灣軍事情報部門的華裔軍官。

無線電基地站裡充滿了電子竊聽設備，以手搖發電機供電。魏學剛坐在那小屋裡，吸收中共的廣播資訊。他抽取其中有趣的部分，轉成摩斯電碼，傳到由流亡者管理的、更大的無線電基地站。他的直接雇主是台灣的軍事情報部門，是中情局的次級合作夥伴，所以美國間諜可以獲取魏學剛記錄的所有資訊。他不算中情局線人，更像是間諜雜務的下游包商。[5]

對於同年齡的佤人來說，擅長數字跟代碼的腦袋並不是什麼優異的表現。魏學剛安靜忍受著他們的嘲弄。他喜歡獨處，只跟兄弟一起玩，更喜歡講中文而非佤語。在這個很少有人洗澡的地方，魏學剛保持著一絲不苟的清潔。在獵頭者的國度裡，他是罕見的書呆子。

魏學剛可能是在十幾歲的時候，首度遇見那位將他從這可怕地方解救出來的外來者，也是他帶他進入毒品貿易的地下世界。[6] 張奇夫大概比魏學剛大十歲，高出他約一個頭。他也很好看，一頭黑髮亂蓬蓬地披在額頭上。張奇夫才將近三十歲，卻散發著領袖氣質，即便手下只有一支規模不大的民兵。

麻哈散統治銀城，盡管流亡者買下此地豐沛鴉片中的絕大多數，他還是會向其他人出售。包括張奇夫，他會帶著一票槍手騎馬進入佤山。他買下佤邦鴉片，加入他自己小領地上出產的鴉片；他這塊領土位於銀城西方，薩爾溫江另一側的山谷，要騎上好幾天才能抵達。張奇夫有那種政客跟騙子常見的天賦，能讓任何陌生人覺得自己在他眼中是特別的。當他碰到魏學剛，並向他自我介紹時，這名笨拙的少年被迷住了。

魏學剛跟張奇夫發現他們有些共同之處。張奇夫的父親也是華人、母親也是原住民，雖然是撣族，而非佤族。跟魏學剛一樣，張奇夫更親近他的中方血緣。他的父母親在他六歲之前就去世，他是由華裔祖父撫養長大，這位祖父是一支小型山區勇猛氏族的首領。這個氏族統治一處種植罌粟的撣族村莊，張奇夫最近才剛接下年邁祖父的領導擔子。

張奇夫的祖父滿足於將當地農民採收的鴉片賣給流亡者的巡迴商隊，但張奇夫天生雄心勃勃，想要升級自己販運。他很清楚，窮人種植鴉片，像他祖父這樣的村落中間商收貨轉手，但那些將產品拉過山的販運者，才是至高無上並獲得最多利潤。於是他號召幾百名撣族民兵，將裝滿鴉片的麻袋運到泰緬邊境，那是通往國際市場的門戶。張奇夫是崛起中的軍閥，他相信自己注定將超越出生的困境。魏學剛也深有同感。

張奇夫一直想培養徒弟，他把這個機會給了魏學剛，後者毫不猶豫地接受。魏學剛在「台灣－中情局」的監聽速記員工作，沉悶且無趣，更糟的是，賺的也不多。張奇夫說，來我這，我自己有小型無線電站，你來引導我的走私者穿越山徑。你負責安排調度，同時能吸收毒品販運的各方面眉角。

他們倆是完美的組合。張奇夫自負高調，是天生的領頭人；魏學剛則性格含蓄，安心待在新老闆身後當學徒。金錢吸引著倆人。張奇夫承諾要讓魏學剛發財。他說，很快地，他們就不會在驢屎斑駁的小徑上運送這麼點鴉片。張奇夫告訴魏學剛，你只需要堅定站在我身邊，永遠不要背叛我。

魏學剛是個優秀的手下。他加入張奇夫團隊後，承擔的責任遠超過操作無線電通信。他嘗試管理民兵隊的預算，證明了自己在財務方面的天賦，經過精簡的民兵營運，魏學剛讓張奇夫變得更有錢。

管理老闆的錢給了魏學剛目標。小時候，他的書呆子氣引來其他佤族孩子訕笑，但那些惡霸現在在哪呢？光著腳、一身髒臭在某個罌粟田裡。他的腦袋每次都能贏過他們的蠻力。只要他的才智能夠創造財富，他就是有價值的，而張奇夫這樣的強大領袖就會保護他不受傷害。張奇夫寵愛魏學剛，把他當成弟弟看待。但魏學剛清楚自己的位置，永遠不要反駁，總是順從老闆的要求。這再適合張奇夫不過了，他在每段人際關係裡，總是扮演著主導者的角色。

在緬甸，弱小的次級山區軍閥，通常必須跟更強大的武裝團體建立聯繫，來確保自己的生存。[7] 但張奇夫無法接受權威，儘管曾與人結成聯盟，卻很少長久。流亡者曾招募他成為戰地指揮官，負責保護撣邦山區小徑，後來他卻脫離，開始自己販運鴉片。那之後，張奇夫也曾跟一名領導反抗運動的撣族公主交好，但他無法忍受跪拜磕頭，後來也拋棄了她。一九六〇年代初期，他曾加入緬甸的自衛隊計畫，但只是為了使用政府道路的權限，因為這對他當時剛開始的販毒業務來說是個利多。這筆交易能成功，主要是因為緬甸軍官離他太遠，不會打擾到他。而且他還在背後說這些人都是蠢貨。

張奇夫願意接近任何在短期內可能符合他利益的人。他告訴魏學剛，其他毒品集團打著反共或民族解放的意識形態旗幟，不管是什麼，都是虛偽的便利旗幟，是用來遮蓋運送毒品穿越不法之地的無情遊戲。張奇夫說，我不會裝假，我就是個生意人，不少也不多。

張奇夫的傲慢，動搖了他跟金三角最有權勢者之間的關係——流亡者的主事人李文煥將軍。長期以來，李文煥一直試圖將張奇夫收入旗下。十年前，張奇夫還是個無名小卒，一個村落粗人，他的家族將鴉片賣給李文煥的馬幫，當時李文煥發現了這號人物，於是給他槍枝、金錢跟馬匹，各種讓張奇夫變成菜鳥軍閥的起步工具包。李文煥認為張奇夫擁有壯大的潛力，他有蠻橫的魅力、難以阻擋的動力跟華人血統。他甚至考慮過，在遙遠的未來，要把自己的位置讓給他。李文煥無法培養自己兒子擔任這種角色，因為他希望孩子上大學，而不是從事毒品販運。所以他的關注流向了張奇夫。8

但張奇夫是個善變的門徒。他並不感恩，他收下騾子、步槍等禮物，擴大他的民兵團，卻從未真正接受李文煥的教導，至少他受教導的時間不長。然而，無論如何，李文煥都不想放棄他，總是希望他能克服自負，回歸門下。儘管張奇夫並不總是聽從導師的建議，但為了保持商業往來，兩人仍三不五時見個面。張奇夫的民兵得分出一部分利潤給流亡者；緬甸每支鴉片幫派都是如此。流亡者就像要求進貢的王國，無論是否交由他們販運，都強制要從所有緬甸生產的鴉片中抽稅。

流亡者壟斷泰緬邊境的控制權，這是緬甸鴉片流向外界的門戶，沒人能跨越邊界卻不繳稅。每公斤鴉片九美元，不講價。試圖偷運毒品越過邊境無異於自殺。他們那座由中情局建立的無線電網，就像無所不在的眼睛，逃稅者會遭到追殺。因此張奇夫送鴉片給泰國買家的時候，也會乖乖繳稅，然後跟魏學剛抱怨。

一九六〇年代中期的某一天，張奇夫要魏學剛上馬，準備進行幾天的旅程。他決定要帶年輕的部下去見見主宰金三角的大人物。張奇夫跟魏學剛騎馬向南，前往李文煥將軍在泰國清邁府的總部，就在緬泰邊境的對面。魏學剛下馬時已大腿痠痛，他們綁好馬匹，走上布滿苔蘚的階梯，通往李家。

李文煥將軍迎接他們進入他的石砌住所，像座原始神殿一樣蓋在山頂上。當時快五十歲的李將軍，身材矮壯，肩膀寬闊，穿著卡其粗布衣。李將軍講話簡短嘟囔，儘管嚴厲，卻散發著父執輩的溫暖。他出身中國西南邊境的雲南，此地是辣椒麵跟濃茶的代名詞。魏學剛跟張奇夫也出身雲南的家族，說著相同中文方言，喜歡同樣的舒心食物。

在李宅的水泥牆茶室裡，魏學剛眼見老闆伏低做小，彷彿在扮演另一個角色。他驚訝地發現張奇夫收斂起大膽的性子，取而代之的是替李將軍斟茶，小心不讓茶涼掉的陪笑討好。張奇夫甚至稱他為「李老師」，兩個人就像叔姪一般。

李老師，張奇夫說，我想讓您看看我的進步。我現在也有了自己的手下這位魏學剛。他在無線電操作上有一手，但還需要調教。您看他可以跟著您的調度員，學一學嗎？

行，李文煥說。他要手下把魏學剛帶去無線電室，那是流亡者的通訊中樞，就在李宅外頭，距離前門不到一百英呎。那是一座方正的白色建築，裡面擺滿美製無線電發射器，上方有一支鋼製天線，頂端三分岔，如同一把三叉戟伸進山間迷霧。日日夜夜，在這間無線電室裡，士兵們調節旋鈕，發出密碼指令，傳到緬甸境內的遙遠哨站，包含魏學剛以前工作過的佤山監聽站。金三角上方的天空流竄著無數加密訊息，部分是關於對中國的間諜活動，其他則是關於毒品運輸的安排。許多訊息傳輸都流經這間昏暗房間，儀器嗡嗡作響。

張奇夫把茶喝完，便道別騎馬返回他的村莊，把魏學剛留在李將軍最優秀的情報人員身邊學習。在金三角，再也找不到比這更好的實習機會了。一個多星期後，他學會了一切操作，魏學剛騎馬北返張奇夫的領土。現在他腦海中有了一幅藍圖，是關於亞洲最大毒品集團優缺點的心智地圖。

很好，張奇夫說。因為他或他的天才，都不會再熱誠拜訪李老師了。有了魏學剛的幫助，張奇夫打算背叛他的導師，結束他的霸主地位。對魏學剛來說，這是老闆忠誠度的早期指標，簡言之，他毫無忠心可言。

一九六七年初夏，季風季節的開始。

張奇夫已經計劃好一切。首先，他會在銀城買下十六公噸的佤族鴉片，這是金三角史上最大一批鴉片貨運，幾乎耗盡他所有積蓄。接著，他會祕密運出緬甸，不付一毛錢給流亡者。如果成功，他將獲得相當於今日五百萬美元的收益，並逃掉一百萬美元的稅款。

有了這筆大額交易的收入，張奇夫可以用更好的武器以及招募新兵，來強化他的民兵部隊。他的戰士就能封鎖所有通往佤山的小徑，反過來迫使流亡者向他支付通行費，取得令人垂涎的佤山鴉片。他將效法流亡者，統治這塊罌粟田戰略區，流亡者將失去原本的無敵光環，金三角所有人都會敬重張奇夫，並奉他為跟李將軍齊名的毒梟。

至少，計畫是這樣的。但他的人卻心存懷疑。

十六公噸？這得要兩百五十頭騾子，組成長達一英哩的騾隊，這條一千隻腳的蜈蚣，要像貨運列車一樣低調，偷偷穿越防守森嚴的泰緬邊境是不可能的。張奇夫說，我知道。所以我們要將毒品送到寮國。

這是個不尋常的建議。緬甸跟寮國中間隔著湄公河。將鴉片送過河，仍舊違反流亡者對貢金的要求，只要鴉片是來自緬甸，他們就要分一杯羹。確實，流亡者軍隊不怎麼巡邏湄公河的濕軟河岸，因為對緬甸走私者來說，寮國並非理想目的地。這個國家正陷入熊熊戰火，就像縮小版的越南。

此時正有兩個對手爭奪著寮國的控制權，與北越攜手的本土共產黨叛軍，對抗美國支持的右翼軍政府。美國中情局支持下的寮國軍隊，不對抗紅色威脅時，還控制著該國的毒品貿易。[9] 寮國山區滿布罌粟，將軍們經營一個緊密的鴉片生意體系，從收集鴉片、海洛因精煉廠網絡以及最後運輸到熱門市場：南越。寮國軍隊甚至利用美國捐贈的飛機，運送海洛因到西貢。這批捐贈機隊的目的，本來是要打擊共產黨游擊隊，亦即轟炸共產黨穿越寮國跟越南的補給線——胡志明小徑。美國飛機也因此被證明，非常適合快速空運海洛因。[10]

寮國軍隊的總司令名叫溫拉提功（Ouan Rattikone）。這位身材肥滿的將軍，在他象牙白的軍裝上掛滿了可疑勳章。他是美國中情局在寮國的主要對口。張奇夫聯繫了溫拉提功，以他的魅力說服了司令一次買下大量鴉片。通常寮國將領不會從緬甸買鴉片，因為他們自己國內就有足夠的鴉片。然而一九六七年時，因為南越有滿手鈔票的美國大兵，海洛因需求量飆升。溫拉提功可以輕易地將十六公噸佤山生鴉片轉成白色粉末，獲取豐厚利潤。因此他接受了張奇夫的提議，告訴他將貨物放在湄公河畔、寮國這一側的製材廠。

那年七月，張奇夫的商隊朝著河流緩慢前進，溫暖河水呈現出阿華田一般的棕色。他的民兵跟騾子搭乘木製平底駁船過河，但張奇夫跟他的門徒不在其中。他命令手下們卸貨、向溫拉提功的手下收取款項後，要盡速過河返回，不可拖延。民兵抵達製材廠，廠裡迷宮般的木材堆，堆放在近期雨水浸潤的泥土上。當他們陸續將帆布袋堆在地上時，金屬球自空中呼嘯而過。

迫擊炮，來襲。

此時從河岸上來的是最可怕的惡夢，一團超過千名的流亡者戰士，投擲炸彈及無後座力砲火。張奇夫的民兵在布丁般軟爛的泥地上四處尋找掩護，躲藏到木材後面，他們的騾子低吼，眼神瘋狂。他們找好掩護後，開始還擊。人獸都倒在泥潭裡死去。

隨著戰鬥狂熱進行，溫拉提功向雙方發出信息：請停火，讓我收回我的鴉片。但兩邊都沒有讓步的意思。因此他叫來裝載五百磅炸藥的美製T-28螺旋槳飛機，轟炸製材廠。這些炸藥原本是要用來對付越南共產黨。一番轟炸下，流亡者跟張奇夫的民兵四散逃生，寮國軍隊衝進來，將留在河岸上的十六公噸貨物撿走。溫拉提功一毛錢都沒付。很快地，張奇夫原本賦予偉大夢想的佤山鴉片，被送進寮國工廠、轉製成海洛因、運往西貢，流淌在美國大兵的血液中。

在地下世界裡，聲譽至關重要，這下張奇夫已經聲名掃地。不管是他挑戰流亡者的行為，還是被寮軍司令給訛詐了，都讓他看起來像個傻子，渾身充滿魯蛇的臭味。接下來幾年還將面對層出不窮的恥辱。

經此一遭，半數戰士離他而去，他逼不得已四處蹓躂，因為流亡者想要他的命。由於他的民兵仍是自衛隊的一支，因此就連緬甸將軍也對他心生懷疑。但他們最不想看到的，是跟軍隊聯手（不管關係多疏遠）的不馴軍閥，在邊境上挑起贏不了的戰爭，還惹惱鄰國，因此他們選擇在他低潮的時候，削弱他的實力。一九六九年秋天，緬甸官員找個藉口引誘張奇夫見面，然後把他拖到中部平原城市曼德勒（Madalay）一處高度維安的監獄，遠離邊境地區。

他獲罪的罪名是叛國。那時處境愈來愈糟的張奇夫，跟撣族叛軍往來，主要是為了交易物資跟做生意。的確很少人真的相信張奇夫會成為革命者；他是個兜售者，不是自由戰士，而且他會跟任何人做生意。雖然不那麼能說服悠悠眾口，但這是把他送進監獄的好理由。在緬甸，光是跟叛亂者交往就可能被判終身監禁。

失去領袖讓張奇夫的團隊走向衰落。[11]留下來的人愈來愈絕望。沒人擁有領導毒品民兵隊所需要的領袖魅力，魏學剛也沒有，他更喜歡鉛筆跟帳冊，而不是AK-47步槍。他們若想要繼續維持民兵隊，就得想辦法讓老闆放出來。

張奇夫最終只在監獄裡關了五年。後來他跟魏學剛及其他屬下重聚時，他承認這段監獄生活反而是種祝福。首先，它讓流亡者無法在叢林裡追捕他，送他一顆子彈。但這段歇息期間，也迫使當時三十多歲的張奇夫停止毒品交易。無法追逐下一筆大生意，反而能慢下來，精心設定制霸策略。這段頭腦清醒的過程，最終證明是有益的。因為張奇夫遭關押期間，一股震盪波及整個金三角，使此地的情勢變得更加複雜。

這些震盪始於八千英哩外的美國。一九七〇年代初期，越戰老兵大批返國，被國外敗戰打亂的大眾，看到兒孫兄弟帶著傷痕歸來，心情更加複雜。看著他們的親人沉迷於海洛因，家人紛紛質問美國政府為何不採取更多行動，追捕這些毒品製造者，不論他們是誰。這場騷動將導致理查·尼克森總統（Richard M. Nixon）宣布發動「反毒戰爭」。

「當時，我相信所有蠢話。」當時擔任紐約市緝毒局幹員的邁克·勒凡（Mike Levine）說。「你知道，『我們得抓到那些製造白粉的邪惡外國人。』我當時是這些廢話的堅定信徒。」

勒凡當時在美國海關的毒品走私處工作。當時聯邦緝毒局還未成立，打擊海洛因走私的任務，分散在司法部、州與地方員警、美國海關及其他機關身上。就像多數美國人，勒凡對美國中情局跟東南亞海洛因製造者（如流亡者）的關聯一無所知，但這種天真不會持續太久。菜鳥特工勒凡即將偶然發現這個黑暗聯盟。

一九七一年夏天，勒凡發現自己身處紐約約翰．甘迺迪國際機場的地下室。他正在一間沒有窗戶的偵訊室裡，盤問一名嫌犯，一名越戰老兵。他從曼谷抵達，新秀麗行李箱（Samsonite）的假底盤裡，夾藏著三公斤海洛因。對於勒凡來說，這人看起來令人厭惡，身材瘦小，戴著老奶奶款式的眼鏡，緊張的灰眸。盤問過程中，這名疑犯像把折疊椅般倒下，艱難地說出供應商的名字：梁（Liang）與葛（Geh）。兩名泰國的華裔走私客。

勒凡追著這些線索東行。一個月後，他走在曼谷霓虹閃爍的街道上，這是他首度執行海外臥底任務。他找到了梁跟葛，向他們自稱是義大利黑幫成員。勒凡告訴毒販，跟我合作，你們就不用再找四眼書呆子運毒品了。

當時，曼谷的華裔走私客急需一條大量管道，將流亡者的海洛因運往美國。他們知道返鄉大兵仍舊渴求金三角毒品，但是他們無法將產品運到美國。於是勒凡出現了，偽裝成黑手黨首領，化名邁克．帕加諾（Mike Pagano），提議成立假的出口公司，可以直接把大量海洛因運到紐約市。「我真的說服了那些人，讓他們相信我是某種義大利黑手黨大集合。」[12] 勒凡覺得很有趣，他根本不是義大利人，而是來自南布朗克斯的猶太人。

「他們想跟我做生意，超想！」梁跟葛用美酒款待、華服犒賞。他們最愛建立交情的方式，就是在按摩院裡度過漫漫長夜。這種按摩院的女人會化著濃妝幫客人洗澡。狂歡的夜裡，他們會誇大吹噓「工廠」，說那是一群清邁的海洛因精煉廠，每週產出一百多公斤。倘若他們所言為真，那裡將是地球上最繁忙的毒品實驗室之一。

「那座工廠就是我的聖母峰。」勒凡說：「他們說是他們的叔叔在經營。兩星期後，他們準備要帶我去北部，把我介紹給那邊。」然而就在勒凡定下計畫，要跟新朋友前往泰緬邊境後不久，凌晨兩、三點，他在曼谷最豪華的暹羅洲際酒店房間裡，接到一通來電。到美國大使館來，那聲音說。確定你沒被跟蹤。

電話掛斷。

在大使館裡，勒凡被一名中情局官員困住。「他沒講名字。就算有，那也是假的。他穿得就像電影裡會出現的那種中情局幹員。叢林外套，你懂吧，除了草帽跟拐杖以外，應有盡有。」

「那人對我說：『你不能去清邁。這案子就在這裡結束。』」新命令：說服梁跟葛在曼谷拿出一公斤海洛因，然後當場逮捕他們。把那兩個白癡交給泰國警方，你就飛回紐約。碰！你就成了海關局裡的熱門新寵。成交？

「不行。」勒凡反對。「我要去清邁見這個叔叔。他們要帶我去見背後的人。」

「嗯，你不能去。」中情局官員：「我們沒法在那裡保護你。」

「我接受這份工作不是為了得到保護。」勒凡說：「我想去。」

這名幹員提到勒凡曾在美國空軍服役四年，不知他們怎麼弄到他的服役紀錄，並告訴他「要像個好兵。你是退伍軍人，要服從命令。他對我說：『我們正在打越戰，情況很複雜，你不了解大局。』」

勒凡沮喪地回到飯店。他考慮違抗中情局的命令，去工廠。「很慶幸我沒這樣做。我不覺得我去了還活得下來。如果我在那裡被殺沒人會知道。也許他們會在牆上放上一顆白癡星星。」

最後，勒凡服從中情局的命令，逮捕了梁跟葛，然後訂了返回甘迺迪機場的航班。中情局雖然巧妙地避免了一場即將發生的危機，然而，這次事件卻預示著美國政府內部更大的爭端。這將擾亂流亡者的生意，給他們的競爭對手張奇夫跟魏學剛提供機會。

同年夏天，也就是一九七一年，尼克森總統正式展開反毒戰爭。這場耀眼新戰爭的目的是為了安撫大眾，轉移大家對越南戰敗的注意力。在全國電視演說上，他警告：「我們若無法消滅美國的毒品威脅，毒品威脅將消滅我們。」國會議員將恐懼導向嗑藥的「新左派基進分子」與都市黑人社群。但最高層級的官員知道事情真相，他們擔憂，毒品貿易若曝光在聚光燈下，將引來一場清算。任何追蹤亞洲海洛因生產源頭的人，都會像勒凡一樣，啪地一聲，撞上美國自己的情報線人。

司法部的反毒組織——毒品與危險藥物管理局（Bureau of Narcotics and Dangerous Drugs）是美國緝毒局的前身，得到總統青睞。此局官員為這情況提出一項解決方案。他們尋求白宮允許，以一種不會讓中情局或相關毒販尷尬的細膩方式，讓這個間諜機構跟流亡者劃清界限，並讓流亡者全面退出鴉片事業。

一九七二年三月，勒凡誤打誤撞事件後九個月，美國毒品局官員飛往清邁，進入一處泰國軍事基地。在那裡，他們眼前的土地上，堆著一整批裝在麻布袋裡，共二十六公噸的鴉片。據說這是流亡者的全部庫存。他們透過跟流亡者交好的泰國軍官的協助，用一百萬美元的稅金買下這批鴉片。[13] 這些鴉片可以生產價值三十億美元的海洛因，足供美國街頭半年所需綽綽有餘。這些麻袋堆在柴薪上，升起十堆六呎高的篝火。是的，美國毒品局官員是來此地見證鴉片燒毀。據說，自從一百三十年前中國清朝銷毀一千公噸英國鴉片之後，再也沒見過如此「無與倫比」的場面。

這樁任務是毒品與危險藥物管理局所構思，他們透過泰國軍隊促成交易，並要求流亡者的領導人，包括李文煥將軍，必須永久退出販毒。如此，過去犯行將不予追究，泰國軍方將流亡者納為臨時輔助部隊，授予士兵公民身分。也會允許這些華裔戰士留在原地，在邊境種桃子跟烏龍茶，也讓他們保留武器得以驅趕當地的共產黨人。此番構思讓所有當事者都能安然脫身。李將軍跟其他毒品集團領袖同意了這些條件，但拒絕參加焚燒鴉片庫存。

為此項任務飛來此地的美國化學家，檢測了流亡者的鴉片，認定是高純度的真品，於是發出「開始」的信號。泰國士兵便將飛機燃料灑在篝火堆上，放火點燃。火堆劈啪作響，噴出黑煙，連續燃燒了十五個小時。這個反毒官僚自美國諸多聯邦機構的大環境中脫穎而出，在總統的支持下，瓦解了第一個外國毒品集團，而且還是亞洲最大的毒品集團，他們同時還收拾了中情局的爛攤子。

至少當時他們是這麼想的。到了春天，流亡者無視協議，按時發動騾隊進入緬甸的罌粟田。一來，他們並不打算金盆洗手，況且中情局也未施壓要他們遵守協議。[14] 中情局並不打算讓另一個華府的新興機構來此解散流亡者，無論如何，總會有主宰東南亞海洛因貿易的毒品集團，不是這一個，就是另一個。因此，最好是由經過審查的親美集團來經營，而非跟美國利益作對者，或者更糟的共產黨。

一九七三年，尼克森創立緝毒局（Drug Enforcement Administration），一群超級警察前往全球各地拔除毒品生產者，並發起反毒戰爭。但是從一開始，更聰明的緝毒局幹員就意識到，這場戰爭有個附加條件：不可以對中情局認定有價值的走私者下手。就在那一年，一名流亡者的副手軍官跟他的手下，被抓到直接走私鴉片進入美國，該軍官就是告訴緝毒局幹員，他們是中情局負責監視中國的線人，因此不受起訴。他是對的。中情局官員迫使緝毒局撤銷此案，走私者無恙離去。[15]

部分緝毒局幹員無法接受這種虛偽，包括在該局成立之初就加入的勒凡。「一群擁槍卻毫無榮譽的兄弟會成員。」勒凡如此評價中情局。「他們保護的人？所謂的線人？他們在強姦美國，還拿中情局當保險套。」

緝毒局跟中情局的鬥爭就此揭幕。整個一九七〇年代中期，緝毒局在泰國建立起重要的影響力，雖然不比中情局，但已經是個強悍組織，不容小覷。流亡者不能對美國緝毒局幹員無禮，因此至少得假裝自己已經如先前的承諾，變成真正的茶農，算是給美國政府一點顏面。若不然，恐會引起像幾年前在製材廠跟張奇夫民兵的那種衝突，讓自己捲入另一場嘈雜惡鬥不是明智之舉。若是戳破這個大謊，吸引來八卦的記者，危及現狀，可能迫使美泰兩國的情報機構取消他們的法律豁免權，甚至讓緝毒局來收拾流亡者。

這情況帶來了一個嚴峻挑戰：任何無法全力保護販運路線的毒品集團，很快就會發現自己的地盤遭到挑戰。反毒戰爭讓流亡者露出一根可怕的軟肋，而很少有人能比張奇夫跟魏學剛更快覺察軟肋之所在。

一九七四年，反毒戰爭爆發三年後，張奇夫的手下終於讓老闆離開監獄。劫獄是不可能的，緬甸人將他關在曼德勒塵土飛揚的遙遠荒原上，一處固若金湯的監獄。所以他們得想方設法。他們採取交換人質的方式：綁架一處偏遠診所裡的兩名蘇聯醫生，威脅若不釋放張奇夫，就要射穿他們的腦袋。出於不想惹惱蘇聯（當時的世界第二強國），緬甸官員不情願地解開張奇夫的手銬。獲釋後，他跟魏學剛及其他手下重聚。

監獄改變了老闆。張奇夫說，監獄給他時間來思考自己及他想要成為什麼樣的人。他在監禁中思索他的種族未來，他指的是撣族，這讓魏學剛大為驚訝。被捕之前，張奇夫很少提及他來自已故母親的撣族血統，他在各方面都表現得像個華裔創業者。但現在，張奇夫卻問，為什麼緬甸人跟泰國人都有自己的國家，而他美麗的撣族同胞卻沒有。

他告訴手下，沒有國家的人民注定要替壓迫者的胃種稻，他們的兒子會被抓壯丁，女兒被賣去當妓女。八百萬撣人不正是睡在黃金床上的乞丐嗎？這裡有豐盛的罌粟，卻被李將軍之流的外來者剝奪。除非有偉大領袖崛起，為撣族建立一個獨立國家，否則他們將一直生活在貧困髒亂中。[16]

我就是那個領袖，他說。埋葬張奇夫這個名字，從現在開始，我是坤沙——撣語中的「繁榮王子」。[17]

監獄顯然並未磨滅他的自尊。雖然現在撣族的學者仍在辯論，他這個轉變是否真心實意。但無論如何，張奇夫似乎意識到，單純投機取巧只能招攬到有限的追隨者（這跟他早期的觀點相互矛盾）。很少有人會為了讓他人致富而戰，但卻有許多人願意灑下鮮血，提升自己族群的地位。這個道理很快就獲得證實，坤沙迅速聚集了好幾千名撣族戰士到他身邊，他用建國承諾激勵他們。到了一九七六年，坤沙帶著魏學剛為這個新撣國選定了地點，一處屬於流亡者的山谷，位在邊界上的泰國側。

當地人稱這個地區為滿星疊（Ban Hin Taek，爆裂之岩的意思），是連結泰緬兩國的山區中一處罕見隘口。流亡者用這個地方作為大型商隊的通道。穿越滿星疊的寬闊山徑，曾被百萬蹄子踩得塵土飛揚。非流亡者的走私客也能穿越此地，「但不屬於我們的走私客就得繳稅，」前流亡者中士饒開瓦（Jao Kai Wa 音譯）說道。[18]「外來者都會付錢，除非他們想惹上麻煩。」

骨瘦如柴、性格暴躁的饒開瓦，是流亡者設在滿星疊的主要收稅員。一九七六年某日早晨，他從無線電上聽到麻煩徹夜找上門了。有幾十名走私客徒步溜過隘口，將鴉片丟包在泰國這一側，然後又偷偷摸摸回到緬甸，沒有付錢。根據無線電調度員的說法，這些可能是坤沙的人。

坤沙。饒開瓦知道這名字。那個惡棍張奇夫，最近將自己打造成羅賓漢，發誓要用鴉片一點一點解放撣人。「我一點也不在乎這些蠢事。」饒開瓦說。「我只知道，他沒繳稅。」雖然饒中士也不知道他收的那些稅金流向哪。他排內的士兵穿著破舊制服，一個月飯碗裡沒幾塊豬肉，跟多數公司一樣，流亡者的成本也省到極致。饒開瓦的步槍是一支黑市M-16步槍，老舊但勉強堪用。現在他們有個任務：追蹤坤沙這群邊境逃犯，如果無線電那端的訊息沒弄錯的話，他們共有三十人。饒開瓦吩咐部下做好準備，他們要去打獵。

他的排伍潛入緬甸，在一處小山溝找到抗命者。坤沙的越境者剛歇下，有些人打起瞌睡，因為前一晚的遠征讓他們筋疲力盡。饒開瓦低聲要他的人包圍敵人，等待他的信號。「如果能避免，永遠別陷入漫長拖沓的槍戰。」饒開瓦說：「他們會要求增援。我們也會。大家就會整天陷在這裡。你要一次解決所有人。就像給他們一個擁抱。」

一個擁抱？

「對。就像一拳把敵人捏在手心。包圍他們，向中間慢慢靠攏，射殺眼前所有敵人，小心不要打到自己人。」

這場屠殺只花了一兩分鐘：三十名撣人因為逃稅遭到屠殺。饒開瓦並沒有留下來搜查他們的屍體。他們鬧出這場糟糕的騷動，該是離開的時候。饒開瓦的小隊返回總部前，天色已經暗下來，飢餓的士兵直奔軍營食堂。有人可能期待他們的勇猛能贏得一瓶白酒（令喉嚨燒灼的中國米酒），或至少幾根香腸。「但我記得，」饒開瓦說，「我們回來的時候，已經沒有米飯了。我們餓著肚子上床。」

這是饒開瓦最後一次遇到逃稅的坤沙兵。接下來幾個月裡，撣族反抗軍加大力度攻進滿星疊，迫使流亡者的守軍離開這個谷地。這些進擊的撣人「抱」不死啊，因為人數太多了，他們眼裡充滿一種自由的狂熱，那是年紀老大的流亡者已經失去的光彩。張奇夫打開滿星疊，帶進來兩千名忠誠戰士，相當於流亡者軍力的三分之一。他將這些人集中在這個山谷，防範李文煥將軍反攻。

然而，在新的反毒戰爭限制下，李文煥不能有任何行動。張奇夫跟魏學剛下了一盤完美的棋。流亡者可以應付緬甸那一頭的小衝突；但若要在泰國邊境上掀起較大對抗，媒體會像蚊子一樣蜂擁而至，進而洩露他們仍舊是超級販毒集團，而不是一群溫馴農民，農民是不會為了販毒路線陷入交戰。在雙手遭縛的情況下，流亡者不得不放棄滿星疊。

張奇夫給這個山谷一個更宏偉的名稱：「撣國」（Shanland 或 Muang Tai）。[19] 這個微型國家大約一百平方英哩，跟美國的華盛頓特區一樣大。新人民湧入撣國，砍下藤蔓叢生的灌木，蓋起竹牆與鋅板屋頂的房屋。坤沙給他們水電、醫院及學校，甚至身分證。他委託製作了一面旗幟，黃、綠色的布，飛揚在頭頂。清晨四點鐘，甚至在雞鳴之前，坤沙會騎上黑馬，衝過他的新生國家，對霧氣大喊。

起床吧，撣國人！

我們有個國家要打造！

「告訴我，有哪個國家的獨立，」坤沙說，「是沒有歷經艱辛，不須奮鬥及戰鬥？倘若合法擁有這國家的撣人的奮鬥是不公正的，那麼美國革命也是如此。」[20]

張奇夫任命魏學剛為國家的財政大臣。徒弟有了自己的辦公室，他鋪設電話線，還有可媲美李文煥將軍的無線電室。魏學剛喚來兩個兄弟，魏學龍跟魏學賢，幫忙管理財政。他們全天候工作，日夜與客戶聯繫，跟曼谷、台灣及香港新興的海洛因大盤商建立關係。

但魏氏兄弟並不滿足於在亞洲販賣海洛因。他們把目光轉向美國人，這是最令人垂涎的客戶，因為他們人數眾多，且以全球標準來看算是富裕。各個東南亞毒品集團一直試圖跨過太平洋，將海洛因走私給美國人。有人利用美國退伍軍人搭乘商業航班運貨，但只有零星的成功。魏氏兄弟則跟華人移民合作，找到更好的解方。他們成功地將撣國產品放上送往美國的貨櫃船跟貨運飛機，現在他們可以大規模地移動海洛因。魏氏兄弟實驗室出品的海洛因磚，塑膠包裝上有個獨特的紋章標誌：兩隻紅獅攀在地球上。就像可口可樂草體字一樣的品牌標示，向下游供應鏈的販子保證毒品的純淨。[21]

一九七七年，撣國成立僅一年後，魏學剛實現了許多人認為不可能之事。他打破了流亡者的壟斷地位。撣國現在控制該區鴉片貿易中最大的一塊。[22]但魏學剛從未宣揚這個驚人逆轉的功勞，而是讓撣人相信坤沙是他們繁榮的唯一源頭。

這讓這位財政大臣更受到坤沙的喜愛。他獨愛魏學剛，犯罪同夥組成的粗糙內閣則受到排擠。其他人為何不能更無私無我地努力奉獻？「我不想再多說了，」坤沙告訴他們：「你們所有人都該學學魏學剛。」[23]

誓言「對毒品威脅發動全球性的全面戰爭」，美國緝毒局不斷擴張到全球各地。緝毒局在數十個國家開設辦事處，包含義大利、墨西哥與秘魯。它針對的目標有：走私古柯鹼跟大麻到美國的地中海黑手黨與拉丁美洲的邊境黑幫。不過泰國仍是重要的優先目標，因此他們在此設立兩處緝毒局辦事處，一處位於曼谷，此為緝毒局全球據點中規模最大的一處；而一九七〇年代末期，另一處前哨站設在清邁。

清邁是連綿山區中的一抹都市色彩，日間寺廟鐘聲響起，夜裡則有迪斯可舞廳轟隆作響。半塌城牆環繞市中心，還有一條護城河，這是古代宮殿的殘跡。儘管風景如畫，此區卻也是海洛因販運的熱點。李文煥將軍擁有一處清邁市區房產，作為他妻兒的安全庇護所，遠離他在邊境的總部。

清邁市內還有一處小型的美國領事館，表面上是為了協助美國背包客而成立。裡面則藏著中情局的站點，部分是為了跟流亡者及其他金三角線人維持聯繫。[24]當緝毒局竟然有膽把辦事處開在同一間領事館內，讓這群美國間諜大為憤怒。這兩支「部落」很快就陷入對立，國務院官員則努力控制他們的對抗。正如一位曾是駐泰二把手的外交官說：「我們花很多時間試圖阻止那些人對幹。那群人裡面有些生性魯莽的傢伙。」[25]

許多清邁的緝毒局幹員，厭倦了聽從中情局指定哪些販毒者不能碰，但安傑羅．薩拉迪諾（Angelo Saladino）不一樣，他意識到跟中情局對立、拉扯終究是徒勞無功。擁有西西里血統的薩拉迪諾曾經是美國和平工作團（Peace Corp）的駐泰志工，泰語很流利，甚至還相當適應泰國人的處事之道，他更喜歡保持面子的解決事情，而非正面衝突。他說：「說實話，我盡可能避開中情局。」這需要一些讓步。李將軍？不能碰。但新興毒梟坤沙就是個合理的目標，只要緝毒局有辦法逮到他。

薩拉迪諾首度看到坤沙的撣國，是透過一捲八釐米影片。泰國警方從某個低階打手那裡沒收膠卷，再轉給美國人。這段家庭影片裡是一場豪華晚會：「有很多西裝筆挺的人，晚宴招待一應俱全。以叢林環境來說是相當好的招待。」薩拉迪諾說。「坤沙顯然是大首領，他接見前來致意的人。生活看起來挺舒適的。」

也難怪坤沙看起來很愜意。他跟他的天才財務大臣魏學剛幾乎沒有被逮的風險。要瓦解緝毒局很簡單，美國緝毒局幹員不能自行抓捕嫌犯，他們只能進行偵查，支援擁有實際逮捕權的當地警察。所以坤沙對泰國官員大量行賄，從府級警官、軍事將領，據傳甚至到達總理本人。[26]警察可能偶爾會摘掉一些底下辦事的人，但坤沙跟他的核心團隊不會有事。

這是緝毒局工作裡最令人厭惡的部分。你可以對當地毒梟瞭若指掌，甚至包含他對雞尾酒的喜好（坤沙喜歡蘇格蘭威士忌），但除非地主國點頭，否則你無法碰他一根汗毛。[27]「他們幾乎沒有破獲什麼大型集團，因為他們的手怎麼伸得進去呢？」薩拉迪諾說，「每個人都賺了滿坑滿缽。甚至到軍隊的最高層級，他們都拿到紅包。」

有些相信反毒戰爭的泰國警察，願意試著協助美國緝毒局，其他人則拿美國人當傻瓜。薩拉迪諾記得有一晚，根據線報，他追蹤到一輛可疑的油罐車，據稱車上滿載鴉片。他追蹤車輛到一處香蕉園，冒著傾盆大雨跳過圍牆，找到卡車，爬上油罐，打開觀察窗。他發現裡面藏了一千多包鴉片。之後泰國警察出現，沒收毒品並銷毀。緝毒局發獎金給提供線報的人以資獎勵。只是後來才發現他是上校警官，不是平民。

更糟的是，那些「鴉片」是假的。「製作假鴉片其實並不難，」薩拉迪諾說：「你拿過熟的香蕉混入豬油或提煉奶油，再加一點稻草，就會得到非常相似的假鴉片。」薩拉迪諾本可以大發雷霆，但他夠了解泰國文化，知道這樣做長期來說對他不利。泰國佛教徒通常將暴怒視作瘋狂，而沒人想跟瘋子合作。

這些就是緝毒局在泰國工作時面對的現實。無處不在的隱形圍欄，有些是泰國當局打造的，其他則來自中情局官員。挑戰任何一者，不僅毫無意義，更是危險。

作爲一個白手起家的人，坤沙的膽子愈來愈大，甚至敢冒險離開山間巢穴。當地小報看到他在時髦的清邁夜店「藍月」（Blue Moon）跳舞，或坐在曼谷流行演唱會的第一排。他的衣櫥裡保有一件傳統撣族長袍，一套暗綠色將軍制服及一套八〇年代風格，有墊肩的直條紋商務西裝。坤沙是個變形人，可以根據場合，決定融入平民或成為豪宅之主。

撣國大部分地區都是原野，市中心看起來像老西部貿易站：木板釘起來的小店鋪販賣米糧肥料，當鋪的玻璃窗後展示著家具跟民謠吉他。人民少有機會看見坤沙私人住宅的豪華，那裡有警衛看守。國家元首所住的豪華別墅裡，有網球場跟大型游泳池。夜晚招待的威士忌冰桶裡，冰塊來自他自己的製冰廠。娛樂室有投影布幕，坤沙會播放米老鼠卡通片，以及《修道院的祕密》跟《修女採蘑菇》等色情電影。[28] 這樣的輝煌甚至還引來叛逃的流亡者軍官，他們厭倦了替吝嗇小氣的日落組織工作，渴望為崛起的明星效力。

魏學剛很少出現在這些聚會上。他從不喝醉或杯觥交錯，他更喜歡跟他的兄弟一塊，或在辦公室裡忙碌。他的缺席不會引人注意，其他撣國軍官只覺得他是個怪人。他常不停洗手；他安靜又一副看透一切的態度；他是一群殺手裡的潔癖者。他挑剔到坐下之前，無論是坐椅子還是木頭，手掌都會滑過大腿撫平褲管，以免長褲出現褶皺。最重要的是，他們討厭每次坤沙讚許他時，魏學剛臉上那志得意滿的表情。

然而沒人敢公開嘲笑這名財務大臣，那會激怒老闆，而惹惱坤沙不是個明智之舉，即便過上了好日子，也沒能磨去這位睚眥必報領袖的稜角。在撣國，張奇夫委建了一座特別監獄，一座超過三十英呎深的巨大地下室。[29]囚犯從地表上的人孔送進監獄，透過繩子垂降到底層黑暗的空間。一旦從上方封閉人孔，內部就會像封起的棺材一樣漆黑。關押多天後被拉出來的囚犯，會變得像眼睛黏滿分泌物的新生兒一樣，在陽光下眨眼眨個不停。即使是羅馬人也設計不出更可怕的地方。

坤沙會把不聽話的追隨者關進這個黑洞。這座監獄隨時提醒著撣國的高級軍官，儘管有那些雄心壯志的言論，他們的領袖仍然清楚殘酷之道。背叛是坤沙的執迷，所有天生的背後捅刀者都是如此。

薩拉迪諾迎來新老闆：邁克．鮑爾斯（Mike Powers），他是緝毒局清邁站的首席幹員。他身強體壯，滿臉鬍渣，被形容為「真正的男人，巨人浩克那種型的人」。[30]他是紐約本地人，講話帶著相匹配的紐約口音，越戰期間曾是海軍陸戰隊員，還曾擔任遠程偵察巡邏兵，深入敵方領土偵察需要超凡的無畏精神。中情局也曾招募鮑爾斯參與特殊任務，任務性質他不願透露。[31]越戰結束後，他加入了緝毒局。

在清邁，鮑爾斯跨越了紅線。他決心要清除泰國警隊中的腐敗分子，於是揭露警官跟販毒者之間的連結，摧毀了許多人的飯碗。這樣做也威脅到坤沙，他是靠這些不正派的員警來免於逮捕，甚至運送毒品。某些泰國高官警告鮑爾斯收手，他卻不管不顧地持續清除行動。

一九八〇年十月中旬的一天上午，鮑爾斯接到一通令人不安的電話。他的妻子喬伊斯跟他們三歲的女兒遭到劫持。喬伊斯當時正在清邁市場購物，一名年輕的泰國男子拿著一把點三八左輪手槍抵著她的頭，再將喬伊斯跟她抱著的孩子拖進了皮卡貨車的座艙。他加速行駛逃逸，但警方很快趕到，持槍包圍貨車。好奇的旁觀者圍觀了這幕對峙。

鮑爾斯奮力趕到現場，推開圍觀眾人，直接走向持槍男子。他撕開衣服證明身上沒有武器。藉由一名能通雙語的路人的翻譯，緝毒局幹員懇求綁架者：至少放我的孩子離開。這名男子同意讓路人將孩子帶下車，但他的左輪槍管仍舊壓在喬伊斯的臉上。他瘋狂抽煙，持槍的手抖個不停。

正當鮑爾斯答應向持槍男子提供大筆金錢時，手槍突然走火，也許是意外。殺手隨後恐慌起來，向人群亂射。泰國員警立刻開槍，一顆點四五子彈射入他的腦袋。當煙硝散去，喬伊斯跟劫持者都倒在皮卡貨車的座位上。

這對夫婦有三個孩子，悲傷的鮑爾斯帶著孩子返回美國。另一名已婚的緝毒局幹員也離開清邁，擔心自己的妻子會成為下一個遭劫持的對象。清邁站只剩下幾名幹員：兩名單身漢，及此刻晉升為主責幹員的薩拉迪諾。但薩拉迪諾的妻子芭芭拉也嚇得半死。

「所以……造成一些問題。」薩拉迪諾說。

「是啊，」芭芭拉插話，「婚姻問題！」

「但是想想，」他說：「倘若我也走了，辦事處關門，豈不是給了全世界想要擺脫緝毒局的毒販一個很強烈的訊號。」芭芭拉跟孩子們搬到曼谷，薩拉迪諾留在清邁。「那大概是我們最接近離婚的一刻，」她說：「他覺得他得堅守陣地。不然他們就贏了。」

但「**他們**」究竟是誰呢？是誰下令綁架喬伊斯．鮑爾斯呢？

中情局當然知道，或者有能力找到答案。這個單位在毒品地下世界所有骯髒角落都有耳目，甚至深入至緝毒局無法進入的地方。但中情局保護著情報，就像蜷伏在財寶上的龍一樣。緝毒局幹員原以為中情局會為邁克．鮑爾斯破例，畢竟他以前也替中情局服務。中情局的監視網絡一定可以查明，是誰下令綁架喬伊斯，然後又搞砸了。沒想到一心在地盤保衛戰上的間諜們，卻排擠了緝毒局。緝毒局幹員勃然大怒。他們自己所做的結論，是將嫌疑落在了坤沙身上。

「最近我們從坤沙的人那裡沒收了大批乙酸酐，一大堆。」薩拉迪諾說：「這很有價值。他也許想利用（綁架）手段，換回他的化學藥品。」

乙酸酐清澈如水，聞起來像醃菜。它是將鴉片膏變成海洛因的煉金術中，不可或缺的材料。魏氏兄弟管理的撣國實驗室，透過一些有問題的警界人物取得乙酸酐，其中一些人近日被緝毒局揭發，送進監獄。也許他們的計畫並不是要殺害喬伊斯．鮑爾斯，而是扣押她來勒贖，以交換囚禁員警的自由，又或者是換回化學藥品，只不過綁匪搞砸了計畫。

這起謀殺案從未正式結案。時至今日，緝毒局仍相信喬伊斯．鮑爾斯之死，是為了「給邁克、給緝毒局、給美國人發出一個訊息：如果你挑釁坤沙，必死無疑。」[32] 緝毒局一心想報復，報負之心使他們無視規則圍欄。緝毒局官員直入白宮，要求即將上任的總統隆納．雷根（Ronald

Reagan）讓反毒戰爭看起來更像一場真正的戰爭，首先就是先對撣國發動一場槍林彈雨的入侵作戰。

在撣國的坤沙開始感受到壓力。據他的泰國警方內線警告，緝毒局愈發執著於消滅他。壓力總是會強化老闆的偏執，他的高級官員團隊則順勢抓住這個時機，將老闆的緊張能量引向這場宮鬥的目標：魏學剛。

「當時內部確實累積了不少對魏學剛的怨恨，」曾任坤沙祕書的昆賽（Khuensai Jaiyen）說。「他們混和一些半真半假的情況，引導坤沙對魏學剛起了反感。」他們指控魏學剛在坤沙背後私吞利潤——這是個可疑的指控。但有件事情是真的：魏學剛是個難以捉摸的怪人，他跟兄弟一起控制著財政，對撣國的未來具有莫大的影響力。

坤沙並沒有給魏學剛機會澄清所謂私吞利潤之事。[33]相反地，他派撣國士兵把財政大臣從辦公室拉了出來，拖上一座小山。山頂上，地面有個磚頭砌成的矮圓柱體，寬度不比男人的臀寬，矮圓柱體上是一個木製人孔蓋。士兵們移開人孔蓋，命令魏學剛拉住一條垂掛的繩子，將他瘦弱的身軀降下黑暗的無底深淵。

魏學剛沒能預見這一幕。他雖然聰明，卻沒預料到美國的反毒戰爭會激化老闆的神經質。當緝毒局出現在泰國，限制流亡者的行動，以致於讓坤沙的叛軍能奪走流亡者的一塊領土，在此建立撣國；同時也給了魏學剛基地，開展規模驚人的海洛因走私活動。魏學剛是這個過程的受益者。但現在緝毒局盯上了坤沙，這種緊張氣氛讓他做出衝動決定，例如把他自己的天才手下關進地下坑。

坐在洞穴底的魏學剛看著下垂的繩子被拉上去，人孔蓋滑回原處蓋住洞口。他被困在黯然而黑的虛空中，囚禁在冰冷的泥土牆邊，與蚯蚓為伴，隨著時間流逝，排泄物在四周不斷積聚。在此煉獄中，他幾乎無能為力，只能靜坐著，試著不要發狂。

成功先生

一九八二年一月二十一日。

撣國的寧靜被機械喧囂打破。在那個沁涼的清晨，約有八百名身著制服的泰國持槍步兵坐在皮卡貨車跟裝甲車上，衝進翠綠山谷。兩側伴隨騎著摩托車的頭盔騎士。

撣國小學裡，一天的課程才剛開始。教少年兵讀書的督導正失去學生的注意力。[1]噪音吸引男孩離開座位，擠到校舍窗戶邊，所有人都爭相張望窗外的騷動。督導說，安靜下來，回到座位上。無論那些士兵在幹什麼，都不會構成威脅。如果他們穿的是泰國制服，那麼他們肯定是拿了坤沙的錢。「我認為有別的原因，」督導告訴我：「譬如可能在拍電影。」

但入侵是真的。第一聲槍聲響起，少年兵就丟下書本，抄起步槍，衝去找坤沙，打算以死相護。

泰國邊境巡邏隊是一支準軍事部隊，率先進行圍攻。他們聽命於王國的新總理：古板拘謹的炳．丁素拉暖（Prem Tinsulanonda）將軍。丁素拉暖不像他的前任，他是不收受任何毒梟賄賂的。[2]三個月前，丁素拉暖曾訪問白宮與雷根總統會面，雷根也是剛上任，努力塑造「打擊毒販」的形象。這位泰國總理則將自己塑造成反毒戰爭的盟友。會後，美國給泰國的反毒援助急遽增加，年度援助金額接近三百萬美元。泰國與美國緝毒局圍攻撣國的聯合計畫已成形。[3] 緝毒局希望帶回坤沙的屍體，或至少將他引渡到美國監獄。這正合中情局的意思，因為中情局更希望由流亡者主導金三角。

泰國部隊進行了一場逐屋追擊戰。穿著內衣褲的撣國游擊隊員從門邊蹦出，用M-16步槍還擊。這場戰鬥像是兩個勢均力敵對手間的長時間血腥舞蹈，直到山谷裡迴盪起螺旋槳的嗡鳴聲。美製的野馬（Broncos）雙渦輪戰鬥機，以火力炸彈攻擊撣國，將建築物炸成黑色廢墟，樹木一分為二。

攻下撣國花了三天時間。此次行動以十數名泰國人及百多名撣國部隊死亡告終。泰國員警搜查冒著煙的荒地，搜索了別墅、無線電室及塞滿火箭筒與五萬發彈藥的軍械庫。但沒找到坤沙。「經常看美國牛仔電影的人，」當週一家泰國報紙寫下，「應該能理解，當警長試圖捉拿逃犯時，犯人就會逃進墨西哥。警長只能無奈地看著逃犯在邊境對面扮鬼臉。」[4]

坤沙不只扮鬼臉。他逃進泰國湄宏順（又譯夜豐頌）府（Mae Hong Son）北方一百英哩處的緬甸山區，企圖重振旗鼓。約有三千多名戰士及多數人民跟隨他逃到這個備用基地。緝毒局當時並未意識到，撣國不只是罪犯藏身處，它跟所有國家一樣，是一種理念。坤沙走到哪，撣國就在哪。

緝毒局或泰軍都無法在更進一步追捕坤沙時，而不侵犯另一個國家的主權。雖然沒有任何政府對這些邊境地區——這個流動區域是馬上毒梟的領地——擁有真正的統治權威，即便在官方上這是緬甸的土地，但任何緬軍都距離這裡非常遙遠。坤沙的人民在此地灌注水泥、蓋起木屋，建造新學校以及醫院。撣邦2.0版甚至比第一版更豪華。一位觀察者說，新的訓練設施基地堪比美國的西點軍校。[5]在山區有防空導彈，領袖的新別墅四周，則有新藝術風格的路燈在柏油路上閃耀。

遭到羞辱的美國官員上媒體，將「繁榮王子」重新包裝為「海洛因之王」。隨著時間推進，形容詞愈發強烈，直到一名緝毒局長宣稱坤沙「帶給這世界的邪惡，堪比史上任何黑手黨老大」。[6]這類描述讓記者很買單。根據《美國新聞與世界報導》（*US News & World Report*）上的文章所形容，坤沙就像「從《泰利與海盜》漫畫裡走出來的割喉海盜」，也是「毒品恐怖主義的精神之父」。在國會裡，美國政客聲稱坤沙會將人活埋，還說他曾因頭髮剪得不好看就殺掉理髮師。愈是聳人聽聞，傳聞愈廣。

反過來，坤沙則對外揭露美國努力隱藏的祕密。他說，中情局長期保護海洛因毒販免受起訴，同時一直「扯著曼谷的頭髮」，要泰國領導人言聽計從。坤沙對撣國人說：「我們被貼上了世上最邪惡罪犯的標籤……但他們的指控正反映出他們自己的錯。」在追隨者眼中，這位撣族孤兒挑戰超級大國的權威，並取得勝利。在特殊場合裡，他們會舉起坤沙，扛著他四處遊行。

坤沙問道，我真是「尖牙、長角、長尾巴」的惡魔嗎？此外，我若真是「海洛因之王……，難道這不就是你們該僱用我的理由嗎？」他告訴美國政府，要贏得反毒戰爭只有一個方法：付錢讓國王關上水龍頭。坤沙說，只消買下我所有鴉片，燒了它們。你以前不就這麼幹過。想交易的時候，打電話給我。

如果緝毒局有抓到魏學剛，他應該是個不錯的二獎。但是泰國突襲撣國時，他早就已經離開了。當他們拿手電筒照亮地下監獄時，裡面是空的。

入侵前的某個時候，魏學剛頭上的無盡黑暗出現了一圈光亮，一條長繩垂了下來。他抓住繩子，往上穿過潮濕的地獄之口，幾名撣國士兵將他拉上地面。他們將他交給賄賂者——魏學剛的兩名兄弟。安全之後，魏學剛把自己擦乾淨，要了一張飛往台灣的機票。他想在自己跟坤沙之間隔出一片海洋。[7]

魏學剛在台灣島上十分低調，他衡量也許該是走向合法的時候。身為亞洲頂尖海洛因生產組織的前財務大臣，他應該能在合法的商業世界中謀生，賣賣鞋子、汽車零件、電子產品。但這不啻是浪費才華。在權衡而漫無目標的日子裡，魏學剛仍一直受到金三角的吸引。

他想要加入一支與他的天賦相當的武裝團體，但他的選擇有限。他不能為共產黨工作，況且統治佤族出生地的毛派憎惡所有鴉片販運；他也不能向李文煥將軍求職，畢竟當他還是坤沙的應聲蟲時，曾燒了李將軍一把。魏學剛是有缺陷的商品。眼下，他別無選擇，只能轉向金三角裡聲名最差的販毒者：佤民族軍（Wa National Army）。

這名字本身就是荒謬的。他們不是一支真正的軍隊，更像是五百多名在泰緬邊境潛伏的傭傭兵，而且他們也不渴望建立民族國家。但他們確實是佤族：一群身經百戰的戰士，有部分的人過去是獵頭者，全都效忠掃羅軍閥聯盟成員之一的沙赫。軍閥聯盟在一九七〇年代初期解散時，沙赫帶著他的戰士躲藏到泰國邊境，自此就持續在這此潛伏。沙赫沒有掃羅的理想主義，因此他將民兵轉成一支可以讓人出錢僱用的黑幫。只要客戶（包括流亡者）付錢，他們願意到金三角極端危險的角落取運鴉片，例如緬共或撣國占領的土地。[8] 他們的名片上印著無畏；極端任務是他們的強項。

魏學剛認為沒有其他組織會要他，只好接受這個現實，尋求加入佤民族軍。他在一九八四年飛到泰國，前往清邁府上方的北部邊境，那裡的地形起伏不定，可從高山陡降至綠鬣蜥般色澤的低狹谷地。沙赫跟他的人在一處山頂搭建了簡樸的營地，頗符合高地佤人的性格。他們住在竹子搭建、塑膠屋頂的棚屋裡過著簡單的生活，這是種隨時可以放棄的住處。魏學剛找到營地入內，遇到了少年時曾經懼怕的那種粗獷佤人。他們帶他去見領袖。

當時四十多歲的沙赫依舊強壯，是個在荒野中相當自在的堅毅男性。他很友善，沒有魏學剛預期中的冷酷，更像個歷經風霜的老實頭，而非虐待狂。沙赫既不抽煙，也不喝酒，卻鍾愛雀巢即溶咖啡。他叫客人坐下，聊聊他的來意。

魏學剛的提議很簡單。佤民族軍有槍手、在泰緬邊境有一小片領土，還有令人生畏的名聲，這些都是毒品走私集團所需要的傑出條件。他們缺少的是商業頭腦，而魏學剛可以解決這個問題。想在毒品販運遊戲中升級，就需要跟曼谷的泰華商業精英建立聯繫。這些進出上流社會的出口商，利用員工透過不同借殼公司，將毒品走私到世界各地，但他們從未真正碰過收縮膜包裹的海洛因磚。總的來說，這些人受到敬重，往來的是政治人物，孩子都送進私立學校。指甲骯髒的流氓打不進這些圈子；但是擁有一半華裔血統的商人魏學剛可以。

魏學剛提議的時機十分有利。台灣當時仍是由國民黨殘餘勢力統治的獨裁國家，多年來一直付錢給沙赫，讓他收集共產中國的相關情資，因為沙赫一夥在緬中邊界的鴉片走私行動，能輕易獲知各種資訊。台灣在中情局失去興趣後，仍然持續這些行動。但就在這一年，一九八四年，台灣決定放棄沙赫並取消給他的經費。沙赫急於彌補短少的收入，當時他需要賺錢專家魏學剛的程度，不亞於魏學剛需要沙赫。

於是沙赫把魏學剛介紹給他的人。大家見見新的財務主管。這些佤族戰士並不輕易相信眼前這位一副西裝筆挺的人。在種種怪癖面前，一半的佤族血統也黯然失色。當他們全部坐下來吃午餐的時候，有人遞給魏學剛一雙筷子，他立即開口要來沸水消毒筷子。至於住宿，魏學剛拒絕跟其他人一樣睡在小屋裡。如果要他來當財務主管，想必佤民族軍得為他蓋一間水泥房。然而沙赫要傭兵們照做。

接下來的幾個月裡，他們學會忽視他的古怪之處。魏學剛成立新的毒品實驗室，聘請華裔化學家坐鎮，當利潤滾滾而來，他跟眾人分享財富。他的兩個兄弟也成了營地的固定成員。魏家人很少跟佤族走私客一起吃飯，但也不會阻攔這個社交群體喜歡的烈酒跟下流的營火故事。魏氏兄弟全身心投入在工作上，佤民族軍很快就開始視魏學剛為二把手，跟沙赫一樣重要。

魏學剛迅速地將這夥人改造成真正的販毒集團，利用他們供應絲滑的白色海洛因給出口商，這些海洛因流向香港，甚至遙遠的美國市場。跟流亡者或撣國相比，他們走的是精品路線，但未來似乎頗有前途。佤族傭兵只需持續帶回生鴉片，並射殺任何膽敢威脅魏學剛的海洛因實驗室的人。

這段期間，一九八〇年代中葉，李文煥將軍開始變得臃腫，耳鬢毛髮霜白。他多數時間都留在清邁市內的宅邸與妻兒一起度過。孫兒在走廊上蹣跚學步。他極為渴望從毒品貿易中退休，這一次是真的。

因此在一九八四年初，當他的死敵坤沙提出面對面和解時，李將軍雖不情願但同意聽聽他的說法。他萬無一失地安排這次會面：在李將軍自己的山頭總部，俯瞰霧氣籠罩下的緬甸山區。坤沙進入房裡，表現得很有禮貌，自稱小張，跟往日一樣。他很快就點明來意。

坤沙稱他將要全面壟斷泰緬邊境上的毒品貿易。流亡者這個正在萎縮的組織，應該結束，將剩下的領土交給撣國。[9] 他將樂意支付李老師一筆終身俸作為回報，確保他安享富裕的退休生活。本質上，坤沙的提議是企業收購。但為了確保這筆交易成功，李將軍必須告訴他的泰國及美國支持者，接受坤沙這個儘管言辭浮誇但仍算理性且願意合作的商人，作為金三角的應然守門人。

李將軍認真聽著。「父親確實準備好要金盆洗手了，」李將軍的孩子之一告訴我：「但最終，他無法接受坤沙的要求。」

為什麼？

「你看過《教父》（*The Godfather*）嗎？那多多少少解釋了一切。」

在電影裡，教父維托．柯里昂是個年邁的義大利黑手黨大家長，生活在紐約，但是在老家義大利出生。粗魯傲慢的毒品走私者索拉索找上門來。[10] 走私者知道柯里昂收買了紐約市府官員，如果能跟教父合作，他也能享受不被逮捕的特權。但柯里昂看得更清楚。照顧他的那些法官跟政客，永遠不可能保護像索拉索這樣骯髒的人物。因此身為西西里移民的柯里昂拒絕了索拉索，因為他不能危及自己在美國的地位，這是他選擇的第二個家。

同樣地，李將軍知道接近備受厭惡的亞洲毒梟，會激怒他的美國及泰國盟友。更糟糕的是，他手底下的華裔士兵也會覺得他老糊塗了。對李將軍來說，沒什麼比其他雲南流亡者的尊敬更重要，他把這些人看作是自己的孩子。因此李將軍的回答是拒絕。坤沙點了點頭，靜靜地離去。

此後不久，一九八四年三月，一輛卡車停在李將軍的宅邸前。司機跳下車，飛奔而去。幾秒後，一公噸的炸藥引爆，在路面上炸出一個大洞，半徑半英哩內的窗戶都碎裂了。爆炸在大宅側面留下一個冒煙的大洞。

李將軍的妻子年紀大了，正在屋裡休息，被爆炸震飛到床下。她恢復理智後，飛奔到嬰兒室，她一歲跟三歲的兩個孫子本來在此睡覺。油漆屑從天花板飄落，三歲的孩子大哭，幸好還活著，但嬰兒卻沒發出聲音。一堆燒焦木板蓋住嬰兒搖籃。在女僕協助下，李夫人挖開碎石瓦礫，把孫子拉了出來。她被嬰兒耳朵流出的血絲給嚇壞了。

奇蹟的是，孩子並未受到嚴重傷害，爆炸也沒造成任何死亡。李將軍因為臨時去看醫生，幸運地不在場。後來，他的孩子圍在一起問：「爸爸，你打算怎麼辦？」李將軍的表情平淡。「什麼都不做。」他說：「這就是生活，這就是生意。」不過中情局檔案顯示，他才沒有這麼寬容：流亡者殺了幾名坤沙在泰國的掮客作為報復。[11]但最終，這次爆炸標誌著一個時代的結束。快要六十歲的李將軍，在坤沙的憤怒面前顯得無能為力。

坤沙的士兵開始輾壓流亡者，吞併了更多後者的走私路線。在一次閃電募兵中，撣國軍隊吸收了規模較小的撣族反抗軍，軍隊人數擴增到兩萬人。坤沙不僅被緝毒局視為威脅，中情局也視他為眼中釘，不願看到亞洲的海洛因貿易遭到反美且喜怒無常的超級反派所控制。他跟李將軍不一樣，他是個不受控制的毒梟。

長期以來，中情局一直依賴流亡者遏制坤沙的擴張，但前者已經失去活力。這個間諜機構寫下：「繁榮讓這群CIF變得自滿。」這裡用了中情局內部指涉流亡者的縮寫，即「中國非正規軍（Chinese Irregular Forces）」。[12]這集團「不再有軍事凝聚力」，「成員也迅速老化」。

這個情勢給金三角的最後打手——佤民族軍，帶來了機會。也許流亡者過於老朽，無法單獨打擊坤沙部隊，但若跟無畏的佤族游擊隊合作，也許能帶來真正威脅。

一九八六年，美國政府的「向毒品說不」（Just Say No）運動正如火如荼。第一夫人南茜．雷根（Nancy Reagan）戴著金耳環，身穿端莊紅洋裝，告訴黃金時段的電視機前觀眾：「毒品奪走每個孩子心中的夢想，將之變成一場噩夢。」在反毒戰爭十字軍運動裡，「沒有道德中間地帶。」她說：「反對毒品要堅定不移、毫不妥協。」

但就在這一年，沿著泰緬邊境，美國情報官員捲入了一項道德極為混亂的計畫：他們正祕密鼓勵一個海洛因販運組織對抗另一個組織。這項由美泰兩國情報官共同構思的計畫很簡單。他們提供高性能武器，強化由沙赫跟魏學剛共同掌管的佤民族軍的火力，派他們深入坤沙帝國製造混亂。作為服務的回報是，佤人不必擔心在泰國因販毒被捕，即便他們生產的海洛因會出口到美國。

泰國軍事情報局是中情局密切合作的夥伴，帶頭強化佤民族軍。「我頭一次看到他們的時候，」一名受過中情局訓練的前泰國情報官說：「他們是一群穿著匡威（Converse）運動鞋的矮子，穿的甚至不是皮靴。他們拿著舊式武器，甚至是AK-47那種恐怖分子槍械。美國人不想派自己的顧問，所以透過我們執行（這項計畫）。我們提供訓練、裝備以及一些軍服。」[13]

根據中情局的檔案，泰國軍隊讓這些佤族傭兵能「輕易取得」槍枝及彈藥——這軍火庫也是美國提供的。[14] 泰國軍官甚至協助佤人「策劃行動」，對抗坤沙部隊。[15]「每個人都知道我們戰士是最強悍的，」一位前佤民族軍成員告訴我：「我的意思並不是指**強壯**。我們的人也許舉不起一百公斤。但我們可以忍受任何情況而不抱怨，且嫻熟任何武器。」[16]

現在，佤人拿到新款的M-16步槍跟無限量的彈藥。泰國急於將這幫人打造成一支強大武力，很大程度上是為了安撫美國政府。當時，美國抱怨泰國在削弱坤沙一事上，做得不夠多。「老實說，我們是試著避免跟坤沙直接對上。」一名前泰國情報官告訴我：「我們在滿星疊死了太多人，我們也不想進入緬甸。」解決方案就是將這個任務外包給沙赫跟魏學剛這群人。「大家都說佤族戰士不怕死，對吧？那何不讓他們上，而不是我們？」

泰國軍官們在成長過程中聽多了毛骨悚然的獵頭者故事，因此都相信佤人擁有超凡的殺戮能力。然而只有大約五百名游擊隊員的佤民族軍，殺傷力有限。因此，在泰國軍方的指導下，佤民族軍跟李將軍的流亡者聯手，形成了反坤沙聯盟。中情局讚揚這個聯盟「積極的打帶跑戰術」，實際上他們能做的也只有這樣。正如中情局報告指出，佤族與流亡者的聯盟無法進行「陣地戰」。聯盟只有約一千名戰士，撣國軍隊的人數是他們的二十倍。至少這些小衝突多半發生在緬甸那一邊，規模太小，以至於媒體幾乎不曾留意。

這項安排最主要的受益者是誰呢？就是魏學剛。這下他幾乎不用擔心遭到逮捕，也擴展了販毒網絡，還拉攏了泰國官員。他透過賄賂取得一本使用假名及假出生日期的泰國護照，比他實際年齡小了八歲。他選的假名是普拉西特．吉溫尼蒂潘尼亞（Prasit Chivinnitipanya）。這名字在泰語裡意味著「成功先生——法律之下具有偉大智慧之人」。

魏學剛避開戰場，只出沒在佤民族軍的主營地。當佤族戰士身穿迷彩服時，他一身白領服飾。「我現在仍會想起他的頭髮。」一位前佤民族軍戰士告訴我：「即便在叢林裡，也無懈可擊，一絲不苟。」佤族游擊隊知道魏學剛在埋伏戰中毫無用處，因此也不會去煩他們的財務大臣。「他做他的工作；我們幹我們的事。魏學剛很安靜，很少笑。但他開口時，都非常誠實。我們尊重這一點。」

到了一九八〇年代後期，顯而易見地，無論美國提供多少武器、泰國軍隊如何指導，都無法幫流亡者跟佤族的聯盟軍擊敗坤沙。坤沙的帝國幾乎無傷，這場衝突就這樣逐漸退場了。流亡者軍團幾乎崩潰，軍官們放棄步槍，開始種起茶園，一如先前的承諾。李將軍過上平靜的退休生活。疲憊不堪的佤族傭兵堅守在一小塊邊境土地，離坤沙遠遠的。沙赫跟魏學剛繼續維持毒品集團的運作，志在販運大批海洛因，堆起現金。

然而當佤民族軍退化成一個單純的販毒幫派時，它也對泰美情報部門失去了用處。作為一支有目標——對抗所謂的海洛因之王——的衝鋒隊，他們才享有法律豁免權，一旦這件隱形斗篷不管用了，魏學剛的販毒生意就會成為執法機構的目標。

再一次，魏學剛本該預料到這一點的。曼谷的緝毒局幹員已經將魏學剛建檔在案，將他描述為超級罪犯，跟他的兄弟一起利用佤民族軍，將「數百公斤的海洛因銷往美國」。少了高層權力對緝毒局幹員的約束，他們就能追捕魏學剛，拘捕成功將可為他們帶來事業的高峰。

一艘拖網漁船在泰國海岸外五英哩處搖晃。它停泊在珊瑚礁環繞的小島附近，如果不算螃蟹跟猴子，這座島嶼算是無人居住。白天，外國人花大錢在島嶼附近浮潛，一睹琉璃藍色波浪下的天使魚。此刻夜幕降臨，遊客離去，天堂陷入黑幕之中。

對拖網船上的泰國人來說，這樣的情況很好，因為他們不是為了風景而來。兩名走私客索姆薩克（Somsak）跟達姆隆（Damrong）坐立不安，等待著一艘快艇上門。他們的老闆說快艇會在黎明之前出現，載著六百八十公斤的海洛因。高級品，皂白薄片，純度高達百分之九十五以上。包裹了三層外包裝，以防海水濕氣。

走私客急於拿到毒品，好快些將他們的拖網船駛進國際水域。他們的船跑不快，最高速度是每小時八節，因此需要超過一個星期才能抵達目的地香港，更確切地說，是抵達閃亮大都會外圍星羅棋布島嶼的海域。根據老闆的指示，他們將在那裡與中國走私客碰頭，送交毒品，再返回泰國海岸。

月亮升上天際，在海面上投射閃閃粼光。那艘快艇究竟在哪？

索姆薩克跟達姆隆盡力掩飾拖網漁船的來源，以防被警方發現，進而向上追蹤到老闆身上。因為船是登記在老闆名下。以前船身上印著「愛海的心」，已經被他們用新塗層覆蓋。[17] 因為泰國船長喜歡用鮮橙色跟芥末黃來畫船，走私者也這樣照做，希望他們的船隻可以融入在海上拖網捕鯖魚的合法漁船裡。

終於，快艇隨著引擎聲進入視線內，滑到拖網漁船旁邊。船上的人動作迅速，幫索姆薩克跟達姆隆將海洛因搬到漁船甲板上。就在幾乎完事的時候，海平面上響起一聲可怕轟鳴，每個人都齊齊抬頭。一艘槍灰色的船隻朝著他們急馳而來，速度快得要命，船首像箭頭一樣指向他們。「泰國皇家警察」的白色字樣印在船隻側身。索姆薩克跟達姆隆急忙在拖網漁船上找尋藏身處，兩人笨拙地蹲在同一個水箱後面。

他們聽到槍聲響起。快艇上的走私者馬上對著警方開槍，試圖利用掩護火力逃走。太好了，他們倆想著，也許警方會忘記滿載海洛因的拖網漁船，轉而追捕快艇。

只是他們運氣沒這麼好。皮靴步伐震動拖網漁船的甲板，幾秒鐘後，泰國海警俯視著索姆薩克跟達姆隆，槍口對準他們的胸膛。兩人尖叫起來。他們急急叫著說，你們想要抓的是我們老闆。你們可以在曼谷郊區找到他。這是他的地址。

警方找到老闆，後者再度密告，要警方往供應鏈更上游查去。他說，我是被一個叫普拉西特的有錢華人僱用的。可以去北部邊界找他。這個人的坦承是聰明的，因為泰國警方早已掌握了關於普拉西特先生的一切，這都要感謝美國緝毒局。普拉西特——真名魏學剛——就是他們的目標。

一個月前，緝毒局曾監視曼谷一家餐廳，拍到進行交易的照片：索姆薩克跟達姆隆的老闆從魏學剛手上接過裝滿現金的紙袋。這筆款項，是將約七百公斤的貨物走私到香港黑幫手中的報酬，香港黑幫會再一路運到加州去。一切都是依照魏學剛的指示。泰國警方跟美國緝毒局成功截獲魏學剛的海洛因，現在他們需要抓到魏學剛本人。

魏學剛很少離開位於泰緬邊界以北的佤民族軍營地。但是一九八八年十一月，他來到清邁府鄉下地區出差。當泰國警方在公共場合走到他面前，給他戴上手銬時，他相當憤怒。當他們將他拖進最近的警察局時，他大喊我只是寶石商人。緝毒局幹員正在裡面等他，把他推到牆上，拍下他的嫌犯照。

魏學剛拒絕面對相機。在這張嫌犯照裡，他的眉頭憤怒緊鎖，嘴角下垂，眼睛不馴地瞇起。身穿條紋襯衫的魏學剛，看起來就像是剛度過糟糕午後時光的精算師。

緝毒局打算將「成功先生」送往美國。魏學剛從未見過那個國家，儘管他的第一份工作是托了中情局的福，他的財富也是來自美國的海洛因成癮者。很快地，他也許還會見到其中幾位。一旦美國完成引渡，魏學剛看起來很可能會在美國監獄度過接下來的十年，甚至更久。

魏學剛在泰國清邁監獄裡等待進行法律程序。在這個潮濕擁擠的地方，獄卒把幾十名囚犯塞進只能容納幾個人的牢房。夜間，他們在地板上挨著睡覺，翻身時囚犯身體交換彼此的汗水。魏學剛的囚服是一件灰暗的米色罩衫，金屬手銬磨得他小腿發紅。他很痛苦。

入獄不久後，魏學剛想知道花點錢能否改善他的處境。他悄悄走到一名獄卒身邊，問：多少錢能解開這些手銬？

第二天，當清邁典獄長看到魏學剛在監獄院子裡毫無拘束地行走時，他覺得有麻煩了。他知道自己手下的獄卒靠不住，然而緝毒局對這名囚犯特別在意，如果他們發現魏學剛獲得特別待遇，緝毒探員可能會大驚小怪。為了把問題轉嫁他處，典獄長將魏學剛轉移到曼谷一處更大的監獄。

到了曼谷，魏學剛也試探了新獄卒的人品，發現他們同樣喜歡收受賄賂。當他要求私人牢房時，獄卒也同意了。那麼，能將牢房裡髒汙的蹲式糞坑換成西式馬桶嗎？再次，也同意了。魏學剛不斷試探，直到他發現，只要賄賂夠多，當局就會打開大門讓他離開。不久後，尷尬的泰國當局得向美國緝毒局解釋，因為毒品販運罪名可能判死刑而遭收押的魏學剛，已經保釋出獄了。緝毒局幹員勃然大怒。為了安撫美國人，泰國法官後來在魏學剛未出庭的情況下，對他判處死刑，但那時他早已消失得無影無蹤。

魏學剛走投無路，只能重返泰國邊境以北的佤民族軍營。此時魏學剛才四十歲出頭，腳下的土地卻彷彿正在崩解。遭到美國緝毒局追捕、被逐出泰國，就連出生地的佤山也是禁地，那裡此刻由共產黨統治，絕不會歡迎黑市資本家。

魏學剛的活動範圍被限制在緬甸一小塊區域，大概一百平方英哩內的幾個山谷，這是佤民族軍傭兵能夠保衛的範圍。但即便這處小堡壘也處於危險之中。撣國軍隊從多個方向包圍；坤沙若派出最好的部隊，完全能消滅佤民族軍，報復七年前擺脫他掌握的前財務大臣，這看來似乎也只是時間問題。人數不過數百的佤族傭兵，等待著領袖魏學剛跟沙赫給個答案，但他們也無能為力。這夥人的前景黯淡。

佤族營地裡有個簡單的無線電接收器，以架在樹枝上的電線當作天線，用於傭兵前往遠方時與基地的通訊，但也能截聽到其他走私集團跟叛亂組織間的對話。一九八九年四月的第三個星期，接收器突然傳來關於佤族故土的驚人消息。那是魏學剛、沙赫跟整幫人出生的地方。

一場叛亂起事。

在北邊兩百多英哩處，長期壓迫他們故鄉的共產黨人被推翻了？他們被當地佤人驅逐，宣告了新時代來臨，新佤族國家崛起。這不是某種毛派幻想，而是為了改善自己種族的命運。一聽到這個消息，沙赫跟他的傭兵們歡欣鼓舞，因為許多人在一九六〇年代末、一九七〇年代初的軍閥聯盟對共作戰中，留下傷痕。他們的佤族同胞終於醒悟過來，把共產黨人趕出去。報應終於到來。

魏學剛也默默心喜。一條潛在的生命線，在他最需要的時刻降臨。無論新的佤國將是什麼樣子，無論持何種信念，他確信這個國家肯定用得上像他這種，擁有成功販運海洛因知識的專業人士。

誕生

一九八九年初冬，佤山地區。

叛亂起事前的幾個月。

邦桑是個叛亂首都，跟中國隔著一條色如萎黃枯草的清冷河流。小鎮坐落在一處山溝之中，泥土路兩旁排滿棚屋。居民在立竿跟油布搭建的市場上交易，穿著破爛的婦女以鏽蝕天秤稱量農作。

佤族高地從未享受過財富，但在緬共的統治下，佤人卻得面對貧窮以及羞辱。他們受到緬共政治局的控制，那些死忠毛派全都是緬族，住在邦桑山丘上比較精緻的磚瓦房舍裡，俯瞰著下級居民的簡陋茅舍。這二十一個人穿著同樣的臃腫綠色套裝，既非佤人，也不懂當地語言。就像某種神聖種姓，政治局成員口吐一些奇怪詞彙，什麼辯證法、永恆革命，引述著已故先知的咒語。毛澤東、史達林跟列寧的肖像，像守護的聖人一樣，從牆上凝視眾人。他們編撰的論述，從中國捐贈的無線電發射器放送出去，雖然沒幾個佤族農民擁有可以收聽的收音機。

政治局統治的山區，由一萬五千名飢餓士兵巡邏，其中多數是佤人。這是地球上最大的共產黨叛亂據點。[1]然而，政治局成員很少進入他們統治的領土，他們的命令通過本地中間人傳達給民眾。最重要的一位，是叫做趙尼來（Zhao Nyi Lai）的佤人，沒錯，正是曾被稱為長腿指揮官的來。他的游擊隊曾在將近二十年前擊敗掃羅的反共軍閥聯盟。

趙尼來年近五十，身材依舊瘦長，軍裝始終不太合身。他在黨階級中爬升的高度，已經到了他的種族出身跟三年級教育程度的天花板。即便他把自己的大把青春時光，都奉獻在佤族故鄉支持共產主義，現在他卻開始悄悄恨起共產黨。儘管他們口口聲聲講階級平等，那些政治局成員仍視他的種族為次等，屬於在戰場上打仗的戰士階級，而書呆子緬族毛派則負責頒布法令。

趙尼來永遠不會忘記黨開始讓他心冷的那一天。十多年前，在邦桑黨總部，他收到來自班歪的摩斯電碼，他懷孕的妻子跟女兒還住在那邊。消息上說：恭喜，你的妻子剛生下一個男孩。趙尼來衝出去要求一輛吉普車，但每輛車都沒油。所以他跳上一輛腳踏車，踩了出去。他在班歪的家有五十英哩遠。

旅程中，趙尼來經過肚子膨大的光腳孩子。那地方沒有學校，也沒有診所。乾枯斜坡上是老鼠啃過的玉米，還有幾朵罌粟花，因為毛派政治局禁止採收鴉片。佤人不再住在頭顱裝飾的寨堡，部落間也不再械鬥，但彼此跟以往一樣疏遠。共產黨對道路建設的投資很少，使得村莊之間交通困難。趙尼來心想，如果大路連接起部落，家鄉各地就會興起一體的團結感。

天色逐漸變暗，趙尼來仍不停踩踏，他的長腿在燃燒。懸崖邊的小徑幾乎不可見。突然間，趙尼來飛上半空，車輪碰不到地面，身體飛進黑暗之中。

他在一條山溝底部恢復意識，大拇指扭曲成奇異角度，臉上黏著血。每次呼吸，肋骨都會生疼。趙尼來丟下腳踏車，費力地爬上山坡，回到小徑，徒步走完剩下的路程。他在微露藍光的黎明中到家。剛出生的兒子在屋裡睡覺，但趙尼來還無法面對他。他坐在泥土地上哭泣。

為了實現一個毛派烏托邦，他殺了多少佤族同胞？這些血腥犧牲又換來什麼？他最要好的同志之一，另一位名叫鮑有祥的指揮官，喜歡用他典型的直率口吻說，佤人依舊「活得像猴子一樣」。不識字、死於常見疾病、彼此疏離。[2]這就是他兒子將要長大的社會。

那次事件之後，趙尼來對共產主義的信仰，每天都一點點消蝕。到了一九八〇年代，他腦袋裡聚集的基進思想逐漸成形。有些時候，他想要改革這個體系；有些時候，他想砸碎它。這種內心不安展現成一個有趣的習慣：當厭倦毛派老闆的時候，指揮官趙尼來就會扔下邦桑總部，隨意跑去某個山區村寨。

他會召集當地人來場即興火堆會議，像條筆挺的豹子一樣蹀躞來去，帶著一種帳篷復興派佈道的熱情，對他們講道。他讓戰士農民們全神貫注，不是拿冷冰冰的列寧理論，而是他從心底發出的灼熱民族覺醒福音。「佤族自愛。佤族自豪。這就是他的訊息。」趙尼來的女兒艾鳳來（Ei Phong Lai）說。「我認為他內心深處仍受到童年苦難的折磨，」當時他被奴役。「他希望下一代能過上更好的生活，他知道共產主義無法實現這一點。」

趙尼來不敢直接褻瀆共產主義，但他的講道中卻帶有顛覆性的攻擊。它讚揚種族團結高於馬克思理論；自力更生高於對中國政府奶水的依賴。趙尼來講道的時候會喝酒，他很少放下布來米酒，總是用竹杯一口氣乾掉。趙尼來因此搖搖晃晃，他雖然相有當於四星上將的軍階，但也會醉倒在陌生人的地板上。第二天早上渾沌醒來後再趕回總部。村民們都很愛戴他。

在邦桑，趙尼來向最好的朋友兼同僚鮑有祥傾訴自己的想法。鮑有祥是個超級務實主義者，政治思想不是他的菜，長年抽煙讓他的大笑聲顯得粗嘎。兩人私底下嘲笑他們的領袖吃著中國香腸，小兵們只能靠著米跟鹽維持生活。這兩個好朋友用暗語交談，稱呼政治局委員為「學生」，因為他們是一群天真的書呆子。

鮑有祥跟趙尼來一樣，也是在艱困中長大。[3] 在他的獵頭村落裡，童年愛玩的遊戲是一種極為暴力的躲避球遊戲。孩子們收集一種帶有硬核的當地水果，男孩女孩圍成一圈，朝著對方的頭互丟水果，直到大家都半昏倒在泥地上，只剩最後一人還站著遊戲才結束。鮑有祥通常就是最後還站著的男孩。到了青少年時期，他升級成追逐人頭。身為村寨幫派的領袖，鮑有祥對抗台灣跟中情局支持下四處窺伺的原住民間諜，有時他會把敵人的頭顱從頸子摘下。他的英勇行為吸引了中國政委的注意，一九六〇年代末期任命他為游擊隊中隊長，後來將他交給緬共。在對抗掃羅軍閥聯盟的戰爭裡，屢屢傳出鮑有祥無畏的名聲。勝利之後，他成為直接對政治局負責的指揮官。鮑有祥代表了佤族的戰士精神，擁有他就等於擁有極具價值的武器。

到了一九八〇年代中期，鮑有祥跟趙尼來都能感受到，現狀存在著裂縫，透過裂縫閃現著更光明的未來。一九七六年去世的毛澤東主席早已遠去。中國在新領導人鄧小平之下，正在放鬆對經濟的鐵腕控制，讓市場喘一口氣。中國開始談論與鄰國進行貿易，而不是通過血腥起義，「解放」他們的人民。北京一直在對緬共政治局耳語：你們的任務已經結束。來中國退休，過過養老農民的生活吧。

然而緬共政治局比中國人更毛派，拒絕合作。所以北京停掉對緬共的重要供應：稻米、燃料、子彈與裝備。緬共政治局哼哼唧唧，卻對解決當前生存危機毫無作為。少了中國的物質支持，這處共產主義飛地（enclave）將陷入更可怕的貧困之中。

佤族村民來找趙尼來跟鮑有祥，抱怨飢餓的情況。告訴你們的政治局老闆，我們得回頭生產鴉片，就跟我們的祖先一樣，出售高地唯一可以出口的資源，我們才能買到食物。趙尼來傳達信息，但自大的政治局卻拒絕了。根據毛派教義，毒品玷汙了革命精神。黨只允許農民交易少量鴉片，任何大量販運者若被抓到，都將面臨監禁甚至死刑。

一九八〇年代末期，不服從的現象愈演愈烈。趙尼來跟鮑有祥麾下的佤族軍營領袖說，中國生命線切斷後，他們得開始產出鴉片，不然部隊會挨餓。政治局可以去死。這些營隊將他們的毒品帶到黑市上，賣給當時已經日暮西山的流亡者。所謂的共產主義者跟所謂的反共主義者做起生意。[4]這世界已經左右顛倒。

現在則是趙尼來跟鮑有祥讓世界重回正軌的時刻。

一九八九年四月十七日，一個寒冷春日，趙尼來跟鮑有祥在邦桑郊外集結了數百名叛變者，手持AK-47步槍，準備就緒。這天是緬族新年（Thingyan），一個標誌著佛教新年的緬甸主要節日。佤族不過低地人的神聖節日，但緬共政治局領導人通常會大吃大喝來慶祝。這是個完美機會，讓佤族衝過城鎮，登上丘陵，將政治局成員從他們腐敗的高台上推下來。

叛亂安排在傍晚。到了那時候，趙尼來已經喝醉，在反叛者之間來回踱步，以屠殺壓迫者的話語來激勵他們。[5]喝下幾杯布來米酒後，他總會變得亢奮好鬥。趙尼來這時的狀態並不適合領導政變，鮑有祥把他拉到一邊，說服他留在後方，然後自己回到隊伍前方，帶領反叛者進入邦桑。多數人步行前進；其他人則坐在配備機槍的吉普車上。黑夜籠罩山頭，滿月照亮前方道路。叛變者渴望報復。

叛亂的消息傳播得很快，他們抵達邦桑破舊的市集時，所有平民都散了。往前的道路遭到一支緬共安全中隊封鎖，他們同樣是佤族，排成一列、步槍架在肩上，預備保護山上的政治局。叛變者仿效他們，也排成一列，舉起武器，形成僵持。鮑有祥對他的人大喊，停火。

原因是起於一發槍響，肯定是某個人的手指抖了一下，卻一時弄不清楚是哪一方開火，直到一名佤族叛變者在街頭倒下，血流滿地。鮑有祥的忠實支持者渴望還擊，但他們不會在領袖下令前動手。這就是他的威望。鮑有祥往對立的中線走上前去，命令共產黨軍隊的佤族們，為了種族團結，放下手上的自動武器。這些人猶豫了一下，接著，一個又一個放下他們的槍管。政治局的防禦在鮑有祥一聲令下崩潰了。前方的道路清晰開闊毫無阻攔。

鮑有祥跟他的部隊沿著陡峭的五百英呎路徑，登上山丘。在山頂上，他們發現政治局的隨行人員，這些緬族幹部呆若木雞，一言不發。叛變者無視他們，直奔政治局成員的住所。他們的軍靴踹開木門，裡面傳來憤怒喊叫：看看這些該死的香腸！步槍槍托砸碎幾罈布來白酒。叛變者將政治局成員聚集在一起後，鮑有祥只問他們一個問題：緬甸還是中國？他們說：中國。好吧。帶上你們徒手扛得動的東西，走吧。你們今天不會死。我的人會護送你們過河。

從開始到結束，這場起事只花了幾個小時。多數國家，包括美國跟中國，都是歷經多年的血腥混亂後才建立起來。然而，佤族儘管被認為野蠻，卻能在不殺一人的情況下，解放自己。

趙尼來清醒過來，揉揉眼睛，發現自己成了史上第一個佤族國家的領導人。幾十年來，佤族一直為低地人的代理戰爭——共產黨人對抗反共產者——打仗，總是為別人的意識形態聖戰灑下熱血。再也不了，趙尼來希望他的人民能享受平靜，他打算與鄰國尋求和平。但是未來，佤族也將要求尊嚴，任何試圖剝削他們的外來者，都會發現一個團結一致、不可分割的佤族。他們將狂熱保護自己的獨立及祖國，新國家的軍事首領鮑有祥會確保這一點。

該是燒掉過往垃圾的時候。佤人摘下牆上的史達林跟毛澤東肖像，洗劫了精英的房舍，之後一把火燒成灰燼。每個裝滿文件的箱子，每本共產主義巨著，全都拋進火堆。[6] 有人闖進無線電站，打開麥克風，山區各地的掩體跟檢查哨裡的佤族士兵，全都聚集在收信機旁邊，聆聽他們的訊息。一個粗劣難聽的聲音響起：「再也不會」受到「種族主義政策」折磨，也不會「向任何入侵者磕頭，無論是本地還是外國侵略者。我們在文化跟文學方面也許貧窮落後，但我們的決心是堅定的！」[7]

佤邦誕生了。

篝火的灰燼冷卻下來後，趙尼來向北京發出消息，表示他的國家希望與中國建立友好關係及開放貿易。他收到祝賀回覆。中國官員雖然也是共產黨，但他們視緬共為黏在靴底硬掉的口香糖，很高興趙尼來跟鮑有祥將其剔除。中華人民共和國將非常樂意與佤族進行貿易，並祝願革命領袖一切順利。

更高的讚譽來自意外之地，仰光。緬甸軍隊長期以來一直想要清除境內的共產黨人，趙尼來實現了他們的願望。緬甸將軍保證自己是為了和平而來，請求讓直升機在邦桑降落。他們來接走趙尼來，送到緬甸首都進行會面。趙尼來從未飛過天際，也沒見過像仰光這樣全面電氣化的城市，夜幕降臨後，迷宮般的磚砌巷弄與大道閃閃發亮。仰光是東南亞最老舊頹圮的首都之一，但對趙尼來而言，它看起來非常先進。他心想，我們人民的貧困程度，比我們知道的更加糟糕。

緬甸將軍還不確定要怎麼看待趙尼來。許多人想像他是某種山野戰士國王，「可能是粗魯或粗俗，要看他是怎麼長大的。」緬甸高級軍事情報官桑本（San Pwint）說。「但趙尼來很有禮貌，也相當理性。最重要的是，他只是想要得到尊重。」將軍以豐盛自助餐款待趙尼來，並帶他參觀華麗廟宇。他們試圖用光鮮亮麗來催眠他，讓現在領導上萬佤族士兵的趙尼來，同意由軍政府對佤族高地實施某種程度的管理。也許他會想成為獲得政權同意的軍閥，指揮一支龐大的自衛隊，奉緬甸軍隊為最高權威。

但在談判中，趙尼來堅持自己的信念。趙尼來說我們的國家將棲身在你們國家之內，成為國家內的國家。我們不需要去聯合國爭取書面上的官方國家承認。但你們得知道：我們不會屈服於你們的法律。[8]也不會放棄我們的常備軍。你們的官員只會在預定訪問中受到歡迎，入侵士兵將遭到當場射殺。接受這些條件，我們將以朋友的身分一同繁榮發展。[9]緬甸官員點點頭。因為緬甸仍致力平息各處叛亂運動的政權，此刻無法分出心力與佤族交戰。

還有一件事，趙尼來說。

鴉片。

每個人都知道佤族住在世上最繁盛的罌粟地之上。緬共政治局曾限制鴉片生產，認為鴉片跟毛主義是對立的，但趙尼來必須尊重人民的願望，讓他們將山區覆滿象牙白與艷紅的花朵，收穫大量鴉片，售出之後用來支持他們的家庭。緬甸官員會出手干預嗎？他們說完全不會。只要佤族遵守他們的承諾——永遠不在世界舞台上宣布獨立，讓緬甸政權陷入尷尬——這樣，緬甸政府永遠不會細究他們如何維持生計。

趙尼來心情愉快地返回邦桑。跟兩個鄰國建立和睦關係之後，他通過了身為領導者的第一道測試。現在他迎來了困難的部分：從零開始建立一個國家，為佤族提供前所未有的好生活。

人們曾經希望，在革命剛發生之後的那幾天，能夠發現政治局藏匿的財寶。但佤族士兵劫掠他們上鎖的倉庫時，只發現十萬公斤白米、兩千五百套破爛制服，以及令人費解的五美元鈔票。財庫空空如也。[10]

佤邦生於令人心驚的貧困之中。趙尼來知道他需要經濟策略，卻懷疑自己生得出來。他毫無商業頭腦；他的妻子處理他們僅有的微薄現金。革命爆發時，他的家人仍住在稻草土角蓋成的小屋裡，晚餐時分享一點米飯，撒上鹽跟菜葉。趙尼來活在理念世界，在他的腦海裡，幾乎未曾注意到他的靴子快要散架了。

縱然趙尼來擔心鴉片帶來的腐蝕影響，童年時期遭鴉片農場主人奴役的記憶仍舊十分深刻，但他也承認，佤邦經濟將不得不依靠毒品。鴉片是他們唯一可能出口的產物。多數佤人都是文盲農民，住在偏遠村莊，他們生產的任何作物，無論是洋蔥還是柿子，幾乎都在抵達遙遠城市買家前就會腐爛。只有罌粟能在佤邦凍冷又偏鹼性的土壤中茁壯生長，同時跟多數農產品不同，鴉片可以運到很遠的地方。倘若緊緊包在帆布或土罐裡，它很適合儲放陳年，就跟葡萄酒一樣。趙尼來覺得，他的部落沒有什麼能跟這世界交易，鴉片就是他們的血液，黏滑質黑，仿佛受到某種原始詛咒，他們生來就是要提供此物給上癮的人類。

這就是計畫。人數約在三、四十萬之譜的佤邦人民將採收鴉片。他的武裝部隊約有一萬五千名士兵，將集貨並大批轉交批發商，部分送去中國，為了避免過分激怒北京，大多數將送往泰緬邊境的掮客。佤邦經濟與毒品集團就此成形。趙尼來對兩者的運營都毫無頭緒。

問題的解方在革命爆發四、五個月後，來到邦桑。一名細瘦商人拉著幾個手提箱。他叫魏學剛，是土生土長的佤山之子，在銀城長大，雖然已經離開很長一段時間。魏學剛前來向新生的佤族政府求職：財政主管。他跟趙尼來坐下來談，宣稱擁有罕見且無可挑剔的資歷。一九七〇年代中期，魏學剛協助自大的民兵頭子坤沙建立一個名副其實的國家：撣國，這個國家至今仍然強盛。他擔任坤沙忠心的財務大臣，透過製造海洛因，將利潤送進坤沙手裡。後來他離開坤沙的陣營，加入佤民族軍，當時如三流幫派的佤民族軍，很快就藉著魏學剛的販運魔法，將大批毒品一路走私到美國。

魏學剛講到物流跟國際配送，這種財富語言迷惑著趙尼來。魏學剛打開手提箱，露出當時價值一百五十萬美元的四千萬泰銖，來證明他的財力。你若聘我擔任財務營運主管的話，這就是給你的禮物，他對趙尼來這麼說。趙尼來當下沒有其他合適的候選人，於是給了他這個職位。儘管他當時不會知道，比起其他所有的決定，這個決定將會重塑金三角的未來。因為魏學剛有的，不只是塞滿骯髒鈔票的行李箱，他腦海裡有個打造完美金三角毒品集團的模型。

魏學剛不在乎趙尼來要如何管理佤邦：民主還是專制，怎麼樣都行。碰巧，趙尼來偏好通過武力來統治他的國家；這種軍事化模式將確保秩序，限制混亂，並確保鄰國保有適當的恐懼。這沒問題；但這政府若想要開展世界級販毒運作，就得把眼光放遠。

佤邦擁有令人垂涎的罌粟田是很大的優勢。魏學剛指出，問題出在地理位置。因為地處偏遠的內陸，佤族缺乏通向區域內主要海洛因批發市場——泰國——的直接通道。泰國的諸多港口，可供出口商將毒品運往海外更富裕的國家。這是個嚴重障礙。趙尼來的軍隊可以將鴉片或海洛因走私到泰國邊界，但他們沒辦法走得更遠，除非要先戰起來。坤沙幾乎控制了進入泰國的每條山路，他們將不得不賣給坤沙，但這名中間人肯定會吃掉大筆利潤。

或者，一定得這麼做嗎？

趙尼來運氣不錯。魏學剛跟他的同夥沙赫，恰好控制著泰緬邊境上一小塊地，這是坤沙控制範圍以外的罕見綠洲。這個佤民族軍據點擁有佤邦所需要的一切：海洛因實驗室，蜿蜒進入泰國的偏僻小徑，及身經百戰的佤族傭兵來保衛一切。

魏學剛提議放棄佤民族軍的名稱，劃歸為趙尼來武裝部隊底下的一個師。更重要的是，他建議將這一百平方英哩的疆土正式劃入佤邦領土，成為以快速產生現金為目標的經濟特區。獲利的潛力令人振奮。過去，沒有任何武裝團體同時擁有盛產罌粟的佤山，跟前往泰國的通道。

趙尼來再次同意。從那一刻起，佤邦就成為地圖上的奇異存在。它的主體北佤，幾乎跟以色列一樣大。[11]新併入的領土在地理上則完全脫離，既遙遠又微小，僅包含幾個山谷的範疇。[12]他們將後者稱為佤邦南司令部（Wa Southern Command），或簡稱南佤。由於南佤的主要目的是產出收入，因此已解散的佤民族軍創始人沙赫，對他們來說已無用武之地。年近六十的年邁戰士沙赫雖然退休，佤邦政府仍賦予他一個政治委員的象徵性角色。南佤是魏學剛的心血結晶，他也是此地的行政主管。

這段時期，趙尼來定下了他政府的正式名稱：佤邦聯合軍，一個軍事政治混合機構。[13]儘管它是反共主義的產物，其組織結構卻諷刺地形似一黨專政國家，例如古巴、北韓或中國，因為這是佤人最熟悉的體制。人民甚至稱趙尼來為主席。魏學剛被稱為財政首長，但他更希望自己沒有頭銜、沒有公眾形象。他是活在陰影下的生物。

主席趙尼來跟魏學剛從來不親近，後者不喝酒，總是謹思慎言。[14] 趙尼來則總是精神奕奕，激情迸發，講話出自內心。兩個人用中文交談，這是魏學剛的首選語言，儘管他們很少私下見面。身為財政沙皇，魏學剛留在專注獲利的南方，而趙尼來則從邦桑進行統治。雙方都有些對方需要的東西，但兩人的動機截然不同。趙尼來是堅定的愛國者，希望看到自己的民族國家更加強大；魏學剛的野心則純粹出自個人。他想在佤邦聯合軍的庇護下，組建一個武裝毒品集團，具有強大恫嚇力，任何人都不能再威脅他，不論是雙面人前老闆坤沙，或是四處窺探的美國緝毒局。為了保護魏學剛的安全，趙尼來將精銳士兵從北佤調到南佤加強防禦，以防坤沙的刺客或美國緝毒局幹員大膽入侵。

魏學剛開展工作，以證明他沒有失去才華。佤山地區的鴉片很快湧入他在泰緬邊境的叢林精煉廠。[15] 一旦他高坐在海洛因寶山上，就開始跟曼谷及香港的華人聯繫，要這些國際走私商預備好將貨物大量出口到海外。成功來得很快。一九九〇年，佤邦聯合軍創立一年後，已經轉變為海洛因生產的巨人，幾乎跟坤沙的撣國不相上下。當年，這兩個組織總共加工產出近兩千公噸鴉片，是十年前金三角產量的四倍。[16]

魏學剛的舉動震撼全球。當時世界上另一個重要的罌粟產地——亞西地區的金色新月——在產量上相形見絀。同樣一九九〇年，阿富汗及巴基斯坦產出一千公噸，滿足美國百分之三十的海洛因需求量；緬甸則供應了百分之六十的量。[17] 剩下的量由墨西哥各集團供應，相比之下微不足道。佤邦聯合軍跟撣國是世界上最大的海洛因出口者，它們的主要客戶，是遠在供應鏈末端的美國人。他們的貪慾大到足以吃下過剩的產量。

金三角的毒品颶風般襲捲美國。[18]街頭的毒品純度提高，價格卻下降。[19]從來不擅長地理的美國人，將這種東南亞產品稱為「中國白粉」（China White）。[20]它跟墨西哥的黑焦油海洛因（black tar heroin）不同，後者是一種黏性物質，必須加熱成液體後注射；中國白粉夠乾淨，可以直接從袋子裡吸食。海洛因的飄渺暖意現在人人觸手可得，怕針的人也能加入迷幻行列。

這些雪白粉末融入了流行文化。模特兒因為吸食而變得苗條；媒體稱之為「海洛因時尚」。寇特．科本（Kurt Cobain）跟其他頹廢搖滾偶像陷入這種毒品的魔咒。當這些一線明星跟郊區居民紛紛死亡的時候，反毒戰爭的言論也愈發兇殘。在國會之內，洛杉磯警察局長發言，認為娛樂性用藥的人「應該被拉出去槍斃」。[21]

此時已經成為超級壞蛋的坤沙，承擔了大部分責任。他在美國電視台記者的訪問片段也沒能改善這種形象；他告訴美國廣播公司新聞網（*ABC News*）：「喬治．布希總統也許擁有核彈按鈕。但我有鴉片按鈕，比核彈更強大更有效。我就餵你吃毒藥，何必還做其他事？」坤沙的自吹自擂幫了趙尼來，他在全球媒體中仍默默無名，也希望維持這種情況。不過他能逃避調查多久呢？不知哪天，緝毒局會把美國的注意力轉向佤邦：一群叛亂者成立的販毒國家，由前獵頭人跟近期逃出緝毒局手心的逃亡財務專家聯手管理。這故事就是個妥妥的頭條新聞。

趙尼來對國際毒品貿易經濟的理解薄弱，但他對政治跟權力卻很敏銳，他安撫緬甸跟中國輕而易舉。但他面對一個更棘手的挑戰。海洛因作為他國家的主要出口品，趙尼來有充分的理由要擔心美國狂暴的反毒戰爭；然而，他還不確定要如何對抗這個威脅。趙尼來無法理解白人的心思，但他知道有個佤人，是唯一能夠理解白人的佤人。

趙尼來需要這個人的建議。問題是，他們兩人曾經想殺了彼此。

聘用魏學剛擔任財政首長後不久，趙尼來主席繼續組建內閣，他要助理聯繫掃羅。看看前死敵是否願意面對面聊一聊。告訴他我沒有惡意。答案很快就來了：掃羅願意見面，如果趙尼來願意到他臘戍的家裡來。

會面那天早上，掃羅等待訪客上門時，他試圖回想趙尼來的樣子。他只能想起一九六〇年代末期，一名少年僕人的瘦臉——那個曾幫他洗內衣跟沏茶的少年。當掃羅還是軍閥的時候，趙尼來幾乎不講話，只會喃喃地說：「好的，先生。」等趙尼來變成毛派游擊隊，兩個死對頭再也沒有見過彼此，只是透過槍火在遠處溝通。

掃羅已經四十多歲，臉上布滿皺紋，帽子底下藏著U形禿。當趙尼來出現在他家門口，他看到一位成熟紳士，年齡與他相仿，身形跟門框同高，他伸出手來打招呼。趙尼來的舉止看不到年輕時的壞脾氣，他甚至在微笑。趙尼來緊握著掃羅的手，倘若兩人心中還有任何怨氣，那時那刻也都被擠出去了。

這是多次會談中的第一次。他們之間比預期的要融洽許多，隨著時間的流逝益發顯露出兩人在方方面面的相像。兩人還是勇猛青年的時候，趙尼來跟掃羅想要的事情是一樣的：統一的佤族社會。然而，因為選了不同的意識形態，一個共產主義，另一個反共產主義，他們曾經像他們蔑視的獵頭者一樣，發動血腥鬥爭。在臘戍，趙尼來在掃羅家中度過這個長夜，喝著啤酒，大聲發夢。掃羅並不好酒，他啜飲果汁，抽著竹筒煙。他們曾經試圖射殺彼此的過往，此刻顯得荒謬。

趙尼來主席把掃羅當作非正式顧問。他從未要求掃羅擔任下級角色，其實他也不需要，因為掃羅自願承認趙尼來是他的上級。掃羅現在每天的工作，是替緬甸專制政權監視其他少數民族的動向，這早已經侵蝕著他的良心。透過趙尼來，掃羅有機會為新興佤族國家塑造未來，並藉此獲得救贖。「我還能說什麼呢？」掃羅說：「除了，我的天哪，原來我並不是我以為的那個領袖。我告訴他：『趙尼來，你做到了。你是我們真正的領袖。告訴我你需要什麼。』」

趙尼來需要坦誠的良好建議。就像他之前的其他革命家一樣，從甘地、毛澤東到喬治·華盛頓，趙尼來發現了治理國家充滿醜陋妥協，而他已經做出一個困擾靈魂的妥協。他告訴掃羅，這個名叫魏學剛的華佤混血商人，快速地為佤邦聯合軍籌組了海洛因販運事業。這是佤邦的經濟引擎，用來支付食物、石油、子彈、車輛，一切的一切。趙尼來擔心他的人民最終只將自己看作是毒品公司的僱員。

你害怕這個人是對的，掃羅說。事實上，你對他的恐懼還遠遠不夠。你用魏學剛的毒品資金所建立的一切，都是蓋在流沙上。當佤族毒品流入美國城市時，我們就會得罪世界上最強大的國家。

趙尼來內心深處是個孤立主義者。他更喜歡跟鄰國保持最低程度的往來，與西方國家維持零接觸。在他看來，西方國家跟他們的世界毫無關聯。但掃羅建議他壓制這種本能。掃羅說，佤族長期以來一直將孤立視為美德，無視世界的嘲笑。但我們不正是渴望尊重的孤獨民族嗎？我們需要毒品資金買不到的東西，需要外國的專業協助我們推動正式醫學、發展好學校及建設現代化道路。他說，無論你喜不喜歡，沒有外國人的幫助，佤族國家永遠發展不起來。而只要魏學剛繼續用海洛因淹沒世界，沒有任何發達國家會幫我們，因為我們看起來就像是偽裝成國家的毒品集團。

幾個月過去，掃羅跟趙尼來在這方面進行多次對話。趙尼來從未介紹掃羅跟魏學剛認識；他也不打算這麼做。但兩人像是站在肩膀上的兩極，一邊是魔鬼，另一邊是天使，為佤邦呈現出截然不同的願景。趙尼來在夢想家跟懷疑論者之間掙扎。

倘若聽掃羅的，佤族停止生產海洛因，該如何維持生計，如何負擔得起保衛祖國的武器？倘若魏學剛的崛起不受挑戰，佤族國家是否會在無知中枯萎，變得愈來愈墮落，而超級強權美國是否會不斷投入資源來摧毀佤邦？

趙尼來抽著煙，一邊思考，一邊喝酒。就他看來，這兩種願景都會走向毀滅。直到某一天，掃羅來找他。趙尼來，我想到一個計畫。

掃羅透露，他稍微認識美國的全球反毒警力——美國緝毒局。緝毒局在仰光有間小辦公室，底下的幹員偶爾會跟他聯繫。身為緬甸政權的平民情報收集者，掃羅經常前往山區的少數民族村落，那裡也是生產罌粟的溫床。緝毒局幹員有時會向他請教，尋求從罌粟田中取得的消息。他不會說太多，通常就是夠換來一個現金信封袋。掃羅並沒有把這些密談告知緬軍上線，因為他們是禁止未經授權接觸外國勢力的。只是這種會面不常發生，掃羅也沒有多想。

掃羅希望取得趙尼來的許可，提升他跟緝毒局的關係。以佤族政府祕密代表的身分跟他們對話。提議美國這個受到佤族海洛因汙染最嚴重的國家，原諒我們這個族群，並協助我們掃除毒品。他會跟緝毒局說，用美國的援助取代我們的海洛因利潤，幫我們成為更明智、更有德行的國家，這樣兩國人民都會受益。

這個概念實在驚人的樂觀，甚至接近瘋狂。但趙尼來不得不承認，倘若此舉成功，有可能讓他的國家在離開罌粟跟海洛因下繁榮發展。主席同意讓掃羅接觸緝毒局，探索可能性。但是，考慮到引發衝突的強大可能，他也補充說，掃羅，拜託不要告訴任何人你在做的事，也不要被抓到。

很有可能，掃羅的想法不會成真。但如果這位夢想家真的做到了，懷疑論者將會失去一切。

一八九〇年代由英國探險家拍攝的高地佤人與佤族村寨。
（圖片來源：J. G. Scott Collection）

一九九一年的佤邦聯合軍兒童士兵。
（圖片來源：安傑羅．薩拉迪諾）
下圖：超純的「中國白粉」海洛因：由佤邦聯合軍生產，在美國銷售。
（圖片來源：安傑羅．薩拉迪諾）

二○○二年，一架緬甸直升機上，美國緝毒局幹員約翰・惠倫尷尬地坐在佤邦聯合軍領導人鮑有祥身旁。（圖片來源：約翰・惠倫提供）

流亡者：反共的中國人，武器爲中情局所贈。金三角毒品貿易的鼻祖。（作者取得之檔案照）

李文煥將軍：反共分子，鴉片販子，受到中情局保護。（作者取得之檔案照）

冰毒製造地點：緬甸靠近中國邊境的臨時實驗室。（圖片來源：緬甸警方）

二十一世紀有佤邦聯合軍標誌的毒品：含有甲基安非他命的藥丸，是亞洲最暢銷的非法產品。（圖片來源：Mark Oltmanns）

下方：佤族鴉片，以香蕉葉及麻繩捆綁，運往海洛因實驗室進行加工。（圖片來源：安傑羅．薩拉迪諾）

一九九三年左右，掃羅擔任佤邦外交部長，與妻子瑪麗合影。（圖片來源：作者）

一九九三年，身為緝毒局線人的掃羅坐在罌粟田中。（圖片來源：Getty Images）

二〇一九年，佤邦聯合軍突擊隊在泰緬邊境附近抓獲未經授權的冰毒走私者。
（圖片來源：佤邦聯合軍）

一九九一年，在美國緝毒局協助下，燒毀一間佤族海洛因精煉廠。
（圖片來源：安傑羅．薩拉迪諾）

一九九二年，佤邦國父趙尼來與美國緝毒局幹員安傑羅．薩拉迪諾。
（圖片提供：安傑羅．薩拉迪諾）

亞洲最大毒梟魏學剛，長期主管佤邦聯合軍的財務。（圖片來源：美國緝毒局）

第三部

機密線人

雅各開車載我去飯店，掀背車車窗大敞。我們經過金碧輝煌的佛塔，月光下閃閃發亮。流浪狗在午夜的臘戍市區梭巡。

我們剛離開掃羅家，有點匆匆忙忙，就在我試圖問起魏學剛的尷尬之後。雅各說他知道那個人對掃羅做的事，光是提到他的名字就會掀起創傷。他說，掃羅跟魏學剛是「世上的死敵」，暗示兩人的對立仍在掃羅身上留下疤痕。我深覺懊悔，不敢再問詳情。我已經挖得太深，觸到我還不了解的痛苦深處。

雅各深吸一口氣。

「你得知道，魏學剛這名字讓每個人都不舒服。即便在佤邦內也一樣。」他說每個人都知道魏學剛是佤邦的財政首長，佤邦聯合軍依靠他的財富。然而，至少在公開場合，多數佤人談到他的時候，都會本能降低聲音。魏學剛是個鬼魅般的人物，他不出席儀式活動，也避免出現在陽光下。佤邦中央委員會已經將他的名字從名單上移除。目前黨的官方說法是，魏學剛多年前就失蹤了，即便每個人都知道他就住在邦桑郊外一處堡壘般的宅邸，由忠於魏學剛本人的禁衛軍守衛。

「你見過那地方嗎？那座宅邸？」

「見過，遠遠看了一眼。」

我們接近飯店時，雅各換了個話題。「派屈克，你喜歡音樂嗎？」

「當然。」

「你會玩音樂嗎？」

「我彈吉他。如果有需要，也能打鼓。我以前待過樂隊。」

「什麼樣的樂隊？」

我心想不能講龐克搖滾，這些人是浸信會的。「就搖滾樂隊。很久以前了。」

「你想一起玩音樂嗎？」

「好啊，為什麼不呢？」

「很好。明天我會請助理牧師打開教堂。下午四點我來接你。」

樂風是福音搖滾，和絃變化對我來說很簡單，即便沒聽過這些歌，我也能跟得上。雅各彈鍵盤（彈得很不錯），我彈吉他（很普通），他妻子唱歌。鼓手沒辦法來，所以雅各在山葉合成器上跑節奏。幾個愁眉苦臉的佤族青少年伴唱合聲。我唯一聽得懂的詞是「耶穌」跟「哈利路亞」，無論哪首歌，合唱的部分總會出現這些詞。

我們頭頂上掛著巨大的銅製十字架。教堂白牆才剛刷過，紫色鳶尾花裝飾著木質講壇。唯一突兀的細節是講壇旁邊的工業塑膠垃圾桶。

我們的即興演奏在黃昏時分結束。我需要吐掉嘴裡的口香糖，便走向垃圾桶。幸好我吐之前看了一下裡面，桶底鋪滿白米。

「派屈克，不好意思！那不是丟垃圾的。」雅各總是為我的錯誤道歉。

「喔，對不起。這是做什麼用的？」

「我們的傳統。每個進來教堂的人都要往裡面丟一把米。」

「這些米給誰吃？」

「我們。我跟其他教會工作人員。我是這裡的音樂老師，這是我的工作之一。這些米是我們報酬的一部分。」

其他樂隊成員站成一圈，等我加入。我知道要做什麼。我們緊握雙手，閉上眼睛，低下頭。雅各開口，混合了佤語跟緬語。轉成英語後，他問我：「派屈克，有什麼要禱告的嗎？」我有。感謝主，讓我為耶穌基督演奏節奏吉他；請安穩我研究佤邦聯合軍內部運作的摸索之旅；請原諒我太多管閒事。

「我們在天上的父親，」我說，「請接受我們的感恩。請祝福所有佤族人民，賜給他們幸福。奉主耶穌基督之名，阿門。」

「阿門。」他們齊聲道。

眾人魚貫離開教堂，走入黑暗之中。這是我在臘戍的最後一晚，我原本打算在飯店吃點豐盛的，然後早點休息。幫忙收拾樂器時，雅各碰碰我的肩膀，邀我去他家吃飯。

「我很榮幸，阿哥（ah-ko）。」緬語裡「大哥」的意思。「你確定不會太麻煩嗎？」

「沒事，派屈克。事實上，掃羅會在那裡。他想跟你講話。」

我們再次吃了糜，跟緬式豬肉咖哩。雅各與他的妻子、掃羅跟瑪麗還有我，都擠在露台上的木桌邊。一隻叫「藍波」的黑狗，在我們腳下穿梭；巨大的飛蛾如同噴射機般衝向頭頂燈泡。掃羅進行飯前禱告。這次我試著聊些輕鬆的事，孩子、食物、教堂。但掃羅不太擅長閒聊。當我問到過去的狩獵冒險時，他終於流露一點興趣。

「我曾用獵槍殺過一頭老虎，」他告訴我：「年輕的時候。」

「味道如何？」

「如果你能忍受那股酸味的話，吃起來就像牛肉。」他說：「老虎肉很臭，但肚子餓的時候，什麼都好吃。」

「掃羅，面對老虎，你不怕嗎？」我試著奉承東道主。

「不，老虎嚇不了我。人比較可怕，他們會撒謊、玩花招。老虎不會。」

我笑了。他沒笑。

掃羅幾乎沒怎麼吃。瑪麗說，糖尿病跟胃病限制了他的飲食。年紀大了，疾病狀況不斷加劇。她說有些日子情況比較好，癱瘓發作的日子掃羅就很受罪，那是酷刑的後果。我不敢問。接著掃羅轉向我，毫不羞愧地提出請求。他說，我想你幫忙，重新聯絡緝毒局。

「D-E-A？」我慢慢唸出這些字母。「你替他們工作過嗎？」

「跟他們說，我有些醫療費的帳單。」

「緝毒局知道這代表什麼嗎？」

「當然。」他暗指工作期間受的傷，至今仍舊困擾他。至少，緝毒局應該送他去比較好的曼谷醫院。「我跟他們失去聯繫。不知道該怎麼跟他們接頭。你是美國人，他們會聽你的。」

我不太確定。無論對緝毒局來說掃羅曾經是個什麼樣的人物，這個組織現在很可能不會承認他，特別是在多管閒事的記者面前。這個要求很難，然而這些話我都沒有說出口。掃羅凝視著我，黑色瞳孔一瞬也不瞬。

「好的，先生。我保證。」我把筆記本重重擺在桌上。「但我需要一個名字。緝毒局是個龐大機構。」

這就是問題。掃羅最後的上線已經去世。

「能告訴我他的名字嗎？」

「比爾．楊。」

「好的。比爾．楊。已經去世。你跟其他幹員合作過嗎？」

掃羅往後一靠，拉拉耳垂，仿佛要拽開一些鈣化的記憶。布魯斯。但那是很久以前的事。

「布魯斯姓什麼？」

「我記不住白人的名字。就布魯斯。」

回到曼谷，我開始展開尋人任務。我發現有個布魯斯在緝毒局工作三十年，在泰國跟緬甸的任期都很長。布魯斯·保羅·斯塔布（Bruce Paul Stubbs），他以驚人的幽默感與隨和笑容聞名。未亡人妻子蘇詠（Su Yon）與女兒阿蘭娜（Alana）。敬謝花束，請改捐款支持西雅圖的弗瑞德·哈金森癌症研究中心。這是二〇〇六年布魯斯的訃告內容。

在更多的搜尋中出現了布魯斯前老闆的名字：安傑羅·薩拉迪諾，曾任緝毒局駐緬專員。一九九〇年代初期，他們曾在仰光一起工作。如果還活著的話，薩拉迪諾至少已經七十多歲。線上電話簿有好幾個安傑羅·薩拉迪諾，在佛羅里達州、伊利諾州、科羅拉多州跟紐約州。我全都掃了一遍，在他們的答錄機上留下消息。沒有回音。一週後，我再度打擾所有安傑羅。在其中一具答錄機留言時，聽到喀嚓一聲，然後是「派屈克？」

「喂，是的。我是派屈克·溫。從泰國打來。」

「嗨！溫！你現在在擴音模式上。」這次是女性的聲音。

「我是芭芭拉，安傑羅的妻子。我要安傑羅別回你的電話。」

「喔。」

「那段時間我們的生活並不愉快，安全受到威脅，政府內部敵對鬥爭。我不確定能不能談論這些事。」

然而在電話裡，薩拉迪諾先生實在忍不住，想分享一些反毒戰爭的老故事。他告訴我一九七〇年代追捕泰國毒品拖網船的故事；一九八〇年代喬伊斯．鮑爾斯的死亡悲劇；一九九〇年代跟佤族的冒險。很快地，芭芭拉也加入對話。他們結婚超過五十年，每個故事都以「我真希望是布魯斯來講這故事」結尾，因為布魯斯更會講。無論多黑暗的故事，他都能講得讓人捧腹大笑。

但是我打電話來要問的那個人是誰呢？索爾？

「掃羅。」我試著描述一下：佤族男性，中等身材。氣勢逼人、康復中的軍閥、浸信會信仰堅定、很善於招人涉入危險冒險，包含我在內。

「喔，超級巨星！我們都這樣叫他。」那樣的人很難遺忘。他說，超級巨星是有史以來最優秀的緬甸機密線人。了不起的機密線人。那樣的人還活著真是不容易。

他們最後一次見面是在一九九一年底，就在他們的機密關係曝光之前。薩拉迪諾說，那是我職業生涯中最糟糕的事件。這個記憶仍舊揮之不去，緝毒局沒能保護他的消息來源，導致超級巨星掃羅雙腳被綁起來，倒吊在樹上。

一隻可以踢的貓

一九八九年七月。

安傑羅．薩拉迪諾幹員剛跟妻子芭芭拉及兩個十幾歲的孩子搬到緬甸，安頓在仰光的外交區。英國殖民時期的大宅邸在頹圮中仍顯光榮，環繞著風景如畫的茵雅湖（Inya Lake）。他們的派任住所幾乎跟皇宮一般，門廊，黑白相間地磚，二樓陽台俯瞰草坪上飄落紫瓣的藍花楹。再遠一些是湖畔，荷葉隨波盪漾。

薩拉迪諾接近五十歲，髮鬚都有幾絲泛白。履歷上有邁阿密、曼谷、清邁跟丹佛的工作經歷；現在緝毒局希望由他負責緬甸辦事處。此地應是緝毒局在亞洲最重要的前哨站。緬甸是美國海洛因的主要源頭，且正如老布希總統（George H. W. Bush）所言，這種毒品是「國家當今最嚴重的國內威脅」，沒有任何麻藥比它更致命。根據緝毒局的劇本，薩拉迪諾應該跟哥倫比亞或墨西哥的幹員一樣，與緬甸軍警合作，逮捕毒販，查獲毒品，摧毀實驗室。但這裡是緬甸，遊戲規則十分不同。

薩拉迪諾是緬甸境內唯一的緝毒局幹員。[1] 他的辦公室藏在美國大使館內，官方上根本不存在。國務院是美國的外交部，允許緝毒局辦事處設立在大使館內，並定下內規，禁止在公開場合透露緝毒局的存在。當時的駐緬美國大使伯特．勒文（Burt Levin）曾警告薩拉迪諾，永遠不要接觸軍政府，因為他知道幹員的工作得跟緬甸警方打交道。很明顯，國務院這個權勢比緝毒局更強大的機構，其實希望薩拉迪諾一家人轉身回家去。這不是人的問題，薩拉迪諾一家非常友好，在美僑俱樂部很受歡迎。美僑俱樂部是外交官家庭的湖畔聖地，在泳池邊享受棒球比賽跟起司漢堡。但使館的人認為，緝毒局根本不適合緬甸。

這種態度跟十一個月前的軍政府暴行大有關係。

前一個夏天，緬甸民眾爆發起義，抗議要求結束暴政。雖然山區的少數民族長期以來一直都有同樣的要求，並且因為勇敢發聲而遭到酷刑，但這一次，城市裡的低地人也站了出來。他們受不了了。緬甸是徹頭徹尾的極權主義，軍政府幾乎擁有眼前的一切，大量囤積國家的財富。國家監視亦無所不在，甚至有眼線在茶館裡竊聽人們的耳語。將軍們跟邪惡的國王一樣貪婪，傳聞中，至少有一位將軍洗澡時泡著海豚血，據信這能長保青春。[2]

各行各業的人都加入抗議運動，有店主、農民、學生，還有穿深紅袈裟的僧侶。他們團結在翁山蘇姬身邊，她是四十年前驅逐英國人的緬甸烈士之女。頭上插著薰衣草色的花朵，翁山蘇姬帶領五十萬人，那是一片穿著長裙跟涼鞋的人海。

軍政府囚禁翁山蘇姬，屠殺她的追隨者。步兵一區沿著一區發動追捕，射殺的人數在三千到一萬之間，這是一場比天安門廣場更致命的大屠殺。[3]僧侶未能倖免，青少年也不例外。當屠殺蔓延到仰光市中心三層樓的美國大使館時，外交官從窗戶往下看，親眼見到街上的屠殺。大使看到學生躲在樹後，他們逃竄時，「軍隊追在後面，像打兔子一樣射殺他們。」另一位國務院官員表示，「工作人員目睹人們被斬首。這對在場的人來說，是非常煎熬的經歷。」[4]

在那天之前，緬甸只是另一個美國維持著外交關係的糟糕政權。但一夜之間幾乎改變了一切。軍政府成了美國譴責的焦點。大使館的二把手富蘭克林．「潘喬」．哈德爾（Franklin "Pancho" Huddle）說：「我們要利用緬甸來吸收華盛頓的各種人權倡議，那些倡議原本可能會針對其他重要的國家。」[5]他說，國務院認為，美國在緬甸擁有「（堅持自己）理念的餘裕」。緬甸既非超級巨大，也沒有核武器，更不是重要的石油供應國，因此，為促進自由與民主之名而批評軍政府，不會造成什麼不良後果。哈德爾描述這項新政策：「每個人都需要一隻可以踢的貓，①而緬甸令人敬佩地扮演了這個角色。」軍政府的惡行完美無瑕。它自稱是「國家法律與秩序恢復委員會」（State Law and Order Restoration Council），簡稱SLORC——這醜陋的縮寫念起來彷彿都髒了嘴巴。

從國務院跟中情局的角度來說，兩者看法一致，孤立軍政府至關重要。而薩拉迪諾別想跟SLORC一起行動，特別是它的士兵才剛剛射殺僧侶跟大學生。如果他對「不接觸」的規定有任何疑問，可以打電話給他的前任。上一任緝毒局幹員被抓到背著大使跟軍政府聯繫後，被迫在四十八小時內打包離開。[6]大使不會細管這些幹員的行動，但他們可以責難違反規定的緝毒局

譯註①：美國俚語，意指可以洩憤出氣的對象。

幹員，迫使緝毒局總部換個人來。薩拉迪諾就是先前那位的取代者。

於是，他每天離開大使館回家時，都會抱怨又是毫無意義的一天。「我記得他說：『他們竭盡所能地擋路，永遠都是相同的理由：這是個邪惡政權』。」芭芭拉說：「那是非常政治化的氛圍。這很不幸，因為安傑羅不愛玩政治。老實說，就算他想，他也不擅長。」

然而，薩拉迪諾在處理毒品案件方面相當出色，而且他決心要找到方法，根除緬甸的海洛因——不論大使怎麼說。

儘管薩拉迪諾是緬甸境內唯一的緝毒局幹員，但他並不是唯一的緝毒局員工，有另一位同事住在湖邊另一處同樣迷人的宅邸。我稱她為比安（Bian）。她是緝毒局的情報分析師，年近五十，穿著得體，一頭黑髮挽成髻。

「在緝毒局裡，幹員是國王。分析師是次等公民。」比安說。分析師不能帶槍，很少出外，大多坐在辦公桌前，過濾機密線人向幹員吹噓的筆錄，自其中尋找線索。他們要寫很多報告，「大多數幹員都討厭寫報告，」比安說：「他們只想抓到罪犯。」

比安在前一年來到緝毒局的緬甸辦事處，恰好目睹了一九八八年的大屠殺。「我替那些革命學生感到難過。他們穿著拖鞋面對穿靴的士兵。他們不是真正的殺手，不像我們越南人，我們知道怎麼戰鬥！」比安出生在越南，能讓她害怕的事情不多。她闖進緝毒局這個惡名昭彰的男人俱樂部，成了雇員裡最稀有的族群：亞裔女性移民。來緬甸之前，比安曾在曼谷辦事處工作，那裡也是由大男人作風的幹員主導，屋裡的菸從沒斷過，他們甚至就在色情酒吧進行簡報。比安申請來緬甸，是希望在其他人避之唯恐不及的國家留下自己的成就。「大多數緝毒局幹員不想來緬甸，因為他們的妻子太害怕。但對我來說這不是問題。」

薩拉迪諾跟比安處得很好。他是個愛家好男人，不粗魯，也視她為平等的夥伴。週一到週五早上，他們一起搭政府配給薩拉迪諾的轎車，離開湖邊的安寧生活，開車進入喧囂如萬花筒般的仰光市中心。首都狹窄巷弄的兩側，那片漆成杏桃色、薄荷綠跟奶油黃的磚砌立面上，常有大群黑色黴菌汙漬；頭頂上，鳥兒在晾衣繩間穿梭；大使館外幾個街區，金箔色的蘇雷佛塔（Sule Pagoda）在交通圓環上壯麗地升起，生銹的汽車圍著它緩緩繞行。

薩拉迪諾停下車，他們走路進入大使館，穿過一年前抗議者泊血的門廊。地下室有家商店，賣廉價烈酒跟罐頭午餐肉，中情局占據二樓，緝毒局辦公室藏在三樓。辦公室的家具破損不堪，地毯骯髒。薩拉迪諾有一間大小還行的角落辦公室，比安的小辦公室就在旁邊。牆上排列著七、八個迪堡（Diebold）防火防鑽的保險櫃，沒有密碼是打不開的。其中一個保險箱裡有一把拆解開的、沒有註冊的AK-47步槍，以防大使館遭到圍攻。這裡是緬甸，什麼事都可能發生。

最後一名緝毒局「員工」是緬甸國民約翰．丁翁（John Tin Aung），他不在員工名冊上。他出身上流緬甸家庭，講著一口高傲的英式英語。約翰在官方文件上只是使館內的文員，實際上他是緝毒局的超級喬事人，身兼口譯與處理線人的專家。有一天，約翰來找薩拉迪諾，告訴他一名不常聯繫的臘戌線人想要見面，地點在仰光某僻靜處。

薩拉迪諾對於他跟掃羅的首度會面印象不深，不過在一連串會面之後，他逐漸意識到，這人不是個普通機密線人。掃羅很可能是個祕密武器，足以讓薩拉迪諾那個不起眼的緝毒局前哨站突破所有成見，闖出一番大事業。

他們從來不用掃羅的真名。在書面報告上，他是一串數字跟字母：SWQ-86-0005；在他們低聲交談時，會用他的代號：超級巨星。

他們從來不會打電話給他，因為電話可能被竊聽。事實上，他們其實根本無法主動聯絡他，必須等超級巨星主動聯繫他們。通常是透過一名信使：這是日期時間，仰光老地方見。「我們必須格外小心，」薩拉迪諾說：「超級巨星不是無名之徒。緬甸軍方情報部門很清楚他是誰。」

那超級巨星是誰？就是緬軍的平民幹員掃羅。他的工作是替軍政府監視內陸情況。他經常造訪撣邦山區，緬甸罌粟種植的核心地，那裡的許多村莊都替反叛團體、犯罪家族及其他中間人採收鴉片，那些人則大宗轉賣給坤沙的人或其他小毒品頭目。

但掃羅不只是為了軍政府收集資訊。

他這段期間很忙碌。在聯繫薩拉迪諾之前，掃羅不斷奔波動員撣邦山區的毒品貿易線人，這是個軍政府上線所不知道的網絡。他的內應是土生土長的浸信會信徒，他們的祖先曾是威廉·

馬庫斯．楊的信徒，即便白人傳教士早已去世多年，這些改宗者的後裔仍有親族的親密感。其中有些人涉入毒品貿易。他們比多數人有文化，因此能在各種大小的販毒組織裡取得高位。掃羅招募這些人，共有一百多名男男女女，替他竊取情報，他則將這些發現留存成檔。這是他自己的祕密間諜網，靠著浸信會信徒口耳相傳，最妙的是他擁有完美掩護。畢竟，他的工作不正是要監視這些邊遠地區的少數民族嗎？[7]

這些動作的目的，是要讓緝毒局留下深刻印象，他也確實做到了。「太驚人了，」薩拉迪諾告訴我：「你可能想不到。但山區裡的村民保存大量紀錄，有多少公頃的土地種植罌粟。而我們能取得這些資訊。」

這是一段極其危險的關係。因為掃羅並沒有跟美國幹員講話的許可，軍政府可以指控他叛國，或直接射殺他。儘管掃羅是值得信賴的線人，此信賴感甚至可以追溯到他的軍閥時代，但他仍是個少數民族，而緬甸的警察國家像蓋世太保一樣，密切監視所有的少數民族。他們對於在背後跟美國交談的人都非常敏感。為了避免被發現，掃羅不常跟緝毒局會面。他通常會等待軍政府老闆召他到仰光開會的時機，趁機溜走，快速會面。

薩拉迪諾的緬籍助手約翰，在仰光專門替掃羅找了一間安全屋。那是「像中產階級緬甸夫婦會住的地方」，薩拉迪諾說。[8] 比安也會一同前往，儘管在多數國家裡，幹員不會帶分析師出勤。為了躲避軍政府監控，他們會開車迂迴前往，以防被尾隨。他們在房子外面停好車，約翰會先觀察街道四周；等他確定安全，他們才悄悄進門。通常超級巨星已經坐在裡面，桌上擺著手寫報告。

典型機密線人對文書避之唯恐不及。他們只會喋喋不休，這裡誇飾一下，那裡混淆一點，嚷著給我多來點煙。但超級巨星卻像個學霸，資訊總是寫得清清楚楚，總是能預想緝毒局的需求。整合撣邦數十名內線收集到的資訊碎片，他可以勾勒出一幅毒品貿易的實況，包含走私路線、精煉廠位置、幫派對抗的情況等，緝毒局幹員想知道的一切。掃羅目前還沒提及他跟佤邦聯合軍之間的關係，他想更加涉入緝毒局，讓自己成為不可或缺的角色。但隨著與緝毒局關係的加深，他會混入一些佤邦聯合軍的專屬文件，這時佤邦聯合軍已是繼撣國之後亞洲最大的毒品集團。這些都是真實檔案，直接來自佤邦聯合軍總部，不只是八卦傳聞。它們顯示佤族控制了多少罌粟田，連面積數字都有。拿到關於緬甸毒品貿易更進一步的內情，薩拉迪諾跟比安都欣喜萬分，告訴超級巨星要繼續努力。

每次祕密會面都以相同方式結束。薩拉迪諾會出示一張「購買證據」的領據。[9] 每份報告掃羅可以收到約一千美元，有時更多，但為了拿到現金，他得簽署一份領據。把名字簽在證明他跟美國非法合作的檔案上，這令掃羅猶豫萬分。但薩拉迪諾向他保證，這些領據是「絕對機密」，是緝毒局高度保密的檔案之一。

好吧，掃羅說，但他會多採取一個步驟來掩蓋自己的身分。有時他用緬文、有時用中文或佤文簽名，佤文是以英文字母拼成。以防不幸若遭軍政府間諜截取檔案，可以用來迷惑他們，讓他們誤以為掃羅是好幾個人，而不是同一人。這只是掩蓋行蹤的小技巧。[10] 在大使館裡，薩拉迪諾總是將掃羅的領據小心存放在迪堡保險櫃裡。只有他跟比安知道密碼。

薩拉迪諾跟比安竭力隱藏他們跟超級巨星的關係，不讓大使知道。但幾個月後，使館工作人員已經意識到，神秘的緝毒局雙人組找到一個情報寶藏，只是不確定兩人是怎麼辦到的。

主要毒品生產國內的美國大使館，必須向白宮提供，該國境內古柯鹼或海洛因產量的估計數據，這本是緝毒局的職責。但到了一九九〇年，意欲跟緝毒局競爭的中情局，也設立了自己的緝毒部門，還提供自己的數字。在多數國家，緝毒局跟中情局的估計大致吻合。但在緬甸，情況卻不同，而緝毒局不願解釋原因。

「我們的數據是對的，」比安告訴我。[11]「他們是錯的。我們有來自當地的真相，」——掃羅的報告——「而他們沒有。他們只有天上的眼睛，一趟又一趟來回。」[12]中情局依賴的是緬甸山區的衛星照片，他們分析衛星圖像，找出長有罌粟的田地，並估計那些罌粟能產出多少鴉片。然後，除以十。傳統上認為十公斤鴉片生產一公斤海洛因。[13]這是中情局的計算方法。

「但事情從來沒那麼簡單，好嗎？」比安說。「根據天氣跟土壤的差異，平均可能需要十三公斤左右的鴉片，才能製作一公斤海洛因。產量每一季都會改變，就跟菜園一樣。但是天哪，你不能挑戰中情局！嗯，你當然可以，只是要有膽。」[14]

比安很有膽。「我試著告訴他們。你的計算公式？那是錯的。」她說中情局雖然擁有技術優勢，但「我們有更好的東西。核心細節。」這都要歸功於掃羅。「那是來自當地的真相。這可能是中情局厭惡我們的開始。但我不會為堅持正確而道歉。」

一九九〇年春天。

緬甸的最高統治者並非總統或總理，而是恰如其分地呼應歐威爾式政權，由緬軍的情報頭子欽紐（Khin Nyunt）擔任。這位獨裁者戴著過大的金框眼鏡，及一枚厚重金戒指。他的黑髮往右側梳，看起來像刨光的木頭一樣堅硬。他喜歡譏諷，以情緒變幻莫測出名，堅持每個人要稱他為第一書記（Secretary One）。

美國讓第一書記非常害怕。大屠殺之後，白宮停止提供援助。國務院正促請總統跟國會採取更進一步的行動，實施破壞性的全面制裁，這種經濟戰將導致更嚴重的貧困，可能引發另一場反抗。儘管美國並沒有對緬甸實施軍事打擊的計畫，但欽紐並不知道。他看過美國如何對待其他遭到厭惡的政權：一九八六年轟炸利比亞；一九八九年入侵巴拿馬。在不放權的前提下，這位獨裁者必須給美國一些停手的理由。他的政權得靠著軟化緬甸形象才能存活。第一書記提及要重整他的政權，是透過少點海豚血，多點市場改革，他甚至承諾要過渡到選舉「民主」，當然，是非常、非常緩慢的過渡。

對此，國務院並不買單。沒有誰比國務院更討厭緬甸政權了。因此，第一書記將注意力轉向緝毒局。隨著美國的反毒戰爭全面展開，緬甸可以承諾協助美國緝毒局幹員在緬甸境內追捕毒品走私者。第一書記知道，他不可能**真正**滅掉緬甸的毒品貿易，如坤沙的撣國跟佤邦等大魚，是不可能扳倒的。至於中層的走私者跟中間人，則與軍政府軍官勾結，收受回扣，讓走私者通過軍事檢查哨。若能讓美國放鬆對緬甸的制裁，不妨犧牲一些這種走私者。跟緝毒局合作進行大型緝毒行動，可能會贏得白宮的好感，甚至可能讓總統管管那個激進的國務院。

第一書記要他的首席副手覺登上校（Col. Kyaw Thein），跟薩拉迪諾幹員建立關係。這位上校的英文很流利，溫和的臉孔，上油的頭髮，讓他看起來更像個嘟哇節奏（doo-wop）藍調歌手。他開始定期邀請薩拉迪諾到他的辦公室聊天。美國大使的任期將在當年稍晚時結束，他禁止美國官員與軍政府交流的嚴格不接觸政策，被證明很難成功執行。

覺登上校要薩拉迪諾直接稱他為KT，他們相處得很愉快。「軍隊裡多數人就像拿槍的三年級小學生，」薩拉迪諾說：「但KT受過良好教育。緬甸軍政權在當時名聲很差也是有原因的，不過KT卻能看見更好的做事方式。他不是那麼封閉。」在他們長時間的交談裡，KT輕快的話語裡承認政權的可怕行徑。這類思想罪可以讓平民入獄，然而獨裁者副手公開說出這些話，讓薩拉迪諾覺得緬甸可能還有希望。

但他來此，不是為了將暴君變成民主人士，那是國務院的工作。薩拉迪諾的使命，是要切斷針對美國城市輸出的大量海洛因，而他覺得緬甸軍政權有充分的理由幫他完成任務。「我知道這是個可怕的政權。我沒有幻想。我只是想為美國人民做些好事。」

薩拉迪諾建議從小事做起。他說，緬軍三不五時會查獲海洛因，但每個人都認定你們暗中轉售。KT，怎麼不在眾人見證之下燒掉這些毒品呢？向世界展現你們的認真態度。上校答應向上呈報這個想法。

一九九〇年四月底，當大使勒文短暫離開緬甸時，第一書記抓住這個時機，召集西方外交官前往仰光一處土場。土場中央有個金屬基座，上面高高堆著白色麻袋，每袋都裝滿海洛因。通常禁止進入緬甸的外國媒體，也獲准飛來參加這場盛會《時代雜誌》（*Time*）跟哥倫比亞廣播公司新聞網（*CBS News*）的記者也混在其中。

緬甸士兵把汽油澆在這堆毒品上時，攝影機碌碌轉動。第一書記就站在附近，龍罩在一頂過大的軍帽底下，半張臉遮在陰影裡。獨裁者舉起一根燃燒的火炬，即將點燃價值五億美元的海洛因，這是緬甸史上最大的銷毒行動。他停下來，掃視著坐在籐椅上的觀眾，並在人群裡找到薩拉迪諾。「他把火炬交給我，要我點燃這一堆毒品。從那一刻起，緝毒局在緬甸的地位從隱蔽轉到檯面上。」丹．拉瑟（Dan Rather）主持的哥倫比亞廣播公司晚間新聞節目裡，還特別點出這名手舉火炬的美國人：美國緝毒局的安傑羅．薩拉迪諾。

薩拉迪諾先前並未尋求國務院許可，公開承認緝毒局在緬甸的存在。即便要求了，他們也不會同意。銷毒行動之後，副國務卿在華府舉行的電視記者會上重申，美國不會「捲入幫助緬甸洗白紀錄的行為」。[15] 外交使團內部怒氣沖沖。就他們看來，薩拉迪諾非但未踢貓，反而擼貓擼得呼嚕響。

夏初，薩拉迪諾跟掃羅繼續在安全屋會面，有時帶比安同行，有時獨自前往。他們之間的情誼隨著會面次數愈加熱絡。就機密線人而言，掃羅是獨一無二的。他不是告密者或卑鄙之徒，而是一位真正的專業人士。

這次掃羅提供了最高階的佤邦聯合軍檔案，包含直接來自邦桑總部的佤邦損益表。但他需要薩拉迪諾明白，他並非要揭佤邦的密。掃羅透露，他是佤邦領袖趙尼來主席的顧問，他跟緝毒局的會面都是獲得允許的。他還堅稱，他高尚的佤邦聯合軍跟緬甸最大的毒品集團擢國截然不同，坤沙是個假裝成革命家的算計商人，而佤邦只是處於困境的貧窮山區部落，生產海洛因是為了撐起國家運轉的一時無奈之舉。我們想要洗心革面，我們需要美國的協助。

掃羅揭露他腦中的精心策畫。他設想美國在佤山建學校、造醫院、鋪設柏油路；派遣美國教師、醫生及工程師來奠定現代國家的基礎。佤邦聯合軍願意燒掉罌粟、關閉製造出口海洛因到美國的實驗室，作為交換。他說，在這個計畫下，我們兩國的文明都會變得更健康。我們預備跟相信救贖力量的基督教國家結盟。

這就是機密線人的長遠目標。這段時間，他一直在謀求的，並非肥滿的瑞士銀行帳戶，而是人道成果：識字的孩子、良好的醫療、美國的慷慨。掃羅如果只想要一大筆現金，可能還簡單一點。薩拉迪諾立刻能想像這個夢想跟現實之間的所有阻礙，一個比一個更艱辛。他如果發瘋支持掃羅的計畫，將會面臨以下這些機構的抵制。

緬甸軍政府

就算再過一千年，緬甸軍政府也絕不可能讓美國政府直接跟佤邦政府合作。敵對超級大國跟令人生畏的山區部落直接結盟？絕對不能接受。美國以潛入敵對國家、煽動少數民族對抗當權政權而惡名昭彰。薩拉迪諾跟掃羅必須祕密會面是有原因的，一旦美國跟少數民族武力有任何接觸，特別是強大的佤族，將會引發第一書記的恐慌，可能會將緝毒局踢出緬甸。

薩拉迪諾並未立即拒絕掃羅的想法，他認為也許有方法可以巧妙轉圜——透過軍政府來調解美國與佤邦的計畫。畢竟，軍政府正在尋方設法，提升自己跟緝毒局的關係。也許緬甸政權可以跟緝毒局聯手，在佤邦領袖的許可下前往佤邦，共同消滅大量海洛因。掃羅暗示，只要那些珍貴的毒品能換到學校跟醫院，佤邦上級可以允許這麼做。關鍵在於，要讓軍政府官員有權監督緝毒局跟佤邦代表之間的所有小互動。每一步，都要讓他們覺得一切都在掌握之中。

這項計畫要成功，掃羅必須考慮一些讓步。假想中美國提供給佤邦的任何援助，都必須先流經軍政府，好讓將軍們分一杯羹。第一書記也會希望這項利他計畫主要歸功於他。這位獨裁者渴求國際讚譽，希望媒體標題大肆標榜：「緬甸根除毒品」以消除緬甸政府可憎的形象，更進一步避免西方極端制裁的威脅。因此底線是：倘若掃羅願意將軍政府納入計畫，薩拉迪諾認為這也許行得通。在佤邦舉辦一些銷毀毒品的活動，也可以讓緬甸軍方適應美國人出現在佤邦土地上，或許軍政府願意在它密切監督下，允許美國派遣教師、醫生跟工程師進入佤邦。

美國國務院

美國國務院是掃羅夢想的更大阻礙。國務院體系的外交官力求對緬甸施加最大壓力，任何緝毒局的計畫若是會討好軍政府，無論能燒毀多少毒品，他們都會試圖阻撓。更糟糕的是，薩拉迪諾已經在他們的黑名單上。他無法想像若向他們建議，由美國透過軍政府向毒品集團提供援助，他們會作何反應。

想要超越外交官的反對意見很困難。就美國政府內部的權力跟影響力而論，緝毒局就像隻好鬥的鬥牛犬，國務院卻是劍齒虎。薩拉迪諾得讓緝毒局總部愛上這項計畫，然後說服最高階層——國會跟白宮——來支持這項實驗。只有這樣，外交官才會退讓。

中情局

中情局跟國務院一樣都是反軍政府，只不過更擅長透過祕密手段來達成目標。這兩個機構相互影響。仰光大使館內約五十名職務輪替的美國人員中，超過十二位屬於當地的中情局分部，雖然多數都扮成外交人員。[16]中情局緬甸站以大膽聞名。當時，一九九〇年代中期，勒文大使即將離任，中情局正試圖要讓自己人——一名植入國務院的間諜——成為新的美國大使。[17]軍政府警覺到陰謀，而阻止此事發生。重點是，中情局會竭盡所能達成自己的目標；薩拉迪諾若提出掃羅的計畫，他自己國家的間諜很可能就會設法破壞。

緝毒局

當資深緝毒局幹員提議要跟毒品集團建立和諧關係，你很難不覺得諷刺，但薩拉迪諾相信，緝毒局總部會公正聽取掃羅的計畫。薩拉迪諾喜歡這個計畫，且他的經歷也夠強。此外，若這個看似不可能的想法能實現，美國將兵不血刃地瓦解亞洲第二大海洛因販運集團。佤邦聯合軍控制著約七萬英畝的罌粟田，燒毀這些罌粟田，鴉片供應將崩潰，能拯救許多美國人的性命。即便得跟兇殘的軍政府及海洛因販運集團合作，也無損這個高尚的目標。

「你得知道，」薩拉迪諾說：「佤邦海洛因非常純淨。一公斤運進美國，摻入填充劑，還足以製成四公斤成品上街販售……而佤邦每年產出數千公斤。現在你有機會阻止這一切，你會不抓住這個機會嗎？」

「老實說，我能理解。他的夢想，」薩拉迪諾說：「該死的，值得一試。」

薩拉迪諾告訴掃羅，他會向上呈報這個計畫，看看緝毒局總部上司的反應。他們的興趣將決定是否可以開始跟美國政府其他部門討論此事。但更棘手的是，要向緬甸政府提出建議，卻又不能曝露緝毒局跟佤邦聯合軍，透過薩拉迪諾與掃羅的共謀。

前方障礙重重。所以不要抱持太大希望，超級巨星。同時，薩拉迪諾又說：「你來見我們時要小心。我們也會小心。」倘若緬甸軍政府發現兩人密會，這個夢想的火苗就會被迅速掐滅，掃羅也不會太好過。

令薩拉迪諾驚訝的是，緝毒局總部不僅開了綠燈，還派另一名幹員到緬甸，協助探索掃羅計畫的潛力。他是貨真價實的第二位幹員，不像比安只是分析師。

比安忍不住覺得受到威脅。一九九〇年七月，她極為不爽地看著搬家卡車開進仰光的外交區。從泰國調過來的布魯斯．斯塔布正搬進隔壁住處。「我在曼谷的時候就認識布魯斯。我從來就不喜歡他。但你知道嗎？他在緬甸住的是樸素的牧場風格房子，我住的是更漂亮的兩層樓房。他的房子通常是給大使館秘書住的。哈！」

年近五十的斯塔布是東南亞地區的老手。他曾參與調查一九八〇年的喬伊斯．鮑爾斯謀殺案。他的體格跟美國演員約翰．古德曼（John Goodman）一樣壯碩，抽著雲絲頓牌香菸跟菸斗。金黃鬍子跟畫筆一樣濃密，陷入深思時，慣性地用手指壓鬍鬚。

斯塔布搬進仰光，不安的人不只比安。他的妻子蘇詠也不開心。布魯斯跟蘇詠從一九七〇年代就在一起，當時斯塔布還是年輕的美國軍事情報官，在南韓遇見蘇詠。後來他加入緝毒局，他們搬到曼谷，在那裡住了近十年。對這對夫婦來說，泰國既熟悉又親切。她說：「我們韓國人不太笑，但泰國人愛笑，布魯斯也是。在這方面，他就像泰國人。人們說他比起美國人，更像亞洲人。」她認為斯塔布是「你見過最溫和的人，對各種人都充滿同情心。」蘇詠願意跟他到任何地方，甚至是她第一眼就討厭的仰光。

第一眼所見就是那些鐵絲網跟貧困。軍政府晚上十點宵禁，他們社區前的檢查站，看守士兵營養不良，兩眼無神。遷入新居那一天，蘇詠第一次走向新家時，就僵在入口。一隻像鬣蜥那麼大的蜥蜴正蹲在大門門框上，起初，牠跟石像一樣靜止不動，然後慢慢把頭轉向她，張開粉紅色的嘴巴，尖叫著「TO-KAY！」

大守宮是緬甸常見的大型壁虎，這隻很顯然要成為她的室友。數小時後，她跟丈夫坐在廚房餐桌邊吃晚餐，蘇詠仍然難以接受這件不悅之事時，電燈突然熄滅，夫婦兩人陷入黑暗之中。

「布魯斯，」她說：「這裡多常停電？」

他笑了笑，「很頻繁！」特別是盛夏雨季的時候。她從未經歷過雷聲如戰鼓擂鳴，棕櫚樹被吹得彎腰，黑色天空哭泣，第二天的暴雨讓排水管像淹死動物一樣咕隆作響。「此外，這裡就像個監獄。政府告訴你，不能做這個、不能做那個。就算我只是離開社區去菜市場，軍隊警衛就會問我上哪兒去。」

至少她丈夫挺喜歡他的新任務。斯塔布開始在緝毒局辦公室不停加班，回家的時候卻很雀躍。他很少跟妻子討論毒品案件，但他在工作中碰上了很棒的事情，這展現在他的臉上。他不能跟她說太多，除了這涉及前獵頭者部落的事。

「布魯斯！獵頭者？！」

「對。我想去拜訪他們，我想他們會吃黑蛇。」

「布魯斯！蛇？！」

「對。我會跟他們一起吃蛇。我會乖乖聽話，只要他們不把我吃掉。」

至於比安，她對斯塔布的恐懼很快就得到證實。

他在各方面都比她出色，他接管她的小辦公室，讓她搬到開放辦公室一張壞掉的桌子去。他的菸味到處飄散，她的頭髮跟淡色上衣也沾上菸味。比安以參加跟掃羅的密會自豪，分析師很少有機會見到線人，但這項特權也消失了。管理機密線人變成斯塔布的工作，只有他能碰。他早上從辦公室飄出去，下午回來，格洛克手槍碰的一聲砸在曾屬於她的桌上。他會不停興奮說著超級巨星帶到安全屋的最新消息。很快地，他就開始幻想幫超級巨星送兒子到美國上大學。兩個人顯然很快就交上朋友，而比安則不再是「第二位幹員」，只能待在辦公室裡分析超級巨星的報告。

彷彿她費盡心思澆灌一棵樹，卻眼睜睜看著斯塔布在收穫時衝進來，摘下最甜美的果實。

一九九〇年十月下旬。

陰沉的黎明天空下，炙熱陽光驅散了茵雅湖上的霧氣。這是仰光外交區典型的平日早晨，多數家庭裡，緬甸女傭正為雇主做早餐，園丁清掃車道上的落葉。

薩拉迪諾將轎車停在比安家門前。

他正在琢磨如何傳達這個消息。

掃羅的計畫（或說修改過的版本）實際上已經展開。「超級巨星」已經說服佤邦領導人趙尼來跟第一書記聯絡，提供佤邦聯合軍一處海洛因實驗室及大批毒品。歡迎你們來此燒掉這些毒品，趙尼來這麼告訴獨裁者。如果你想的話，帶上緝毒局的人，拍照讓全世界看看他們的所見所聞。當第一書記問到佤人想要什麼回報時，趙尼來要求一間診所，由能幹的專業人員建立運作。不論是緬甸人、美國人還是其他國籍，他都不在乎，只要能讓他的人民不再死於常見疾病。

第一書記同意了。他告訴趙尼來，我的軍隊會提供診所。至於緝毒局幹員，緬軍將以直升機把他們送進佤邦。他們不僅可以見證燒毀精煉廠，還可以參與摧毀過程。

超級巨星暗中策劃推動整件事的方式，令薩拉迪諾印象深刻。他不僅設法將自己的緝毒局上線——薩拉迪諾跟斯塔布——送進佤邦，還讓緬甸政府保駕護航。顯然，軍政府根本不知道一名臘戍的緬軍低階幹員，竟是幕後策劃者。佤人將觀察緬甸政權如何處理此事，一切順利的話，他們會逐漸擴大規模。這暗示著，未來美國將承擔費用，資助更多佤邦的發展，為軍政府節省大筆金錢，最終讓緬人能夠坦然接受美國專家進入佤邦，幫忙佤族國家現代化。薩拉迪諾認為，這一切將對軍政府領導人有利，他們若不搞砸這好運的話，就有翻身的機會。

這些全都是理論，仍得取決於這趟初次行程能否順利進展。薩拉迪諾還沒向國務院匯報，但他得在幾週後的行程之前向上呈報。外交官會反對，但希望他們不會反彈得太厲害。他並未提議美國花錢，至少現在還沒有，他只是要求大使館旁觀，讓他去佤邦幫軍政府燒掉一座海洛因實驗室。至於派遣教師、醫生跟技術人員的偉大計畫可以稍等。暫時先走一小步。薩拉迪諾甚至都還沒告知自己的分析師。

比安此刻正走過來，跳進副駕駛座，薩拉迪諾開車上路。他說，比安，事情要開始了。緝毒局要過去緬中邊境，到佤邦。他解釋了一切情況，並提醒她，美國人從沒正式踏上過佤族土地，緝毒局幹員將是第一個美國人——類似緝毒局幹員版的登月壯舉。

薩拉迪諾的眼睛雖盯著道路，卻能感受比安身上散發的興奮之情。「她真的很開心，」他說：「她說：『喔，到那邊的時候，我要做這個，我要做那個。』那時我不得不告訴她，妳不會去，只有我跟布魯斯過去。」

她的心情沉了下來，並隨著他口中冒出的每一句，變得愈來愈黑暗。此行太危險了，比安。妳知道，我們會在佤人的控制之下。緬人也不能帶步槍。我們只有手槍，我的西格紹爾手槍，布魯斯的格洛克手槍。此外，軍政府直升機的空間也無法容納更多的乘客。

但應該是我去，我在這裡的時間比布魯斯久。

布魯斯是**幹員**，他說。妳知道的。

「我試著跟她講道理，」薩拉迪諾說：「但她表現得像是要去迪士尼樂園一樣。她手無寸鐵，我沒辦法保護她。我的意思是，我知道她會失望。但沒想到她會抓狂。」

比安在怒氣下耗盡力氣。憤怒變成淚水。接著是沉默的受傷。

接下來幾個月裡，那天早上在車上的一切，在薩拉迪諾的腦海裡一次又一次重播。他將會知道遭到比安憎恨的滋味，拒絕接受「不」的態度推動她的人生，讓她到達這樣出身的人難以企及之處。

當他跟超級巨星展開這場異想天開的冒險時，他已經做好準備，要應對緬甸將領的神經質跟美國外交官的輕蔑。但他從來沒想到，問題會來自自己的分析師。「時光中的一圈漣漪，」薩拉迪諾說：「你永遠不知道會造成什麼傷害。她就像顆該死的流星，朝著我砸過來。」

焚燒

我首次接觸比安，是一通我打給她的陌生拜訪電話。那時她正在美國西岸一處充電站裡，坐在特斯拉車上打發時間。起初她有些懷疑，「我已經退休了。誰給你這個電話號碼？」但她的態度很快又親切了起來。特別是當我請她說明毒品情報分析師這個不為人知的角色後。

她說，我們是緝毒局裡深知識的守護者。「這些幹員，很多人連毒販的名字都唸不出來。我們想知道這些毒販的人生，他們的路線、方法，他們的一切。幹員只會說，『你們分析師只會寫報告。』他們取笑我們！但我一直都很尊重情報，畢竟我一開始是替中情局工作。」

確實如此，我說。再多說一點。

「那是機密資訊。我可能不能透露。」然後沉默了下來。

「你知道嗎，派屈克？我想沒人的職業生涯比我更有趣。而且我一點也不後悔。」

最後我終於說服比安分享修剪過的背景故事，這也幫助我理解，薩拉迪諾的決定為何讓她如此憤怒。比安的人生走過一條漫長艱辛的道路，因此無法容忍任何人用「保護她」當藉口，把她排擠在一邊。她一九四〇年代生於北越，她的家庭被當地共產黨人視為「資產階級」，因此她在年輕時就逃往南越。但比安想要走得更遠，於是年紀輕輕便來到美國加州，進入美軍的國防語言學院。當時越戰正如火如荼，她教美國軍官越南話，好讓他們能夠閱讀、截聽情報或審訊戰俘。

有一天，幾個看似官員的人來找她，拍拍她的肩膀。他們聲稱代表華府外圍的一個政府部門，一個無聊的部門。他們提供給她一份薪水更高的工作，她接受了。他們讓她飛到華府的杜勒斯機場，在行李提取區接她，送她上了一輛車。「那時他們才告訴我，我到底要替誰工作。」中情局。比安嚇壞了，這不是她的打算。「但我已經收好行囊，搬走所有家當。我決定順勢而為。那是我在情報界的開始。他們教了我很多事。」中情局派她去戰時的西貢。她不談那些年的事情。衝突結束時，她的職位也隨之結束，因此比安遷往曼谷，並在緝毒局找到工作。

一九八八年，當緝毒局的緬甸辦事處開出職缺時，她拿下這個工作。薩拉迪諾於次年到來，有一段時間，仰光的生活「令人滿意」。她開心回憶起跟安傑羅與芭芭拉在湖邊共進晚餐的時光。「一開始，我們處得很好。」

那麼，關於在安傑羅・薩拉迪諾車上的那個早晨。

「我認為那一切都是布魯斯的主意。」她指的是，不讓她參加那次行程。她模仿布魯斯・斯塔布的語氣說：「『喔，讓她去那裡太危險了。她是分析師，不能帶槍。』胡說八道。他操縱了安傑羅。原諒我，派屈克，你搞得我都激動了起來！」

比安對這件事的回憶跟薩拉迪諾不一樣。她說，首先我從沒在他的副駕座上哭泣。她還爭辯「超級巨星」掃羅讓薩拉迪諾跟斯塔布唯他命是從。她說掃羅是個好人，卻過於夢想家，而斯塔布對他特別著迷，願意撈過界幫他實現不切實際的願景——甚至是跟軍政府合作。她說，任何跟邪惡政權靠上邊的計畫，都不是好計畫。她模仿斯塔布說：「『我們有什麼資格批評？我們國內也一樣腐敗。』我心想，得了吧。你效忠的是美國還是某個軍政府？」

「整個計畫都是空想。」她告訴我：「愚蠢白人的幻想。」

這是她的版本。薩拉迪諾不記得比安曾在緬甸軍政府問題上堅持立場——至少在他禁止她參加這次行程之前。但那個早晨之後，她的態度就變了。他說比安會對著「外派社群裡任何想聽的人」，批評這趟即將進行的行程。她在使館內創造出一個迅速傳開的詞：「好萊塢精煉廠」，她聲稱那就是薩拉迪諾跟斯塔布要幫軍政府焚毀的地方。一個軍政府陰謀拼湊而成的「假毒品實驗室」，他們可能跟佤族合謀。

「她告訴所有人這完全是個陷阱，」薩拉迪諾說，這件事讓他抓狂。比安沒有任何證據支持她的說法。「但是國務院的人跟你知道的**那個機構**，」他說：「就是等著抓住這樣的辮子。」整個佤族的未來取決於這趟行程的順利進行，但是她卻將之貶為熱門八卦。他要她住手。

比安，若妳覺得這次行程毫無意義，妳為什麼這麼想去？薩拉迪諾問道。

我只是想記錄這場騙局，她說。

一九九〇年十一月，隨著行程逼近，華府的國務院總部發來一份「電報」（機密訊息的外交用語），詢問緝毒局為何跟著軍政府的廉價反毒戰爭大戲起舞。比安貶低上司行動的言論，傳播得既遠又廣。然而國務院並未禁止這次行程，也許外交圈想讓薩拉迪諾跟斯塔布去佤邦，讓他們意識到自己被愚弄了，丟臉回來。

仰光緝毒局辦公室裡，薩拉迪諾對國務院的電報相當不滿。比安聳聳肩說，你知道，他們有道理。斯塔布怒嗆：「看來有人該去國務院工作，而不是緝毒局！」要讓她跟她創造出來的所有質疑都閉嘴，只有一種方法，就是飛進佤山，祈禱佤邦聯合軍會提供一個貨真價實的毒品實驗室，一如超級巨星所承諾。

一眼就能看出佤族精煉廠是真的。他們只需要往下看就會知道。因為多年來濺出鐵桶邊緣的有毒化學物質的潑灑，讓泥胚地板顯得白灼。一部分地板上有產品濺出的結塊。「從地板刮下兩英吋，你就能發大財。」薩拉迪諾說：「那是純海洛因。」

茅草屋頂內部被煙熏過。用來將海洛因粉壓成密實磚塊的液壓千斤頂，運作時發出吱嘎聲。角落堆放著氯化銨、石灰跟無水醋酸。薩拉迪諾拍下幾張照片，確定這可不是好萊塢精煉廠。

薩拉迪諾跟斯塔布從黑暗室內走出來，走進冷冽的陽光下。從外面看，此處像個水牛棚。附近地面上以棕色樹葉包裹的籃球大小球體堆成小丘，佤人把它們攏出來讓幹員檢查。薩拉迪諾隨意挑了一個，打開瑞士軍刀劃破，鴉片液滲了出來，像血腸一樣漆黑。

佤族東道主在附近排出更多值錢的東西，堆疊在一起的長方形牛皮紙包磚塊，四角以膠帶封住。薩拉迪諾檢查其中一個，以刀刺破，抽出的刀片呈現淺褐色，他將刀上沾附的棕色海洛因粉，刮進塑膠袋中密封。他又劃開另一塊磚，抽取另一個樣本。薩拉迪諾總共收集了七個海洛因袋子，塞進他的小包裡。[1]

他們搭乘一架美製的舊貝爾直升機，連同緬軍隨行人員一起飛進佤山；那些緬甸軍人正四處走動拍照。即便以佤族的標準來說，這個地點也十分偏僻，它在邦桑以北一百多英哩處，挨著中國邊界的灌木林裡，以至於佤邦聯合軍得在山坡上挖出一片土場，好讓直升機能起降。到處都是佤族士兵，他們戴著共產黨時代留下來的綠色寬邊帽，揹著步槍，鋼鐵刺刀從頭後面指向天空。他們袖子上縫著佤邦聯合軍的戰鬥標誌，兩柄標槍交叉，背景是赤紅的天空。

緝毒局幹員很肯定東道主以前沒見過白人。斯塔布對著他們咧嘴一笑，他們也回以微笑，儘管沒有共同的語言也盡力溝通。有些看起來只有十二歲，很難判斷是未成年還是營養不良。也許兩者都有。幹員們表示滿意後，佤邦聯合軍士兵開始在毒品跟精煉廠上潑柴油。佤族士兵、緝毒局幹員、緬軍隨行人員，所有人都幫忙點火。屋頂開始發出劈啪聲，火焰吞噬了牆壁，結構只剩下燒黑的樑柱，像燒焦肋骨一樣冒著煙，灰燼則飄入藍紫色的天空。

他們完成任務後，返回直升機。他們跟緬甸軍官一同擠進機艙，所有人都希望這架老機器的引擎還夠力。這架一九七〇年代遺跡的美製直升機，因為美國政府不再提供替換零件，因而性能及安全受到影響。但直升機很快垂直起飛，轟隆隆的旋翼，飛越滿布罌粟植株的谷地。向上仰望的佤族士兵，像玩具兵一樣渺小。

斯塔布那天回家時笑容滿面。他提著一把劍。「一把佤劍，」蘇詠說：「把手色彩鮮艷。一定是禮物。」但這愉快心情並未持續下去。後來她發現他陷入黑暗情緒之中，跪在臥室壁櫥旁，正把衣服塞進袋子。「布魯斯的內心很痛苦。他說：『蘇詠，你沒看過那種貧困。那些人沒鞋子，脖子腫大，我得送衣服跟碘給他們。』」

「『好吧，布魯斯。把所有舊衣服送出去之前，我們應該先買些新衣服吧？』」

「他沒有笑。『我要備好這些。下次就能送。』」

但未來行程還不確定，一切都取決於薩拉迪諾的海洛因樣本。樣本裝在證據袋裡，安全送往華府郊外的緝毒局總部。科學分析將確定這些毒品是否純淨，或者更糟的，假貨。

那份實驗室報告摘要寫著：

淺褐色塊狀粉末

淨重七．六公克

發現含有之六五％鹽酸海洛因及氯化鈣

幹員們鬆了一口氣。墨西哥黑焦油海洛因的平均純度為二〇％。佤族樣本純度則在六〇％到八〇％之間，雖然還不及中國白粉的純度，但足以證明佤族沒有欺騙他們。這個實驗是有前途的。薩拉迪諾跟斯塔布從掃羅那邊得知，佤邦聯合軍願意提供更多海洛因進行銷毀。

但要繼續下去，緝毒局總部也需要緬甸軍政府保證，這不是一次性訪視。緝毒局若要多次進入佤邦，得跟軍隊高層進一步合作。倘若緝毒局將會面對國務院的反彈，並把自己的聲譽放上火線，去相信這個可惡政權終於打算做些好事的承諾，緝毒局高層就得親自面對緬甸領導人，衡量他們的誠意。

這是長久以來，緬美兩國官員間最高級別的接觸。這次祕密會議是由薩拉迪諾所安排，在軍政府一處軍營中舉行。坐在幹員旁邊的是兩位緝毒局高階主管，分別是遠東部門主管跟全球海洛因調查主管。他們一路飛到仰光，來會見軍政府內部的有力人士。這個人不是別人，正是第一書記核心集團的成員之一，領導反情報部門的緬軍上校。[2]

這位國家法律與秩序恢復委員會的上校，身材發福，和藹可親，能見到美國來的訪客，他看起來很開心。他告訴他們，鴉片是「緬甸的老問題」，是那些「偏遠、交通困難邊境地區」行為不端的少數民族引起的。他指的是佤族。好消息是，這位新的佤族領袖趙尼來主席，似乎很願意減少鴉片及海洛因生產，只要他的犧牲能換來一些援助。這裡蓋一所學校，那邊開一間診所，目前緬甸軍方願意盡力而為，雖然預算有限。結果是軍政府官員期待佤族能吐出更多毒品，並歡迎緝毒局一起合作銷毀，並暗示他們期待能在協助美國的反毒戰爭上，獲得美國讚賞。

緝毒局主管表示樂意合作並表示，我們已經準備好「跟緬甸的反毒部隊密切合作」。他們還想知道，緝毒局能從這段升溫的關係裡得到什麼，於是提起了坤沙。他「基本上是緬甸內部的小國統治者」，緝毒局問緬軍何時會動手抓捕這名毒梟，「將他繩之以法」並引渡到美國。[3]軍政府上校也很坦白，不會很快。緬軍還沒準備好對抗坤沙的強大武力，但佤邦聯合軍的強悍戰士在搜捕中可能派得上用場。

畢竟，撣國跟佤邦聯合軍是競爭集團，而佤人肯定不想退出毒品交易後，眼睜睜看著坤沙吃下他們的市場，變得更強大，最終反過來奪取他們充滿罌粟的家園。上校暗示，如果給予適當激勵，佤邦聯合軍可能打進撣國，捉拿坤沙，並將他交給軍政府。至於軍政府是否願意將這位毒梟移交給緝毒局，就看美緬兩國關係的狀態。

這一切都是假設，但已相當具有吸引力。倘若緝毒局跟軍政府合作，可以帶來佤邦聯合軍停止生產海洛因**以及**坤沙的覆滅，那這筆交易實在太划算了。該死的，就連國務院也稱坤沙是「世上最強大的敵人」。[4]讓美國可以一舉消滅同一個國家裡，產出全球半數鴉片的兩個巨型毒品集團，這種機會並不常有。[5]緝毒局相信，美國公民更在乎斬斷全球海洛因供應，而非孤立某個國家的軍政府，更何況沒幾個美國人能在地圖上找到這國家。

薩拉迪諾跟他的緝毒局上司離開會議時，更加堅定與緬甸軍方合作的決心，管他外交官怎麼撒野耍鬧。毫無疑問地，白宮跟國會將會看見這項安排的前景，迫使國務院站到一邊去，讓緝毒局來創造歷史。

緝毒局對緬甸的執著日深，讓國務院感到不安，後者仍舊堅持它的踢貓政策。關於緝毒局跟軍政府密談的流言在華府四起。但實際上控制緝毒局幹員的任務，主要落在一個人的頭上，那人是潘喬·哈德爾。

哈德爾是美國駐緬大使館的二把手，僅次於大使伯特·勒文。到了一九九〇年十月，勒文任期結束時，一如國務院鄙視某些國家時經常發生的狀況，美國拒絕派任另一位大使前往，這是一種官方藐視當地統治政府的方式。這迫使哈德爾得以事實上的大使身分，運作大使館業務，這個角色稱為代辦公使。「我坐在大使的椅子上，」他告訴我：「做著大使的工作。」

哈德爾出身哈佛，身形瘦削，頭髮稀疏，口才流利，跟即將離任的大使不同，他的行動並非出於正義的憤怒。薩拉迪諾認為他是個冷漠的政治攀附者，更關心的是給華府上級留下好印象，而非任何特定議題。跟多數外交官一樣，哈德爾善於社交。他說話時常帶著手勢，有時候手會不知不覺扭動起來，彷彿自有意志一般。他喜歡受到關注，也喜歡舉辦使館人員的鋼琴演奏會。「他會演奏那些複雜的曲子，巴哈等等，」薩拉迪諾說：「他的彈琴動作很機械化，雖然敲出所有正確音符，但聽起來就是很奇怪。彷彿沒感情。」

哈德爾則覺得薩拉迪諾人還算友好。「安傑羅是個好人。但是緝毒局，他們自行其是。緝毒局跟緬甸軍方情報部門關係密切。他們明確削弱了國家的立場。」

什麼立場？

「孤立緬甸，」他說：「強硬的人權主張。」

「倘若我是全權大使，」哈德爾告訴我：「會更容易控制他們。但緝毒局在國會裡有他們自己的支持者，數量不多，但影響力強大。」[6]在華府那邊，緝毒局官員則對政客們嘮叨訴苦，說國務院對軍政府的狂熱仇恨，有損緬甸在反毒行動上的突破。「他們讓我很難做。」

中情局也是如此。大使館的中情局站長一直在煩擾哈德爾，他希望代辦公使行使權力，嚴格控制薩拉迪諾。這很難。不僅因為緝毒局幹員在緬甸推行他們自己的政策——雖然他們沒有權利這麼做——還跟緬甸軍方過於密切，特別是強大的情報部門。緝毒局幹員理該結交員警，而不是交好這些外國間諜首腦，那是中情局的工作。「中情局想要（緬甸的）軍方情報單位跟中情局合作，而不是跟緝毒局。」哈德爾說。中情局站長告訴代辦公使，把他們踢出去，讓我們來負責監控緬甸的毒品交易。無論緝毒局做什麼，我們都能做得更好。讓他們謹守分寸。

同時間，緝毒局正企圖擴大在緬甸的規模，而非縮小。鑒於眼前許多令人振奮的可能性，他們想在緬甸建立一支大團隊，而不是只有兩名幹員跟一名分析師。哈德爾雖然左右為難，但對於要選擇哪一邊並無懸念，得罪中情局絕對不是明智的職涯選擇。「我要告訴你一件事，」哈德爾說：「國務院根本無法完全掌控中情局的，好嗎？他們有自己的保密機制，即所謂執行職務的必要知悉原則，這讓外人無法窺探他們的世界。那個機構是不受控制的。」

哈德爾認為與其得罪間諜不如得罪緝毒局幹員，因此去找薩拉迪諾，堅決表達自己的立場。你們緝毒局辦事處不能擴大。你已經達到三個職缺的上限。看著辦吧。

那一刻，比安的職缺就完蛋了。倘若緝毒局在緬甸只能有三個人，薩拉迪諾想要三名可以帶槍前往佤邦的成熟幹員，現在看來，比安不只是令人頭痛，還占用了寶貴的名額。

緝毒局總部也同意，因此比安在一九九一年一月收到調職令。她原本打算在緬甸至少待上五年，但現在甚至還沒過第三年。總部給她幾個月的時間完成工作並搬回美國，堅稱她的調職並非針對「好萊塢精煉廠」評論的懲罰。她的上司說，分析師可以有不同意見。

但比安並不相信。她也不打算默默離開。

一九九一年三月十三日。

一早就很熱，到中午整個城市熱到快燒起來了。仰光市中心的殖民時期紅磚建築緊密縱橫，跟窯爐一樣蓄著熱能。大使館鄰近仰光河，一段波光嶙峋的距離外，駁船攪動混濁的棕色河水，吹響號角。從緝毒局辦公室往下三層的炙熱人行道上，流動攤販大聲叫賣。

緝毒局辦公室內氣氛沉悶，零星電話聲響打斷喪禮般的靜默。離比安調職還有三個月，但薩拉迪諾跟斯塔布在她耳力能及的範圍內，都不會談論任何實質內容。她有時會問起超級巨星。噢，超級巨星？斯塔布會邊摸著鬍子邊說，好一陣子沒聽到他的消息了。他當著她的面撒謊，排擠她。比安很肯定。

電話響起。來自KT上校，獨裁者第一書記欽紐的副手。他要求跟薩拉迪諾見面。緊急會面。

薩拉迪諾跟KT在一間不起眼的咖啡廳見面。上校的表情暗示著，他將要講些很糟糕的事。緬甸軍政府的好警察帶來一些壞消息，KT說，是第一書記要我傳達他「極為不滿」。他正在起草一道命令，要將緝毒局三人從緬甸趕出去。一旦簽署下去，你們要在七十二小時內離開緬甸。薩拉迪諾一頭霧水。緝毒局跟軍政府的關係是前所未有的緊密，現在是怎麼一回事？

KT手裡握著一份國務院下屬廣播公司美國之音（VOA）數天前廣播節目的文字稿。對軍政府來說，美國之音就是個無恥的美國政府喉舌。「侵略性十足」，軍政府報紙上如此宣稱，因為美國之音在世界各地建立發射塔，向範圍內的敵對國家發送大量美國宣傳。最近一則謊言則牽涉到，當時在薩拉迪諾、斯塔布及緬甸軍官面前燒毀的佤邦聯合軍海洛因實驗室。美國之音暗示這處實驗室是假的，這則「新聞」被發送到擁有短波收音機的每戶緬甸家屋之中。7

也許緝毒局不懂交換條件的運作方式？軍政府幫美國緝毒局幹員銷毀毒品，美國就得停止汙名化緬甸，這就是交易。或者是緝毒局不夠力，沒辦法讓國務院閉嘴？不論哪一種，KT說，第一書記覺得「跟緝毒局的合作沒有獲得認可跟回報」。KT上校給了薩拉迪諾一個建議。要讓我老闆知道這種事不會再發生。寫一封信。今天就做。也許有丁點機會讓他改變心意。

回到緝毒局辦公室，薩拉迪諾彎身杵在電腦終端機前面，辦公室門扉緊閉。斯塔布在他背後踱步，咬著菸斗。他們得想出一些能安撫獨裁者的話，而且要快。螢幕上的遊標閃爍著綠光。

收件人：第一書記欽紐少將。薩拉迪諾打下，沒有什麼比驅逐緝毒局，更讓「否定您的人」開心。「緬甸（Myanmar）許多反毒計畫現在才開始要見到成效。」Myanmar是緬甸軍政府給這個國家的新名稱，表明與英國殖民過往的斷裂。但美國官員在指示下，繼續稱呼這個國家為Burma以示對政權豎起中指的意思。但薩拉迪諾不能因為語義問題開罪第一書記。

「隨著緬甸軍政府在這些領域持續取得成就，即便是最偏頗的批評者也會閉嘴，失去信譽。」他寫下，透過緝毒局引導執行更大型、更大膽的反毒計畫，將「痛擊許多批評緬甸最力的人」。

換句話說，就是國務院。

「請放心，我與我的工作人員將繼續運用我們的專業信譽，以及緝毒局作為世界頂尖緝毒執法機構的信譽，確保您的反毒努力將精準呈現在世人面前。」署名：美國緝毒局緬甸代表，安傑羅・M・薩拉迪諾。

無疑地，這是封奉承信。若被華府的反軍政府派系看見，肯定會要了他的腦袋，這其中包含國務院的支持者，以及共和黨米奇・麥康奈爾（Mitch McConnell）跟民主黨丹尼爾・派屈克・莫尼漢（Daniel Patrick Moynihan）所領導的跨黨派國會小組。這個派系早就想要扼殺緝毒局跟軍政府在緬甸合作的任何可能。薩拉迪諾沒打算讓他們看到這封信，他認為這是緝毒局跟軍政府之間的私下往來。

薩拉迪諾以官方正式信箋列印出文字，將信擺在桌面上，心中有些猶豫。他不能在未經緝毒局總部批准下，發送措辭如此強硬的備忘錄。因此他打了幾通電話給總部，但都沒人接聽。此時是緬甸午後，美國東岸已是深夜，他的上司遠在八千多英哩外熟睡。但時間不等人。[8]

薩拉迪諾將信放進辦公室的保險箱裡，關上鋼門。他開車回到KT的辦公室，向他解釋自己的困境。我沒法給第一書記簽名信函，但我若能給，我會這樣寫。KT點了點頭，答應將他的回覆轉給樓上的獨裁者。

接下來的四十八小時令人焦慮不安，薩拉迪諾跟斯塔布只能等待，想著他們的夢想是否太美好而不切實際？在多次安全屋會面裡，掃羅給他們織就的一幅美好願景，在他們心中留下深刻印象。多數緝毒局幹員可能有幸偶爾掃到一大批古柯鹼或海洛因，也許整個職涯裡有幸上一次報紙。但在掃羅的幫助下，薩拉迪諾跟斯塔布有機會提升一整個種族，同時拯救無數美國人免於毒品成癮的命運。這個夢想看似將像肥皂泡沫一樣輕易地破滅了，而且是被美國之音報導這麼平凡無奇的事情給戳破。薩拉迪諾說：「你知道那種感覺嗎？就像你站在島上，正要將寶藏拖上船，此時一顆該死的椰子砸在你頭上，當場把你砸死。這不是我想要的結局。」

KT打來電話。第一書記的怒氣正在平息，他說，你可以留在緬甸，一切照舊。這就是獨裁統治下的生活，你的命運取決於暴君火山般的心情。

這之後一段期間，生活回到常軌，至少是曾經的常軌。斯塔布跟薩拉迪諾兩家在湖邊喝酒，分享烤豬跟龍蝦大餐，在茵雅湖上划船。但緊張氣氛無處不在。奇妙的是，翁山蘇姬家跟薩拉迪諾家就隔著兩戶；軍政府將她軟禁在家族的房產裡，周圍環繞著棕櫚樹林跟鐵門。有時，薩拉迪諾家在湖上划船，船若太靠近她的住處，緬甸士兵就會出現在岸邊，拿著大聲公大喊，要他們離開。

大約這時候，掃羅說服趙尼來主席加大賭注。佤邦領袖預備向軍政府提供更多佤邦聯合軍的海洛因跟精煉廠，以此犧牲要求換取有人員進駐的醫療診所跟學校。這些都是掃羅計畫的一部分。他認為政權會暫時支持這個以毒品換取援助的計畫，但最後終究會哭窮，聲稱無法獨力支撐佤邦的發展。接著美國就可以表示願意承擔費用，同時還可以提供美國教師跟醫生。急於獲得美國認同的軍政府將會允許他們前來，這將打開一扇通往更光明未來的大門，實現他的開化夢想。掃羅認為若緝毒局跟佤邦聯合軍扮演好各自的角色，就能慢慢引導軍政府做出他想要的事情。他已經在腦中像下棋一樣推演了整個過程。

但薩拉迪諾不希望掃羅操之過急，他需要機密線人了解，他們的夢想仍危殆不定。依賴軍政府領袖的任何計畫，都有可能發生變動。有時候，他們似乎渴求美國的認可；有時候他們又因為小小冒犯而暴怒。薩拉迪諾說，行事得極度小心。第一書記仍舊相信他的軍政府——而且只有他的軍政府——才能將美國跟佤邦連結起來。倘若他發現他們正在暗中操縱，試圖像傀儡一樣操控他，他會大爆發。可能會非常殘暴。

因此掃羅行事十分低調，也持續提供情報給緝毒局，他不只提供佤邦聯合軍的情報，他還彙整許多反抗團體與毒品集團的祕密。有時候，他的報告也會包含緬軍高層收賄的細節，但薩拉迪諾跟斯塔布都警告，此舉牽連甚廣，這樣做太冒險了。若被抓到窺探政權軍官，將會危及夢想。薩拉迪諾說：「我不想聽到某某上校幫助某人走私毒品的消息。我需要緬甸政府好好合作，這是為了他好，也為了我們好。」

一九九一年初夏。

薩拉迪諾跟斯塔布一直懷疑自己遭到監視。即便緝毒局跟軍政府關係融洽時，緬甸間諜可能偶爾也會跟蹤他們。這就是警察國家的作法。但現在這兩位幹員有種不祥預感，因為連美國大使館都不是免於監視的避風港了，緝毒局辦公室也隔牆有耳，只不過竊聽的並非緬甸間諜。

「一切變得很怪，」薩拉迪諾說：「我們在辦公室裡討論的某些事，立刻就會被提出來質問。」由國務院人員，也就是事實上的大使哈德爾提出。他會來找我們，問一些跟行動有關的侵略性問題，這些問題透露出他對薩拉迪諾跟斯塔布私人對話的掌握。「這令人毛骨悚然。很明顯地，我們被監視了。」

假設辦公室有竊聽器，那會是誰裝的呢？是國務院的中情局夥伴嗎？薩拉迪諾考慮搜查辦公室內的竊聽裝置，但看看磨損的傢俱跟白色天花板瓦片，又覺得這沒什麼意義。「有太多可以藏竊聽器的地方，不知道要從哪裡開始找。但從那時起，布魯斯跟我討論行動有關的事情時，我們會本能地把頭靠在一起，低聲說話。」

薩拉迪諾自問，他的緬甸喬事人約翰．丁翁是否跟此事有關？他認為，約翰若要背叛緝毒局，早就這樣幹了。薩拉迪諾覺得他別無選擇，只能信任約翰，並讓他幫忙加強安全防護。他悄悄去找約翰，要他替掃羅安排另一處新的安全屋。要快，他說，同時，無論如何別告訴比安。

接著薩拉迪諾跪在鋼製保險箱旁，這裡存放著他最敏感的資料，包含超級巨星的報告跟領據。他更改了密碼組合。接著，他告訴約翰跟斯塔布，我們得採取更多措施，來保護我們的檔案。

美國大使館裡有個房間，裡面是燃氣的大肚火爐，還有一桶五十五加侖的酸液，用來銷毀不可燃物體。那些即便只是暗示掃羅隱密角色的非必要資料，都必須銷毀。立刻銷毀。

然而薩拉迪諾擔心，此時提升警覺已經太遲了。比安已經知道太多，倘若她有意破壞他的行動——也許跟緝毒局的對頭分享敏感資訊——他能做的也不多。薩拉迪諾送交緝毒局總部的備忘錄中警告，比安對他跟斯塔布的「持續性個人仇恨」可能還波及掃羅。他寫下，她知道我們的緬甸「機密線人網絡」，包含「身分、位址……通訊工具與手段」。「幾乎無法」估計她可能已經偷走多少檔案。「你可以說我太疑神疑鬼，」薩拉迪諾告訴我：「不，這不是多疑。」

令他鬆一口氣的是，比安終於在六月離開緬甸，前往舊金山擔任分析師。不久之後，雨季開始。整個濕漉漉的夏季裡，薩拉迪諾不斷猜想哪個機構會對他採取行動，是軍政府、國務院還是中情局？他的生活就好比有把劍懸在頭上，等著落下。

八月份，其中一把劍終於落下。

他寫給第一書記的私人信件，不再是隱私了。肯定有人從他的保險箱偷走信件，複製之後，在華府流傳。因為此刻一位名叫派克·柏格（Parker Borg）的國務院高官拿到一份拷貝，要求知道為什麼緝毒局駐緬甸的首席幹員寫了封情書給第一書記，那位在華府反緬議員口中被稱為「黑王子」的那號人物。9

等等，薩拉迪諾發出抗議。這是一份未送出的備忘錄，它不該離開我的保險箱。那份拷貝是怎麼到達華府？柏格不肯回答。薩拉迪諾咒罵自己，他早該改掉保險箱的密碼。

薩拉迪諾擔心這封信會毀了他二十年的職業生涯。這正是國務院想要的，一份證明他在削弱美國官方政策上做得太過火的文字證據。他只希望萬一外交官要求開除他時（他們肯定會這麼做），緝毒局總部會站在他這邊。

芭芭拉從丈夫的血絲紅眼裡看出他開始崩潰。在他們湖畔的家裡，薩拉迪諾向她坦承自己的絕望。芭芭拉，我不能做下去了。他們不會讓我做下去的。他一遍又一遍問她，我到底為什麼會在這裡？

芭芭拉總是能在丈夫崩潰之前，給他支持。她說，很簡單。美國納稅人的錢把你送來這裡。你服務的是他們，而他們希望你阻止毒品進入美國。所以明天你要起床去上班，你要繼續工作，直到我們政府叫停為止。她告訴我：「我們只是普通美國人。在某些方面，我們就像闖進森林的小孩，不懂自己踩進了什麼狀況。」

不久之後，芭芭拉在美僑俱樂部的游池邊曬太陽。她感覺自己頭上有個人影，一名寬肩的陌生人擋住光線。那個男人並沒有自我介紹。

「嘿，」他以德州腔說：「別蠢了。告訴你丈夫。別蠢了。」

芭芭拉坐起身。「你說什麼？」

「剩下的任期時間，叫他去打打高爾夫，好好享受在緬甸的時光，但是別犯蠢。」

她想回應，但陌生人已經走開。「我立刻就知道，那個人是中情局的。一切都是中情局搞的鬼。」別蠢了。當芭芭拉告訴丈夫時，他完全明白這意味著什麼。他們要他停止跟軍政府交涉、放棄瘋狂的佤族幻想、順從國務院，以及永遠不要違抗中情局。從那天開始，薩拉迪諾一家知道，沒什麼地方是神聖不可侵犯的領域，即便是他們家。房子裡充滿國務院提供的家具跟家電，國務院負責提供使館所有人員住家的室內裝潢，包括緝毒局幹員的住處。

我在仰光的房子，薩拉迪諾告訴我，幾乎可以肯定被竊聽了，「而且不是緬甸人幹的」。這對夫妻在客廳或臥室會進行一般的輕鬆交談，如果有什麼敏感的事情要談，他們會走出去，站在藍花楹樹旁或是在湖邊講話。

比安不否認她想讓薩拉迪諾摔一跤。重重的一跤。

離開緬甸後，往赴舊金山新職的路上，她前往華府郊外維吉尼亞州郊區的緝毒局總部。她直接去了監察部門，由名叫馬蒂．馬赫（Matty Maher）的男子坐鎮，他是比安的老熟人。「我已經認識他很多年。我相信他。」緝毒局監察員負責調查走樣或腐敗的幹員。比安對於薩拉迪諾可是有很多話要講。

「我是吹哨者，」比安說。然而她不怎麼熱中討論她吹哨的對象。「那是很久以前的事。」她是否把薩拉迪諾沒發給第一書記的信洩漏出去？「信？」比安聲稱自己不記得了。所以我把我拿到的拷貝，以電子郵件發給她。她的回覆彷彿從未見過此信：「我的天哪！我無法相信我讀到的。這讓我想吐。」但她向緝毒局提出的吹哨人投訴中，的確曾提及此信。

關於她在緝毒局總部所談的，她只承認：薩拉迪諾跟斯塔布過度著迷於掃羅跟他宏偉的願景——她稱之為「幻覺」，而且每個人都知道幹員跟機密線人不該走得太近。她必須發出警訊。「我是說，他們以為自己是誰？」

問題是，我知道比安還指控薩拉迪諾其他比沉迷高手線人更糟糕的事。這個指控十分嚴重，如果被證明屬實，可能會讓她的前老闆入獄。坐在那位監察員的辦公室裡，她暗示安傑羅．薩拉迪諾幹員可能正從緝毒局詐取數萬美元，而他那位「超級巨星」線人很可能跟這樁犯罪有關。

我向比安問起此事，她陷入一段很長的沉默。

「你從哪裡聽到這件事？」

一九九一年九月。

不知哪來的奇蹟，薩拉迪諾保住了他的工作，儘管國務院正施壓緝毒局開除他，或至少將他調離緬甸。他安慰自己，相信緝毒局總部至少有替他抗爭，他的上司似乎理解他所承受的巨大壓力。他們甚至提供了一段短暫休息，邀請薩拉迪諾去香港，跟同事一起參加例行的情報分享圓桌會議。脫離仰光蛇窟幾天，對他有些好處。

前往香港的路上，在曼谷過夜時，薩拉迪諾跟先前在泰國共事過的幹員碰頭。他的朋友似乎知道一些薩拉迪諾不知道的事、一些他不該分享的事。夜晚接近尾聲時，朋友突然嚴肅起來，衝口而出，安傑羅，我覺得你該找個律師。

什麼？

刑事律師，他朋友補充。我只能說這麼多。

隔天在香港，薩拉迪諾進入當地的緝毒局辦公室，發現裡面安靜得令人不安。沒有圓桌會議，取而代之的是兩名監察員堵住他，說了一些執法者喜歡講，但從未預期自己會聽到的話：你有權保持沉默，你所說的任何話都可能成為法庭上的呈堂證供。

薩拉迪諾說，無論什麼情況，我都會合作。那好，他們告訴他，你現在可以飛回仰光。我們會分開行動，先你一步過去，你到你的辦公室跟我們見面。

回到仰光，監察員在大使館三樓等他，就在捲曲地毯跟刮傷的椅子中間。他們要他提供保險箱密碼。他們還沒說明他犯了什麼罪行，但他看見馬蒂．馬赫走進來的時候，就知道情況糟了。馬赫是緝毒局內最高層級的內部監察員，他語速飛快，愛爾蘭裔紐約人，是絕對的強硬派。他不會因為一些小嫌疑就一路飛到緬甸，那是至少要在經濟艙坐上二十四小時的行程。

馬赫監察員對於薩拉迪諾支付給機密線人的款項領據充滿疑問。「那時我才明白，」薩拉迪諾說：「他們指控我偷錢。」監察員攤開檔案，指著那些領收簽名：有些是緬文，有些是中文，有些是佤文。他們問薩拉迪諾在玩什麼把戲。

簽名的明顯有好幾個線人，也許都是薩拉迪諾捏造出來的假名，好把現金放進自己的口袋。這三個簽名共拿走約四萬美元。他要麼能夠解釋每一位線人，證明他們都是真人，要麼得面臨盜用公款的指控。「這太瘋狂了。我試著解釋。」我說那是一位稱為超級巨星的高產量線人，他喜歡用不同語言簽領據。「但這一切都蒙上可疑色彩。馬赫準備得很充分，他在抵達前，就已經掌握關於這些簽名的大量訊息。」彷彿他已經看過領據影本，然而這些領據本來不該離開薩拉迪諾的保險箱。

薩拉迪諾再次露出痛苦神色，說著，保險箱密碼如果早點換掉就好了。肯定有人搜刮了他的檔案，做了副本，然後交給別人。薩拉迪諾很確定是誰幹的。

現在只有一個人能替薩拉迪諾洗清罪名，然而碰巧，掃羅幾乎是沒辦法被傳喚的。他心想，多麼精心策劃的陷害。比安一定認為「我沒辦法讓超級巨星在短時間內出現」。他只會在他選定的時間、當他以某種官方差事的名義前來仰光時，才會偷偷跟緝毒局碰面。儘管超級巨星常常幾星期甚至一個月都不聯繫，但薩拉迪諾現在需要他在二十四小時內親自出現，不然他將面臨牢獄之災。「我去找約翰，對他說：『拜託，跟他聯絡。』我正在打破我們的協定，但他們幾乎是下令要我這麼做。」

緊張的幾個小時過去。約翰回來找薩拉迪諾。超級巨星正在前來的路上。

掃羅走進安全屋時，他發現薩拉迪諾跟三名陌生美國人已經在裡面。馬赫監察員坐在桌旁，準備了黃色筆記本。馬赫一付發號施令的樣子，所以掃羅拉開椅子，坐在他的對面。「我可以看見馬蒂·馬赫的臉上寫著，」薩拉迪諾說：「抓到你們了吧。」

馬赫把筆記本推過去，丟下一隻筆。「快點！簽你的名字。快！」

掃羅的動作迅速卻穩定。「我永遠不會忘記，」薩拉迪諾說：「就像一台該死的影印機。中文。啪啪啪！十次。緬文。啪啪啪！佤文。他完全冷靜應對。」掃羅把筆記本推回另一邊。黑色墨水在淡黃色頁面上留下一行行整齊字跡。他的簽名跟領據上完全一致。他等待著進一步問題。但沒什麼能說的。[11]薩拉迪諾洗清了他的罪名。

調查人員飛回美國。掃羅搭巴士返回臘戍。從深淵中被拯救出來的薩拉提諾，繼續工作，等待下個危機的到來。

這個危機很快就出現。

在過去整整兩年的時間裡，他完全遵守協議，為掃羅建立一個代號、為他設置專用安全屋、只在掃羅覺得安全的情況下才見面。超出這個協議的情況，都會危及線人的安全。可能會曝露出緬甸警察國家中的一員，一名來自臘戍的軍政府低階線民，跟美國政府機構進行未經授權的聯繫。

但在被迫糾正虛假指控的壓力下，薩拉迪諾違反了協議。他在短時間內將掃羅拉到首都，跟三名剛下飛機的緝毒局官員見面。第一書記的蓋世太保也許不會監視薩拉迪諾的每個舉動，但緬甸間諜不會錯過緝毒局高階監察員的動向。這個人來到他們國家，軍政府會想知道他千里迢迢來到這裡，究竟是要監察什麼或是誰。

魚雷

父親有很多祕密。

他去了哪，見了誰。掃羅經常從他們臘戍小山頂的家中消失好幾天，孩子們不能問。「你知道一九六〇年代他曾是游擊隊領袖吧？他管我們家就跟管一支民兵隊一樣。」掃羅八個孩子其中之一說；我稱呼他以撒（Isaac）。「父親很顧家，但不愛開玩笑，不好玩。我們都得聽他號令。」

以撒二十出頭，勤奮、順從，對父親充滿敬畏。他仍舊很珍惜父親終於低聲向他透露的那一刻：有個叫D-E-A的美國組織，發誓要消除全世界的毒品，我是他們在緬甸的密友。總有一天，所有人都會看見美國與佤族文明聯手的偉大成果。在那之前，以撒，不可以讓人知道我的計畫。包括你的兄弟姐妹，甚至你的母親。

以撒對父親的信任深感驕傲。「父親從未告訴我，他跟緝毒局討論了什麼。但偶爾，他會帶我去他們見面的地方，」——仰光的安全屋——「他讓我在外面等。充當哨兵。我想他在培養我，以防有什麼不測發生。」

一九九二年一月的一個寒冷早晨，兩三名士兵出現在他們臘戍家的水泥門廊上。士兵們頗有禮貌。「抱歉，掃羅，東北司令部要你去一趟，請讓我們送你一程。」

稍等片刻，掃羅說。我兒子會跟我們一起去。他在屋裡大喊以撒。士兵打開卡車車門。當以撒出現時，掃羅瞥了他一眼，低聲說，跟緊。他們安靜駛過臘戌殘破的街道，經過機場，前往東北司令部被鐵柵欄圍繞的巨大灰色建築物群。前門半開，卡車一駛進基地，兩人立刻被罩上黑色頭套。

以撒本能揮動雙臂，至少試著揮動，卻感覺到鋼鐵束進手腕。士兵像魔術師般靈巧扣上手銬，他卻毫未察覺。厚布摀住喊叫聲，當他喘氣時，布料緊貼著嘴唇。

士兵將父子倆從卡車車廂推下，分別押往不同方向。黑色布料遮蔽所有視線。當他們取下以撒的頭套時，他站在一間充滿黴味的小牢房裡，手銬還在，他尚迷惑不解。他問他們把父親帶到哪去了，但抗議的字才剛出口，一名士兵就重擊他的下巴。以撒轉身倒下，士兵的厚靴踩在他的胸口，他害怕肋骨會被壓斷。

不知過了多久，幾分鐘，幾小時？他無法確定。以撒醒來時，臉頰貼在冷涼的水泥地上，嘴裡嚐到銅的味道，感覺牙齒有些鬆動。隔壁牢房傳來尖銳哀嚎聲，以撒認出那個聲音，但他從未聽過父親發出這種聲音。

掃羅的牢房是個類似約十平方英呎的黑箱。水泥地板、金屬門、沒有窗戶、沒有床、沒有馬桶或排水孔。幾週過去，他的排泄物堆積在他睡覺的地板上。在那虛無的狀態裡，時間彷彿停止。他仰躺著，眼睛睜開，看著亮藍色變形蟲一樣漂浮的光幻視。

每隔一段時間，牢門會嘎吱打開，有力的手抓住他的腋下，將他拖過走廊，拖上樓。他兩隻腳鐐間的鐵鏈拖曳在身後，擦過地板發出刺耳的聲響。士兵會把他帶到一處開放院子，陽光刺痛視網膜，他們把他放在院子裡那棵榕樹下，開始他們的任務：酷刑。

他們打得他皮開肉綻——將他翻過身，用自行車鏈條鞭打背部，直到細小金屬牙齒將背部咬得血肉模糊。有些日子，他們將他凍起來。他們在榕樹下準備了一個裝滿冰水的金屬桶。緬甸北部的冬季氣溫在華氏四十多度（攝氏五到十度），長時間浸泡會有失溫的危險。脫掉紗籠，泡進桶裡，他們說。寒冷讓嘴唇泛白，心跳降低。倘若掃羅看起來不夠慘，一名士兵還會將他的頭壓進水裡，直到尖叫變成水中的氣泡。

監督酷刑的是第一書記的門徒，東北司令部指揮官登埃（Than Aye）少校。身為這個區域的情報主管，他就像某個軍政府的諸侯一樣，統治著周圍的丘陵地帶。身材高大、皮膚白皙的登埃會在奇怪時刻露出笑容，甚至是他威脅要殺人的時候，而他也確實認真打算殺了掃羅。

軍政府一個多月前就發現掃羅的叛變。出於對緝毒局監察員馬蒂．馬赫到訪感到好奇，緬甸間諜跟蹤馬赫到了一處不起眼的房子——緝毒局的仰光安全屋，進行監視。不久之後，當他們看見掃羅走進房子，進行一些討論後再走出來時，感到非常驚訝。他們沒想到佤族金童會幹出這樣的事，畢竟他是二十五年來深獲信任的線民。掃羅明顯是變節了，背著他們勾結美國幹員。但軍政府的間諜還不清楚他對緝毒局有什麼價值，這一點將由北撣邦的情報頭子登埃少校來弄清楚；北撣邦正是掃羅生活的區域。

掃羅一返回臘戌，登埃就派人跟蹤他跟他的夥伴，可能還竊聽了他們的電話。他確定掃羅通常透過親手遞交手寫報告，向緝毒局傳遞祕密，因此取得手寫報告是確認掃羅如何叛變的關鍵。登埃等到一月初，打算在掃羅完成下一批檔案，前往仰光的路上攔截他。然而某種直覺告訴掃羅，這次要謹慎，不要親自前往。所以這次他透過可靠的信差，將報告送去給緝毒局。

就算掃羅沒有親自出馬，對登埃來說也不算麻煩。他的手下在路上抓走掃羅的信差，搶走他攜帶的檔案，再把他打得昏迷不醒。手下們驅車前往東北司令部，把報告放在少校桌上。報告內容讓登埃大為震怒，掃羅這份報告主要是關於他**本人**，他詳細描述了少校與內陸毒販勾結的情況。

安傑羅．薩拉迪諾跟布魯斯．斯塔布曾警告過掃羅：不要告發緬甸軍官，不值得這麼做。如果被抓到窺探軍政府事務，我們的佤邦實驗就會付諸東流，專注在毒販的情況就好。但這條原則很難遵守。在緬甸北部，軍政府軍官跟毒品交易相互糾葛，對掃羅來說，很難將他們排除在報告之外。

軍政府的軍官不是毒品的生產者或走私者，他們攔路收稅。專門幫坤沙和羅星漢（Lo Hsing Han）這種大毒梟運輸鴉片的運輸商，需要從偏遠山村將鴉片運到海洛因精煉廠，這通常是一段長途旅程。他們必須送現金給登埃少校這樣的人，以便快速通過軍隊檢查哨。若沒有付錢給東北司令部，任何毒販都不可能在區域內的公路上順暢運毒。倒楣的是，掃羅這次的最新報告，剛好詳細描述了登埃的回扣體系。[1]

倘若少校攔截到的是另一份報告，他發現的就是一些關於佤邦聯合軍的細微瑣事，例如利潤報表或是佤邦的罌粟產量。這樣，掃羅仍會因為未經批准跟美國幹員接觸而受到懲罰，也許關個幾十年，但登埃不會一心想把他活埋。

登埃並不擔心自己的上級發現他拿回扣；情報官員收受賄賂在政權內部並非祕密。但掃羅卻將這些毒品相關的貪腐情況，鉅細靡遺告地知美國政府，對緬甸軍政府來說，美國人腦中有些可怕的目標，例如以此作為嚴厲制裁的合理藉口。當然實際情況並非如此——緝毒局是極力避免激怒政權的——但這份報告使掃羅看起來就像個普通常見的告密者，就是那種向敵對外國勢力出賣祕密的軍政府內部人士。

在東北司令部裡，少校的手下已經毒打掃羅好幾個禮拜。但他們總是在打死他之前停手。掃羅不清楚原因，直到登埃少校站在他面前，手裡拿著一張紙。我並非不近人情，少校笑著說，我可以停止痛苦，你只要在這裡簽字。紙上印著一份供詞：我，掃羅，為佤邦聯合軍販運海洛因，我告訴緝毒局的一切都是假的，而且登埃少校是無辜的。

簽字吧，少校說，證明我的清白，我們只會將你終身監禁，不然我就殺了你。為了你的家人，簽吧。

不行，掃羅說，我不能簽。

為什麼不簽？

因為我不販毒。我告訴緝毒局的事情，都是真的。

少校跟他的手下繼續一輪又一輪對掃羅施以酷刑，想出愈來愈殘忍的方法欲摧毀他的意志。他們不給他水跟食物、三天後往他臉上潑尿；把電極夾在他的生殖器上，再接到卡車電池上。掃羅在電擊之下昏倒，醒來後仍堅持同樣的答案。既然極端痛苦無法讓他屈服，登埃打算換一種策略。

把他的妻子帶來，少校說。士兵進城抓來瑪麗，把她帶進軍事基地。女士，登埃說，如果你丈夫不簽這份供詞，我們會殺了他。叫他認罪。

認什麼罪？

你知道他做的好事。

我不知道，瑪麗說，我什麼都不知道，我只是個家庭主婦。少校，我問你一個問題，你太太知道你在她背後做什麼嗎？

他們揪著她的頭髮，將她帶下掃羅的牢房。士兵打開開關，點亮了天花板上吊著的燈泡。她看到丈夫像條蝦子一樣蜷縮在地上。掃羅，醒醒。新的最後通牒。簽字，不然獄警會輪姦你老婆。我們會按著你的頭，逼你看。你有二十四小時可以決定。點頭表示你聽懂了。他點點頭。

太陽升起又落下。士兵們回來。你決定怎麼樣？

我想不管我說什麼，你們都會照你們的想法做。

所以是不簽？

不簽。2

他們把掃羅從臭氣熏天的牢房裡拖出來，沿著走廊，上樓，來到那棵榕樹下。榕樹的樹皮光滑如大理石，枝幹如同塔台般粗壯。此時已經滿天星辰，樹枝上掛了一條絞繩，打算以此對應他的頑抗。他們將他推倒在地，撕下血跡乾涸的破爛布衣。掃羅以為繩圈會套上他的脖子，但他們卻緊緊套在他的腳踝上。士兵拉動繩子另一端時，掃羅赤裸的身體猛地傾斜往上吊起，像個人肉鐘擺一樣晃盪。

士兵停止動作時，掃羅已倒吊距離地面幾英呎，脈搏在頭顱裡跳動。士兵說，最後的機會。痛苦中半瞎的掃羅，仍然表示拒絕。繩子一放鬆，掃羅便摔在自己的脖子上。

摔下來之後，他仍舊勉強保持清醒，所以繩子再次拉緊。掃羅再次被拉起，再重重摔下。摔了三次才將他摔昏。他的身體在泥土中痙攣，士兵們看著，直到抽搐停止，然後叫來醫生檢查叛徒的生命徵兆，確認他是不是終於死了。

薩拉迪諾拼了老命想救掃羅。他去找KT上校懇求。他說，如果你不釋放他，至少讓我們在同一個房間裡待五分鐘，證明他還活著。答案總是拒絕。

薩拉迪諾在軍政府裡已經沒有太多籌碼。緬甸政府抓到薩拉迪諾利用他們的平民幹員作為告密者後，本可將他驅逐出境。但第一書記的情緒難以捉摸。一點美國之音的廣播就能讓他勃然大怒；但這次獨裁者並沒有因為掃羅的曝露，就把緝毒局驅逐出境，甚至連沒威脅都沒有。也許美國之音的爆發只是虛張聲勢或談判策略，又或者僅是獨裁者心情不爽。

事實是，在那個時候，第一書記比以往任何時候都更需要緝毒局。唯一能阻止白宮加重制裁使緬甸經濟嚴重受挫的可能，就是緬甸能在反毒戰爭中有所突破。而緝毒局是在華府發聲敦促對緬甸保持節制的孤鳥。華府體制裡充滿了滿口狠話、尋找新龍來屠之人。蘇維埃聯盟在前一年解體，正如五角大廈的高層官員柯林．鮑威爾（Colin Powell）所說：「邪惡對手快用完了……只剩（古巴的）卡斯楚跟（北韓的）金日成。」[3]第一書記並不想加入無可救藥的超級惡棍行列；一但被列入惡棍聯盟，就沒有任何轉圜的餘地了。

因此緝毒局是第一書記唯一的希望，而這個希望卻愈來愈渺茫。美國國會剛批准一項新法案，全權授予老布希總統在他認定的適當時機，可對緬甸實施更嚴厲的制裁，甚至阻止國際金融機構貸款。然而，只要緬甸在「人權」或「反毒措施」上有所改善，這項懲罰就不會生效。[4]前者不需考慮，緬甸軍政府的體制就是設計來鎮壓少數民族和異議人士，否認他們有所謂的「權利」；後者卻是可以談的。倘若緝毒局想要銷毀更多佤族海洛因，而佤邦聯合軍也仍然願意合作，第一書記願意促成這一點，只要他的政權能完全控制帝國跟佤族之間的所有聯繫。隨著掃羅被關押在軍隊黑獄，這一切似乎看似更加可行。

然而無論接下來緝毒局跟佤族之間發生什麼事，薩拉迪諾也看不到結果了。大使館對他的強力反對，讓他在緬甸無法發揮作用，因此緝毒局決定減少損失，將薩拉迪諾調回美國。到了夏季，他將在邁阿密機場領導一支古柯鹼小組。緝毒局總部準備重啟仰光辦事處，計畫派一名新的主責幹員，再加上第三名幹員，斯塔布則繼續留在當地，讓調查能維持一些連貫性。主責幹員將在幾個月後到任，低階幹員則在一九九二年三月到任，薩拉迪諾在當地的最後一項任務，就是協助他適應緬甸。

第三位幹員名叫戴夫．西柯拉（Dave Sikorra），年近四十，臉龐乾淨，棕色捲髮，是個友善的明尼蘇達人。他還參加合唱團，斯塔布認為他是個能合作的隊友，不是像比安那樣的阻礙者。在西柯拉到任之前，斯塔布就告訴他：戴夫，緬甸是顆隱藏的寶石，這裡不像你聽說的那樣混亂。生活很輕鬆，你永遠不需要拔槍。你的妻小會愛上這裡。

但在仰光的第一天，西柯拉就開始懷疑自己的決定。他的妻子來自中西部，是他在教會中認識的，她在仰光核爆般炎熱的天氣下萎靡不振。他也擔心自己十歲的自閉症兒子，會被這裡強烈的刺激嚇壞。仰光五彩斑斕的美景，無疑充滿刺激，古老巴士嗆著黑煙，蚊子叮咬脖子，佛教寺廟鑼鼓喧天，連西柯拉自己也感到有些無所適從。當晚，安傑羅跟芭芭拉邀請他們一家來吃牛排。西柯拉只吃了幾口，食物就堵在喉頭。他跳起來跑到外面的灌木叢中嘔吐。回來時，他邊擦著嘴，感到尷尬，並把責任推給時差。

對不起，弄髒了灌木叢，安傑羅。

別擔心，戴夫。灌木叢會沒事的。

西柯拉幹員來緬甸尋求異國風情，虔誠的天主教信仰讓他相信，「上帝可能讓我如此敏感，但祂也讓我去過冒險生活。」[5]但當薩拉迪諾對他簡報緝毒局在緬甸的現況時，西柯拉不禁抖了起來。

軍政府綁架了一位稱為超級巨星的特別機密線人，以致於毀了緝毒局情報蒐集系統的核心。「我們整個行動似乎都圍繞著這個人轉，」西柯拉告訴我：「現在他被關在某個地方，基本上命懸一線。」可能已經死了。他被告知，這位超級巨星也跟佤邦聯合軍毒品集團合作，是這個初具雛形計畫的背後智囊：佤族燒毀毒品；軍政府蓋診所跟學校；緝毒局向世界表揚緬甸政權。超級巨星被捕的時候，才剛剛說服佤邦聯合軍領導層提供了五十六公斤的中國白粉，價值一億兩千萬美元。

現在整個實驗懸而未決。西柯拉的同事解釋，除此之外，大使館本身就是個顛覆者的巢穴，全都希望看到緝毒局的失敗。他們告訴他要有心理準備，國務院跟它的中情局朋友會善用每個機會阻礙他們的進展。薩拉迪諾解釋情況的時候，西柯拉看見他的雙手在顫抖。「我親眼看見，這個人精神上完全崩潰了。」

西柯拉心想，在緬甸待幾年下來，會對**他的**精神造成什麼影響呢？這基本上遠超過他想要的冒險。

掃羅醒來時，紅色斑點遮蔽了他的視野。他又回到那處小牢房，只是現在燈是亮著，瑪麗在他身旁。他試著坐起來，但她要他躺著。他翻身壓著胃，背上一片斑斑點點，像得了瘡痂病的柑橘。別講話，他妻子說，聽著就好。

牢裡有個醫生，也是囚犯。士兵強迫他治療其他囚犯，像是某種被詛咒的醫生似的。他們叫這醫生到榕樹下確認你的死活，他跟他們說你只是昏迷了，瑪麗解釋。醫生診斷後，登埃少校的士兵拖著半死不活的掃羅回牢房。她說，他們把我也丟進來，然後給了一個裝排泄物用的錫桶。

他們在牢房裡過了兩週，掃羅慢慢恢復吞咽食物跟跛行的能力。此時以撒已經獲釋，他每天都帶著裝滿家常菜的塑膠袋來到監獄。奇怪的是，守衛還真的把食物送進來，那種慷慨態度引起瑪麗的疑心，因為連拘捕者的態度也同時發生轉變。那些曾經電擊掃羅的人，現在會來問他的健康狀況，還每晚派醫生來消毒傷口。他們似乎很焦慮，瑪麗告訴她的丈夫，好像真的怕你會死掉。

瑪麗的直覺是對的。在一連串的不幸之後，掃羅終於能喘口氣。在他幾乎被吊死在榕樹上之後沒多久，第一書記跟趙尼來主席見面，討論以援助換取銷毀毒品計畫的下一步。趙尼來通常對獨裁者很友好，但那天他怒氣沖沖，因為他剛得知掃羅被抓的消息。佤族領袖說，那是我的人。放了他。

第一書記告訴趙尼來，掃羅是美國人的間諜。趙尼來反駁，他不在乎。他給國家法律與秩序恢復委員會兩個選擇：釋放掃羅，不然就準備開戰。穿著便服的佤邦突擊隊員已經滲透進入臘戍，趙尼來說，我一下令他們就會襲擊東北指揮部。我不吹牛。我們會讓你們的軍事基地灰飛煙滅。6

掃羅被囚的第五十六天，在通往軍事基地的路上，冷冽清晨裡以撒騎著腳踏車，把手上掛著裝滿米飯跟咖哩的塑膠袋。他原本打算跟往常一樣，把食物交給東北指揮部前面的守衛。但他到達時，基地大門敞開，登埃走了出來，笑得像隻狐狼。他的膚色蒼白，似乎很少曬到太陽。

「你怎麼騎腳踏車來這？」少校甚至沒打聲招呼。「你家沒有卡車嗎？去弄台卡車來。你需要卡車把你父親送回家。」

以撒急衝回家，發動家裡的老卡車，開去軍事基地。他跳下車，士兵護送他入內，然後往下進入一處地下廊道。他們打開一扇牢門，他看到父親與母親坐在裡面的地上。「我父親不是個會擁抱的人。但我太開心了，忍不住。」以撒彎下身去擁抱他。他急著快點離開，免得少校又改變心意。

爸，請站起來。我們走吧。

但掃羅擺擺手，他不想被催促。廊道上閒晃的守衛明顯覺得煩躁，以撒也有些沮喪，但不敢表現出來。他看著父親努力撐起顫抖的身體呈現跪姿，瑪麗跟以撒知道該怎麼做了。他們跪在他身旁，聲音像風中刮擦的棕櫚葉，掃羅開始禱告。

他感謝主在這場試煉及未來的試煉裡給他庇護。掃羅懇請主繼續以他為神聖工具，讓祂的意志行使在地上。他禱告時，牢房頂端的燈泡從燈座上鬆脫，彷彿看不見的手指扭動了燈泡。

它一掉下來，房間立刻陷入黑暗。一家人聽到玻璃敲在混凝土上，皺了皺眉，預期碎片會落在他們的赤腳上，但燈泡反彈了一次，兩次，然後滾到角落去。

看哪！掃羅在黑暗中說。一個奇蹟。主親手丟到水泥上的脆弱之物，卻完好無缺。

一九九二年六月。

緝毒局派來緬甸的新主責幹員，可以說是男性荷爾蒙的人型化身。他叫瑞克．霍恩（Rick Horn），西柯拉從握手就感受到他的力量。他對這男人的體型驚嘆不已。「瑞克．霍恩體型巨大，」身為瘦長田徑跑者的西柯拉說：「他的胳膊比我的腰還粗。他就像個巨人。」

霍恩是有二十年經驗的緝毒局老將，從巴基斯坦調過來。他知道緬甸辦事處的名聲，也知道他們派他來的原因。就緝毒局總部看來，薩拉迪諾生性平和，但美國駐仰光大使館需要一位必要時願意面對衝突的主責緝毒局幹員。「緝毒局跟中情局有矛盾，」西柯拉說：「所以他們送來魚雷瑞克。」

到任的第一週，霍恩正在薩拉迪諾的舊辦公室安頓事物時，電話響了。臨時代辦暨事實上的大使哈德爾希望他下來二樓。他們還沒有好好聊過。霍恩下樓，看見哈德爾坐在大使書桌後面，桌上擺滿了檔案。他們聊了幾分鐘，哈德爾突然轉身面對牆壁。沒有「再見」，也沒有「祝你有愉快的一天」，哈德爾只是翻閱他的外交電報，彷彿這名幹員不存在。霍恩盯著臨時代辦的背影出神，片刻之後，疑惑地回到三樓。斯塔布在他辦公室門口等著。

那麼，斯塔布帶著知情微笑地說，怎麼樣呢？

霍恩告訴他。斯塔布哈哈大笑：「歡迎來到緬甸的美國大使館！」

霍恩並未期待熱烈歡迎，他是緝毒局近四年來的第三位駐緬代表，但他拒絕成為下一位犧牲者。該是大掃除的時候了。霍恩開始搜查，發現當地的中情局站點已經對大使館的通訊網絡做手腳，因此緝毒局每封電傳打字機（傳真機的前身）通訊，都被轉到二樓的中情局辦公室。7他找上中情局站長亞特・布朗（Art Brown），要他收手。

霍恩驚訝的是，他屈服了。中情局站長布朗也是才剛到任緬甸的新手，他想要修補緝毒局跟中情局之間的裂痕。他坦率說明了雙方爭端的本質。中情局總部厭惡緝毒局幹員獨家接觸軍政府的最高層級：間諜頭子兼獨裁者的第一書記欽紐的辦公室。雖然中情局的目標在於削弱緬甸軍政府，但在多數國家裡（甚至是敵對國家），美國間諜總是想跟當地情報部門面對面，即便只是為了窺探該國的內部運作。而緬甸情報部門只跟美國緝毒局幹員講話，不跟間諜交流，這很異常。維吉尼亞州蘭利的美國中情局總部官員，無法忍受緝毒局竟然對某外國政府擁有更優勢的洞察力，無論這個政府在地球上的什麼地方。

問題在於，緬甸軍政府憎恨中情局，從中情局利用流亡者販毒集團在緬甸土地上收集情報開始，已經恨了幾十年。現在流亡者雖然已解散，起不了什麼作用了；但緬甸官員記憶力很好。當中情局要求跟軍政府重要人物會面時，見到的通常是什麼都不知道的跟班。但同時間，緝毒局卻能一鍵直通獨裁者的副手KT上校。

布朗提出緩解緊張氣氛的方法。他告訴霍恩，把我們納入資訊分享裡，你跟軍政府的討論要一五一十的告知我們，不能有所隱瞞。倘若霍恩可以更透明，布朗就能讓中情局及國務院不再煩他，讓緝毒局可以平靜展開工作。霍恩雖然心有警惕，但決定給他一個機會，同意每週跟他匯報一、兩次情況。8

在這些匯報的談話裡，布朗變得很主動，但霍恩堅持立場。他有一堆多管閒事的問題，例如在哪裡設立安全屋呢？但霍恩說，不用，我只會在我家客廳，私下會見機密線人。換句話說是不要打擾我。霍恩知道中情局能在一眨眼裡，就在某間緬甸安全屋裝好竊聽裝置。但在沒有搜索令的情況下，竊聽另一名美國官員的家？那會違反美國憲法。

夏天雨季來了又走，天氣轉暖。年末時節之際，霍恩找到他的工作節奏。大使館似乎意識到他不好惹，中情局則表現出「和平共處」的態度。儘管他是個單身漢，國務院仍配給他一整棟茵雅湖畔豪宅。霍恩熱中舉重運動，便空運來一組臥推裝置，裝設在房子裡。煮飯拖地有女傭服侍，生活舒服極了。

十一月的薄霧傍晚，一輪新月在湖面閃耀，霍恩下班回到家，走進客廳，突然停住腳步。有點不對勁。咖啡桌！今早他見過的方形咖啡桌，被換成一個較小的橢圓形桌子。女傭解釋，稍早時候修理工突然無預警上門，她讓他們進來，以為是霍恩要求換桌子。沒有，他說，我什麼都不知道。9

霍恩後來要求大使館秘書解釋此事。是的，她說，我們需要你的方桌來搭配另一名員工家中的沙發套組。新桌子還行嗎？他想應該可以吧。由於其他事情進行得相對順利，這件事很快就被遺忘了。

趙尼來主席在班歪老家還留著一間祖屋。那是給他妻兒住的簡單屋舍，位於翠綠山峰及涼爽山區空氣之間，他打算讓掃羅到那裡去休養。實際上，當他得知掃羅跟瑪麗離開臘戍監獄，返家後，發現房子被軍政府暴徒洗劫一空時，趙尼來就堅持這樣安排。趙尼來給掃羅的信說，你不再屬於緬甸了，你跟我一起屬於佤邦。

主席在山上的家裡等待掃羅到來，他坐在客廳裡，牆上掛著許多頭顱，有野豬、鹿及一隻孤獨的老虎，全都是趙尼來親手打來的。當他的朋友走進門時，趙尼來皺了皺眉頭。向來毫不倦怠的掃羅一瘸一拐，扶著瑪麗的手臂穩住身體。兩人握手，然後掃羅坐下，解開襯衫，讓趙尼來看他背上的疤痕。主席請求掃羅原諒，未能更早將他救出來。你的痛苦不會白費。我會補償你的。

三天後，他採取了行動。

一九九二年四月中旬，國家領導人聚集在佤邦聯合軍總部，慶祝佤邦成立三週年。財政首長魏學剛未出席，他留在泰緬邊境的飛地，但武裝部隊總司令鮑有祥及佤邦其他「中央委員會」

成員都在場。中央委員會是佤邦制定規則的機構，共十二名成員，結構上幾乎就跟他們推翻的緬共政治局完全相同。中央委員會繞著一張長形木桌開會，由趙尼來為首，掃羅坐在他身邊。

桌面上，趙尼來放了一頂軍帽跟一套雪松綠制服。讚揚了掃羅在緬甸酷刑場中所做出的犧牲之後，主席將制服放在掃羅手中，讓他正式加入佤邦聯合軍，成為一名真正的領袖，他的地位跟佤邦創建人鮑有祥一樣。此後掃羅將擔任佤邦的外交部長，這是新設立的職位。[10]這三個人將以三巨頭的方式引領國家：趙尼來是簡樸隨意的極端民族主義者；鮑有祥則是務實的軍人；具有遠見卓識的掃羅，將建立佤邦在世界上的地位。

「我很榮幸。」掃羅說：「但在佤邦，尊敬並非來自頭銜，而是有多少人願為你而戰，為你而死。」倘若掃羅未能領導自己的武裝部隊，佤山沒人會瞧得起他。因此，中央委員會提供一批起家的武器跟佤邦聯合軍制服，鼓勵外交部長去招募新兵。這是生命中第二次，掃羅有槍，卻沒有追隨者。

酷刑傷勢康復後，他花了幾個月的時間，在佤山間尋找威廉・馬庫斯・楊原始信徒的佤族跟拉祜族男性後裔。這些浸信會信徒在共產黨禁止宗教的黑暗年代中變得堅強，迅速投靠這位驕傲宣揚自己信仰的佤族領袖。在掃羅的領導下，他們形成一支新軍團的核心。掃羅把這些新兵及其家人聚集在班歪。他們為指揮官蓋了磚砌院落，然後在附近蓋起自己的木屋。他們用粗糙木板建了一座小教堂，掃羅每週日在此佈道。每次禮拜結束，他們就會分頭前往種植罌粟的村莊，無論村民是否為基督徒，都向其要求什一奉獻。二十年前，當掃羅還是年輕軍閥的時候，班歪曾是極度羞辱之地，有趣的是，當時他還是敗在趙尼來的手中。但很快地，掃羅決心要讓佤人視此地為偉大轉變的搖籃。

到了一九九二年底，隨著山風轉為冷冽，掃羅還未向其他領導人提出詳細的外交政策，趙尼來主席也開始坐立不安。一個週日，趙尼來主席未事先通知便來到掃羅住所，尋求答案。他看見掃羅穿著黑衣，佤邦聯合軍的外套跟帽子掛在牆上，他的忠實支持者也穿著便服。掃羅說，主席，今天是聖日，這裡是禁止工作的。你能放下飲料，跟我們一起祈禱嗎？趙尼來主席很願意照做讓他的朋友感到開心。隔天早上，掃羅向他揭示了夢想的進階版。

掃羅說，我的軍團將是一支與眾不同的軍團。它將是毒品生產組織裡，以消除一切毒品為目標的武裝勢力。我稱之為聯合佤邦反毒組織（United Wa State Anti-Drug Organization），就跟美國緝毒局一樣，使用縮寫UWADO。掃羅說他的士兵大多是浸信會教徒，而且在人間之神（那位將基督帶給他們祖先的美國人）的精神啟發下，他們渴望為佤人帶來光明，特別是那些還不願接受光明的人。

他已經聚集了近千名士兵。給我一年的時間，他告訴趙尼來，我會募到一萬人。我打算重新聯絡緝毒局，到那時，美國人將看到，我已經打造出擊潰邪惡的權杖——仿效緝毒局成立的強大反毒組織。看到我們佤人有意願，也有手段清除我們國內的毒品，將能消除所有疑慮；他們將明白我們是值得美國投注資源與關注的對象。

趙尼來一邊聽，一邊抽菸。酷刑顯然沒有消磨掃羅的野心，但他能看到前方兩個潛在障礙。

一個是緬甸。軍政府領導人已經對佤邦任命叛徒掃羅為外交部長感到不爽。[11] 他們肯定不會喜歡掃羅打造出來的新組織：UWADO——充滿好戰浸信會教徒的迷你緝毒局，並與**真正的**緝毒局合作。但掃羅不在乎。他說，讓他們抱怨去吧。這是我們的國家，不是他們的，我們有權按照自己覺得適當的方式治理它。此外，如果強大的美國想要的話，他們就會容忍我們跟美國的結盟。軍政府比你想像的更怕美國人。

我希望你是對的，趙尼來說。因為掃羅的願景還有另一重障礙，這個障礙更近在眼前。他的計畫裡隱含著拆解魏學剛毒品走私行動的意思，而這是佤邦的經濟動力。趙尼來解釋，魏學剛可能不合群，但他也得替魏學剛說兩句話。魏學剛從不抱怨，或要求太多。他的系統運作順暢。佤族農民收穫的鴉片流進他的南佤小飛地，魏學剛的化學家將鴉片製成海洛因塊，壓縮包裝後，賣給曼谷和香港的分銷商。魏學剛從中抽成，再將剩下的部分交給佤邦聯合軍，支應國家的需求。

但是佤邦並沒有獲得發展，掃羅說。這是他論點的關鍵所在。我們需要外國專家來建立教育體系、現代基礎設施、適當的醫院，有哪個國家會幫助一個致力於毒害世界的化外小邦？如果繼續沿著相同的道路，佤人將永遠都是孤立無知，不斷因為可以治癒的疾病而死去。

佤邦經濟依賴鴉片跟海洛因，這些毒品雖有高利潤，但要支持五十萬人口的國家還是相當昂貴的。要養活近兩萬名士兵、購買武器及其他許多支出，都迅速耗盡他們的預算。城裡的華裔犯罪家族將佤族生產的海洛因走私到美國，肯定是賺得滿缽滿盆。每跨過一重邊界，毒品的價值就會增加。然而位於供應鏈較原始階段的佤族，只是勉強維持生計。掃羅說，我們國家若不犧牲毒品貿易，就得犧牲其他一切。

最後，趙尼來告訴掃羅，他目前暫時會支持他的計畫，並試著反駁中央委員會上任何反對意見。[12]他會將此包裝成國家安全問題：如果我們繼續產出海洛因，最終美國會找上門來——不是朋友，而是摧毀者。去吧，趙尼來告訴掃羅，跟緝毒局恢復聯繫，看看他們願意拿出多少錢。但他警告外交部長，美國援助得達到數千萬美金的規模，才足以彌補海洛因的利潤。[13]否則不可能達成協議。此外，若跟美國達成協議，佤邦聯合軍也只能逐步停止毒品生意，給魏學剛跟他的同夥轉型成合法企業的時間。在那一天到來之前，掃羅，別碰我們的財政首長，讓他安心工作。

掃羅說他明白。但正義卻缺乏耐性。

一九九三年春天。

在緬甸待了九個月之後，霍恩幹員跟軍政府處得相當不錯。這並非偶然。他不斷加班，重新建立軍政府對緝毒局的信任，協助緬甸政府建立起改善不良聲譽的政策。霍恩敦促軍政府廢除過時的禁毒法——完全廢除而非微調——並採納美國毒品律法的基礎版本。他也協助組建了一支新的緬甸反毒部隊，不僅從底層毒販手中破獲毒品，還能進行類似緝毒局的調查。這些都是嚴肅建言，軍政府也衷心接受。[14]霍恩的目標是想在緬甸司法體系各處，留下美國的「足跡」，證明緝毒局不只發動反毒戰爭，**還能**改變政權作為，即便這個國家永遠也不會成為繁榮的民主國家。

同時間，霍恩也讓他的緝毒局辦公室採取防衛姿態。他警告下屬斯塔布跟西柯拉，在使館內說話要小心——不是為了逃避緬甸監視，而是為了避免中情局窺探。霍恩知道，他跟政權的關係愈加密切，二樓的中情局官員會認為更有理由窺探他的活動。薩拉迪諾的錯誤在於等太久才開始警惕，他不會重蹈覆轍。

霍恩還從緝毒局總部訂來一套加密通訊設備，一台可以安全傳送檔案的高科技傳真機。兩具手提箱大小的國際航海衛星（Inmarsat）電話，笨重且耗電量大，但非常難竊聽。還有一具第三代安全電話座機（STU-III）。外表類似標準電話座機的 STU-III 有一項特殊功能，插入一把鑰匙，轉動後，通訊就會被加密。而且只有另一端具有同樣設備的人，才能聽到霍恩說的話，否則竊聽者只能聽到一陣嘈雜的靜電干擾。霍恩要求同事，對緝毒局總部的敏感通訊都要使用這些電話。他自己則只在自家客廳打電話，這裡是他實際上的緝毒局辦公室，是躲開了中情局窺探的避風港。

顯然，霍恩正在強化自己的陣地，準備發起某種驚人舉動。西柯拉猜到一些，但對老闆的算計所知不多。

有一天，霍恩邀請西柯拉到家裡，打算告訴他一切——倘若西柯拉願意發誓效忠的話。霍恩打算發動一項計畫，成功的話，將能摧毀全球海洛因貿易。是的，這個計畫需要跟軍政府合作，但計畫的規模巨大，他希望華府能理性看待，放這個政權一馬。他希望即便國務院怒吼，白宮跟國會也能推翻它的反對意見，外交官得咬牙接受。

至少這是霍恩的期待。因此他得在國務院及中情局夥伴發現此事，並將計畫扼殺在搖籃裡之前，迅速安靜地啟動。前方道路可能波濤洶湧。霍恩瞪著西柯拉問：我能信任你嗎？

西柯拉沉默了。老闆臉上熊熊燃燒的決心嚇到他。「他試圖要我成為這場戰鬥的步兵。我只是茫然地看著他。我想要中立。」

那次之後，西柯拉就試著低調做人。「我被排除在這個祕密之外。」他在緝毒局同事之間「踩著蛋殼小心前進」，害怕他們的密謀會曝光，連他的職涯一併燒光。斯塔布明顯參與其中，因為他經常拿可疑藉口，連續幾天消失在辦公室。在西柯拉面前，斯塔布依舊和藹可親，仍然喜歡開玩笑，但一聊起行動，他就變得「跟柴郡貓一樣神秘」。最終他把西柯拉扯到一邊，耳語告知他大致的內容。

斯塔布說超級巨星還活著。雖然受傷，但仍像過往一樣頑強，他現在控制了佤邦聯合軍當中類似緝毒局的組織，有能力以史詩般的規模根除毒品。緬甸是地球上最大的海洛因生產國，而佤邦控制了緬甸百分之八十五的罌粟，超級巨星有個摧毀所有罌粟的計畫。斯塔布說，霍恩認為他可以說服緬甸政府合作，讓我們跟佤邦聯手創造歷史。這一切都在進行當中。

斯塔布透露，他已經找到跟超級巨星面對面會晤的方法。不是在緬甸的某個安全屋，而是在泰國清邁，那是中情局緬甸站無法觸及的地方。那裡有個名叫比爾的緝毒局幹員，他安排超級巨星在他家裡會面。最後，西柯拉終於知道斯塔布老是溜去哪了，儘管他並不想把這些細節留在腦子裡。「布魯斯．斯塔布一直是個有大想法的人。他不只想逮到海洛因販子，他想得更遠大。這是我喜歡他的地方。」但是西柯拉認為，沒人能跟中情局相爭還能全身而退。「我知道誰會贏。」

西柯拉相信上帝的警示，他相信天使跟魔鬼，以及引導正信徒遠離災難的內心聲音。現在他內心的聲音對他尖叫：「蹲低掩護，核彈要在我們頭頂上爆炸了。」

高峰會

比爾·楊見過他的祖父，但他卻不記得了。當威廉·馬庫斯·楊這位傳道家族的族長最後一次抱他時，他還只是個小嬰兒。那是一九三六年，老人家的最後一年。臨終前，他將一枚銀十字架給了小嬰兒比爾，那是凱爾特風格的十字架項鍊。

這是件神聖的傳家寶。威廉·馬庫斯·楊戴著它，行走在中緬邊境版納地區的佤族與拉祜族門徒之間。若十字架有眼，它可能見證過超現實的福音傳教行動。這位人間之神勸說信眾前往高山地區向獵頭者傳教，返家信眾少了一些，卻帶回無頭屍體，這一類的家族傳說事蹟。

比爾自己的人生也不遜色。他在緬甸山區長大，跟家族信徒生活在一起，以拉祜語為母語，稍長之後才學會英語。青少年時期，家族搬到清邁。比爾是個語言奇才，學會泰語、寮語跟撣語。到了二十幾歲的時候，他長得像用玉米養大的美式橄欖球四分衛，思考上卻像本土偵察員。這些特質吸引了中情局。一九六〇年代，中情局僱用了三十多歲的比爾，讓他訓練家族信徒成為間諜，派他們進入中國盜取文件、竊聽電話。任務極其危險，有時致命，但他們會為比爾·楊——人間之神的孫子——付出一切。

不過祖父的清教徒作風並沒有傳承下來，比爾喜歡喝波本威士忌跟抽菸，他的性能力也成為傳奇。但他確實繼承了對冒險的熱愛。每當風險很高，或某些中情局行動讓他不安的時刻，比爾會以拇指撫滑銀十字架上的雕刻，祈求神聖保護。

比爾最終與中情局決裂，認定那些常春藤聯盟出身的書呆子，根本不在乎少數民族的生死。中情局隨心所欲地派遣他的「線人」去執行自殺任務，幾乎不在乎他們的生死。對比爾來說，這些人跟親人一樣，並不是「插在地圖上的圖釘」。因此，當緝毒局在一九七〇年代中期來到清邁時，比爾換了陣營。他成了緝毒局的祕密武器，這次是利用本地浸信會信徒來監視走私者，而非共產黨人。比爾在這個職位工作多年，直到一九九〇年代初期，當時他已經接近六十歲。

大約在那時，一名拉祜族浸信會聯絡人告訴他：比爾，有個叫掃羅的佤人想見你。你可以信任他，他是我們的一份子。

比爾沒見過掃羅，只聽說過他，儘管兩人有很多共同點。他們都是非正式的緝毒局密探，不是正式名單上的幹員。兩者都運用本地基督徒作為毒品貿易情報的來源；這些基督徒的父母或祖父母都是楊氏教派的轉宗者。這些分散的浸信會信徒認為自己是個大家庭，即便他們已經涉足走私或其他不怎麼具有基督精神的行業。掃羅的網絡監控緬甸北部時，比爾的眼線則遍布泰緬邊界；這兩名緝毒局線人的合作，就能覆蓋整個金三角。

比爾聽說，這位掃羅搞到一份新差事。在觸犯緬甸軍政府並消失在黑牢之後，他竟然能以佤邦聯合軍領袖的身分重出江湖。傳言說這人是打不死的。

比爾向他的聯絡人發話：如果掃羅能找到清邁來，歡迎他來我家。

一九九三年一月。

從班歪到清邁大約有兩百英哩，全都是崎嶇不平之地，得在滿布碎石的小徑上步行跟騎馬幾個禮拜。掃羅讓他最好的五十名士兵備好馬匹，裝填騾子。前往泰國邊境的旅程將經過佤邦南部，穿越盜匪出沒之處，甚至接近坤沙撣國的部分區域。帶上好步槍跟充足彈藥，掃羅說。他希望見到比爾．楊時還是全鬚全尾。

他們往南行，士兵們沿著迂迴山路前進，手持刺刀跟自動步槍，有些騎馬，有些步行，頭頂著棕刷豎毛的騾子馱著裝備，泥地上留下半月蹄印。這是佤邦聯合反毒組織的第一次長途任務。掃羅讓他的士兵佩戴血紅色領巾，有別於普通佤族士兵。他走在前面，雙眼閃亮，銀色鬍鬚在陽光下閃閃發光。他的助手揹著外交部長珍貴的水煙筒，那是個有半人高，形如火箭筒的器具。

隨著他們接近泰國邊境，天氣逐漸回暖。他們沒有遇到任何襲擊者，也沒遇到撣族武裝分子；不過他們若走錯路，是會碰上的。坤沙的撣國，控制著連接緬泰兩國的多數山區隘口，他的軍隊見到入侵者一律開槍射殺。

只有一個地方能讓掃羅安全越過邊境，就是魏學剛的南佤小飛地。碰巧的是，這裡的祕密小徑直通掃羅的目的地——清邁府。掃羅從未見過魏學剛，也不打算現在去見他，那違背他對趙尼來主席的承諾。他打算穿越南佤到達泰國，僅此而已。

進入南佤之後，佤邦聯合反毒組織的士兵讚嘆這裡的自然美景。這裡的山區不像佤族本土那麼險峻，山勢緩緩下降成低矮的如茵綠意。土壤似乎也對生物友善得多。可惜這片肥沃土地大多成為魏學剛海洛因工廠的藏身處。魏學剛將佤族士兵及其家屬遷至南佤，承擔毒品軍隊的苦力活，守衛倉庫、搬運化學品、偷偷將海洛因運入泰國。在一片空地上，佤邦聯合反毒組織遇到這些工人，他們看守著一處中繼站，將鴉片送往鄰近的精煉廠。掃羅看到地面的竹架上堆放著布包裹的鴉片球，每個都用細繩捆紮得像肉店裡的火腿。掃羅本應繼續往前走，但他做不到，他忍不住停了下來。

掃羅叫住工人，把他們聚在一起。他彎腰撿起一包鴉片，檢查一下，然後傳給其他人。他以自己的身分要大家仔細聆聽。你們的生計很快就要終結了，我相信你們會因為擺脫而開心。神恩將來臨的時代裡，你們將會改種橡膠或咖啡，你們的孩子會上好學校，老人會因為西方醫藥而長壽。所有藏在樹叢陰影裡的海洛因精煉廠，都會燒成灰。魏學剛這樣的商人會找到更高尚的工作；倘若不願意，我這些戴著紅領巾的士兵會把他們趕出去。

掃羅把鴉片扔回竹架堆上，並要求群眾傳播這個好消息。他們順從點點頭，然後繼續工作。

掃羅讓佤邦聯合反毒組織的士兵帶著所有馬匹武器留在邊境，自己沿著毒品小徑悄悄潛入泰國。沒有護照，沒有入境章。比爾在清邁市郊的家，正是浸信會聯絡人所說的位置。掃羅在門口受到比爾熱情歡迎，他是個穿著夏威夷衫，灰金色頭髮梳到一邊，說著拉祜語的白人。

他們很快就建立融洽的關係。按照教派精神，即便不是血親，他們也是精神上的兄弟。掃羅堅稱他們很久以前就見過面，小時候在緬甸景棟由楊氏家族營運的傳教營地裡。掃羅逃出版納後，就在那裡長大。他聲稱記得比他大十多歲的比爾，當時是身材健壯的少年，帶著一群拉祜族跟佤族的孩子進森林打獵，小小的掃羅跟在後面。

在尼古丁的煙霧中，他們用流利的拉祜語交談。比爾菸抽個不停，掃羅則吸著他的三呎長水煙筒，兩人在煙霧交融中建立起情誼。牆上掛著兩把拉祜刀，旁邊是一張威廉．馬庫斯．楊的黑白照。最後，比爾用他的菸嗓問起掃羅遠道而來的目的。這當然不會只是社交拜訪。

掃羅挺直身體說：比爾兄弟，我需要你幫忙。你得幫我聯繫仰光的一個人，他是跟我很熟的緝毒局幹員。他叫布魯斯，我們必須立刻講上話。佤族的未來就看這件事了。

布魯斯．斯塔布一接到消息，立即飛往泰國：掃羅還活著，在清邁等你。他迫不及待想親眼見到超級巨星。斯塔布多年來合作過許多機密線人，從來沒有人能死而復生。

比爾向大家保證他家很安全。身為前中情局幹員，他相當精通間諜之道，如果房子被竊聽了，他一定會知道。菸灰缸滿到溢出來，三人坐在比爾的書房裡，集思廣益，想辦法重振掃羅的夢想。[1]過去一年裡，許多事情發生變化。軍政府跟佤人之間本就不怎麼親近的關係，如今更加緊張。軍政府對掃羅被任命為外交部長感到不滿，現在他們跟佤邦的官方聯絡人，竟然是政權的前叛徒。自從掃羅升任以來，軍政府的軍官數度邀請他到低地開會，說會保證他的安全，卻屢屢遭他拒絕，擔心這是再次關押他的圈套。我不信任緬人，他告訴斯塔布，你也不該信任他們。不要再玩複雜的棋局了，不要再慢慢等軍政府適應我們的聯盟關係。我們應該大膽前進，看他們敢不敢阻擋。

斯塔布告訴掃羅：很抱歉，事情無法這樣運作。緝毒局只能在東道國的批准下執行計畫，而根據國際法，佤邦是緬甸的一部分。不管你喜不喜歡，沒有緬甸第一書記的同意，任何事情都不能進行。但好消息是，斯塔布的新上司霍恩，已經大大提升緝毒局跟緬甸的關係。霍恩可能會說服軍政府官員，如果想讓美國站在他們這一邊，他們就得接受緝毒局在佤邦進行根除毒品的計畫，包含掃羅的參與在內。但掃羅必須發誓他對軍政府沒有惡意，即便這不是真的。他背叛了他們，他們折磨了他，這筆帳已經兩清。他做得到嗎？

掃羅固然抱怨，但表示他行。很快地，計畫在煙霧繚繞中成形。比爾建議掃羅將他的想法濃縮成一份主文件，讓各方——包含美國人、佤人、緬人——都能接受。他拿起筆，寫了一份宣言。2

〈鴉片的枷鎖〉

佤族的痛苦：提案與請求

現在我們想擺脫鴉片經濟的奴役，……僅靠我們自己無法辦到；就像想要戒除毒癮的海洛因上癮者一樣，我們需要外界幫助才能成功。

掃羅寫下，只要滿足以下六個條件，佤邦聯合軍將拒絕毒品貿易，轉而追求「全新的經濟」。替代作物、現代農業的專業知識、鋪設道路、由外國人營運的醫院及學校、西方地質團隊幫助佤族發掘有價值的礦藏：錫、銀或金。

> 我們不要求武器，我們也不像坤沙那樣，要求美國買下我們的鴉片作物；我們不想像緬甸國家法律與秩序恢復委員會那樣為西方作表面文章。佤邦領導人隨時可以停止鴉片種植與精煉，但是，我們的人民得有飯吃。
>
> 你們希望自己的人民過上更好的生活，這意味著沒有海洛因的生活。我們共同合作對雙方都有利。請接受我們的提議，回應我們的請求。此致，掃羅。

斯塔布非常喜歡這個提案，認為它比其他緝毒局支持的計畫都更有希望。但有個明顯的問題是，掃羅在宣言裡到處暗算軍政府。他寫到緬甸官員「系統性威脅、監禁……或追捕」等批評，甚至指控緬甸軍方接受毒販賄賂。

我會把這個拿給我的上司看，斯塔布說，但我知道他會說什麼。我們不能把這個交給緬甸政府，你最好刪掉那些部分。比爾也插話：掃羅，按照幹員說的做，不然你會搞砸整個計畫。「但我不想改，」掃羅告訴我：「因為我寫的都是事實。」

下次跟掃羅會面時，斯塔布把霍恩也帶來。留著鬍子的壯漢堅持掃羅必須緩和〈鴉片的枷鎖〉中的文字，否則這個交易就完了。要讓緬甸軍方吞下自尊，跟剛讓掃羅成為國家領袖之一的佤邦聯合軍達成協議，已經夠難了。但他可以做到，因為他一直努力討好緬甸官員。然而，倘若目前版本的宣言洩露出去，軍政府領袖肯定會勃然大怒。

於是，比爾再次講道理，最終讓掃羅屈服。他妥協修改了〈鴉片的枷鎖〉。霍恩跟斯塔布帶著修訂過的版本飛回仰光，這是個軍政府可能接受的版本。自尊在糾纏中屈服，未來還有更多挑戰。但至少他們有了計畫，一個非常好的計畫。他們下定決心這次無論如何都要實現。

緝毒局總部不需要太多說服，就相信這是個可靠的計畫，甚至不需要任何證據來證明佤族出策者的可信度。說來也極為巧合，緝毒局全球行動部部長，也是緝毒局的最高階官員之一，正是剛從首席監察員升任的馬蒂·馬赫。他不久前才在仰光的安全屋裡，親自審視過掃羅的誠信。儘管當時有些尷尬，但那次仰光安全屋的會面給他留下深刻印象：這個人在壓力之前不會退縮。

「當霍恩提出這項可能方案時，」馬赫告訴我：「我立即向上級指揮鏈報告，包含備忘錄跟所有細節。我的想法是，好，讓我們一試。」緝毒局派霍恩到緬甸，就是為了在國務院跟中情局的反對聲浪中取得重大成果，現在霍恩的提議正符合這目的。儘管馬赫是霍恩上司的上司的上司，但他們常直接溝通，因為霍恩的任務極具政治敏感性，需要緝毒局領導層密切監督。

兩人通過加密管道交談。霍恩坐在客廳裡，耳朵貼著他的衛星電話或第三代安全電話；馬赫在緝毒局總部內跟他通話。馬赫首要擔心的是緬甸政府。我們需要他們同意所有條款跟條件，馬赫說。霍恩已經處理了這件事。軍政府需要跟緝毒局聯手執行一場反毒戰爭盛會，來改善其國際聲譽，掃羅的計畫則提供最關鍵的要素——可供銷毀的大量鴉片跟海洛因。軍政府不喜歡掃羅，但霍恩說服緬人，儘管過去有種種不快，掃羅已不再懷有任何怨恨。緬甸政權同意了這項計畫，畢竟他們沒什麼損失。

做得好，馬赫說。國務院是接下來更大的障礙。控制論述至關重要。一旦美國外交官看到這項計畫，他們會抨擊緝毒局跟暴政政權及海洛因販毒集團勾結。緝毒局必須利用先發優勢，納入其他有影響力的機構，將這項計畫形塑成世界上最大規模的鴉片根除行動：一項令人無法抗拒的潛在征服行動。馬赫開始聯繫他的國會關係，霍恩也已經搭上聯合國體系機構。聯合國毒品管制計畫（The UN Drug Control Program）在仰光設有辦事處，其成員對這個想法非常感興趣，甚至跟世界衛生組織及聯合國兒童基金（United Nations Children's Fund）分享，這些機構可以幫忙實現掃羅的醫療及教育需求。讓計畫走向國際化，能夠提供盔甲，當外交官想要壓制這項提案，心碎的不只是緝毒局，還有聯合國。

「我還告訴瑞克，聽著，某個時間點上，我們得跟臨時代辦談談這件事。」馬赫指的是哈德爾，事實上的美國駐緬大使。根據外交規範，霍恩必須將計畫提交給哈德爾，尋求他的批准。在理想情況下，大使館會意識到提案已經獲得其他有力機構的支持，因而願意合作，或至少袖手旁觀。[3]對於如此重大的提案，馬赫說，你會希望「每個人都朝同一個方向施力。若有人朝反方向拉，就會成了拔河比賽。」

當然，在霍恩正式向大使館提交計畫之前，哈德爾早已知道了。這項計畫在緝毒局友好的華府國會議員之間引起一陣小小轟動，而在華府，沒什麼事情能長時間保密。儘管國務院在國會中比緝毒局更有力，但緝毒官員對出自犯罪猖獗區域的政治人物有其特別的影響力。「緝毒局在華府經常是當紅辣子雞，」哈德爾告訴我：「但他們對此幾乎無能為力。」

現在，甚至遠在歐洲的聯合國禁毒官員也開始興奮起來。[4]哈德爾氣得要命。霍恩正在對他的職涯噴火。哈德爾的工作是在緬甸高舉人權與自由的旗幟，壓制軍政府以推動民主進程，[5]而不是讓某個肌肉發達的緝毒局幹員修復軍政府的形象。緝毒局從未曾如此接近顛覆國務院的既定政策，這一切竟然在哈德爾的眼皮子底下發生。

哈德爾告訴我，直到那一刻之前，「我在緬甸都過得相當愉快。」他的工作人員享受著輕鬆的工作量（跟緬甸政府幾乎沒什麼合作計畫），以及附帶女傭服務的湖邊豪宅。他們還獲得「過於慷慨的困難津貼」，部分是因為緬甸的人均蛇咬機率是全球最高，儘管他們很少離開仰光安全（且基本上無蛇）的外國人泡泡生活。哈德爾原本希望工作一段時間後，在亞洲或非洲正式晉升為大使。

「問題的根源，嗯，就是霍恩。他真是一根肉中刺。」

事實上，他最喜歡用「瘋子」來形容霍恩，「叫他瘋子還算客氣」。哈德爾告訴我這位緝毒局幹員會「騎一輛沒裝消音器的哈雷摩托車，故意違規不戴安全帽，在華氏九十度的緬甸熱帶高溫中穿著厚皮衣。」（當時其他認識霍恩的人甚至都不記得他有摩托車。）哈德爾告訴我，霍恩幹員「很難認可國務院的首要地位」，他跟整個緝毒局「根本不在乎人權。他們只在乎毒品。」

「我就坦白地說，」哈德爾說：「大家都知道佤族是什麼樣，有可能跟他們進行交易嗎？那真是萬福瑪利亞，顯神蹟啦。霍恩的想法是，如果你讓我放手去做，我會組建一個大聯盟，拔掉佤族的獠牙，並終結海洛因貿易。當然，他這張支票已經開出去了。」

哈德爾需要迅速扼殺這項提議。他告訴緝毒局總部，往後，霍恩每次跟佤邦聯合軍聯絡人掃羅接觸的會議，都要帶上一位國務院監督者。「我們說『絕對不行』，」馬赫回憶道，「『這是涉及緝毒局線人的執法行動，所以我們不能這樣做。』」

時間緊急，緝毒局需要迅速推動這項提案，安排跟佤邦聯合軍及緬甸政府召開正式高峰會，一旦計畫動起來，會更難以被阻擋。不然，國務院會想方設法來扼殺它，或者讓它的中情局朋友來施展拳腳。

霍恩早就做好準備，應對中情局的破壞，從第一天就開始準備。

不過令他驚訝的是，中情局的駐地站長布朗竟告訴霍恩，佤族提案看起來很有趣，並祝他好運。[6]

掃羅一直將此事想像成一個預言。幾個月來，他想像著緝毒局人員從天而降，走出直升機，落在一座佤山頂上。在這幻想裡，掃羅、趙尼來跟鮑有祥也都站在那處山頂，歡迎美國人。他們引導美國人走向為此而搭建的木拱門。佤族三巨頭跟緝毒局官員牽手走過那處拱門，象徵著美國人引導佤族從過去走向未來。

掃羅的規劃十分精巧，以至於當他的助手接到緝毒局通知——召集你的人，峰會要開始了——的時候，他並未抱怨日期太趕，就在三天後。[7] 他只是匆忙展開準備。地點：勐冒（Mong Mao），離班歪不遠。抵達時間：中午十二點整。緝毒局幹員會搭乘緬甸軍用直升機抵達，軍政府官員將隨行。

就掃羅的了解，緝毒局將帶來承諾給佤邦五千萬美元援助的備忘錄，援助來自美國及聯合國，但會透過緬甸政府提供。[8] 佤族領導人將站在那山頂上承諾重新出發，成為一個無毒國家，這是跟建國同等重要的轉折點。掃羅需要創造一個能體現他成就的場景。他下令手下的佤邦聯合反毒組織士兵，在山頂的泥地上鏟出方形的直升機停機坪，然後架起掛滿彩帶的舞台。在他的指示下，他們造出一座連大象都能穿越的巨大木拱門。

高峰會的早晨到來。掃羅安排士兵整齊列隊，好讓即將到來的美國客人留下深刻印象。出席峰會的還有穿著傳統服飾（繡銀珠的胭脂紅背心）的佤族貴賓，胸前縫著公牛頭形狀的黑布，是佤族權力的象徵。

隨著正午即將到來，掃羅離開舞台區域，走向能夠展望西方的山脊，直升機將從這個方向抵達。他坐在一塊風沙削蝕的岩石上，眯著眼睛看向山脈起伏的地平線，遠處山峰呈現淡藍色。他搜尋著螺旋槳的聲音。

掃羅起身往回走，重新檢查拱門，檢查了迎接代表團的標語，那是用英文、佤文跟緬文寫成，戰術上展現對緬甸軍政府的尊重。接著他又回到山脊上坐了一會兒，風獵獵吹動他的衣領。他摩挲著對講機上的旋鈕。趙尼來跟鮑有祥在山腳下等。他們說，當你看到直升機時通知我們一聲，我們會上山跟你會合。趙尼來打算唸一篇由比爾．楊代寫的簡短演講。

掃羅不斷眯起眼睛，側耳傾聽。幾個小時過去，只有黑鳥，沒有其他東西出現。不論他如何使盡念力，遠處都沒出現黑點——直升機沒現身。最終，太陽西下，高地染上一層琥珀光芒。

他驚恐地思考著自己的困境。

掃羅在那座山頂等了兩天，趙尼來跟鮑有祥早就受不了而離去。第三天，他下山找到一具電話，打電話給比爾．楊。告訴我，比爾兄弟，我的人民對我失去信心了，緝毒局什麼時候才會到？

嘶嘶聲中他能聽到比爾的呼吸聲。他的聲音是遙遠的金屬聲。

掃羅，他說，我覺得你被陷害了。

直到此刻之前，中情局對緝毒局和佤邦聯合軍的顛覆行動從未全面曝光。儘管一九九三年夏天這起事件，改變了佤族人民跟整個金三角毒品貿易的命運。

掃羅跟緝毒局幹員瑞克．霍恩的生命也遭到扭曲，卻非任何人能夠預料。其中一人發現自己困在骯髒的洞穴裡，一個貨真價實的土洞裡；另一人卻成了百萬富翁。

我從霍恩開始講。根據他的說法，中情局以左右開弓的方式毀了這個計畫。這個間諜機構假扮成緝毒局，可能是透過掃羅會講英語的助手，向他提供了假日期。這使佤邦聯合軍的領袖聚集，參與這場尚未經協議確認的峰會。還有什麼比這更好的方式，既羞辱佤族，還讓他們對緝毒局產生敵意呢？

當時，緝毒局官員正在修改提案，想讓這個案子更受美國政府歡迎。他們打算提議由聯合國機構來主導佤邦的發展，因為這是聯合國的專長，緝毒局只負責監督根除毒品。[9]真正的峰會確實正在籌劃中，計劃在那個夏天稍晚舉行。但在山上的混亂場面之後，這個計畫自然胎死腹中，佤邦領導人再也不相信緝毒局講的話。

霍恩還透過一名律師指控，中情局緬甸站長布朗還用了另一個詭計，進一步埋葬這項提案。他聲稱中情局祕密獲得〈鴉片的枷鎖〉宣言的副本，偷偷交給緬甸政府。[10]不是修訂過的版本，而是充滿對軍政府侮辱的原始版本，上面還簽著「此致，掃羅」。[11]這份宣言證明了，無論掃羅看起來有多願意和解，他永遠都會試圖讓美國人跟緬甸政權對立。

這兩個行動加起來，就毀了佤邦的提案。之後只剩下一項待辦事項：將霍恩從緬甸趕出去。此事就落到駐緬甸臨時代辦哈德爾的身上。在搞砸的峰會之後，哈德爾動用他身為駐緬最高級別美國外交官的權力。[12]他將霍恩描繪成一個「瘋子」，完全無視國務院的規定，給這位幹員大約四週時間，解決自己的事務，離開這個國家。

一九九三年八月十二日。將近午夜時分。仰光上空籠罩著暴雨雲層。一輪新月在灰暗下隱約閃爍。戴夫．西柯拉幹員的電話響起。是霍恩打來，以末日語調，語無倫次地講著他即將被撤職。

我要搞垮整個緝毒局行動，戴夫。你要跟我一起走。我們都會一起走。明白嗎？

知道了，瑞克。西柯拉掛斷電話。

所以這就是結局。首次見到瑞克．霍恩不久後，西柯拉曾告訴自己，他這位好鬥的老闆在緬甸不會待滿一年。結果只差一點點，霍恩在這裡待了十四個月。

最後幾週，霍恩獲准進入大使館，他被一名交好的美國聯邦雇員拉到一邊。這名官員負責管理使館跟華府之間的安全通訊。他的朋友舉起一份傳真文件，跟他說，我認為你該看看這個。這是哈德爾寫的，發送給國務院本部的機密電報。上面寫著：「霍恩明顯顯示出壓力增加。例如，昨晚他給下級幹員打電話說：『我要搞垮這裡整個緝毒局的行動……你要跟我一起走……我們都會一起走。』」

霍恩十分震驚。電報上穿插著他跟西柯拉電話內容的逐字引述。霍恩的朋友說，大使館內部只有一種方式可以這麼驚人準確地捕捉到對話內容。

瑞克，他說，我想你被他們監聽了。[13]

隨後的訴訟裡，霍恩聲稱如下。竊聽器就在他的客廳裡，裝在橢圓形咖啡桌裡，近得足以聽到他用加密電話進行的每通電話。中情局可能從一開始就追蹤了佤邦提案的演進，竊聽霍恩的對話，顯然也跟哈德爾分享。他們等待最佳時機出手，讓計畫胎死腹中。倘若不是哈德爾失誤，在機密備忘錄中引述了霍恩的對話，他們很可能就逍遙法外。

霍恩案成為史上對中情局官員提起的訴訟中，持續時間最久的案件之一。訴訟過程中，美國政府試圖壓下這個案件，一度聲稱美國憲法第四修正案（禁止竊聽美國公民住所）在海外不適用。另一次，政府律師抱怨，這起訴訟揭露中情局辦案手法，洩露國家機密。[14]中情局前緬甸站長布朗的律師，稱這些指控「很奇怪」，並表示「亞特・布朗並未做出霍恩想像中在一九九三年發生之事。」[15]

然而在事情發生十六年後的二〇〇九年，法官們終於認定「哈德爾絕無可能透過合法手段得知對話內容」。美國政府雖不承認有錯誤行為，卻支付霍恩三百萬美元以了結這起訴訟。[16]

時至今日，哈德爾仍舊堅持霍恩捏造了整個故事。他有不在場證明，情況是這樣的。[17]在那個多雲的夜晚，剛從霍恩錯亂失常通話中解脫的西柯拉，再次拿起電話，打給他的搭檔斯塔布，一字不漏地描述他們老闆的咆哮。第二天，斯塔布溜進哈德爾的辦公室，並且——根據哈德爾所說——他對我說：「你不會相信的。昨晚十一點，霍恩打電話給西柯拉說：『我要把整個地方一起毀掉。』顯然他喝醉了，西柯拉就笑笑掛上電話。」哈德爾於是把這些第三手引述打進機密電報裡。但是他提出的這個不在場證明是有問題的，西柯拉說這是胡說八道，並在偽證罰責下發誓作證。斯塔布也是如此。更蠢的是，斯塔布那天根本不在仰光。「我丈夫討厭潘喬，」斯塔布的遺孀蘇詠說：「別相信他說的任何話。」

然而這個制度並沒有吸取任何教訓，美國政府認定霍恩案「足夠可信」，因此支付他數百萬美元，卻從未懲罰任何涉入這場潰敗災難的官員，連聯邦法院都認為此事「令人不安」。[18] 哈德爾後來擔任美國駐塔吉克大使，中情局將布朗晉升到局內最令人垂涎的職位之一：東亞司司長。

但無論此事對美國誠信的損害有多大，都無法跟中情局對掃羅造成的痛苦與破壞相比。

一九九三年夏天，隨著夢想消失殆盡，掃羅發現了更深層次的痛苦。他曾經歷過許多不同的痛苦，電擊敏感部位、被金屬打到皮開肉綻，但掃羅從未在自己人的眼中看見可悲。對他來說，這比任何酷刑室更令他害怕。

起初，他拒絕接受自己的命運，他懇求其他領袖，「我告訴他們，『即便緝毒局永遠不會來，即便世上沒人幫我們，我們還是要消滅鴉片。我們可以靠自己辦到。』」趙尼來避開他的眼神，鮑有祥則不屑地盯著掃羅說：你辜負了承諾，掃羅。你跟你的緝毒局。結束了。

接下來幾個月裡，掃羅遭到更多屈辱。到了年底，許多佤邦聯合緝毒組織的士兵脫隊，上繳步槍，回歸原來的村寨，種罌粟為生。到了一九九四年，這支軍團幾乎完全崩潰。掃羅在毒品軍隊中打造一支反毒小組這麼不協調的創造，突然顯得十分荒謬。佤邦領袖怎麼會考慮這種事呢？

同樣理想主義的趙尼來主席一直保護著掃羅的冒險之舉。但在一九九五年，酒精終於追上這名佤邦領導人，幾乎要了他的命。他的腦血管爆裂，致使他半身癱瘓，言語不清。他無法再治理國家。「趙尼來主席主政期間，沒人敢碰我先生。」瑪麗說。「毒品走私者恨掃羅，但他們不敢傷害他。然而趙尼來生病之後，一切都改變了。」

不會感情用事的現實主義者鮑有祥繼位。理想主義思維不再受到歡迎。未來，佤族將假定所有低地人都心懷惡意，就跟他們的祖先一樣。他們將以孤立主義民族國家的方式來運作，跟外界的關係僅限直接交易。在鮑有祥主席的實用主義裡，他重新將外交關係聚焦在中國身上，這是唯一能在戰爭中擊垮佤邦的鄰國。儘管對中國保持警戒，但鮑有祥需要中國的石油、彈藥、機械跟其他供應。他從掃羅手中奪走外交部長頭銜，畢竟掃羅跟轉向北京並不合拍，而且他的中文口語不行，他也無法掩飾對美國的崇拜。

外交事務落到鮑有祥主席的左右手，副司令李自如（Li Ziru）手裡。他是純漢人的中國公民。李自如在一九六〇年代以毛主義紅衛兵的身分來到佤山，協助指導當地的共產黨叛亂，此後從未離開。一九八九年的佤族革命後，李自如放棄共產主義，但身為曾有黨籍的共黨幹部，他深知中共眉角。他知道中國領導人討厭佤邦鴉片有時會滲透邊境，導致中國公民成為吸毒者。因此他向中國提議，我們，佤邦聯合軍，將阻止佤人將毒品走私到中國。[19]你們，中國官員，給我們道路工程隊跟便宜的重型武器。北京接受這筆交易。此舉更加深掃羅的恥辱。他許諾的美國援助並未帶來學校或醫院，但將外交關係集中到中國，卻迅速帶來物質進步：街道鋪設跟廉價武器。

副司令李自如讓掃羅從心底感到不安。他不僅偷走掃羅的外交工作，還跟財政首長魏學剛走得很近。這兩人都有中國血統跟創業熱情。李自如甚至在魏學剛的海洛因生產事業裡擁有股份；這項業務受益於佤邦禁止向中國走私毒品的新法令。這項法令之後，佤邦聯合軍生產的每公斤海洛因，無論是在何處生產，都只能往南流進泰國，直接通過魏學剛的經濟特區。

李自如告訴佤邦聯合軍，別再把魏學剛當成印鈔機。先前，中央委員會甚至連承認財政首長都感到不安，特別是在跟美國緝毒局談判期間，因為美國仍在懸賞捉拿魏學剛。但他們跟美國的眉來眼去已經結束了。李自如說，現在是給魏學剛更多尊重的時刻，並在中央委員會裡給他一席。

魏學剛開始參加邦桑的高層會議，掃羅首度跟這個被他視作貪婪化身的人同室。[20] 財政首長雙手交握坐著，聆聽發言，身著筆挺硬漿白襯衫，拒絕推給他的白酒或布來米酒。他很少開口，但他講話時，其他人都會靜下來聽他輕柔的聲音。

在李自如、魏學剛強大二人組的影響下，佤邦聯合軍剝奪了掃羅僅剩的微薄權威。已經掏空的佤邦聯合反毒組織，現在完全解散。佤邦聯合軍還剝奪掃羅的軍階，迫使他放棄制服跟軍帽。他仍然像幽靈一樣，徘徊在會議廳裡，但領導總是避開他的眼神。他的銀髮脫落，皮膚灰敗。瑪麗注意到丈夫皺著眉頭，自言自語，喃喃說著有個無形重量壓在他的心頭。

有一天，掃羅從會議返家，臉色顯得特別蒼白。瑪麗問他怎麼了。他點了支菸。他說，李自如胡言亂語，我忍不住發作，一直捶打桌子，幾乎將它劈成兩半。掃羅知道自己越了線。他不願說自己究竟喊了什麼，只說是對魏學剛的誹謗。

幾個晚上之後，掃羅聽到有人敲門。鮑有祥主席站在門廊上，拿著一個袋子，袋子看起來很重。掃羅讓他進來，鮑有祥坐下，從袋子裡拿出幾疊紅色的中國人民幣鈔票，把它們堆在餐桌上。

你得跑了，掃羅。今天晚上。你的生命受到威脅。他們已經受夠了。

逃去哪？

也許泰國。你不能留在佤邦。他們會殺了你。

鮑有祥在桌上擺出一萬三千元人民幣，當時價值超過兩千美元。掃羅抗議說，我不能拋棄家人，但鮑有祥打斷他。不用擔心你的家人，我會保護他們。但你，我不能再保護你了。掃羅坐著無語時，瑪麗在門邊聽著。

一陣很長的沉默之後，掃羅搖搖頭說，不行，我不會離開。此時鮑有祥拿出更多錢，在桌上堆成更高的人民幣塔。木桌表面被鈔票淹沒，酒紅色墨水印著毛澤東頭像。這堆共有五萬人民幣，價值超過美金八千五百元。超過多數佤人一生的收入。

去吧，鮑有祥說，今天晚上就走。

但我的使命，還沒完成，掃羅說。

瑪麗擔心鮑有祥會打她丈夫。主席站起來，把錢鏟回袋子裡。為什麼你不聽我的話，掃羅？我試著救你的命。我再也不想看到你的臉！當士兵衝進房裡，把掃羅拉起來時，鮑有祥轉向瑪麗說，這是為了他好。他們把她丈夫拉進黑夜裡，他並沒有反抗。

卡車將他運到林中一處空地，他們叫他下車。士兵打開手電筒，拿光在草地上來回搜尋，直到看見反射的亮光，是一片方形的鋼鐵艙門。他們拉起艙門，露出地下土室。長方形的立井，形狀就像直立棺材。

掃羅按照命令下到洞裡。在洞裡無法躺下或伸展手臂，只能屈膝坐著，冰冷土壤吸收他的體熱。士兵們在他頭頂闔上艙門滑上鎖的金屬聲響之後，他就被埋在佤邦土壤之中。掃羅終於意識到自己的恥辱之深。

要是其他毒販老早就爆發了，但魏學剛沒有。掃羅在佤邦聯合軍中崛起跟衰落的過程裡，他始終保持冷靜。即便在掃羅大膽邀請美國緝毒局，那個曾經將魏學剛關押入獄的機構，來根除他的珍貴產品時，他也沒有發作。魏學剛相信要等待敵人犯錯的時機，只在條件有利時才會出手。掃羅在那座山頂上遭受的羞辱不是他的籌謀（是中情局所為），然而一旦掃羅開始崩潰，魏學剛很樂意加速敵人的解體。

到了一九九〇年代中期，隨著掃羅完全垮台，魏學剛終於可以追求**他的**夢想。他從來沒寫過宣言或談過異象，但魏學剛對自己的目標跟撣羅同樣執著。他渴望權力，但他不要跟金錢（權力的衡量單位）或惡名昭彰混為一談。就像每個執行長，魏學剛也希望他的企業成長、併吞競爭對手、壟斷市場。這就需要摧毀佤邦聯合軍唯一的競爭對手——由喜歡背後捅刀的前導師坤沙所主宰的撣國。

推翻坤沙並奪取他五千平方英哩的領土，需要佤邦聯合軍的全部力量。撣羅領導時期，佤族試圖表現得文明有禮，遠離兇猛名聲。但情況已不再如此。現在是佤邦聯合軍展現勇猛的時候。它會展開所有毒品集團會做的事：運用生猛暴力擴張領域。

佤邦聯合軍擁有兩萬名士兵，坤沙只有一萬五千名。魏學剛跟副司令李自如說服包括鮑有祥在內的中央委員會領袖，消滅撣國對佤邦的長期安全至關重要。多年來，這兩個毒品集團在泰緬邊境一帶曾有些小規模的衝突，坤沙部隊時不時襲擊南佤，並摧毀魏學剛的精煉廠。但從槍戰升級到全面戰爭需要巧妙的時機，而魏學剛正在尋找一個完美時機，一個讓坤沙措手不及的時機。

機緣巧合，美國正好提供了這個時機點。

此時六十多歲的坤沙，比以往任何時刻都管不住自己的嘴。他說，緝毒局「無能」、中情局想讓亞洲人變成「奴隸」。儘管這兩機關的同事在緬甸鬥翻天，但當時泰國境內的緝毒局跟中情局官員關係還不錯，兩者都想終結坤沙。中情局制定了一項暗殺計畫，但需要一個「致命發現」，好讓總統授權暗殺。當時比爾·柯林頓（Bill Clinton）不願簽字。[21] 因此緝毒局挺身而出，發動

「老虎陷阱」行動，消滅坤沙在泰國的網絡。它逮捕了供應物資（燃料、食物、水泥跟子彈）及服務（洗錢與販毒）給撣國的掮客。[22]動脈一切斷，撣國就萎縮了，士兵成群結隊叛逃。而魏學剛從未錯失任何好機會，特別是美國提供的機會。在這坤沙最脆弱的時候，佤邦聯合軍在魏學剛的指導下，給了他致命的一擊。

佤邦聯合軍湧入撣國，輾壓撣國士兵。中情局密切關注著這場戰爭，一名軍官從飛機上俯瞰，觀察到「到處都是壕溝……看起來就像一九一七年的西方戰線」。[23]一九九六年一月，當佤邦聯合軍接近坤沙的叢林別墅時，他豎起白旗，他向緬甸軍方承諾，若軍政府能救他一命，他就投降。佤邦表現出慷慨大度，讓路給軍政府帶走坤沙。緬甸政府將他軟禁在仰光，允許他帶著四名情婦入住。

緝毒局跟中情局都將坤沙敗北列為自己的成績，儘管兩者都沒有碰過這位「海洛因之王」。緬甸軍政府說，實際上，**我們**才應該得到讚譽。這時最應該得到認可的人應該是魏學剛，但他根本不想要功勞，他追求的是更實質的東西：坤沙的領土。

佤邦聯合軍就像征服者一樣，併吞了撣國。之前南佤只有紐約的布魯克林區那麼大，吸收了坤沙滅亡的王國後，變得跟康乃狄克州一樣大。佤邦總領土，包括本土在內，此刻共有一萬兩千平方英哩，土地面積相當於荷蘭。沒有任何毒品集團曾經直接統治過這麼大的區域。這項成就在一定程度上得歸功於美國政府，你永遠無法預測其干預所產生的後果。

過去幾十年，美國間諜試圖影響金三角的毒品貿易，想憑藉強大力量對抗那些對美帝抱持敵意的毒品集團。但在魏學剛的領導下，一個超級毒品集團主導了這個區域，領導者還跟美國有私人恩怨。魏學剛正好體現了冷戰時期中情局規劃者曾經害怕的一切：一個被嘲笑為文盲野蠻人的部落集團，居然勝過了蘭利那些常春藤盟校出身的策略規劃者。

而魏學剛才正要開始大展身手。

一九九〇年代末期，佤邦達成另一個文明標誌，儘管不是掃羅期待的那一種。佤邦成為某種帝國力量。歷史上，佤族向來據守自己的山區，只攻擊入侵者跟佤族彼此。現在他們卻擁有一處殖民地：撣國殘地。問題是，撣族原住民仍居住在區域內的精華地帶，因此，魏學剛派佤邦聯合軍清除了約八千名左右手無寸鐵的農民。抵抗者遭到毆打或射殺。這不是一場混亂狂歡，那不是魏學剛的風格，這是經過他精密計算，以速效為重的恐怖行動。佤邦聯合軍並未驅逐所有撣人，但那些被允許留下來的人，生活在比較貧瘠的土地上，將永遠受到佤邦聯合軍的威脅與監督。

在新領地上進行種族清洗後，魏學剛開展了所謂的經濟復甦計畫，包括「將人口恢復到正常水準」。[24] 這意味著，從寒冷的佤族本地運來高地佤人，以填充邊疆區域。今日這群人仍舊在南佤。這是地球上最獨特的政治創造物之一，一個由毒梟統治的屯墾殖民地。

第四部

天命

二〇二〇年一月。

終於，我的佤邦朝聖之旅即將到來。

請準備好出發——佤邦聯合軍的使節，在中國農曆新年慶典前一週傳來簡訊，看起來是前往邦桑的好時機。

此行是有條件的，不能要求專訪特定領導人，例如鮑有祥主席；我也不能單獨前往，他們不會在一名記者身上浪費時間。使節告訴我，可以帶上其他不同國籍的記者一同前往。於是我組了一支六人團隊：一名澳洲人，一名瑞典人，一名新加坡－美國人，一名中國人，跟我自己。前佤邦聯合軍軍官雅各，將擔任翻譯及美其名的保姆。

我們預計進入佤邦的路線，是佤邦的半祕密後門，這條通道繞過緬甸或中國控制的領土。我們將從泰國北部出發，跨過湄公河，進入寮國。我們將在金木棉賭場（King's Roman Casino）等待，這是間有犯罪傾向的河畔遊樂場。它的建築是名副其實的華麗俗氣，有科林斯式立柱與古代皇帝雕像。除了百家樂以外，賭場區內還提供K他命跟虎骨酒。整個園區受到美國政府制裁，聲稱此地儲藏了佤邦聯合軍的甲基安非他命。

我們將在賭場過一夜，然後搭船前往以淡水海盜聞名的湄公河上游。大約在上游一百英哩處，我們將在勐拉軍（Mong La Army）管理的一處河港下船；勐拉軍並非真正的軍隊，而是一支受佤邦聯合軍控制的軍閥民兵。[1]一名佤族司機會在碼頭接我們，然後開車送我們到邦桑。這將是一段十二小時的崎嶇山路之旅。

以上是我們的原訂計畫。我已經打包好了，背包裡有一部清除所有可疑聯絡人的手機、一台錄音機，還有兩萬六千元人民幣（四千美元），另外還帶了一罐花生醬。這樣我既不會挨餓，也不會缺少用來賄賂的現金。

然而感謝習近平，計畫又出了些意外。那年一月，中國國家主席突然宣布造訪仰光，因此佤邦聯合軍通知我，習近平訪問緬甸低地期間，他們無法接待西方人。倘若我們在邦桑期間引發醜聞，比如發布煽動性的推文，受傷或是死亡，所有壞消息都會轉移人們對習近平的注意力。那是個沒人想惹的人。因此我們的行程就擱置了。

習近平在緬甸期間，跟軍方將領握手，推銷中國的油氣管道跟港口計畫，然後就飛走了。他在返回北京的途中，前來向佤族致意。習近平停在中國邊境一處小村落，離佤邦邊境不遠，該鎮居民全都是佤族，也就是一九五〇年代遭到殖民的高地佤人與其後代。身穿紅袍的孩子迎接習近平，護送他前往刻有牛頭骨圖像的木鼓。習主席拿木槌敲了三下，祝福當地人風調雨順賺大錢。他的信息是明確的：亞洲最有權勢者不怕榮耀佤族。

習近平回到北京之後，我的旅程終於可以展開了，至少我是這樣想的。然而那處村莊的照片，竟成了此後很長一段時間裡，習近平的最後一次公開露面。源自武漢的神秘病毒正快速擴散，迫使中國對公民實行隔離，關閉機場與陸路口岸。中緬邊界，包括佤邦，都架起高科技圍欄及安全攝影機。

佤邦效仿中國的政策，也封鎖了自己。他們從未面對像新冠病毒（Covid-19）這樣無畏的入侵者。身著白色生物危害防護衣的佤邦聯合軍，將所有非佤族訪客（主要是中國商人）聚集起來，趕出佤山。佤邦政府很清楚他們的醫療系統有多糟，宣稱阻止這種疾病是他們「最重要」的任務。

無需多說，我前往佤邦首都朝聖的旅程注定失敗。

即便在疫情爆發之前，我就在思考規劃未經許可進入佤邦的方案，以防官方路線行不通。

我已經連絡上一名邦桑的年輕商人，他願意偷偷送我入境，或至少試試看。我會稱他為狐狸（Huli），他是名旅遊業者，靠著將追求冒險的中國人偷渡進入佤邦來賺錢。他夢想著擴大客群，於是從我開始，開啟了為西方人提供「冒險旅遊體驗」的事業。他想，這位作家的冒險經歷一旦出版，勢必能吸引更多人的興趣。

我們在網路上聊天的時候，狐狸用他在一處佤山頂上拍攝的影片激起我的好奇心。景色真是令人著迷。他腳下的山谷覆在層層雲海之下，奶油白的雲層，如桌面般平坦，平靜得像天堂的地板。狐狸稱此現象為「雲海」，並希望能帶有錢的運動員騎自行車穿越，藉此收費。「言語難以形容真實的景象，」他說：「佤邦充滿機會。非法入境的人能先馳得點。」

狐狸的客人通常穿越南卡河（Hka River），綠色河水分隔了中國跟佤邦。船夫收取少少費用，載人渡河。疫情爆發之前，佤邦聯合軍對非法入境的中國人視若無睹，他們算是特殊訪客，若是沒有中國商人往來，佤邦經濟將會枯竭。然而，白人闖入者必定會遭到盤查，並移交給中國警方。

狐狸在保護者支持之下運作，他讓佤邦聯合軍拿走百分之二十的利潤，以交換保護他的生意。他正在敦促他們，放寬對有良好監督的小型非亞洲團客的規定，例如我這種人。但事情還沒定案。在此期間，狐狸不時調整他未來的行程，有時還會徵求我的建議。「我有個問題，」他說：「是關於西方人跟中國人。對於中國人，我們提供四天行程，每天晚上會派人去他們的房間，兩到三人。」

「你說的是女人嗎？」

「是的。我們這裡的品質很不錯。」

「嗯，我想多數西方人會嚇到。」

「我懂了。真奇怪，我們覺得這是好主人的表現。」

狐狸認為佤人對國際遊客很好奇，但在孤立之下，有些人發展出不太正統的待客之道。聽完他的問題後，我也同意這個觀點。狐狸希望透過學習，避免掉可能的冒犯，進而比其他邦桑皮條客更有生意上的優勢。他親眼見過因為文化誤解而毀掉的生意，甚至是佤族官員跟他們最熟悉的中國客人之間也是如此。

「想像一名出身上層階級家庭的中國人來這裡投資，」狐狸說：「他受到佤族政府官員迎接。」這位官員身邊圍繞著臉色嚴肅、手持中國製九七步槍的士兵，也許「還有幾名攜帶火箭推進榴彈（RPG）的少女士兵。投資人看到嚇得魂不附體，但我們並不了解為什麼。我們覺得這是好事，顯示官員夠強大，能保護投資。如你所見，這裡需要做點行為上的調整。」

旅遊業只是狐狸的興趣之一。其他方面還包括奢侈品（真假都有）及加密貨幣。他堅信佤邦──雲端之上，法律之外──肯定能在二十一世紀全球化經濟中找到獨特的位置。「兄弟，這裡是世界上最自由的地方。這不是宣傳詞，是百分之百的事實。這裡沒有環保部門、沒有品質檢查、沒人問你付了多少工資。」

有一天，狐狸發來訊息問我身體狀況是否良好。我說還算可以。「我有一條路線，不用搭船，但體力要求很高。你需要跳石頭過河，然後靠雙手自己攀上懸崖邊。如果你可以，這是最安全的路線。」

我考慮了狐狸的提議，心中想起中國邊防當局最近才剛逮捕一名非法越境進入佤邦的華裔美國牧師。他們發現他越過南卡河，便把他拉上岸，判了七年徒刑。想到可能跟他在勞改營裡作伴，就打消我從中國偷偷越境的誘惑。[2]於是我問狐狸，對佤邦另一塊位於泰緬邊境上的南佤了解多少，他說非常熟。

很多佤族軍官看待他們的南方領土，就像十九世紀美國白人看待舊西部邊境一樣，那是受命運驅使的硬漢尋找財富的嚴酷大地。但這個案例裡，財富不是透過牧牛或淘金，而是生產甲基安非他命：進口前驅化學品，保護實驗室，守衛通往泰國的路徑。在蓬勃發展的冰毒貿易中找到工作，是通往相對繁榮的捷徑。

狐狸察覺到我的想法，提出警告：「不行，忘了南佤。那裡是嚴禁進入的區域。」那裡的多數聚落，都只是「農田包圍著軍營，軍營包圍著實驗室。所有佤人都必須取得特殊許可才能進去。就算是我，沒有特定關係，也進不去。你需要一個能擋住子彈的電話號碼。」

我提到先前從泰國進入緬甸其他叛亂領土的經驗，都是成功的。「不成。」他告訴我：「會有兩種情況。比較好的情況是，你賄賂佤邦邊境警衛，他們會拿錢不辦事。因為他們會因此被處決。」另一種情況呢？「你會花四小時步行穿過滿布蛇類的叢林，然後抵達一處佤邦聯合軍軍營。」在那裡，你會被拘留，或當場射殺。「拜託，別試。」

我試了。

不是單獨帶著一包現金，穿越泰緬邊界，而是在有經驗的嚮導協助下跨境。倘若無法前往邦桑，我會找到另一種方式來窺探南佤，那個由魏學剛形塑的領域。

幾個月的時間裡，我多次越過邊界，每次都接近南佤的周邊。我的嚮導是職業人口走私客，每趟越境來回收費三百美元。他們都是友善的男女，全都是撣族，有親戚住在另一側過去由坤沙統治，現在由魏學剛統治的土地。我們開著四輪驅動貨車，爬上坑坑疤疤的山路，我真擔心車軸會斷裂。我的頭沿路碰撞著車頂天花板，我能理解那些走相同路線的流亡者為何用騾子，而非卡車。

他們帶我接近的山丘，頂端有混凝土結構，那是佤邦聯合軍軍營。下方斜坡的樹木都被刨去，讓佤族軍隊更容易發現入侵者。我的嚮導向我解釋，我們本地撣人是谷地人，但佤族入侵者喜歡高海拔的地方，他們喜歡盡可能住在高處。有一次，我們距離佤邦聯合軍崗哨僅有一千英呎的距離；這個崗哨沒有屋頂，是以帆布遮頂的水泥方塊。傍晚的陽光把灰牆染成銅色。有兩名佤邦聯合軍軍人手持步槍站崗，但我們一點也不怕，因為我們腳下的深淵，將我們分隔在兩座山上。就算那兩名站在路緣的軍人往我們這看過來，也只看到遠方的無臉人形綠色小點。我需要再靠近一點。

後來，我找到嚮導，願意偷偷帶我進入南佤控制下的一處小村落。當時，蜿蜒穿越邊界的土路未受到監視，但是小徑旁立著拼錯字的標誌，上面寫著「非法越界」。我憶起狐狸的警告，不禁打了個冷顫。

我們來到一群運用森林貧乏資源組成的茅屋：乾殼重疊組成牆壁，日曬乾草下垂構成屋頂。雞隻在紅土地上啄食。開放的門口附近散落的橡膠拖鞋告訴我，我們並不孤單。屋裡出來的是撣人，不是佤人。孩子們拿走我帶來的禮物，一個裝滿媽媽牌（ＭＡＭＡ）泡麵的紙箱。這是嚮導建議的美食。當地人從集雨桶裡舀出水來，在炭火上加熱烹調。

我拿出錄音機，但他們要我收起來。太黑，太長，看起來像槍。他們催我躲進木頭遮蔽之下，免得被遠處的人發現。附近山丘上盤踞著一座佤邦聯合軍堡壘，金屬屋頂的建築，四周木柵圍繞，佤族哨兵在望遠鏡的另一端警惕看守著。

一名穿著白袍的灰髮男子在遮蓋下與我對坐。你不會想被他們看見，他說，他們有一二〇。一定是因為我呆呆板著臉，他解釋道：一百二十毫米的迫擊炮，一發射，幾秒鐘後就會打到這裡。他叫楊達（Yanda），說話如木管樂器聲音高昂。他沒戴珠寶，只有一條細棉繩手環。

他從哪來的？原本來自附近的山谷。他跟他的祖父母一樣，原本生活在一個肥沃的盆地，直到佤族士兵來了，迫使楊達跟他認識的所有人都遷到移這個地方。這個光禿禿的山丘，土壤跟粉筆一樣了無生命力。

那是差不多二十年前的事了。他說，住在這裡就像二十四小時被槍指著臉。這裡不是佤邦的普通角落，這裡是空氣清新的貧民窟，給本地撣族的保留地，被困在征服者的凝視之下。

我請楊達告訴我他們被驅逐的故事。

楊達年輕的時候，曾去當地的寺廟請僧侶幫他刺青。他的背成了他們的畫布，僧侶用尖端焊著黃銅針的竹棒在他的肉體點上墨水。神話生物及巴利文－梵文的格言在他的皮膚上活靈活現；這種語言只有佛教僧侶跟少數人通曉。「有些刺青可以防止中毒，」他告訴我：「其他則保護我不受刀傷及子彈傷害。或者蛇咬。狗咬我的時候，牠的牙齒咬不穿我的皮膚。」

楊達住在泰國以北的勐康（Mong Kan）谷地，那裡約有十個村莊。這裡一直不穩定，但楊達知道自己的家園很特別。不然怎麼會有那麼多外來者渴望得到這個地方呢？他一輩子都看著掠奪者來來去去。一九六〇、一九七〇年代是流亡者馬幫，當時緬軍很努力要控制這塊理論上屬於他們國家的土地。楊達說，一九八〇年代初期，坤沙部隊接管此地，至少他們是撣族，跟山谷原住民是同一個種族。

楊達結了婚，養育子女，後來成了祖父。他的刺青隨著年齡增長而變得模糊，但他仍然把自己的長壽歸功於刺青的保護力量。楊達擁有的很少，但從不覺得自己窮。後院稻苗如茵，花園裡有南瓜、瓜果跟番茄，他是怎麼以腳下這些財富過活的？這些谷地養活了幾千名撣人，在祖先的土地滋養下過活。而他憐憫那些在老闆施捨中討生活的城市人。

佤人在二〇〇一年出現。楊達住在高腳柚木屋上，從架高的門廊看見他們，幾個穿著醃菜色制服的男人，袖子上帶著紅色標誌。他們背上揹著ＡＫ-４７步槍，仰頭看著高腳木屋上的他。他們說，下來。所以他就下樓來。一名佤邦聯合軍士兵說著結結巴巴的撣語。你要離開，他說，你跟整個村莊。現在。

為什麼？我們做錯了什麼？

無關是非對錯。離開就對了。

楊達要求跟指揮官講話。你沒聽到嗎，那個士兵說，看看四周圍，從天空到土地，這裡的一切現在都屬於佤族。所以帶上你的家人，離開。要是拿走任何東西，我們會從背後開槍。

「我一輩子從沒聽過這種話，」楊達告訴我：「甚至我的曾祖父母也沒聽過這種話。那個士兵說：『沒什麼屬於你的了。』我無法相信。」威脅他的士兵屬於魏學剛主管的南佤軍區，剛在對抗坤沙的戰爭中獲得勝利。他們正持槍走遍一個又一個山谷，驅逐撣族家庭。

楊達把妻兒叫出來。他看見其他村民聚集在通往南方的小徑旁，準備離開。前一天，他們才共同完成收割稻田的工作，楊達意識到，沒人能嘗到他們花了幾個月時間種植的穀物。

村裡有人反抗嗎？

有，楊達說。頭人。

幾乎所有人都撤離了，他們最後一次望向家園時，村民轉身看到頭人正大罵佤族士兵。他有一台碾米機，並為此十分自豪。他拒絕放棄機器離開，當時只有兩名撣族男子留下來保護頭人。楊達跟其他人都慢慢離開。

撤離者往南移動，焦慮地交談著，想知道夜幕降臨時，他們能把頭靠在哪裡歇息。他們來到一處長滿荊棘灌木、無人居住的山頂。他們停在這裡，收集樹枝和樹葉，弄出一處粗糙的遮蔽處。那晚在火堆旁，有人提到要收集粗糙武器，回去奪回他們的土地。然而跟村長一起留下的那兩名村民，這時走進他們的臨時營地，臉上寫滿了恐懼。

兩人講述在村莊裡看到的事情：佤族士兵把村長拖到一支繫馬柱邊，把他綁在柱子上。士兵拔出刀子，先割下村長的左耳，然後是右耳。他們像宰殺動物一樣肢解他。他們斬掉他的手跟腳。最後，佤人把刀插進他的脖子，制止他的尖叫。士兵說，你們兩個離開這裡，去告訴你們的人你看到的事。「這真的是很有效的作法，」楊達說：「聽完那個故事之後，我們從未考慮跟他們交戰。從那時起一次也沒想過。」

康谷地周圍的其他村莊也遭到清洗。不久後，成千上萬撣人加入首批抵達的人，也來到那處崎嶇山丘，就是此刻我跟楊達坐著的這處山丘。這座山跟周圍的地方大多貧瘠，不適合種植稻米。為了對抗飢餓，身強力壯的撣族難民偷偷進入泰國，在茶園裡非法打工，換取微薄薪資後買米，然後偷運回家給家人。

隨著時間推移，膽子變大的難民下山來，在佤族侵略者沒使用的長條土地上種稻米。他們步履踉蹌地工作，深怕踩到腳下的地雷。佤族則從遠處的高聳堡壘往下看，監視著他們。多年來，他們並未干涉這些人。撣族難民就這樣生存了將近二十年，就在離家僅僅幾英哩遠的地方，全然窮困潦倒。最終，佤邦聯合軍不再寬容，二〇一九年，佤族軍官到田裡告訴難民，他們沒有在南佤種稻的許可。從那一刻起，進入稻田就會被逮捕。

沒有雲的日子裡，楊達可以從山頂望見，佤族從他們手中奪走的那塊谷地。「這讓我非常痛苦，」他說，想像殖民者喝著他的水，躺在他的土地上。佤族不種南瓜或番茄，而是橡膠樹，一種專門運往中國的經濟作物。他的先祖耕作過的土地，現在滋養著一種商品，被中國工廠拿去製造跑鞋、車胎跟其他產品，出口到世界各地的商場。「他們奪走了我們的一切。只為了錢，」

楊達說：「錢跟權。這就是佤邦聯合軍相信的。他們憎恨正義，制定法律只為了滿足他們的欲望。」

我該走了。向楊達告別前，我輕輕提起魏學剛的名字。我想知道他怎麼看待南佤統治者兼他們的驅逐者。

楊達開口，又停了下來，摩娑腕上的手繩。

沒關係，我說。你不必回答。

大移民

在緬甸低地人中長大的佤人，意味著要知道自己的位置。臘戌長大的雅各被教導要壓抑自己的民族身分。一九九〇年代初期，少年時期的他不會在市場或學校裡講佤語，因為課程中把少數民族描繪成不馴的愚民。他知道本地緬人永遠不會接受他的佤族社群。只有表現得像是某種下層階級一樣，佤人才會被勉強容忍，他們的想法是，你們這些被馴服的獵頭族，能跟城裡人混在一起算你們幸運。

然而在自己的社區裡，雅各跟家人可以做自己。他們說母語，吃糜，掛出祖先的黑白照：身著黑袍、滿臉皺紋的佤族夫婦，威廉・馬庫斯・楊最早的皈依追隨者。每到週日早晨，教堂鐘聲——那枚舊彈殼——會響起，金屬聲召喚家庭前往教堂。教堂裡，他們會看到掃羅站在漆木講台後，帶領社群祈禱。對於住在臘戌的數百名佤族人來說，他是個活生生的傳奇。他在一九七〇年代初期，帶領眾人離開山頂，在共產黨人追擊下，來到臘戌，從廢墟中建立這個社區。對雅各跟其他孩子來說，坐在破爛的長椅上全神貫注聽講，掃羅就像某個舊約聖經先知，全知全能，無懈可擊，眼神如炬，聲如雷鳴。

無人質疑他的權威。只有在掃羅的威嚴之下，透過他跟政權的聯繫，他們的社區才能相對平靜地生活，免遭緬甸士兵像對其他少數民族的迫害，包含夜襲、敲詐或隨機毆打。他是他們的牧羊人，他們是他的羊群。

掃羅家裡有附近唯一的一台電視，一台帶天線的黑白電視機。下午時分，雅各會跟掃羅的女兒葛蕾絲一起看俗氣的緬甸肥皂劇消磨時間。葛蕾絲比雅各小兩歲，跟他一樣聰明虔誠，他對她產生好感。但雅各不敢表露自己的情感。「開玩笑？絕對不行。跟每個孩子一樣，我怕死她父親了。」

悲劇為這段愛情開了起點。一九九二年，掃羅遭到軍政府刑求後，牧羊人逃離臘戌，帶著瑪麗逃往佤邦躲避進一步折磨。但掃羅沒有帶走孩子，因為高地幾乎沒有學校。因此葛蕾絲跟兄弟姐妹留給一位姨媽照顧。「她成了孤兒，算是吧。」雅各說：「某種意義上，我們都是。」

失去了保護者，臘戌的佤族社區成了緬甸軍警的獵物。軍警威脅佤族、誣陷他們犯罪、勒索現金以撤銷指控。「我們就是在恐懼之中長大的，」雅各告訴我。「愈長愈大，我看到父母不在身邊的葛蕾絲真的過得很苦。我想要介入安慰她。我的心跳個不停，你懂，我墜入愛河。」

到了一九九五年，雅各十八歲，就讀一間當地大學（主修地理），逐漸成熟起來。他像根火柴棒一樣瘦削，留著過耳黑髮，脫下紗籠裙，穿上破牛仔褲，模仿著未經審查的西方雜誌上的頹廢搖滾樂手。這些雜誌像禁品一樣，在朋友間私下傳閱。他終於鼓起勇氣，向當時就讀高三的葛蕾絲求婚。她答應了。然而她畢業後，這對年輕未婚夫婦環顧緬甸，看不見未來，只有無盡的騷擾。

他們感受到佤山的召喚：他們的民族故鄉。但身為城裡人，兩人對佤邦知之甚少。他們把它想像成建設中的烏托邦，貧窮但奇妙，一點一點改善。掃羅為了更高的使命——建設佤族國家——拋棄了他的羊群，這對夫婦想看看他的成就。葛蕾絲說，我們去吧。你可以透過遠端教學完成學位。我父母會收留我們。我們終於可以自由了。

一九九七年，雅各找到一名願意載他們上佤山的貨車司機，那是十二小時的崎嶇盤山之旅。雅各對掃羅過去五年在佤邦的進展只有模糊的概念，只聽說佤邦聯合軍稱他為偉大領袖。因此當卡車司機按照寫好的指示，將這對夫婦送到一間小屋前時，他覺得難以置信。一定是哪裡搞錯了。

走進屋裡，雅各跟葛蕾絲看著泥地，再抬頭望向茅草屋頂。日光透過天花板裂縫照進來。牆壁是竹子編成，每當寒風吹過就搖搖晃晃。這地方簡直就是個垃圾場。當他們的目光落在大家長身上時，困惑轉為震驚。

一名瘦骨嶙峋、精神崩潰的男人踉蹌而出，他看起來比五十多歲的實際年齡要老得多。掃羅銀黑相間的稀疏頭髮淩亂不堪，黝黑肌膚顯得毫無血色，雙頰因飢餓而深深凹陷。雅各向未來岳父打招呼，但回應卻模糊不清，彷彿掃羅的靈魂被困在某個看不見的屏障之後。

「父親，」葛蕾絲說，「我們需要一點錢付給司機。」掃羅不敢看她。羞愧的瑪麗溜出屋外。兩人聽到她懇求卡車裡的男人。給我們二十四小時，她說，我們可以從鄰居那邊湊錢。

接下來幾天，雅各終於鼓起勇氣問到底發生了什麼事。掃羅解釋，這間破屋同時也是他的個人監獄。政府禁止他走出門口三百公尺之外。老朋友在門口放些米跟食用油讓他們維生。掃羅根本不是什麼領袖，而是乞丐。

掃羅說，老實說，孩子，我能活著已經很幸運了。某些有權勢的人曾想要他的命。鮑有祥主席不得不把他藏進一處老鼠洞幾星期，等待敵人的怒火消退。他最終說服他們讓掃羅繼續呼吸，條件是他只能在軟禁下過著可憐的生活。我曾有個使命，掃羅說，要讓這個國家脫離毒品。我失敗了。鮑主席是個正派人，但他得聽毒販的話，因為他們的收益支撐著他的軍隊。同時間，普通老百姓卻生活在髒亂中。去邦桑街上走走，雅各。看看他們造就的社會。

按照指示，雅各走下山坡來到首都的市場。他看見泥磚屋跟石頭外牆的商店，還有服務來訪中國商人的卡拉OK店。披頭散髮的孩子光著屁股跑過。他運動鞋下的地面是黏土，比緬甸低地的鬆軟土壤要硬得多。遠方，南卡河水湍急流過，透過河霧可見中國河岸。

雅各找到市場，那是沿著主幹道設立的簡陋市集。小販蹲在帳篷下，米、工具、洋蔥跟藥草等貨物攤在墊子上。鴉片販子無恥地大喇喇出售鴉片，以AA電池當砝碼，在古董秤上稱量黏糊糊的鴉片塊，一份份賣給參差隊伍中的吸食者。一如佤邦首都裡所有鴉片賣家，他們只接受中國人民幣。

雅各聽到大道盡頭傳來拍打尖叫的喧鬧聲。幾個衣衫襤褸的男人朝他踉蹌走來，口中唸唸有詞，脖子上掛著各種家用品，還有一個塑膠凳子和一隻死雞。雅各詢問當地人怎麼回事。他們說，是小偷，被迫掛著偷來的物品，遊街示眾認罪。這些人靠近時，雅各聽到他們喃喃自語：

我們是小偷，我們是小偷。他們經過時，商販會踢他們的小腿。對雅各來說，這像是某種聖經裡的場景，出自被遺忘的前基督教時代。

他從沒想過會在自己的佤族同胞之中體驗到文化震撼。接下來幾週裡，雅各還目睹了更令人不安的景象。有天下午，佤邦聯合軍的卡車駛過首都各處，車頂上的喇叭下令市民聚集在城外一處荒丘上。雅各抵達時，已經有群人聚集在那裡，爭相搶看幾個遭判死刑的人。三名罪犯站成一排，戴著頭套，手腕被銬住。

在制服士兵的簇擁下，一名佤邦聯合軍官員大聲宣讀他們的罪行。他們三人全都被指控謀殺。雅各看到罪犯身後的荒丘上，有一個四英呎深的長方形土坑。「其中一名罪犯陷入瘋狂。他尖叫著：『媽媽，爸爸，你們在嗎？我什麼也看不見。這是真的嗎？』」另一名囚犯顫抖時，褲子濕了一片。官員講完，士兵把罪犯拖到坑邊，引導他們進入土坑，將他們排成整齊一排，好讓坑的邊緣對齊他們的胸口。士兵站在上方，步槍向下，對準他們的心臟開槍。槍聲響起時，雅各嚇了一跳，多數圍觀者卻處變不驚。

這場公開處決之後，雅各陷入認同危機。他是個溫柔的人，反對一切殺戮，但真正讓他不安的是人群的反應。多數人似乎漠不關心，部分甚至覺得有趣。這不是他在臘戍認識的佤族社會。明顯地，舊鄰里的親密感並沒有擴大到一個五十萬人的國家。他懷疑自己能否適應這裡，甚至開始懷疑起搬到佤邦的決定。他需要指導，但是唯一能提供指導的人是掃羅，他卻整天蹲在小凳子上望著天空，浪費他的生命。絕望中，雅各來到他面前，表達他的幻滅感。令他鬆一口氣的是，掃羅稍微坐直身子，黑眼睛有了焦距，雅各的告白似乎具有某種療癒力量，已經很久沒人尋求他的智慧了。

掃羅點燃他的水煙筒，點頭聽著。孩子，現在我是被流放的人，能做的事有限。但你是自由的。你擁有高地人中罕見的才能，你擁有一半大學教育跟基督教價值觀，你有義務分享這些。佤邦政府裡仍有些正直的人。加入體系，從內部改善體系。

但我該怎麼做，先生？

我們國家需要教師。你完全有這個資格。

按照牧羊人的指示，雅各加入佤邦聯合軍，成為一名教師，熱中在部落間教導識字，正如三十年前青年掃羅首次進入佤山時所做的事。雅各知道如何使用百年前楊氏傳教士家族發明的羅馬字母，來書寫佤語。佤邦聯合軍雖是無神論者，但為了方便，他們就採用同樣的字母，而未發明新字母。然而，只有少數軍官能讀。十分之九的人完全不識字，識字的人只懂中文字。

招募雅各的佤邦聯合軍軍官，得知他是函授學習的大學生時，就讓他跳過基礎訓練，要他直接到鮑主席的宅邸報到，那裡有一小隊未來領袖正接受培訓。鮑有祥身為強硬的民族主義者，希望下一代能用他們的母語讀寫，而雅各將實現這個願望。接近佤邦最高領袖讓他感到興奮，在緬甸本土，沒有任何佤人能這麼快爬上社會階梯的高處。

雅各原以為鮑主席的學員會是十八到二十二歲，跟他的年齡相仿。但第一天，他的教室裡坐滿了孩子，最小的六歲，最大的十四歲。小孩子穿的制服過於寬大，垂下的袖子捲起來，用別針固定。幾週過去，雅各注意到學生會帶著血痕瘀傷來上課。他們說是下午的訓練。「我想，天啊，他們訓練這些孩子的程度跟成年人一樣殘酷。」甚至女學員也滿身瘀傷，但沒人抱怨。他們總是乾乾淨淨來上課，準備好學習。

鮑主席有時會到教室來視察，學生們一看到他就在椅子上坐得筆直。「一開始我也很緊張，」雅各說：「我才剛到這裡，現在竟然跟我們的領袖在同一個房間裡。」但鮑有祥並不矯飾，嚴厲但也和藹，只是詢問當天的課程內容。「他只讀完四年級，但顯然很重視教育。我很喜歡這一點。」跟主席的接觸，減低雅各對佤邦政府的疑慮。「不幸的是，這是個類似君主制的系統，」由鮑主席位居上位，努力維持雜亂多頭的宮廷，「但至少這位國王是個好人」，也是激勵的模範。過去獵人頭的青少年，今日竟成了國家領袖，這個國家還比許多歐洲國家更大。有多少國家元首曾經克服如此可怕的過往？

就像許多接受基督教的佤人一樣，雅各也崇尚西方，他夢想著，有一天這個國家能過渡到民主，或至少是較為民主的體系。這是個遙遠的夢想，但他若能激發他們的慾望，或許下一代佤族軍官——他的學生，能夠往這些崇高的目標邁進。在他們這個年紀，思想還很靈活。「終於，我的人生有了目標。」他說：「這是我的天命。」

即便一開始有疑慮，雅各跟葛蕾絲還是決定，儘管不完美，佤邦是他們的永久家園。兩人在茅屋裡舉行了婚禮。晨光中飄飛的塵埃閃閃發亮，掃羅拿著他那本破舊的皮革封面聖經擔任主婚人。不久後，格蕾絲懷孕了。每晚睡前，夫妻倆一起躺在地上的墊子，向上帝祈禱。他們承諾為國家的進步而努力，祈求上帝能拯救國家脫離黑暗。有一天，他們的孩子能坐在祖父掃羅的膝上，聽他講述那些血腥動亂的故事。他們將難以置信，家鄉曾經如此黑暗。

鮑主席並不介意讓屬下發點小財。多數人跟他一樣艱苦成長，他們都該享受一點奢侈。鮑有祥自己的無名指上閃耀著藍寶石，迷彩服袖管下露出一塊勞力士表。

但到了一九九〇年代末期，鮑主席開始擔心貪婪之心已經失控了。他的軍團師長主持毒品交易，在各自管區對罌粟農民、鴉片運輸商以及海洛因實驗室徵稅。稅收本應該流向整個國家，現在卻聚在指揮官與其親屬身邊。照這樣下去，佤邦聯合軍的領導層將陷入固化精英階層、對大眾痛苦麻木不仁的風險。就跟先前的緬共政治局一樣。

鮑有祥公開譴責那些「忘記如何貢獻社會」的人，以警告指揮官們。他警告，即便是中層官員，許多人只是「名義上的官員，反而更關注商業」。[1] 部分人士將此解釋為，他是隱晦警告那些試圖模仿魏學剛的軍官。魏學剛是有史以來最富有的佤人（佤族混血兒）。但鮑有祥不敢指名道姓譴責魏學剛。

名義上，鮑主席是魏學剛的上司。但正如許多人所調侃的，鮑有祥是國家的「肌肉」，魏學剛則是「頭腦」，兩者缺一不可。頭腦指的是魏學剛的財務才能，而不是他的政治敏銳，雖然兩者的區別相當模糊。身為南佤的統治者，魏學剛不僅是個毒品大亨，也是獨當一面的領袖。一人統治祖居地，另一人統治邊境，兩人很少見面。不難想像魏學剛脫離國家，帶走他那部分領土。或者，整個佤邦聯合軍被魏學剛的財富迷惑，放棄建設國家的雄心壯志，變成純粹的毒品集團，而非管理國家。就鮑有祥看來現在就是這樣，這個國家只是碰巧是大量毒品的生產地。

鮑有祥知道他需要重新平衡經濟，脫離海洛因的影響。掃羅多年前的診斷仍舊是真理。沒有外來協助，佤族永遠無法「打破鴉片的枷鎖」。儘管鮑有祥不在乎外國人對佤族的想法，但他需要吸引援助跟投資，實現收入來源的多樣化。這意味著要洗刷佤邦的汙名。

主席在首都附近劃出一塊土地作為實驗區，大約五百平方英哩，約當洛杉磯的大小。他說，倘若聯合國的禁毒機構願意，可以以他們覺得合適的方式，改善這處發展特區。[2] 佤邦聯合軍將摧毀一些罌粟農園，作為回報。聯合國援助專家於一九九八年抵達。這項計畫稱為佤邦替代發展計畫（Wa Alternative Development Project），他們展開行動，包括治療痲瘋病患者、教導農民灌溉技術，並為成千上萬的佤族兒童接種疫苗。跟掃羅的夢想——價值五千萬美元的盛大計畫，在一夜之間扶植起一個福利國家——比起來，這是個微不足道的行動。這項聯合國計畫的年度預算約為五十萬美元。[3]

但這是個開始。鮑有祥相信經由聯合國，而非不可靠的美國人，這些外援可以在佤邦脫離海洛因的過程中，支撐佤族的經濟。他甚至說服緬甸軍政府讓這項實驗繼續下去。當時，第一書記欽紐再度搖著「改革」的希望，分散西方對緬甸極權苦難的注意力，同時獨裁者也希望聯合國可以站在他這一邊。

從一開始，鮑有祥就很清楚，單靠外援永遠無法取代毒品收入。佤邦聯合軍必須建立自己的農業及工業部門，來實現自給自足，同時出口將朝向中國快速增長的經濟。主要是指礦業（主要是錫礦）以及採收橡膠，這都是中國工廠高度需求的商品。橡膠樹跟罌粟一樣，適應低溫及高海拔的環境。佤邦還將開設酒類及香菸工廠，為中國消費市場生產商品。到了一九九〇年代末期，中國消費市場正蓬勃發展。

即便佤人之間，對於主席打算全面禁止罌粟跟海洛因生產的想法，也存在著疑慮。因此鮑有祥以他的豪言壯語，試圖消除所有疑慮。他開始告訴所有人，如果二〇〇五年後，佤族土地上還長著罌粟，他會邀請「國際社會」來「砍下我的頭」。

此一聲明引來緝毒局的嘲笑，但佤族大眾意識到他是認真的。兩個世紀過去，他們終於要永遠放棄罌粟。這個消息在整個山區流傳開來，從首都到偏遠城鎮，甚至是遠離人煙的酷寒高山村莊。從帶米給他的朋友那裡，掃羅得知了鮑有祥的聲明。他們將此當作好消息。他也同意。

掃羅的夢想在一九九三年被宣告死亡、解體與埋葬，此刻正重新活化，浮上表面，儘管形式上孱弱許多。鮑有祥的計畫相當不同，步調較緩，跟中國經濟糾纏在一起，更缺乏掃羅的浸信會狂熱。不會有一波美國醫生、教師跟地質學家降臨佤邦，只有少數聯合國工作人員，受到密切監控，在微薄的預算下運作。然而，沒人能否認，儘管掃羅現在是遭到社會輕賤的賤民，但他確實是這個想法的始祖。

當掃羅問了**那個**必然的問題——佤邦聯合軍要怎麼處理魏學剛？朋友的表情軟化，手也不安起來。

關於**那個**。顯然，鮑有祥極力避免內部分裂，不知如何讓這位毒梟願意加入銷毀罌粟的計畫。就掃羅看來，這令人困惑的醜陋事實，已經腐化了他夢想的精神，令其面目全非。

掃羅並非唯一感到困惑的人。這說不通，甚至相當詭異。為什麼東南亞首屈一指的海洛因頭子會支持全面剷除佤族罌粟，這可是維持他的帝國的原物料呢？但魏學剛有他的理由。事實上，他非常想要的，是只有鮑有祥才能提供的東西。

人。

他從南佤清除掉許多本地村民（像楊達之類的撣族村民）之後，魏學剛需要馴良子民來填補他的領地。魏學剛向鮑有祥提出一項完美的交易，他建議跟鮑有祥互助合作。由於鮑主席即將奪走許多佤人的生計，不讓他們種植罌粟；聯合國也沒辦法讓所有人衣食溫飽；鮑有祥更無法在全新工廠裡僱用每個高地人。那就把他們送給我吧，魏學剛說。我會在邊境用上他們。

他們稱之為「南遷計畫」，這是東南亞現代歷史上最雄心勃勃的社會工程之一。[4] 佤邦聯合軍將聚集四分之一以上的佤人，總共十二萬人，讓他們移居到泰緬邊境的魏學剛領土上。每個選擇移居的高地人，都被告知要表現出感激之情。佤邦聯合軍軍官告訴他們，南佤是個天堂，不用在中國邊界上顫抖。你們將在綠草如茵、稻苗豐美的山谷中展開新生活。去養豬，快樂生活，忘記你出生的那些蕭條村莊。前往南佤的交通是免費的，強迫大家都得搭。

大多數移民發生在一九九九至二〇〇一年間。沿著中國的邊界上，佤邦聯合軍的排伍會在日出時分進入佤族聚落，吹哨子叫醒每個人。他們大喊，三十分鐘內撤離，不要帶任何東西。軍隊將成千上萬罌粟農民聚集起來，驅趕他們走向最近可以通車的道路。這經常是一段長達數天的跋涉。

一名當時四十多歲的罌粟農民回憶道：「我們走了五天後，聽到遠方傳來聲音，聽起來像是強風的聲音。妻子女兒問我那聲音是什麼。但我也不知道。」[5] 當村民轉過拐角，他們看見一輛六輪貨車，怠速停在泥濘斜坡上。他們知道有機動車輛這種東西，但從沒聽過大引擎的轟鳴聲。士兵們將村民塞進卡車的無頂車斗，塞得如此之緊，使他們的四肢被擠壓在一起。卡車向前猛衝時，乘客陷入驚恐哭泣，嘔吐物很快在他們的赤腳邊累積。士兵把車停下來，走下車，在人類貨物頭上拉起一塊塑膠帆布，就像在鸚鵡籠上蓋布，讓鳥安靜下來一樣。前方還有將近兩百英哩彎路。「我覺得像是在地獄裡受盡懲罰，」罌粟農民說：「我祈禱來世永遠不要再坐車。我寧願死，也不想再受這麼多苦。」

就這樣，成千上萬佤族農民成了不情願的拓荒者。卡車把他們倒在南佤已無人口的村莊。這裡的景觀確實較為溫和，可比擬為從洛磯山脈遷到阿帕拉契山脈。佤族移民安頓在空蕩蕩的撣族房屋裡，這些房屋建在高腳上，已經備有烹飪鍋具跟睡墊，彷彿先前居民憑空消失了一般。比較晚來的人，發現每棟撣族房子都被占據了，就砍樹，蓋起佤族風格的房屋，一種形狀像橡實殼的無窗建築。這種房子非常適合海拔六千英呎的山頂。但在南佤的兩千英呎高度，它們就成了困住熱氣跟蚊蟲的蒸氣室。[6]成千上萬的佤族移民死於瘧疾，這種疾病在故鄉相當罕見，因為那裡的氣候對蚊子來說太冷了。

隨著移民不斷湧入，魏學剛將他們分配給信任的副指揮官，每個人負責管理南佤五千平方英哩土地的不同區域。為了讓新來者適應，魏學剛的副官發放福利包，有稻米、農具，以及佤邦聯合軍制服、軍靴及突擊步槍，給戰鬥年齡的佤人（包括進入青春期的男孩與女孩）。

手中握有馴良人民，加上佤邦聯合軍兩萬大軍中的四千人，魏學剛的權力來到前所未有的高度。但隨之而來的卻是他不想要的注意力。他的責任愈發沉重，他是南佤的統治者、領地武裝部隊的指揮官，也是全國的財政首長。他喜歡規劃邊境發展的策略，卻對政治中固有的交際感到厭惡。為了避免跟大批陌生人（及其細菌）聚在一起，他過著吸血鬼般的生活作息，他更喜歡徹夜工作，日出時才入睡。面對面的會議通常會委派給兩名兄弟，他們是這塊領地實際上的副統治者。

至於公開聚會，魏學剛最多是偶爾對佤邦聯合軍軍官進行閉門演講，只不過這類會議也不常見，而且禁止拍照。身為美國緝毒局追緝的對象，仍然面臨泰國的死刑，魏學剛痛恨任何人給他拍照。

不過，有個關乎存在的問題籠罩著未知，這正需要魏學剛出面回答。倘若飽有祥的無罌粟承諾果然成真，幾年內佤邦鴉片的供應將會枯竭，如此一來，魏學剛的中國白粉精煉廠的原料將會耗盡。魏學剛真的願意放棄由一塊塊海洛因磚塊，費力打造的毒品生產巨擘嗎？若是這樣，他要如何繼續他支撐佤邦財務的首要責任呢？

為了澄清問題，魏學剛召集死忠支持者，在他的南佤總部，進行了一次罕見的演說。南佤總部是樸實無華的一層樓建築物，漆成骨白色。然而也許在這些佤族軍官裡，有人不是那麼忠誠，因為有人用錄音機錄下了這場演說，在幾年後交給了緝毒局。這段錄音讓我們得以一瞥魏學剛的政治手腕。

就像執行長召開年度股東大會一樣，他以積極的態度開場：「我們已經打敗了所有敵人」，現在要轉向建設國家，這項任務將「以嶄新的方式帶來挑戰」。壞習慣必須放下。太多士兵飲酒過量，賭博猖獗。不良紀律威脅到我們的效率。他說，佤人不只是生來戰鬥，我們南部地區必須養老送終、教育孩子。但魏學剛只是輕描淡寫提到這些公共服務，像是順帶一提企業的社會責任一般，接著就轉向壓倒一切的話題。

「你們都聽說了佤邦聯合軍將退出鴉片貿易。我知道你們在想什麼。有時我們制定一些規則，並沒打算要執行。但這一次，我們是很認真的。」佤邦將禁止鴉片，他說。不是明天，不是一年後，是很快就會發生。「我們的收入將會下降。」但魏學剛向追隨者保證，如果他們耐心等待，美好時光將會回來。他說，跟我一起，並暗示他們將會有新的收入來源，其中之一充滿了潛力。魏學剛未提供具體細節，只要求屬下的信任。這段簡短直接的演講，以此神秘訊息告終。

南佤的高級軍官，亦即獲得允許看見他面孔的精英部隊，在魚貫離開房間時仍舊沒有得到確切答案。多數南佤士兵仍不知道魏學剛的模樣，只知道他長得像中國人，從不穿佤邦聯合軍制服。吸引他們的，是個影子。

時至今日，公開領域裡只有兩張魏學剛的照片。其中一張是一九八八年緝毒局拍下的嫌犯照，魏學剛面露怒容；另一張來源不明，也是在那個時期拍的，他的眼神低垂。其實還有一些其他照片，我就見過不少。一位自稱跟魏學剛「交情甚篤」的前緬甸情報上校，曾展示一張毒梟的個人照，就是在這種執行長風格的演講場合所拍攝，顯然是在被攝者不知情的情況下所擷取的快照。照片裡，五十多歲的魏學剛看起來仍像個少年，皮膚白皙沒有皺紋，黑色瀏海前梳齊剪，身著白色馬球衫，塞進綠色高腰褲裡，看起來更像個保險精算師，而非毒梟。

見過魏學剛的人都說他通常沉默寡言，除非話題轉向生意；他也從來不笑。但在我看過的一張照片裡，魏學剛露出牙齒頑皮微笑，彷彿是在他竊笑時按下快門。現在回想起來，這位毒品大亨確實有理由微笑。當時，他正在制定一項完美的企業戰略，倘若執行得恰到好處，將給佤邦聯合軍帶來難以想像的利潤，並在亞洲毒品貿易掀起一場革命。這一切都不需動到一朵罌粟莢。

魏學剛正準備將他的毒品生產機器，從海洛因轉向甲基安非他命。倘若他的算計是正確的，這項轉變將讓緝毒局幹員無法將他拖離佤邦邊境，無論是死是活。

香草口味速效丸

二〇〇一年末。

南遷計畫幾近完成。南佤進入快速發展，魏學剛在南佤實際首都勐阮（Mong Yawn）的山頂建築群進行統治。勐阮是個快速打造起來、重兵把守的區域，布滿電纜跟電話線。美國緝毒局密切關注著魏學剛的舉動，這項繁瑣任務主要由約翰・惠倫（John Whalen）幹員負責。他位於勐阮西南方三百英哩以外的緬甸仰光美國大使館，距離魏學剛相當遙遠。

惠倫有一份關於魏學剛的檔案。這份檔案年復一年記錄著毒梟的成就，愈來愈厚。「我們關於魏學剛的檔案可以追溯到很久以前，」他說：「他是個很聰明的人。精明的商人。內心深處，他是個機會主義者。當然也是倖存者。」

惠倫在緝毒局緬甸站已經進入第五個年頭。在這個人員流動迅速、動盪不安的前哨站裡，他是任期最久的一位。他年輕時是海軍陸戰隊上尉，後來加入緝毒局，一九九〇年代期間追捕洛杉磯的亞洲街頭幫派，立下汗馬功勞。加州毒販兜售中國白粉，因此惠倫來到緬甸，希望自源頭打擊從亞洲到美國的海洛因管道。

他在美國大使館的第一週，進入那個充滿黴味的三樓辦公室，惠倫打開迪堡保險箱，瞪大眼睛，就跟快十年前的薩拉迪諾一樣，不敢置信。「裡面有一把ＡＫ－４７。中國製。老式型號，但有個漂亮木槍托。沒人能告訴我它是從哪來的。」這把武器暗示著緬甸有極端行動的可能性，但適應這份工作後，惠倫就意識到這裡實際上更偏好照步來的耐心方式。

「你不會每天在緬甸追捕罪犯，給他們上銬。」這裡不像哥倫比亞或墨西哥，那裡的緝毒局幹員會跟**該國聯邦警力**一起破門而入。但在緬甸，國務院不允許這麼做，坦白說，軍政府也不准。軍政權試圖通過緝毒局來緩和對美關係並未成功。白宮以侵犯人權為由，於一九九七年禁止所有新的美國投資進入緬甸；少數幾個在緬甸生產的美國品牌，例如百事可樂、Levi's服飾及安海斯－布希啤酒釀造公司（Anheuser-Busch）全都撤出。到了二十一世紀初，人權倡議人士在米奇．麥康奈爾議員領導的國會小組幫助下，成功地把**緬甸**（Burma）變成專制政權的代名詞。

因為惠倫的持續努力跟幽默感，即便兩國政府關係緊張，他仍舊能跟政權的對口官員建立良好關係。跟他的前任一樣，他也跟KT建立起密切關係；後者已經從上校晉升到將軍。但緬甸人不讓惠倫涉入暴力行動，例如突襲毒販的藏匿處。「在緬甸，」惠倫說：「你只能收集資訊，希望能在某個時機點逮捕罪犯。如果你運氣好的話。」

這是份緩慢的工作，並不適合想要成為藍波的人。但惠倫不介意。追求刺激的時光已經過去，他樂於收集情報、跟消息來源合作，慢慢解開躲在魏學剛運作背後的走私者、武裝集團及神秘投資者網絡。追蹤思維敏捷的毒梟，需要思考縝密的策略。

魏學剛的行蹤並非祕密。緝毒局擁有的衛星影像，顯示出他休憩的山頂白牆建築群，大約在泰國清邁府湄艾縣（Mae Ai）以北約十英哩處。有時候，惠倫一時玩心大起，就會去找緬甸的禁毒局同行，提議合作去逮捕魏學剛。

「抱歉，約翰。我們不知道魏學剛在哪。」

「我會說：『真的嗎？我這裡有座標。』」惠倫知道他們會尷尬不安。政權不想跟魏學剛或佤邦聯合軍這個強大的反叛政權起衝突。

在惠倫的領導下，緝毒局緬甸站——在薩拉迪諾跟霍恩事件之後被視為受到詛咒——終於擺脫了混亂的名聲。身為優秀的前海軍陸戰隊員，惠倫不會違背體系。他跟國務院保持溝通。至於中情局，他們的合作關係雖然緊張但還算可以控制。中情局不斷試圖要將惠倫最好的聯繫窗口KT變成他們的「幹員」。這是間諜界的用語，指的是出賣自己政府祕密的線人。在世界各地的美國大使館裡，這經常是緝毒局跟中情局摩擦的根源：間諜搶奪緝毒局幹員的窗口，搞亂他們的關係。但惠倫不喜歡鬧事，避免跟中情局公開衝突。

事情涉及佤邦的時候，惠倫跟中情局多半志同道合，這要歸功於緝毒局總部的政策轉變。緝毒局高層已經放棄跟佤邦聯合軍合作的希望，現在就將之視為純粹的毒品集團，而非慈善對象。惠倫跟他的上級希望將魏學剛關進水泥牢房，中情局也是如此。

中情局尋求顛覆魏學剛有其動機。儘管魏學剛在中情局相關的無線電基地度過成長歲月，但他深深憎恨美國。建立南佤時，他將親中的佤邦聯合軍毒品軍隊帶到泰國的門口，而泰國是美國在亞洲歷史最悠久的盟友之一。幾十年來，中情局官員一直努力防止這種情況發生。一名當時活躍於東南亞的前中情局官員對我說：「魏學剛跟他的兄弟都是目標，而且是大目標。我們雖然還沒有致命的發現，但我們希望能結束他們的生意」，從而讓佤邦聯合軍垮台。

緝毒局總部也追求同樣的結果。他們對佤邦聯合軍跟所有其他毒品軍隊的看法，都受到九一一攻擊事件的影響，這起事件令整個美國政府陷入一種好戰情緒。在美國官員之間，把一切重新包裝成恐怖威脅，包含毒品集團在內，成為一種風尚。甚至在曼哈頓的斷垣殘瓦收拾起來之前，小布希總統的緝毒局局長阿薩．哈金森（Asa Hutchinson）就在國會上公開譴責「毒品恐怖主義」的威脅。他譴責佤人、走私古柯鹼的祕魯左派份子及收取鴉片稅的塔利班。[1] 緝毒局局長說，佤人是個「暴力部落團體」必須被制止。魏學剛跟其他被點名的「毒梟」，例如在墨西哥的提華納（Tijuana）及華雷茲（Juarez）經營毒品集團的頭目，都被視為對「所有美國人的安全與自由」造成威脅。

由於中情局在中東已經分身乏術，也許正是因此，比起其他官員，惠倫在讓魏學剛退出這一行這看似不可能的任務上，被賦予重責大任。以魏學剛的才智，絕對不會離開佤邦，因此除非美國想要入侵（美國並沒有這個打算），惠倫說：「機會看起來幾乎是零。」儘管如此，他仍舊持續收集事實，加入魏學剛的檔案裡，試圖尋找一個突破口。

他的情報暗示，過度偏執侵蝕了魏學剛的心靈。他擔心美國衛星會追蹤他的一舉一動，因此他經常穿著一件厚外套，拉起領子遮住臉。甚至坐在室內沙發上觀看好萊塢DVD時也是如此，這還是他喜歡的消遣呢。他學會烹飪，如此一來就沒有叛徒能在他的飯菜裡下毒。他不信任任何人；這種病態讓他無法跟其他領導人形成親近友誼，特別是鮑有祥主席。根據惠倫的分析，主席跟財政首長困在一樁冷酷的權宜婚姻裡。

也許他可以找到方法，在這兩人之間製造裂痕。

幾乎跟所有其他西方緝毒局幹員一樣，惠倫最初對鮑有祥要清除佤邦罌粟的誓言一笑置之。但到了二十一世紀初，所有情報都顯示，佤邦領導人正盡全力實現這項承諾。如他所言，鮑有祥派出佤邦聯合軍小隊去砍倒罌粟。月復一月，這些罌粟田正在消失，速度飛快。

將鴉片製成白粉的許多實驗室也面臨相同命運。無論在中國還是泰國邊界上，典型的佤邦鴉片精煉廠基本上就是一個大木倉，裡面堆滿金屬桶、成袋的石灰及木炭、醋味濃重的乙酸酐，還有膠質濃厚的鴉片膏。看來正適合山羊在角落裡睡上一覺。但隨著老式海洛因實驗室關閉，魏學剛用另一種不同風格的實驗室取而代之。

他的新設施更加堅固，由水泥建造。內部是閃耀著工業光澤的嶄新設備。每一座都有不鏽鋼槽，上面「長出」像烏賊腳的管道。不鏽鋼槽透過橡膠管連接到排球大小的玻璃缸。裡面還備有桶裝氰化鈉（一種強效殺蟲劑）及鹽酸，這是從汽車電池到製造番茄醬都會用到的溶劑。然而，這些新實驗室最重要的原料是偽麻黃鹼。

幾滴「偽麻黃鹼」可以幫你暢通鼻塞。中國的製藥業正在成長中，故魏學剛將這種化學品裝在五十五加侖的塑膠桶中，從中國走私出來。然後，他從台灣跟香港僱來奇才化學家，他們收到的指示是：大量合成甲基安非他命。「明顯的，這就是魏學剛的策略，」惠倫告訴我：「讓佤邦聯合軍放棄罌粟種植，當然行。但是他全面改用冰毒取而代之。他從不打算退出毒品生意。」

當時，冰毒在東南亞還算罕見，就算不怎樣的毒品大亨也能輕易淹沒市場，大舉獲利。冰毒有其吸引力，吸食者會進入一種持續數小時的閃亮幻覺，認為自己對宇宙至關重要。但是魏學剛有更宏大的願景。根據他的指示，化學家產出冰毒，然後將玻璃般的碎片研磨成粉末，用這個主成分製作加值產品：速效丸（speed pills）。

這並不是全新的想法，一九五〇年代開始，兩名美國人創立的製藥巨頭惠康製藥公司（Burroughs Wellcome）就在世界各地出售安非他命藥丸，包括泰國。該公司的商標是一頭獨角獸，每粒安非他命片上都印有這個標誌。泰國人將獨角獸誤認為一匹馬，就將這些藥劑稱為「yama」，馬藥丸。幾十年來，這些藥丸在泰國藥房裡就跟止咳錠一樣自由販售。直到一九七〇年代，美國緝毒局將反毒政策帶進泰國，要求泰國將安非他命列為非法藥物。

這項禁令並未奏效，地下企業家補上這片空白，在曼谷的廚房裡仿造馬藥丸。從一九八〇到一九九〇年代中期，非法製造的馬藥丸在泰國後巷裡販售，競爭熟客的黑幫會在自家藥丸壓上符號。有些選擇阿拉伯數字「9」，這在泰國是個吉祥的數字；有些選擇了莊嚴的泰文字母「ฬ」，或外觀近似的英文字母「W」。這種藥物在工人階級大受歡迎，包含卡車司機跟碼頭工人，而非賣給學生或上班族。

一九九〇年代末起，魏學剛開始生產自己的特殊速效丸。他仿效「馬藥丸」的概念並加以改進。就像蘋果公司拿既有的智慧型手機，創造出更高等級的一代，魏學剛也推出一種增強型的藥丸。就像 iPhone 改變了所有人的溝通方式，這種藥丸也將改變亞洲人爽翻天的方式。

魏學剛在他的藥丸裡加入冰毒，製成一種比安非他命更強效的毒品。他的化學家將藥丸染成亮粉紅色、加入化學香料，聞起來就像奧利奧（Oreo）餅乾夾層裡的香草奶油餡。每顆速效丸約有二〇％的冰毒，還加入大量咖啡因。由於用了更強力的黏合劑，這藥丸還可以抵擋火焰。傳統的馬藥丸若暴露在火焰下，立刻燒成黑色焦炭；魏學剛的藥丸則會緩緩融化。顧客可以一口將吞下，若想要更炫的高潮，就加熱吸食。從香煙包裝拆下錫箔紙，放上一顆粉紅色藥丸，用打火機在錫箔紙下加熱，粉紅藥丸冒起一縷白煙時，快用吸管吸入那縷縷煙霧，陣陣狂喜比起從胃裡吸收的魔法更嗨。

這可不是普通的馬藥丸，泰國的老牌 ya-ma 製造商無法與之競爭。他們的產品不僅效果比較弱，還必須在臨時廚房裡緊張趕工，小量產出，在泰國警方敲門時，又匆促逃離。魏學剛沒有這種限制。身為南佤的統治者，他可以肆意開設冰毒實驗室，並全天候運作。他的藥丸上印有「WY」字樣，好跟其他熱門的W藥丸有所區別。在地下世界跟企業界不同，版權保護在此並不適用。

魏學剛預測他的藥丸可以彌補失去的海洛因收入，甚至會帶來更多利潤。鮑有祥跟佤邦聯合軍中央委員會成員也被他說服。他們似乎不認為這具新的利潤引擎，會破壞即將實現的消除所有罌粟的成就，或者危及他們應得的國際認同。多數人視冰毒藥丸為小罪惡，覺得不過是比紅牛壞一點的替代品罷了。畢竟，在一世代之前，美國不是也有間企業在出售「警覺」（alertness）藥丸嗎？一九九八年，魏學剛開始推出他的產品時，佤邦聯合軍絲毫不以為意，佤邦政府甚至在一份政府文件上，大方地列出九十六萬美元基於冰毒的收入。[2]他們認為馬藥丸根本沒什麼好藏，至少一開始是這樣認為的。

魏學剛是個開拓者，在他完全轉向合成毒品時，主要的墨西哥販毒集團還專注於植物性毒品，古柯鹼、海洛因跟大麻。改用百分之百化學製品帶來非凡好處，魏學剛不再需要仰賴數十萬農民或憂心天氣。寒冷嚴冬可能會讓罌粟植株失去活力，減少鴉片汁液產量；但冰毒實驗室不受大自然情緒變化的影響。

它們還很難從太空中探測，過去中情局利用衛星監視佤邦的罌粟田，估算可能的鴉片產量。但是從空中看下去，冰毒實驗室看起來就像一般汽車車庫或倉庫。換句話說，魏學剛戳瞎了美國政府的眼睛。如果這項策略順其心意推行，美國甚至可能完全對他失去興趣，因為他的新產品不以美國人為對象，鎖定的消費群是東南亞人。

從流亡者跟坤沙的時代以來，金三角的毒梟持續將海洛因賣給跨越全球的華人販毒網絡，這些集團又將毒品走私到利潤最高的國家，通常是美國，一個貪婪的毒品消費國。儘管將毒品藏在向東航行八千英哩的貨船上，在物流上挺費勁，但走私者別無選擇。[3]多數情況下，東南亞人沒有那麼多錢經常找爽。

到了二十一世紀初，情況開始改變。東南亞經濟正在飆升，農村小屋人去樓空，以前的村民現在想要在城裡找個薪水工作。工人開計程車、打掃購物中心地板、建造公寓或在福特汽車工廠扭緊鉚釘。他們也將鮪魚跟鳳梨裝罐，填滿美國超市貨架；他們替外國腳縫製Nike運動鞋；他們手上終於有些現金可以娛樂了。他們的工作單調無趣，但是沒什麼比冰毒更能讓乏味變得有趣。來顆速效丸，重複動作也能帶來愉悅，而非無聊。

對亞洲現代勞動力來說，這是種完美的毒品。海洛因帶來的豐潤慵懶已無吸引力，勞工想要香草口味的速效丸，二美元或三美元就有一顆。吸一顆，能連上兩班，領取額外工資，再買更多藥丸。重度使用者可能會因為睡眠不足產生心理問題，但不像海洛因或其他鴉片類藥物。ya-ma 藥丸即便會擾亂消費者的生活，卻很少奪走他們的命。光是在泰國，就有夠多的潛在冰毒藥丸買家（人口：七千萬），足以填滿佤邦的財庫。越南、孟加拉跟馬來西亞等新興經濟體看起來時機也成熟了。東南亞地區有五億多人口，人數還在成長，因此對魏學剛來說，美國的消費者不再那麼重要。

他的粉紅藥丸確實帶來風起雲湧的成功。速效丸成了工廠流水線的支柱，接著在夜店跟大學宿舍裡流行起來。慌張的泰國官員想要嚇唬人民，給藥丸一個新稱呼，從 ya-ma 改成 ya-ba：瘋狂藥丸。諷刺的是，冰毒使用者卻拿這個新名稱衝去找藥頭，想要直接購買「瘋狂藥丸」。ya-ba 成了佤邦聯合軍的北極星，無限的希望被塞進一小片藥丸裡，小小一片跟嬰兒阿司匹林差不多大。就佤邦的領袖來看，美國人應該讚許他們才對，紐約市的上癮者再也不會因為他們的中國白粉而倒下，那個產品已經停產了。

跟美國市場脫鉤也帶來國家安全上的潛在好處。如果沒有任何美國公民因為使用佤邦毒品過量而死亡，那麼美國緝毒局幹員要怎麼解釋對佤邦發動攻擊的大筆預算呢？儘管佤邦聯合軍無法控制全球供應鏈，國際販毒集團也不會大量購入 ya-ba 走私到美國。因為美國對速效丸的需求，已經由墨西哥販毒集團跟飛車黨充分滿足。魏學剛的速效丸轉向，甚至會讓美國緝毒局在東南亞的龐大編制帶來質疑：數十名幹員跟分析師，是要保護美國公民免於什麼傷害呢？感謝佤邦聯合軍，通往美國的海洛因管道正在關閉。

雖然如此，魏學剛仍舊面臨未了的緝毒局指控，但只要他永遠不離開佤邦，他就可能是安全的。像惠倫這樣的單一幹員可能在佤邦四周徘徊，但要突破佤邦聯合軍的保護殼，卻有相當難度。對這位霸主的威脅必須來自內部，但魏學剛已經證明了，他可以壓制任何膽敢危害他崛起帝國的佤人。

當魏學剛繼續在泰緬邊界設立瘋狂藥丸的工廠時，春天第一道溫暖氣息吹過北方的佤族高地。邦桑四周結霜的松樹枝開始不住滴水，經過這麼長的時間，掃羅首度有些盼望。那是二〇〇一年，他的煉獄即將結束。鮑有祥主席親口宣布，相信五年多的貧困已足以擊倒任何人的自尊，掃羅也不例外。現在這位前領導人可以重新加入社會，他這一次是以平民身分獲得自由，條件是他不再尋求地位或權力。掃羅向主席保證：「鮑，我已經放棄那些了。我的心臟不再強壯，我還得了糖尿病。我唯一的夢想是在新鮮的空氣中種田，像個普通農民一樣度過餘生。」

重獲自由的第一週，掃羅找了高層的老朋友，幫自己弄到一片農地。邦桑位於盆地中，四周圍繞的山丘比佤地多數區域來得蒼翠許多。掃羅想建立一處可俯瞰首都的農場。為了讓這位前領導人重新站起來，政府配給他一塊郊區土地。這片土地沒人碰過，因為它鄰近佤邦聯合軍處決埋葬罪犯的荒丘。

掃羅並不在意。那邊的土壤還可以，景色也不錯，可以俯瞰下方翠綠的南卡河灣。他不斷向政府聯絡人要求更多現金，讓他能蓋一間水泥農舍，買兩百頭豬，種下一千棵荔枝樹。他們給了這些錢。顯然掃羅的說服力並未衰退。

掃羅建立的農莊，遠比「普通農民」要宏偉許多，但至少他看起來是認真想要務農，打消了可能重新參政的憂慮。沒有人，甚至連同情他的人，都不會想要面對那種頭痛情況。當官員前來查看時，掃羅正在荔枝樹叢中汗流浹背，前臂蒙上一層灰。比較親密的朋友注意到，掃羅透過他那位不切實際的改革家女婿雅各活躍了起來，後者熱切地塑造佤邦未來領導者的思想。不過這點放縱也是可以理解的。從各方跡象來看，地球上最固執的人也被改造了，滿足於平淡的務農生活。

另一個人的不幸經歷，讓掃羅重返文明社會的過程平順許多。鮑有祥愛喝酒的肥胖副手李自如，也是魏學剛在首都最親密的盟友，兩年前中風了。雖然腦袋還算清楚，但身體虛弱，經常得去中國回診。這成了另一名副手崛起的契機：飽有祥的首要政治策士肖明亮（Xiao Min-liang）。肖明亮瘦骨嶙峋，極其聰明，跟掃羅一樣，內心是個極端民族主義者，他認為佤邦聯合軍首要必須為遭到圍困的佤族提供庇護，商業則是次要考量。而且他還是佤邦聯合軍根除罌粟行動的主要窗口。肖明亮認為掃羅是出於善意，只是飛得離太陽太近了點，既然現在掃羅已經擺脫狂熱，讓他了解中央委員會的內部運作，甚至向他尋求一些建議無傷大雅。

那年夏天，掃羅試探了一下綁在他身上繫繩的長度，他請求允許離開首都，為他的高血壓跟低血糖，尋求適當的醫療護理。佤邦領導人常常到鄰近的中國尋求醫療，但這對掃羅來說並不適用，因為中國情報機構將他視為狂熱親美的麻煩製造者，即便短暫越境也可能引起騷動；出於類似原因，也不可能讓他前往緬甸城市。因此當他提出到泰國找個好醫生的想法時，佤邦聯合軍的領導祝他一路平安。

雅各主動提出要陪岳父前往。但掃羅說不用，我需要你在這裡監督農場。雅各覺得這很奇怪，身體狀況不佳的人竟想要獨自進行艱難的旅行。前往泰國的行程，需要搭乘好幾趟皮卡貨車，沿著顛簸土路往南行，然後再徒步非法跨越邊境。當時他的腳已經相當腫脹。「掃羅有他做事的方式。」雅各告訴我：「他的妻女從不質疑，所以我也不會。」

但雅各懷疑他的岳父在密謀些什麼。

雖然掃羅不會向家人承認，但夢想仍在他心中熾熱燃燒，那是他在孤獨的寒冷歲月裡祕密呵護的火花。他堅守著無毒佤國將獲得美國擁抱的純粹夢想。他厭惡願景遭到變形山寨侵蝕，厭惡在魏學剛的支持下用海洛因換速效丸，一種毒品換另一種的廉價戲法。如果佤族領導相信這能改善他們令人厭惡的形象，也未免太會幻想。將來，他的家人可能會理解他要做的事，現在，掃羅只需要抵達清邁。

一段抖到骨頭都要散架的漫長車程之後，掃羅抵達泰國邊境，安然越境。他在路邊攔下一輛計程車，卻不是直接到醫院，而是前往比爾．楊的家。比爾在門口看見的那個人，不是一九九〇年代初期的掃羅。那個掃羅即便在緬甸苦牢關了幾個月，看起來仍舊精神矍鑠。眼前這個掃羅彎腰駝背，眼窩凹陷，因為旅程而疲憊不堪。他們七年沒見了，掃羅說那只是時間暫停。他踢掉拖鞋，走進屋內，向比爾要了根菸。

六十多歲的比爾，幾乎沒有變，仍舊穿著鮮艷的夏威夷衫，仍然機智幽默，喜歡冒險計畫，儘管慢性咳嗽愈加嚴重。比爾確認他仍是緝毒局密探，不在紀錄上，是可以合理否認的那種。掃羅跟比爾用拉祜語聊天，那是他們的共同語言，兩個老朋友交換近況。但談話很快轉趨嚴肅，一個陰謀的雛形浮現。

這無非是一場政變。期望藉此罷黜佤邦聯合軍的領導人，讓佤族文明能與「自由世界」接軌，並將魏學剛送到他該去的地方：監獄。

他們稱之為威士忌阿爾法叛變（Whiskey Alpha rebellion）。

威士忌阿爾法叛變

本世紀截至目前為止，已經產出超過五百億顆瘋狂藥丸，這還是保守估計。瘋狂藥丸成為有史以來最受歡迎的非法產品之一。

這可能是現代最具影響力的毒品創新。[1]古柯鹼、海洛因跟甲基安非他命都是在十九世紀中後期首次合成；這些都是化學上的突破。瘋狂藥丸則是設計上的勝利，它精緻、亮麗、容易品牌化。你無法在海洛因白粉或甲基安非他命的結晶碎片上印上識別標誌，但佤族的藥丸上印有WY，這對亞洲毒品使用者來說，就跟Nike一撇的標誌一樣容易識別。今日，以年度銷售量來說，瘋狂藥丸在全球的銷售量，超過大麥克漢堡跟星巴克咖啡。每顆藥丸售價約為一到五美元，銷售範圍極廣，廣到令政府當局頭疼不已。[2]

瘋狂藥丸已經在東南亞捲起好幾波道德恐慌。第一波約在二〇〇一年襲捲泰國，當時魏學剛在泰緬邊境附近約有一百家冰毒藥丸工廠。他的瘋狂藥丸風靡一時，可能有高達二十分之一的泰國人嘗試過。[3]泰國官員陷入一陣病態恐慌，跟美國立法者在一九八〇年代快克古柯鹼時期面對的情況類似。在他們眼裡，瘋狂藥丸不僅是興奮劑，而是感染國家的病毒，將公民變成興奮的違法亂紀者，甚至是強姦犯跟殺人犯。[4]

泰國軍方將瘋狂藥丸視為「國家最嚴重的安全威脅」，一種來自南佤迷霧山丘的危險。[5]媒體大肆報導「冰毒威脅」或「前獵頭者捍衛緬甸速效丸工廠」，勾勒出舊世界野蠻人掀起新一波合成藥物恐怖攻擊的畫面。

那一年稍早，泰國新上任的總理塔克辛．欽那瓦（Thaksin Shinawatra）宣布，該是採取強硬行動的時刻了。倘若緬甸軍政府不願意摧毀境內的佤族冰毒實驗室，「我們就自己來」。[6]那年春天，泰國在泰緬邊境集結了美製蠍式與黃貂魚式輕戰車，正對著魏學剛的邊境。入侵舞台已經搭起來了，這可能是一九八二年圍攻坤沙撣國以來，針對金三角毒品軍隊最大規模的泰美聯合行動。

然而這一次，美國人並不是很熱中。「我們跟美國的關係變化得很快。」時任泰國緝毒局高層官員的畢泰雅．吉納瓦（Pittaya Jinawat）說：「他們稱瘋狂藥丸是『地方問題』，並未真正傷害美國人。」確實如此。除了極少數寄往亞裔美國人社區的郵件外，瘋狂藥丸並未進入美國。美國緝毒局跟中情局都認為，佤邦聯合軍是個威脅，但正如魏學剛所預測，他們沒辦法拿美國資源，攻擊一個沒有餵養美國人毒癮的組織。

美國只提供泰國幾架黑鷹直升機及二十名綠扁帽隊員，他們無法參加邊境的緝毒行動，更不可能進入嚴格來說屬於緬甸主權領土的南佤，美國特種部隊僅限於指訓練演練。一名泰國情報員告訴我：「我們有些人很失望。拜託，就這樣嗎？在我們為了打擊海洛因做了那麼多之後？美國人基本上的說法是：『你們已經長大了，自己解決吧。』」

於是泰國軍隊縮小野心，他們決定，與其炸毀實驗室，不如在供應鏈下游打擊佤邦聯合軍；一旦佤族毒品運送者越過邊境，就將其消滅。魏學剛的南佤指揮部通常以十人小隊將藥丸運進泰國，八名佤族士兵揹著裝有十萬顆藥丸的背包，隊伍前後都是持槍士兵。「我們收到的指令是，發現他們，就地射殺，」泰國軍隊頂尖緝毒軍團的一名上士說。[7] 我稱他為卓克（Jok）。「見到任何揹著背包在叢林裡行走的人，我們就開火。」卓克說：「我們不是警察，我們不做臥底抓捕。外國人入侵我們國家，我們就開槍。簡單明瞭。」

但實際情況沒這麼簡單。泰國跟南佤之間的邊界是一條延伸一百五十英哩的荊棘地帶。一九七〇年代初期，流亡者統治這片區域時，中情局就描述這段邊境是「理想的走私地帶」，現在仍舊如此。泰國軍隊試圖封鎖每條從南佤通往外界的土路小徑，但佤族士兵在拉祜族偵察兵的助力下，從猖獗綠幕裡砍出新路。邊界不可能完全封鎖。

「我們開始大量依賴機密線人，」卓克上士說。邊境沿線分布著殘破村莊，泰軍在每個村子裡僱用當地人為眼線來抓藥丸走私者。「我們告訴他們：如果看到一群穿著黑靴的人，就打電話給我們。這是明顯的識別，佤族總是穿靴子跟去除臂章的綠制服。」

卓克是一位二十多歲、頂著美人尖的矮壯士兵。對他的部隊來說，「反毒戰爭」可不是好聽話。他們面對訓練有素的敵人，這些敵人會為了保護貨物而開槍，這是一場有腎上腺素跟火藥驗證的真正戰爭。卓克的部隊得趴在蟲鳴震耳的叢林裡過夜，在絨毯般的黑夜包裹下，傾聽橡膠鞋底踩過地面的節奏。他們也因此學會區分人類跟野豬的腳步聲。「大家都知道佤族的名聲，純粹殘暴。但我不信這一套。我們以軍事方式思考：人數、組織、硬體。但我們泰國人比較多，沒人能闖進我國，砍掉我們的頭。」

整個二〇〇一年，泰國查獲破紀錄的九千萬顆瘋狂藥丸，數量足夠讓全國人嗨上一天，還有剩。每次成功的槍戰後，卓克的小隊會從死去的佤族士兵身上剝下背包，在森林中當場檢查戰利品。冰毒藥丸通常被密封在防潮塑膠包裹裡，並以大量棕色膠帶強化固定。卓克上士拿著手電筒，看著中尉用小刀劃開包裹，露出那股甜膩膩的香草味。他們會一起在粉紅藥丸中篩選，尋找偶爾出現的萊姆綠藥片。「魏學剛的組織有個系統，」卓克說：「每一萬顆粉紅藥丸裡會放一顆綠藥丸，讓下線計算起來更容易。六顆綠藥丸表示這批有六萬顆。」

二〇〇二年初，卓克的中尉接到湄艾縣一名機密線人的電話。湄艾是清邁府鄰接南佤的農業縣。村裡的機密線人給了一個確切日期，那天黎明之前佤邦聯合軍的走私客會越境，他肯定佤人會在邊境以南幾百公尺的一處竹棚裡，跟買家見面。中尉要部隊做好準備，他要他們事先抵達，埋伏攔截毒販。這不過是個例行任務。

卓克的小隊全身黑色裝扮，一行八人搭乘皮卡前往目標地點。時近午夜，卓克坐在後車斗，步槍夾在兩腿中間，中尉坐在前座。皮卡艱難爬上坡時，打進一檔。士兵們逐漸背離身後的文明光亮、街燈、電氣化的村莊，頭頂是古老的宇宙。

開車的士兵減速，停車，並保持引擎運轉。他應該把大家放下後離開，待任務結束後再回來。卓克正要從車斗跳下時，視線突然白茫茫一片，是一陣角膜灼熱的致盲閃光。

手榴彈。

在卡車底下爆炸，猛然撐起車架，讓眾人失去聽力。玻璃碎片像雨點一樣灑在卓克的手上。從那一刻起，他的記憶碎成片片。

下個記憶中，他蹲在卡車尾門邊，他的M-16-A1步槍正朝向遠處的竹棚不停開槍。棚裡若有佤人，他們也沒有還擊；投擲手榴彈的人要麼已經逃走，要麼就坐著不動，任由黑暗吞噬他們。卓克的注意力轉向附近的混亂喊叫聲。他的同袍正把中尉從駕駛座拉出來，平放在車斗後方。中尉的臉在黑暗中呈現奶白色。「奇怪的是……他身上沒有血。我們撕開中尉的襯衫，看到一枚小小碎片進入的傷口。傷口很小，只有按壓才會出血。我沒聽到他哼唧或哭泣。無論我們怎麼搖他，他都醒不過來。」

他們將中尉的死歸咎於錯誤的情報。卓克認為泰國的機密線人被佤族收買，把他們小隊引入死亡陷阱。佤邦聯合軍也在泰國村莊裡培養自己的機密線人網絡，用更高的價格收買泰軍的線人。「魏學剛的手下在泰國村莊裡有眼線，他們似乎總是知道我們在哪。每晚，他們就跟教練一樣，指揮毒販避開我們的行動。還能將我們引入埋伏。」

「Khaen-jai」，從泰語直接翻譯，意為「憤怒之心」。「如果你從沒感受過這種想要報復的渴望，很難解釋這種感覺。」卓克說：「他們殺了我們中尉之後，我完全陷入khaen-jai，我就覺得該死的佤族，我要殺光他們。」來自泰軍的壞消息令他更加憤怒。邊境查緝並未奏效，城市裡依然很容易就能發現瘋狂藥丸，街頭價格一百泰銖，約合三美元，幾乎沒變。泰國緝毒局估計，軍警破獲的瘋狂藥丸，不及佤邦流出量的一〇％到一五％。此後，卓克小隊收到指示，不再只是射殺毒販，而是要抓住、反覆審訊他們。將幾個毒販送回南佤，讓他們成為新的線人，希望他們能從魏學剛的系統內部向泰國軍方傳遞一些消息。

卓克上士不情願地服從命令。若有任何佤族在駁火中倖存，他會把他們拖回基地，扔進牢裡逼供。無一例外，他們都跟石頭一樣沉默。「他們什麼都不說。不說名字，不說軍銜，不說部隊編號。這令人非常沮喪。」最終小隊發現，若在牢房裡留下一段繩子，佤族俘虜有時會自縊。

「日內瓦公約只適用於國與國之間的戰爭，」卓克說：「不適用於武裝罪犯。」

「我不喜歡稱讚佤人，」卓克說：「但我會這麼說。泰國人會背叛其他泰國人，尤其是為了錢。但佤族呢？忠誠至死。他們絕不會背叛自己的同胞。」

在這一點上，卓克錯了。

因為在清邁府的另一處，在年邁美國緝毒局幹員的客廳裡，一位叫掃羅的佤族男子正在密謀推翻自己的政府。

就威士忌阿爾法陰謀來說，掃羅雖然很關鍵，卻非主要的規劃者。比爾才是那個人。在他為緝毒局起草的檔案中，稱此方案是為了解決「現任佤族領導層幾乎無力控制的毒品走私情況」，這個情況需要「大膽思考與祕密行動」。

祕密行動是比爾解決世上許多問題的答案。即便到了滿面風霜的中年，他仍然熱愛一場好冒險，就像間諜小說中的那種故事。這很容易理解。年輕時擔任中情局幹員，他策劃過瘋狂的計畫——派遣原住民線人進入中國製造混亂——這些計畫還確實成功了。對普通人來說聽來神奇的陰謀，對比爾而言，只要有足夠的勇氣、聰明才智跟M-16步槍，完全可能實現。儘管他在一九六〇年代後期跟中情局苦澀分手，然而比爾的運作思維仍然偏向老派中情局思維，而威士忌阿爾法行動，正逐漸成為這類型的經典案例。

簡單來說，這計畫就是支持一群異議人士，將他們送進敵國推翻領袖，期待敵人的武力跟人民會為了解放而歡呼，或至少服從。感謝流亡者，這種方法曾在中國（一九五一年，失敗）出現過，接著在伊朗（一九五三年，成功）、瓜地馬拉（一九五四年，成功）、印尼（一九五八年，失敗）、古巴（一九六一年，失敗）、南越（一九六三年，成功）等地出現過。威士忌阿爾法行動將沿用這老舊的劇本。比爾跟掃羅合謀，計劃組建一支佤族突擊隊，奪取佤邦政權，發動政變。

比爾向他的雇主提出一項方案；不過比爾並非緝毒局的正式員工，更像個影子幹員。他們付給他機密線人的報酬，彷彿他只是另一名有代號的匿名線人，但比爾不只是如此。除了少數例外，派駐東南亞的緝毒局幹員大多只是長期過客，大約工作四年後，會轉往提華納、底特律等地。但比爾不一樣，他在緬甸山區由傳教士家族養大，他是金三角的在地人，一個說著不為人知語言的神諭者，包含撣語、拉祜語、寮語跟多種泰語方言。比爾自成一個單人情報局，在叛軍跟走私者之間都有線人。邊境部落政治讓大多數幹員感到困惑，但比爾能把這些謎團轉化成清楚的美式英語，塑造緝毒局對緬甸少數民族的看法。

以佤族為例。比爾會說，他們並非**全都是**壞人。有些人，例如掃羅，對部落的「世界混蛋」名聲深感厭倦，他們值得美國支持。比爾認為，深具遠見的創始人趙尼來一九九五年中風之前，佤邦聯合軍還是走在正道上。自從鮑有祥接任領導人之後，比爾說，佤邦政府成了「中國主導的獨裁政權」，並由魏學剛的「龐大商業帝國」所驅動。比爾說，佤族人民渴望的是，在國際（即西方）原則下統治的佤族領導人。

因此，為了摧毀亞洲最大的毒品集團，同時結束美國盟友泰國的冰毒惡夢，比爾建議美國祕密支持佤族異議人士，推翻現任佤邦聯合軍領導層。根據比爾的計畫，鮑有祥將不會受到傷害。這是出自掃羅的影響；他認為鮑有祥受人誤導，但內心仍是善良的。至於魏學剛，如果這位毒梟沒有「提前逃走」，他就會被抓起來，引渡到美國去。這個結果將「在世人眼中洗脫佤族的汙名」。

確定威士忌阿爾法行動師出有名後，比爾便開始著手行動。他需要一支能夠執行這次政變的武力，是時候重振掃羅那早已解散的軍閥聯盟了，這個聯盟曾在一九六〇年代末及一九七〇年代初短暫統治過佤山。目標是讓這些年邁的前軍閥，成立一個忠於「自由世界」的統治委員會。這意味著要將這個國家拉出中國的影響範圍，並脫離毒品交易。

然而不是所有前軍閥都能參與這個陰謀。造物者無法參加，掃羅說他年紀太大了，同時他在佤地某處荒野，忙著跟七個妻子及無數孩子經營一個偏遠教派。他不行。那沙赫呢？他也許有可能。沙赫現在六十多歲，已經在他的出生地，亦即佤邦聯合軍統治的佤族祖居地退隱江湖。

由於沙赫年事已高，即便他曾對國家有貢獻，但在佤族社會中已多為人所忽視。畢竟，一九七〇年代初期，軍閥聯盟被共產黨擊敗之後，正是沙赫首先率領佤族戰士南下到泰緬邊境。他的武裝隊伍——佤民族軍——在那裡建立了第一個佤族據點。魏學剛在一九八〇年代中期就是加入這支傭兵團，管理財務，並以海洛因利潤收買戰士忠誠，排擠了沙赫。接著在一九八九年，魏學剛成為甫成立的佤邦財政首長。他說服當時的趙尼來主席，將佤民族軍的地盤納入佤邦，將這幫人變成佤邦聯合軍的一個師。此後，沙赫遭到排擠，無人問津。他完全有理由感到不滿。況且，倘若沒有沙赫，就不會有南佤。

也許他藏怒宿怨。若是如此，威士忌阿爾法叛亂將提供一個復仇的機會。儘管他的身體不再健壯，沙赫仍然可以提供戰場上的專業知識，甚至可能從前部屬裡召集一些老游擊隊員（考慮到年紀增長，也許更可能是老游擊隊員之子）。

掃羅同意聯絡沙赫。至於他自己在政變中的角色？他將充當內應。以他在首都的有利位置，繼續假裝對佤邦聯合軍內部運作的無害興趣，同時不斷尋找可利用的弱點。與此同時，他也會開始祕密招募佤族跟拉祜族的基督徒加入計畫，成為戰鬥人員。為了這場叛亂，他們將盡可能招募更多人力。

最後，還有麻哈散土司，他是唯一還能自稱為軍閥的軍閥聯盟老兵。他是整場策劃的關鍵，無論是好是壞。

五十多歲的麻哈散，棲身在一處緬甸原始營地，像藤壺一樣依附在泰國邊境。這個營地由木柵欄包圍，是很久以前流亡者造來當作鴉片馬幫的中繼站。流亡者後來放棄這處營地，麻哈散便帶著他假王室底下的幾百位佤族臣民搬了進來。

麻哈散在一九六〇年代末加入軍閥聯盟，藉以保護他的家族地盤不遭共產黨接管。他的家族是佤山上最富有的一群，傲慢兇猛，手腕上的鐲子閃閃發光，銀堡地盤裝點著人類頭骨。然而共產黨人擊敗聯盟後，麻哈散就跟沙赫一樣，帶著追隨者逃亡。沿路尋找藏身之所時，他們在泰緬邊境廢棄的流亡者營地裡避難。將近三十年後，麻哈散跟他的人仍舊在此，生活在美好的孤立之中。他們的聚落俯瞰一片銀色湖泊以及灰塵飛揚的走私小徑，那是連接緬甸跟泰國湄宏順府的後門。

即便到了二〇〇一年，麻哈散的追隨者仍稱他為「土司」。年輕時雖有些囂張，但隨著年齡增長，他變得溫文爾雅，言語得體，儘管周圍環境樸素，他穿著整潔瀟灑，滿頭黑髮以髮蠟側分，打扮得不輸競賽節目主持人。面對適合的觀眾，馬哈散可以滔滔不絕詠出「民主」跟「人權」的詩篇。造訪清邁的旅程讓他學到這些詞彙，緬甸出生的少數民族離散社群在此地活躍聚居。對緬甸軍政府的憎恨讓他們結成聯盟，許多人為西方資助的運動組織工作，這些組織旨在從暴政中「解放緬甸」。[8] 麻哈散則在圈子的外圍徘徊。他將自己定位成佤族部落的另一張面孔，比走私毒品的佤邦聯合軍領導人更開明。「媒體總將佤族描述成被社會排斥的罪犯、毒品走私者。」他曾這麼說。[9]「但不是所有佤人都涉入犯罪活動。佤族是一群愛好和平、勤奮的人民，跟其他民族一樣，想要生活在自由、民主的國度。」

但麻哈散土司本人是否也深陷毒品之中，仍是個未解之謎。（一家泰國雜誌詰問：「麻哈散：人民的代表，還是毒品跑堂？」）但他確實是軍閥，即便只是小型軍閥，向途經營地的人榨取過路費。雖然金三角的主要走私路線屬於南佤，南佤的大片領土就在麻哈散營地以東三十英哩處，部分走私者還是選擇比較長的路線。他們可以從麻哈散堡壘附近的小徑離開緬甸，運輸寶石、牛隻及人類，有時則是鴉片跟冰毒。麻哈散堅稱他從不向毒品販運者徵稅，實際上這是實話沒錯，土司並不親自收取過路費，因為他患有抽煙引起的哮喘，時常拖著一個金屬氧氣筒。收費工作落到他的私人民兵身上，他有一百到一百五十名擁有自動步槍的效忠者，部分是獵頭者的子孫。

麻哈散應比爾的要求，加入了威士忌阿爾法政變行動，畢竟他們認識了幾十年。比爾為土司的小民兵隊制定了宏大計畫，將他們定位為叛亂的核心，以他們為核心作戰力量，後續會加入掃羅或沙赫能招攬到的其他戰士。比爾給緝毒局的備忘錄中，說麻哈散「表示他完全願意在……自由世界的任何條件跟指示下，充分合作與效力。」

「自由世界」又能給佤族政變策劃者帶來什麼呢？專業士兵跟尖端科技。比爾希望泰國軍隊能祕密強化民兵，運用像卓克這種強硬特種部隊士兵喬裝成佤人。與此同時，美國可以提供「西方加密解密系統」，幫助策劃者彼此溝通，並與未來招募進來、分散在佤邦各地的人溝通，讓他們準備好收到信號時隨即起事。

根據比爾的計畫，一旦政變推翻了鮑有祥跟魏學剛，掃羅與其他策劃者，將趕往佤邦開國元勛趙尼來的家中。趙尼來雖然困在輪椅上，說話含糊不清，但他終究是佤邦聯合軍的「總書記」。這是個類似終身國王的象徵性職位，至少書面上是如此。倘若此舉成功，政變領袖掃羅、麻哈散跟沙赫，將請求趙尼來賦予這個新統治委員會的合法性。[10]

這是「倘若」陰謀成功，一切將會如此進行。但這是充滿許多假設前提的巨大「倘若」。比爾從傳教士祖父身上，繼承了一種懷抱狂野盼望的能力。威廉．馬庫斯．楊曾認為他可以拯救獵頭者的靈魂；一個世紀後，比爾則相信一些器官衰退的淘汰前軍閥，可以奪取佤邦及其軍隊的控制權。這支軍隊此刻擁有近兩萬五千人。

掃羅聽著比爾所說，思考著失敗的可能，困難地咽了口水，祈禱，並在他身邊繼續策劃。他並不同意每項細節。但是只有比爾，才給了他這個迷人的可能性，在多年落魄之後，掃羅的犧牲還有可能獲得救贖。他生命中的每個黑暗場景——在緬甸黑獄裡被鞭打到背後血肉模糊、流產的緝毒局山頂峰會、在破舊棚屋裡挨餓五年——終將成為壯麗終曲的序章。而他恨到骨子裡的魏學剛，終將承受神的怒火。

不過對於威士忌阿爾法行動來說，此時尚早。他們只是依緝毒局的興趣，定出一個鬆散的提議。實際執行這場政變，可能需要一年甚至更久的時間。目前，掃羅需要返回佤邦，以免領導人起疑心。比爾遞給他一具掌上型國際航海衛星電話，天線跟步槍管一樣粗。他說，回到邦桑後，用這個跟我保持聯繫。你回到邦桑後，挖個洞，把電話埋起來，不要告訴任何人它的存在。

佤邦領導層對掃羅的陰謀毫無所覺，正採取一條截然不同的路徑，以補救佤族汙損的名聲：盡快將現金投入合法經濟。佤邦聯合軍開始走向企業化。

佤邦聯合軍的菁英個人與國家的收入，總計每年可賺取數億美元；到了二十一世紀初，這筆利潤支持了一系列企業。[11]魏學剛跟兄弟創立了自己的跨國公司，在邦桑跟仰光都設有辦公室的宏邦集團（Hong Pang），另外在泰國、香港跟新加坡都有空殼公司。它的投資十分廣泛，寶石、建築、紡織品、水泥、加油站和光碟都有。鮑氏家族則經營比較小的德康集團（Tet Kham），管理著酒店、伐木業務、一間緬甸銀行，以及最令人印象深刻的是，它擁有仰光航空公司的控制股權。仰光航空是緬甸少數的航空公司之一。

佤邦聯合軍官員視此為一項成就。佤族終於超越毒品，展開多元發展。但緝毒局更喜歡另一種說法：洗錢。「他們將黑錢漂白，」惠倫說：「尤其是首席財務長魏學剛。少了魏學剛，他們是不可能辦到的。」

二〇〇二年三月，距離根除罌粟截止日還有三年。根據鮑有祥對聯合國的承諾，此後佤邦土地上再也長不出一株罌粟。佤族政府在首都設立工廠，經濟轉型後，僱用過去的罌粟農民。鮑有祥渴望展示自己的進展，邀請了區域內的外交官跟聯合國官員到邦桑進行簡報。

客人名單上有來自新加坡、寮國、巴基斯坦的大使，甚至還有美國使館代辦普希拉．克萊普（Priscilla Clapp），她是哈德爾的繼任者。一向渴求良好公關形象的緬甸軍政府，同意用直升機接送每位外國客人。緬甸政權備上最好的機群，仿照民用飛機的風格，在機艙內安排豪華座椅，適合接待ＶＩＰ貴客。惠倫幹員說：「這就是一場精心展演。」但他不會錯過這個機會。

惠倫對比爾・楊的政變陰謀毫不知情。這位緝毒局幹員更專注於傳統的反毒工作：調查魏學剛的冰毒販運網絡。這次邦桑之旅可能會讓他有機會跟佤族領導人（魏學剛的同夥）面對面，同時也讓惠倫加入罕見的緝毒局幹員（或者西方人）俱樂部——那些曾踏上佤邦土地的人。海外緝毒局人員實際上被視為外交官，因此沒人能阻止惠倫跟著美國代辦一同前往。「我們不會說：『嘿，緝毒局要來囉』；而是說：『我們的外交官會來參觀你們的替代發展計畫。』」

出發前一晚，惠倫、一名緬甸軍官跟一名澳洲緝毒局幹員喝光了一瓶干邑白蘭地。因此第二天早上惠倫降落佤邦時，儘管直升機窗外的崎嶇地景往四面八方起伏，但他無心欣賞。直升機上方呼嘯的螺旋槳更加重了宿醉的頭痛。

佤邦聯合軍官員在停機坪上迎接代表團。急切地想要展示佤邦向工業化邁出的第一步，他們開始參觀一家香菸工廠，裡面滿是笨重的中國機器。接著前往一家生產清澈酒液的蒸餾廠，標誌寫著宏邦米酒。「純正烈酒，」惠倫告訴我：「可能可以拿它來開車。」鮑有祥的首席政治策士肖明亮也加入參訪，向惠倫跟其他訪客保證，佤邦的禁毒行動是不可逆轉的。肖明亮說，曾經一度，幾乎所有佤寨都在收割鴉片，現在則不到一半，這對我們的人民來說並不容易。儘管如此，為了我們跟你們人民的福祉，我們要繼續前進。

惠倫的心弦並未被觸動。「他開始要求援助：美國政府提供一千一百萬美元，分散在未來十年。『我們的人民如此貧困』等等話語。我心想：『你怎麼不賣掉你的車呢？』」惠倫注意到肖明亮跟其他官員開著深黑色的越野車前來。「或是賣掉你的表呢？他手腕上戴著一隻價值兩萬美元的勞力士。」

參訪的最後一站，是北方五十英哩的一處佤地，最近才清除掉上面的罌粟。前往此地需要一段短暫的直升機飛行。「所以我們全都回去搭直升機。你要知道，我還有點宿醉恍惚。」惠倫望向黑暗機艙，看見一名穿著綠色馬球衫、黑色髮線後退的佤人坐在舒服的窗邊座位上。「我心想，等一下，哪個混蛋坐在我位子上？」

「然後我突然想起來。那是鮑有祥！」

惠倫跳上去，一屁股坐在鮑有祥旁邊。主席的眼睛大睜。惠倫心想，他知道我是誰，而且他看到我並不高興。他們很快就有了同伴，一位緬甸高級情報官滑進附近的座位。當軍政府官員轉頭看見身後這兩人——毒品軍隊的領導人跟緝毒局老幹員肩並肩坐在一起——他的臉色瞬間凝結。

緬甸幹員以英語說，約翰請節制。他很怕你。

喔，真的嗎？為什麼？

因為你是緝毒局。

說笑的吧。惠倫說。我們在他的世界。他知道在這裡我不能碰他。惠倫跟軍政府官員用英語抬槓時，鮑有祥面對窗外，聽著卻不理解。

我跟你說，惠倫對緬甸官員說，我想做一筆交易。你告訴鮑有祥，把魏學剛交給緝毒局，交給**我**。這樣，我們就永遠不會再打擾他。

他們頭上的螺旋槳開始轉動。機艙升起，飛行的嘈雜聲淹沒了進一步談判的機會。二十分鐘後直升機降落，鮑有祥解開安全帶，匆忙離開座位。

不久後，大約在二〇〇三年左右，佤邦聯合軍領導層開始對外宣稱魏學剛失蹤了。「他就這樣消失了。」鮑有祥告訴中國媒體，[12]「每個人都知道『他們』在追捕他，如果我知道，我也會逃走。我們不會正式廢除他的頭銜。但魏學剛不再是佤族領袖了。」

鮑有祥發表這些言論時，邦桑的熱門八卦是關於城外山丘上一座宏偉新宅。一小隊建築工人把山坡推平，伐樹清石，好容納這座三層樓的奶油色與棕色宮殿，含東西兩翼，兩旁另有酒店大小的附屬建築。造價三千五百萬美元的建築群，坐落在一片修剪整齊的梯狀草坪上。如果傳言屬實，它底下還有逃生通道跟鋼筋加固的防空洞。雖然附近馬路就能看見這片地產，但若有不速之客靠近，持槍哨兵會從林中現身。佤人從未見過這樣的建築，一座比村寨還大的私人莊園，據說是一位沒有孩子的單身男子的居所。[13]

魏學剛確實消失了，深藏在這座豪宅內。他從南佤搬到這裡，遠離泰國，那裡是美國支持的間諜跟刺客的巢穴。[14]魏學剛名義上把小弟魏學賢留在邊境負責，但所有人都知道小弟只是個傀儡。魏學剛仍舊遠端控制南佤，通過電話下達命令。他很少離開豪宅，由一支數百名配備新型步槍、講中文的禁衛軍保護著。他們只聽令於魏學剛。

仍在教導學員的雅各，跟其他人一樣對魏學剛感到好奇。他只認識一位見過這位財政首長真面目的人：他的岳父。然而若有人提起魏學剛的名字，掃羅卻會陷入奇異的沉默。因此雅各反而是從鮑有祥的官邸裡聽到各種流言蜚語。閒暇時間裡，他會跟其他中級官員混在一起。

「每個人都說魏學剛是個天才，」雅各說：「但非常偏執。他戴著橡膠面具，甚至連拿起水杯，也要戴上手套，只為了避免留下指紋。」讓雅各感到不安的，是同僚對魏學剛的敬畏。許多佤邦軍官提起魏學剛，就像提起羅賓漢一樣，從外國毒癮者手中詐取錢財，用來資助國家發展。這也不全然錯誤，由魏學剛的事業所資助的建設計畫，在佤邦鋪設了將近兩千英哩的道路。在這個像阿爾卑斯山崎嶇的地方，那可不是件小事。但雅各並不買單。魏學剛是個毒品販運者。他當然希望公路能串連整個國家，讓物流運營更有效率。他那些跨海來的毒品財富，什麼時候才會用到學校教育上？教育不是任何現代國家的基石嗎？

到那個時候，雅各才意識到，他的學員儘管在訓練中受傷瘀青，卻是幸運的一群，因為他們是軍官精英的孩子，保證能受教育。而典型佤族孩子卻連教室裡面長什麼樣都沒見過。佤邦（人口：六十萬）只有幾百間小學，教育兩萬名學生。政府管理約十間中學，七到九年級的學生根本沒有佤文課本，只能依賴二手中文教科書。這裡沒有高中。難怪鮑有祥把他的孩子送去新加坡的寄宿學校。「我們正在扼殺我們的未來，」雅各告訴我：「用冷漠扼殺未來。每個人的態度都是生意優先，教育最後。」

雅各認為，是魏學剛煽動這種心態。對許多佤人來說，他的豪宅重新定義了金錢的驚人力量，成了「不顧一切以利為先」這種宗教快速散播的神殿。雅各跟他的同事，每月僅僅賺取約八十元人民幣，相當於十二美元。許多人癡迷於追逐財富。然而對中級甚至高級佤族軍官來說，最快的賺錢途徑未必是通過販毒；只有佤邦聯合軍師長等級的指揮官，才擁有資本跟人力，來開設冰毒實驗室。對於邦桑的下級軍官來說，最好的選擇是討好天真的中國投資客，從中榨取現金。

在中國豺狼騙子的眼中，佤邦逐漸被視為第二次機會之地。落魄的中國商人，或許是逃避高利貸或壞名聲而離開中國，他們可以揹著一袋人民幣越過南卡河，也許弄一間臨時工廠或橡膠樹農園。佤邦勞動力非常便宜，且不存在任何法規。由於佤邦缺乏真正的法治，所以他們需要佤邦聯合軍軍官的保護——用保護費來交換。

尋求這類關係的中國商人在邦桑KTV周圍穿梭，籠罩在粉紅光芒下的卡拉OK包廂裡，女侍在顧客耳邊咕噥。許多交易都是在川流不息的米酒杯跟刺耳歌聲中完成。被同事逼來這些聚會的雅各會拒絕酒精。他告訴我：「我只喝水跟咖啡」。在一些比較粗陋的KTV裡，看到中國商人互相傳遞粉紅藥丸時，他也感到震驚。「**真正**禁忌的毒品只有海洛因，」他說。雖然佤邦聯合軍不再生產中國白粉，但周邊武裝組織仍繼續生產，他們的產品在邦桑街頭隨處可見。「海洛因是件嚴重的事。除非你姓鮑，不然肯定被關。至於其他毒品，如果中國客人想要，通常都能拿到。」

雅各周遭的佤邦同僚都為金錢瘋狂，一心向中國訪客套取更多錢，而非履行自己的職責。雅各覺得鮑有祥應該控制這股狂熱，消除腐敗，只提拔有理想的官員，這也是鮑有祥自己曾經許下的承諾。然而鮑主席似乎更感興趣的，是在佤邦政府裡塞滿自己的親戚跟奉承者，無論其資格或德行。鮑有祥已經成為任人唯親的極端裙帶關係者，把佤邦聯合軍的最高職位分給三個兄弟，許多侄子、堂表兄弟跟戰友則占據其他職位。主席正在建立一個超級王朝，好跟魏學剛的影響力分庭抗禮。這種著迷顯然讓他沒時間改善普通人的境遇。

目前為止，雅各一直遵循掃羅的建議：試著從內部改善佤邦政府。他仍然視岳父為導師。但是雅各每次試圖向掃羅請教時，他似乎都不怎麼用心，心不在焉。雅各再次感到精神上遭到遺棄，缺乏導引。雅各有時會看到掃羅在農場的荔枝林中踱步，用一部奇怪電話貼在耳邊，說著雅各不懂的拉祜語。但他知道最好什麼都別問。

二〇〇五年一月。

這將是屬於**他們的**一年。改變，重生，以犧牲換取尊嚴的一年。

新年過後不久，佤邦聯合軍準備迎接又一波外國使節的重要訪問。使節們將前來親眼見證佤邦的成就：山坡上滿是橡膠樹跟茶樹欉，眼前幾乎不見罌粟莖條。整個佤邦裡，只剩下幾十平方英哩的罌粟田，它們預計將在夏季剷平。鮑有祥希望每位國際訪客都能見到他的進展，然後回去告訴他們的同胞，總的來說，佤人還是守信的。

這趟由聯合國毒品和犯罪問題辦公室（United Nations Office on Drugs and Crime, UNODC）安排的外交之旅，訂於一月二十四日舉行。來自德國、日本、英國與其他六國的貴賓已確認出席。美國官員以難以預料聞名，至今尚未回應。不過沒關係，佤邦聯合軍集中精力準備眼前的盛大場面。

但大約在行程前一週，美國緝毒局官員私下警告聯合國，有一場美國針對佤邦的行動即將展開——預定在外交官降落邦桑當天展開。緝毒局不能透露太多細節，只是這個「執法行動」將觸怒佤邦領袖，可能會導致他們傷害西方客人。

緝毒局表示：取消行程。對於主要依賴美國政府資助的聯合國毒品和犯罪問題辦公室來說，這幾乎沒有選擇。聯合國取消了參訪活動，還通知人在佤邦境內、少數援助過去種植罌粟村莊的工作人員，說美國的祕密行動即將展開，讓他們放棄工作，悄悄離開。15

這場進行中的行動，並非威士忌阿爾法行動。緝毒局總部最終拒絕了比爾的政變計畫，這是有充分理由的。惠倫告訴我：「像這種準軍事行動，不是我們要做的事。如果要做類似的事，我們會試著引誘魏學剛到泰國邊境，在那裡抓住他。但是對一個主權國家（即緬甸）發動入侵，是不可能的。」

相反地，緝毒局選擇了「軍閥行動」（Operation Warlord）：對佤邦政府行政機關發動一波起訴。緝毒局宣布要逮捕及引渡鮑家四兄弟（鮑主席及其三名兄弟，都是佤邦聯合軍高階軍官）

跟魏家三兄弟的意圖。罪名是生產及走私出口大量毒品，價值高達十億美元的海洛因。求刑：在美國入獄至少十年，最多無期徒刑。任何協助美國抓捕佤邦領袖者，將獲得五十萬美元懸賞。毒梟魏學剛例外，他的懸賞價格為兩百萬美元。

謠言像發熱病一樣在邦桑竄燒。消息一傳開，佤邦所有外國人突然都不見了，也許是在美國空襲前逃走了。[16]人民都待在室內。鮑有祥視此為宣戰，它確實聽起來像是宣戰。宣布「軍閥行動」時，緝毒局主管譴責佤邦政府「嚴重威脅所有美國人的安全」。

緝毒局表示，佤邦聯合軍「聲稱自己是獨立運動」，實際上不過是「強大的犯罪集團……滋養毒癮，破壞人類尊嚴，（它）滋生犯罪暴力，降低生產力，導致一連串社會問題。」[17]美國及其盟友有責任「破壞並解體」佤邦聯合軍，如同他們有責任摧毀世界各地其他毒品集團。[18]

聽在佤邦領導人的耳裡，此宣言預示著一場入侵。雖然美國完全沒有進攻佤邦的意圖，起訴主要是威脅，旨在進一步將佤邦入罪孤立，但佤邦聯合軍並不知道。佤人知道美國過去進行政權更迭行動時，通常從戰機空襲跟直升機襲擊開始，於是佤邦士兵扛起中國製的導彈發射器，每一具都足以擊落黑鷹直升機，然後盯著天空。當時，美國正在轟炸伊拉克，已經被推翻的獨裁者薩達姆．海珊（Saddam Hussein），從惡臭的蛛網形散兵坑中被拖出。「你們試試看像入侵伊拉克一樣入侵我們。」鮑有祥在中國媒體上挑釁美國政府說：「看看你們的坦克能不能爬上我們的山。每個佤人都受過戰鬥訓練。所以入侵這個所謂貧窮落後地方之前，要三思。」[19]

吹牛的背後，鮑主席確實感到困惑。為了讓「軍閥行動」師出有名，緝毒局稱佤邦聯合軍是

「世上最大的海洛因生產者之一」，但他們已經進行了龐大的社會重建，這個描述已不再公平。佤邦才剛剛完成聯合國禁毒官員口中的「史上最有效及最高效的罌粟禁令」。[20]

不過十年前，緬甸的毒品軍隊（主要是佤邦聯合軍和坤沙的撣國）還產出全球半數的鴉片。但隨著撣國被佤邦部隊征服，佤邦聯合軍內部剷除罌粟的工作基本上已經完成，緬甸現在的產出只占全球鴉片供應量的百分之五。這是非同小可的逆轉，被佤邦聯合軍吹捧為：「我們禁止罌粟，我們選擇了和平發展的道路……（我們）進入地區歷史上最光榮的時期。」[21]佤邦聯合軍——現在是個冰毒集團——已經把金三角變成海洛因生產的落後區。

世界上的海洛因使用者當然得從某個地方拿貨。那麼，哪個國家奪得罌粟及海洛因生產的王冠呢？

阿富汗，美國占領下的國家。

罌粟在阿富汗自然茁壯，這裡是另一個著名的鴉片生產核心區：黃金新月（Golden Crescent）。整個一九九〇年代，統治阿富汗的塔利班主導此地的鴉片貿易。但到了二〇〇〇年，塔利班決定鋤除罌粟。就跟佤邦聯合軍一樣，塔利班也天真地希望，根除鴉片生產能帶來國際認可。這場銷毀運動之下，除了少數例外區域，罌粟只在阿富汗北部地區盛開，那裡是由厭惡塔利班的自治軍閥所控制的山區，他們自稱為北方聯盟（Northern Alliance）。

接著是美國上台。二〇〇一年底，中情局作為美國入侵阿富汗的先鋒，向北方聯盟提供重型武器，將這些軍閥打造成一支親美的前鋒隊，偕同即將到來的美軍一起對塔利班發動攻擊。

圍困之下，塔利班退回鄉村地區，再次在土地上撒下罌粟種子。只有通過販賣鴉片，塔利班才能支應戰士、購買武器並維持長期抵抗。同時間，北方聯盟也一如以往，持續積極收割領地內的鴉片。[22]隨著各方都加入毒品貿易，一個毒品超級大國應運而生。到二〇〇五年，阿富汗已經成為供應全世界百分之九十鴉片的國家，其中大部分是由中情局支持的軍閥種植。[23]

看看美國政府的瘋狂邏輯。當中情局支持阿富汗這些生產鴉片的軍閥時，緝毒局大多保持沉默。那緝毒局做了什麼呢？他們正針對另一群完全不同的亞洲山區居民——佤族，就在他們**停止**鴉片生產的時候，對他們進行反佤行動，而且並非出於諷刺，美國人將此稱為「**軍閥行動**」。

從這個混亂局面裡，我們只得到一個教訓：中情局支持的毒品軍隊無論生產了多少鴉片和海洛因，反毒戰爭永遠不會打到他們頭上。鮑有祥主席掩不住他的困惑，「你們把我們當成恐怖分子，但我們甚至不知道要如何製造烟火。」他說：「你們究竟想要什麼？來這裡種更多罌粟嗎？」

美國**到底**想要什麼呢？

答案取決於如何定義「美國」。位於美國政府頂端的人，包括總統、國務卿及多數國會議員，可能根本不知道有佤族的存在。至於緝毒局局長跟中情局局長，他們可能知道佤邦聯合軍的存在，但認為那是個遙遠的問題，遠遠落後於墨西哥毒梟跟伊斯蘭恐怖分子之後。

阻止佤邦是緝毒局中階官員的職責，少部分是派駐東南亞的中情局官員的職責。就當時的美國來說，東南亞在優先順序上屬於後段班。佤邦聯合軍符合了一些標準：它是毒品軍隊；它跟中國交好；它不在美國控制之中。但因為華府重要人士都不怎麼關心佤邦聯合軍，緝毒局只能用便宜行事的方式出擊，沒有華麗的突擊，只有引渡的威脅——聽起來強硬，實際上卻無法執行。

至於美國大眾，當時跟今日一樣，對佤族一無所知。媒體對緝毒局的起訴毫不關心。新聞媒體專注於兩場熱戰，以及近日珍妮佛·安妮斯頓跟布萊德·彼特的分手事件。但這就是美國的力量，一個被美國民眾忽視的邊緣行動，竟能動搖半個世界以外的文明。

佤邦確實受到動搖。美國透過「軍閥行動」，讓他們的政府成了賤民。緝毒局堅稱佤邦聯合軍應賠償美國大眾一億三百萬美元，因此沒收其公司與資產來支付賠款。由於美國法律視團體為「法人」，白宮遂將整個佤邦聯合軍政府指為「首腦」。任何國籍的人士倘與佤邦合作，亦即提供寬鬆定義下的「商品或服務」，給任何佤邦聯合軍軍官或相關人等，若此人在美國銀行帳戶中持有資金，就會面臨監禁或一千萬美元的罰款。因為這意味著，他們將佤族毒品的骯髒利潤，注入美國金融體系中。

「軍閥行動」之後，除了跟美國經濟毫無關聯的中國或緬甸投資者外，幾乎沒有任何實體甚至人道組織，敢跟佤邦合作。聯合國的佤邦替代發展計畫也在汙名之下崩解，捐助資金消失，計畫瓦解。只有一個很小的聯合國糧食援助方案還留在佤邦。

「軍閥行動」還包括大量曝露佤邦聯合軍公司的相關情報。緝毒局將佤族領導人的企業集團結構赤裸裸地展示出來，其中特別關注魏學剛。根據美國財政部的說法，他「毒害了東南亞社會與經濟」。[24]美國揭露許多宏邦的空殼公司，散布在泰國的購物中心跟辦公園區裡。每家公司都遭到公開點名：優雅幻想服飾（Nice Fantasy Garments）、頂尖團隊化學公司（A-Team Chemicals）、普拉斯科技汽車零件（Plus Tech Auto Supply）。這位毒梟的妻子也被公開：瓦琳・柴查姆倫潘（Warin Chaichamrunphan），一位年近五十歲的泰國人。雖然魏學剛一直隱瞞妻子的存在，但美國在網路上公布她的詳細資訊，年齡、護照號碼、泰國地址，以及她為宏邦洗錢的兄弟姊妹的名字。泰國警方突襲他們的公司，雖沒抓到魏學剛的妻子，但緝毒局仍然擊中魏學剛最在意的那一塊。對這位大亨來說，沒什麼比他的隱私更重要。

二〇〇五年標誌著佤族國家的新紀元，儘管不是領導人預見的那種未來。儘管失去樂觀心情，至少現在他們清楚了。現在佤人很清楚知道自己在「國際社會」眼中的形象是，無法做出正確行為的野蠻人，他們的罪惡被放大，每種德行都遭到否定。

山寨中國

二〇一〇年，邦桑。五年後。

吞下一大口白酒，眯起眼睛，你可能會把佤邦首都誤認成中國三線城市。在市中心——現在這裡是個真正的城市，不是竹子跟黏土搭建的反抗軍貿易站——建築有十二層樓高，給人行道帶來遮蔭。首都有寬闊大道，新款豐田皮卡跟偶爾出現的路華休旅車往來不斷。十字路口上方，佇立著以中文書寫的廣告招牌，推銷酒跟珠寶，這些都是佤族消費階層存在的證明。

黃昏時分，白晝時知更鳥蛋藍的遠處山峰輪廓，逐漸褪為紫色，然後闃黑。路燈亮起，市中心娛樂區也跟著亮起，如彩虹火球一樣閃爍。金色閃亮招牌下，賭場誘來百家樂愛好者，那些富裕的佤族跟中國遊客。紫色長條燈妝點的時租旅館，再往上的巷子，玫紅色霓虹燈映照著標誌「什麼都能做」的按摩店。一排穿著相同黑色裙子的女人，坐在店門口，以中文誘人地招呼，吸引路過的男性。

「軍閥行動」符合預期，將佤族國家變成一個被排斥的國家，嚇跑了聯合國工作人員，迫使佤人幾近全然依賴他們唯一的盟友：中國。結果證明，這並不是世界末日，西方愈輕蔑佤族，中國愈擁抱他們。

起訴之前，佤邦已經深深依賴中國；起訴之後，它全面成了中國的保護國。此一安排帶來些許好處，中國雲南省政府向佤族國家提供更多援助，重點不在教育跟醫療，而在於硬體基礎設施，他們改善了道路及橋樑、擴建電網。通過可以否認的私下管道，中國人民解放軍對佤邦聯合軍出售更高等級的武器，如防空炮、裝甲車及火炮，全部享受價格折扣。愈來愈多中國人湧入邦桑進行貿易及狂歡。大量人民幣熱錢湧入佤邦首都的新賭場及妓院，而佤邦聯合軍則對利潤徵稅。大量中國資金讓佤邦首都比緬甸首都更加璀璨。邦桑擁有仰光所有的一切，包含超市、電子用品商場甚至保齡球館；還有緬甸城市缺乏的種種舒適，良好的下水道，水力發電大壩二十四小時供電，甚至是接入中國電信網路的穩定手機訊號。

佤族官僚體系有兩派想法。一派沉浸在物質進步裡，對佤邦依賴中國的情況幾乎沒有疑慮。另一派則擔心，曾勇敢抵抗殖民者的祖先，會哀嘆佤族土地成為強大鄰國的附庸。雅各屬於第二派。同時身為浸信會信徒，他認為中國遊客將首都變成高海拔的所多瑪。「為什麼要把賭場蓋在首都中間？為什麼不弄一個吸毒區、找女人區，放在市中心外面，用一堵高牆圍起來呢？這樣其他外國人來了，也不會以為佤族只是個大型KTV呢？」

雅各在語言上很靈活，他已經學會一些中文，足以偷聽市內新火鍋店跟卡拉OK店裡遊客的交談內容。他知道他們最喜歡形容佤邦的詞：山寨中國（Shanzhai Zhongguo）。這個綽號既聰明又嘲諷。

「Zhongguo」的意思是「中國」。「Shanzhai」意思是「山上堡壘」，歷史上指的是中國文明無法觸及的，圍牆包圍的蠻族堡壘，古代佤族堡壘村寨就是個典型案例。但在二十一世紀，「山寨」成了個俚語。中國大城市的郊區，非法工廠如雨後春筍出現，生產西方商品的仿冒版本，私販將他們的非法血汗工廠隱藏在高大的鋁製圍牆後面。人們笑稱這是現代的山寨堡壘，很快這個詞就用來指稱任何假貨，例如四條線的山寨 Adidos 運動鞋或山寨 Rolax 表。中國人開玩笑說，佤邦是最大的山寨。佤族鄉巴佬創造的仿冒小國，就跟 Appl Hiphone 一樣真。

這話讓雅各大怒。佤邦不是個笑話。但他更責怪自己的領導人，而不是中國人。在中國，當局打擊賭徒、妓院顧客跟吸毒者。在他看來，這是他們該做的。那麼佤族社會為何要包庇這些不良分子呢？他的家鄉成了中國罪惡的垃圾場。「如果我對其他官員指出這一點，有些人會同意，但多數人會說，雅各，你是個好人，但你要放鬆點。」

雅各不再教導學員。在一連串晉升之後，他加入了佤邦的教育部門，成為部門裡位階第四的高級官員。這個部門的核心任務是為國家的基礎教育系統制定課程。書面上，這是雅各夢想中的工作，但他卻感到痛苦。十二人的教育部門裡，他是唯一受過大學教育的官員，他的老闆將他視為一隻得獎小狗。「他基本上把我當成他的秘書。我不得不跟著他到處走。」這部門的長官很懶，每週只進辦公室報到兩次，閒混一下，就回家了。多數日子裡，他都在客廳裡跟其他教育部門的官員一起打麻將，而非制定課程；雅各則不得不坐在老闆身邊，一邊給他斟滿啤酒，一邊看著他打牌。

這位中年前游擊隊員之所以能夠坐上這個位子，還真多虧了鮑有祥主席。早在一九八九年，當鮑有祥需要叛變者一起推翻緬共政治局時，這個人毫不猶豫地加入，從而得到鮑有祥的全心信賴。但他缺乏其他條件。「我的老闆甚至連ABCD都不會寫。」雅各告訴我：「他完全不識字，卻是我們的國家教育部門的領導人！」

教育部門是後來添加的部門，預算微不足道。這是因為佤邦政府失常的經費分配機制。每個佤邦聯合軍部門，只會從中央政府獲得一小部分預算。他們必須自己創造其餘經費。擁有數千名士兵的武裝部門，例如魏學剛的南佤軍團，可以發展出高利潤的業務，他們經營毒品實驗室、對中國人所有的農園及工廠徵稅，甚至經營一座金礦或錫礦。他們的收入有保障。但教育部門官員，既沒有火力也沒有人力，賺錢手段要少很多，不論是為了部門還是為自己賺錢。

所以他們去了KTV，穿著熨燙過的綠制服，腰間別著手槍，嗅出想跟他們合作的中國商人，並收取保護費。即便雅各的老闆職位不怎麼起眼，但他老是愛提到鮑有祥，這意思是告訴潛在投資者，他庇護的項目都是安全的，因為沒人敢招惹鮑有祥的親戚或老戰友。必須出席這些生意場的雅各，起初拒絕桌上推杯換盞的白酒，直到他受不了老闆的瞪視才加入。「中國人喜歡喝到走不動。**乾杯！乾杯！**一輪又一輪。」酩酊大醉成為一項工作要求。

老闆的業務內容包含幾家酒店跟橡膠農園，沒有太多利潤。這些中國人出資企業支付的保護費，理該用於支持部門業務，但大部分人民幣卻流入老闆的口袋。「他不是笨蛋，而且值得稱讚的是，他從未涉足販毒活動。」雅各說：「他只是沒辦法做他該做的工作。就像我說的：生意第一，教育最後。」

晚間雅各祈禱時，上帝告訴他要原諒他的老闆，因為他生於暴力無知的時代。主告訴雅各要振作起來，用自己的雙手推動進步的齒輪。他貪汙的同事不願履行職責，難道他就不能獨自擔起整個部門的工作嗎？這個頓悟讓他鼓起勇氣採取行動。在他跟掃羅、瑪麗、葛蕾絲與兒子們一起生活的農舍裡——他們現在有兩個兒子，一名少年及一名幼童——雅各關在房間裡，在窗邊的桌子上，曲著身子，專心研究堆積如山的檔案，分析這個殘破的部門，決定如何修復。

這是令人怯步的任務。大多數佤族孩子根本不上學，有上學的孩子通常只是從佤邦四百間小學畢業，這些小學以中文跟佤文授課。小學的課程已經非常成熟，雅各沒資格去改變它。因此，他把目光放在中學上面，雖然中學數量不多，大約有幾十間。即便缺乏明確的課程計畫，佤邦政府正開始興建更多中學。除非雅各介入，否則這些佤邦中學很可能會繼續渾渾噩噩，聘用雲南貧窮村莊挖出來的中國教師，還帶來中共批准的陳舊教科書。就雅各看來，這是他部門失敗的明確證據，讓母語消亡的捷徑。他決定自己編寫七到九年級的全部課程教材，以他純粹、未經稀釋的進步觀點，來培養佤族青少年。

雅各用佤文撰寫了關於磁場、代數、人體生理的課程內容。他對自己的地理課程內容格外自豪。「多數佤族孩子幾乎都不知道自己身在緬甸，更別提其他國家。」因此，他繪製了一系列地圖：第一幅描述佤邦；接下來放大顯示亞洲，包含印度、中國跟東南亞；最後一幅地圖則顯示了全世界，佤族祖國正位於中心。雅各會向年輕心靈灌輸這樣的觀念：佤族不是人類的邊陲；

他們的國家也不是中國的仿製品。

再一次，他的生活獲得目標。在領悟到這一點之前，雅各已經過著失落的生活，跟著那些喜歡狂歡的佤族官員浪蕩，喝過多的酒，忘了對自己、家人跟上帝的承諾——提升佤族國家。雅各堅持只喝啤酒，但他的同僚有時會吞食粉紅藥丸甚至吸食海洛因。現在，這群吵鬧的人叫他一起出去時，雅各推辭了。他會說不行，我忙著呢。

雅各仍然是老闆的哈巴狗，跟在他身後，確保啤酒夠冰涼，但他的每段空閒時間都花在課程規劃設計上。雅各的內心深處，希望導師掃羅會注意到他，也許會給幾句罕見的讚美。他這不是正在實踐威廉．馬庫斯．楊的時代以來，浸信會教派的神聖任務——讓佤族同胞識字嗎？但掃羅似乎仍舊心不在焉，沉浸在不願分享的思緒中。那就這樣吧。雅各覺得他在這三十多歲的年紀，正好找到自己的位置。憑藉這些努力，無論從大局看來多麼微不足道，他將創造自己的遺產。

研擬課程草案花了一年多的時間，雅各已經接近完成。他還沒向老闆展示過這些資料，但他可以想像到結果。老闆會將所有功勞攬到自己身上，雅各會閉上嘴，繼續替前游擊隊員的青島啤酒加入更多冰塊。也好，只要課程能在佤邦全面施行，他不需要功勞，只要能保護自己的文化不受中國滲透影響，他就滿足了。

約翰・惠倫幹員稱此為「去見山上的摩西」。

摩西是比爾・楊；山是清邁。每次惠倫要飛往這個泰國北部城市時，都會在行程裡空出整整一週。在比爾的書房裡來一場馬拉松式聚會，可能會帶來「海量資訊。你永遠不知道會從他的小故事裡學到什麼。我們會不斷聊上幾個小時，直到某個時間點，你得讓他去休息。」

到了二〇一〇年，比爾因為罹患肺氣腫而身體虛弱，他的肺組織因終生抽菸的習慣而受損。但他仍然坐在書房的椅子上主持會議，鋁製氧氣罐跟呼吸器面罩就擺在手邊。「這種疾病真的讓他垮下來，」惠倫說：「你能看得出來他想要出門，採取行動。但那是不可能的，所以他只能退而求其次，透過其他人來行動。」

緝毒局稱這些其他人為次級來源（subsources），由信任的中間人所管理的線人。比爾就有大量次級來源。他書房裡四處散落的手機，不停響起跟叮噹作響。「真是不可思議，」惠倫說：「我記得有次比爾拿著兩部手機，兩耳各貼著一支，在兩種不同拉祜方言之間來回切換。」

但掃羅仍舊是比爾的明珠，他在「佤地最重要的人」會透過衛星電話低語，比爾再將他的訊息傳遞給緝毒局。有時候，比爾可以讓掃羅從邦桑跋涉到清邁，跟惠倫來場面對面匯報。「比爾・楊首度在二〇〇七年左右，將我介紹給掃羅認識。」惠倫說：「這兩個人很親密，像兄弟一樣親密。比爾曾說他是佤族王子、佤族王室之類的。」掃羅當然不是王室成員，他出生在比爾祖父創立的浸信會傳道站的泥屋地板上。然而，出於某些原因，比爾美化了朋友的出身。不過他的美化是白費努力的，以惠倫對掃羅的敬重，一點也不需要史詩背景來強化。這位幹員擁有一九九〇年代初期以來的所有機密文件，他對掃羅的認識相當深厚，也對他十分尊敬。過去二十年裡，他一直是東南亞最有膽識的機密線人之一。

然而，此刻更勝以往，掃羅扮演著古典意涵的機密線人，因為他跟犯罪組織靠得夠近，因此得以出賣它的祕密。以販毒者的術語來說，就是個告密者。六十多歲的掃羅開始發胖，頭髮剩下幾縷銀絲，粗糙的皮膚下流動著深色的靜脈管。對惠倫來說，這人散發出一股舊世界的堅韌。「我一直對他印象深刻，」他說：「掃羅提供的是關於魏學剛的資訊。他的資訊**非常**準確。」

在邦桑，佤邦領導人不再對掃羅守口如瓶。他們讓他參加私人聚會，聚會裡普洱茶、布來米酒跟閒聊從不間斷。他們不是一群莊重的人；佤邦聯合軍的核心團隊喜歡激烈辯論，而掃羅則扮演堅定的超級愛國者角色，反對過度依賴中國。有人會嗤之以鼻；其他人則點頭贊同。魏學剛從來不在場，他不愛社交，更喜歡宅在自己的豪宅裡。但其他領導人也清楚魏學剛的生意，並且自由議論。掃羅會記住一些有用的資訊，稍後再對著衛星手機喃喃自語。此事一旦曝露，他就得面對走上塵土飛揚的山丘，一顆子彈送進心臟的日子。但在那天到來之前，掃羅將繼續冒著生命危險，替緝毒局工作。在美國對魏學剛事務的了解中，他是非常有價值的線人。

對緝毒局來說，這位毒梟的狀況是空前未有的好。軍閥行動並未摧毀他的網絡，只是迫使魏學剛從錯誤中吸取教訓。他錯為企業品牌選了個普通名稱，宏邦太容易被追蹤了，所以他放棄這個名稱。現在魏學剛的帝國只用「佤邦財政部」這個名稱，雖然它賺取大把收入，其他佤邦領導人對該部門的運作幾乎沒有發言權。

佤邦財政部是個擁有許多觸角的巨人。它專門從事美國當局難以輕易觸及的行業，像是緬甸戰亂地區的玉礦、建築跟房地產公司，藏身在仰光跟清邁一批掩飾得更好的新空殼公司裡。當然，還有甲基安非他命，包括粉紅藥丸，以及為挑剔的客戶提供純度達九五％以上的冰毒。

財政部的結構部分像企業，部分像黑手黨。魏學剛從他的超大宮殿裡，向幾位角頭（caporegime）一樣的副手發號施令。他們底下管理一群「賺錢者」，這些人很少有機會跟首席財務長本人接觸。魏學剛很聰明地限制自己的曝光。其中一名頂尖賺錢者是緬甸的建築界大亨，儘管他擅長的是洗錢，但他社的群媒體操作卻像社交名人卡戴珊（Kardashian）一家那般高調。他經常在臉書上炫耀生活，花哨服飾、豪華假期、軒尼詩百樂廷干邑白蘭地（Hennessy Paradis，零售價一千七百美元）。其他比較低調的賺錢者管理高檔妓院、賭場、放高利貸的幫派，或者看似正當的企業。這些人都會繳交部分利潤給財政部，財政部則為佤邦聯合軍提供擴張及武裝保護的資金。「當我說魏學剛掌控著國家財庫，我就是字面上的意思。」惠倫說：「他的財庫裡塞滿黃金、寶石及多種貨幣現金。除了**緬元**（kyat），沒人想持有**緬元**。」（**緬元**是緬甸的貨幣，容易受到幣值大幅波動及獨裁政權不穩政策的影響。）

至於他收入最高的毒品事業，魏學剛的策略也不斷演化。過去，他的部隊管理自己的實驗室，販運自家冰毒。現在情況不再如此。佤邦財政部偏好一種「地主」模式，將土地出租給非佤族犯罪集團，讓他們做骯髒工作，再對他們的利潤徵稅。

這項服務的需求很高。過了香港，以廣州為中心的中國沿海地區，有蓬勃發展的本土冰毒貿易，犯罪集團將冰毒工廠藏在工業區裡。但在二〇一〇年左右，中國警方不斷打擊這些實驗室，迫使販毒集團尋找更安全的避風港。魏學剛的部門發出消息：歡迎到佤邦來建廠，這裡是法律無法觸及之地。這些集團被帶去看河流附近（冰毒實驗室需要大量用水）的佤邦土地，並提供長期租賃協議，其中包括佤邦聯合軍全年無休的保護。主要的限制是，所有中國販毒集團都必須遵守魏學剛的規定，絕對不得將毒品走私回中國。他的客戶被要求通過泰緬邊境，將冰毒出口到東南亞市場。

這些搬到佤邦的中國集團遠離家鄉，不熟悉當地地形，也沒法將冰毒從新建的實驗室運到邊境，因此這項工作就交到其他承包商手中，主要是受到信任並獲准穿越佤邦道路的拉祜族或撣族幫派。最危險的工作——將冰毒實際走私進泰國——則交給另一組專家，那些擅長逃避（或收買）泰國安全部隊的幫派。從化學家到運輸業者，每個人都跟財政部分享利潤。

魏學剛正在微調他的機器。身為一名完美的資本家，他透過外包勞力跟生產，來削減集團內部成本。他明白佤邦聯合軍最有價值的資產不是毒品，而是房地產。他的部門可以輕易給其他地下世界專業人士發放許可，然後靜待被動收入滾滾而來。

這個模式如此具有吸引力，甚至激發了模仿者。大約在二〇一〇年左右，新的民兵組織像蘑菇一樣在緬北山區冒出來。它們由一些小軍閥領導，許多人立志成為小魏學剛。這些軍閥屬於不同少數民族，也跟緬甸軍政府合作，緬甸軍政府剛剛端出塵封已久的自衛隊計畫。[1] 跟過去一樣，任何武裝氏族領袖或不滿的叛軍指揮官，都可以背叛同胞，在山區建立一支親軍政府的民兵隊，並獲得緬甸政權默許來製造毒品。許多人接受這項交易。部分新成立的親軍政府軍閥仿效魏學剛，邀請中國毒品集團在他們的土地上開設冰毒精煉廠。其他人則開設比較簡單的工廠，例如藥丸壓製廠，他們從佤邦實驗室批發冰毒結晶粉末，帶回自己的地盤，混合後再產出印有WY標誌的**山寨**粉紅藥丸。

他們雖然侵害了魏學剛的品牌，但他似乎不太在意。每支軍閥民兵隊都得把貨物運到市場上，而通往泰國的最佳路線是穿越魏學剛的地盤：南佤。沒人能不付錢過關。在整個金三角的冰毒價值鏈上，魏學剛都能從中獲利。「涉及毒品時，」惠倫告訴我：「他擁有整個區域的財務控制權。」

掃羅替緝毒局緊盯著財政部，透露魏學剛的成功讓其他佤族領袖不安。當魏學剛用自己的財富給每位佤邦聯合軍士兵的薪水加倍，從士兵到指揮官，收買他們的景仰時，這些領袖特別坐立難安。鮑有祥的主流派系比較大，也更有力量，雖然他的親戚控制著佤邦的關鍵師團，然而他也怕魏學剛的財富跟才智。

魏學剛也是中國的情報線人，接頭是雲南省的國家安全廳。中國技術人員幫魏學剛在佤邦內部建立一個監視網絡，竊聽室內電話、手機，可能還包括衛星電話。所有數據都可視中國幹員需要調閱。鮑有祥無法削弱魏學剛跟中國的聯繫，因為他們服務的是同一個主人。他的佤邦聯合軍，就像通過臍帶接受營養的小嬰兒，需要母親中國提供武器、彈藥甚至訓練。這層關係根本不是祕密。到了二〇一〇年，中國共產黨官員已經成為佤邦聯合軍儀典上的常客，身穿西裝、打領帶，出現在鮑有祥身邊，主席本人則穿著他標誌性的深綠色迷彩服。

簡言之，中國正在攏絡亞洲最可怕的毒品集團。對北京來說，魏學剛尤其是個天降大禮，吸收來自中國大陸的煩人犯罪幫派，再將他們的冰毒產量轉移到其他地方去。當時是(今天仍然是)個非常有利的安排，比起美國在自家邊境的策略要奏效得多。

在美墨邊境上，美國仍舊堅持著同一個古老策略：試圖粉碎販毒集團並抓捕犯罪首腦。這類暴力作法不僅付出重大代價，以數十億納稅人的錢跟無數墨西哥人的鮮血為代價，同時還無效。打破大型販毒集團只會製造權力真空，較小的集團會爭相填補真空。大獎花落最殘暴的競爭者。自二〇〇五年以來，墨西哥內部毒品戰爭引發的謀殺案已達三十萬件，數目仍在增加。[2]

中國邊境上卻沒有這場惡夢。中國政府沒有打散鄰國的大型販毒集團，而是跟佤邦聯合軍交好，因為它知道一隻大鯨魚比一群食人魚好。中國提供先進武器給佤族，確保沒有人(不論是緬甸軍隊或緝毒局)能打敗佤邦聯合軍，進而在其後院造成動亂。同時藉由確保鮑有祥跟魏學剛這兩位佤邦的肌肉跟腦袋，都得依賴它來生存，而得到對佤族政府的完全控制。

掃羅的情報解釋了中國如何宰制佤族。除了監控毒品貿易發展，他總是空出一隻耳朵留心佤邦聯合軍－中國聯盟在其他方面的資訊，如貿易協議、武器升級等等。例如在一通給比爾的電話訊息裡：「五名人民解放軍顧問即將抵達，培訓佤邦聯合軍的重型武器部隊。訓練一二〇公厘迫擊炮及SAM。」即地對空飛彈。提及一些新發現後，掃羅會掛斷電話，關機，將衛星電話放回洞裡，用幾把土埋起來。這就是標準流程。在電話中停留可能會被截獲。

去見「山上的摩西」之前，惠倫會大量購買衛星電話卡，用來給掃羅農場裡隱藏的愛立信國際航海衛星電話加值通話費。比爾可以從遠端加值通話費。暗中觀察佤邦聯合軍高層的對話至關重要。「當時，」惠倫說：「掃羅跟肖明亮甚至鮑有祥之間的關係都不錯。他告訴我們，他們跟魏學剛之間的權力鬥爭。他為我們所做的一切，都令我十分敬重。老兄，掃羅就跟鐵釘一樣堅忍不拔。」

但是掃羅很少流露情感，他把感受藏在堅如花崗岩的疤痕組織之後，所以約翰·惠倫幹員無法感受到機密線人的痛苦。這種痛苦在掃羅的心中發酵：還有很多事情要完成，但時間正快速流逝。

「我跟比爾，我們是創造歷史的人，」掃羅告訴我：「我們被派來這裡改變世界。」然而，身為機密線人，他只是用一點一滴的密語記錄著其他強大要角的言行。「我告訴比爾，我對自己的生命感到失望。我不覺得我們帶來任何改變。」比爾會伸手拿起打火機，生病期間他仍舊持續抽菸，吐出灰色的煙霧，浮在天花板上。然後他會丟出更多「瘋狂計畫」，彷彿上一個威士忌阿爾法行動並沒斷送在緝毒局手中。

比爾騙誰呢？他們這個異類聯盟裡的每個人，都處於某個毀滅階段。沙赫因為自然罹病，在醫院裡掙扎求生。麻哈散已經去世；泰國警方逮到他涉嫌販毒，二〇〇七年死於獄中。趙尼來二〇〇九年最後一次致命中風，而後葬在班歪。「比爾也生病了，」掃羅說，「他會在講話時睡著。他不像平常的他。」

掃羅無法忘記在某次會面中，比爾講出的喪氣話，那次會面是惠倫不在場的私下時刻。比爾通常譏諷輕蔑，從不陷入感傷。「但我永遠不會忘記。他說：『掃羅，如果你無法實現你的夢想，那我也不想活在這世上了。』」

雅各的初中課程規劃已經完成。他用自己的錢，印出原型教科書，線裝與釘裝版本，加上原創藝術裝飾，想給文盲老闆留下深刻印象。每本書的封面都是一幅鉛筆速寫，描繪一隻孤獨人眼凝視著點燃的蠟燭，燭火象徵啟蒙。在教育部門辦公室裡，雅各把書攤開在桌上，欣賞自己的作品。辦公室很安靜，塑膠掛鐘的秒針滴滴答答地轉動。

這一天終於到來，在約定的會議中，老闆終於要審視雅各的努力成果。部門主管只須哼幾聲同意，拍拍雅各的背，並分配經費進行印刷跟配送。遲到的老闆終於現身時，他心情不佳，就像個被孩子的演出所打擾的賴帳父親一樣。雅各引他到桌邊。老闆用尼古丁薰染的手指撿起《佤語課本三》，翻閱書頁，然後放下來。因為讀不懂標題，他盯著封面上的畫，皺起了眉頭。

這是什麼意思？有人燒了自己的眼睛嗎？

不是的，長官。這是燭火照亮前路。

老闆點了點頭，隨意翻動其他幾本書，意興闌珊地讚美一下雅各的努力。他承諾會在下次部門會議上提起此事。但是當部門會議結束，卻未提及新課程時，雅各不得不揣想，他是在冷落我嗎？之後，這位前游擊隊員嘟囔著沒錢印教科書，然後就走了。

雅各雖然天性順從，也無法壓抑內心湧起的憤慨，幾乎要燒灼他的舌頭。印教科書不用多少錢，關鍵是他們母語的未來。他的老闆竟是如此短視？懶惰？嫉妒雅各的才華？雅各對抗自己順從的本能，對上老闆，逼問他。

他說，停下來。好好解釋。

他的老闆只是輕蔑地看著他，咆哮道：雅各，別再提這件事。明白嗎？就算了。

「好幾年的生命，就這麼浪費了。」雅各告訴我：「我的希望就這麼消失了，無影無蹤。」他看見殘酷的事實，任何夢想，無論多渺小，都無法抵擋佤邦聯合軍的無情打擊。就連教育佤族青少年學習自己的語言，教他們看見自己的民族如此獨特高貴，而非拿老舊中文教科書灌輸他們。對這個短視的政府來說，即便這點期望都是徒勞。雅各感受到，就跟古代一樣，高地佤人無法超越家庭氏族，以集體的方式努力建設更美好的明天。他渴望讓自己的同胞脫離這樣的痛苦，但是他們並不想要被他拯救。

幾個月在模糊混沌中過去。原型教科書被塞進一個角落紙箱。雅各很少在家。當同僚叫他出去狂歡時，他找不到理由拒絕。他加入一群愛喝酒的混混，他們喜歡給聖經男孩灌白酒跟約翰走路黑牌威士忌。如果他醉醺醺抱怨自己的蠢老闆，他們就問他幹嘛在死胡同的教育部門工作。像雅各這樣年輕聰明的人可以辭職，去服務真正有權的指揮官，也許還會發財。

二〇一〇年九月三日，星期五。

直到深夜雅各才返回農舍，他在月半光亮之下沿著小徑走上來，這時的月光夠亮，甚至可以看清月球表面的灰色坑洞。接近前門時，雅各感覺有些不對勁。前廊上到處是散落的紙張，隨著夜風飄散，擦過水泥地面。

屋內一片狼藉，家具倒地，床墊被拖到客廳劃破，棉花內容物散落在地磚上。書籍散落在地板上，頁面被撕下，文件盒也翻倒。掃羅的妻子瑪麗面色凝重，試著整理環境；雅各的妻子葛蕾絲從他們的臥室走出來，眼睛紅腫。我試著聯絡你。七八名軍官來翻搜房子。他們在尋找某樣東西，卻又不說是什麼。他們帶走父親。掃羅不見了。

雅各問他們的制服是什麼樣子，像邦桑警察穿的黑色制服，還是士兵穿的深綠色制服？葛蕾絲太混亂了，想不起來，只是她從未見過那種制服。她說，他們自稱「特警」。雅各嚴肅點點頭。這不是好兆頭。葛蕾絲又開始啜泣，一次次低吟緬語的「**為什麼**」：為什麼，為什麼，為什麼——拉長的母音悲傷惆悵。雅各沉默不語。他不知道岳父到底做了什麼，但他知道掃羅為什麼要這樣做。那老人無法自拔。

第二天早上，雅各穿上他的佤邦聯合軍迷彩服，帶著葛蕾絲跟瑪麗去邦桑中央監獄。警衛在前門攔住他們。他們說，你們不能進去。雅各命令他們喊出典獄長。警衛拒絕。三人持續騷擾，直到典獄長終於衝出來，大喊他們若不回家，就把他們抓起來。

告訴我們，你們把他關在哪裡，雅各說。

誰把他關在哪？我從沒說過**他**在這裡。

雅各查覺到典獄長的誇張演出，懷疑他想在警衛面前演出硬漢形象。這是另一個壞兆頭。掃羅被指控的罪名肯定非常惡劣，因此官員不想讓大家知道，他對叛徒家庭有所憐憫。聽著，雅各對典獄長說，你不能只給他吃牢飯，掃羅是糖尿病患，我們每天都會帶正常食物過來。夠給你跟警衛吃，但你最好分一些給掃羅，免得他病死。

接下來幾週裡，他們用瑪麗烹煮的食物打點監獄，總是輪流帶來掃羅最喜歡的菜——炒發芽黃豆（pe pyote）——以發出訊號：我們知道你在那裡；我們會努力讓你出來。但他們不知道掃羅究竟是被困在那間水泥監獄，還是埋在森林裡。

雅各不再去上班，他整天躺在床上，卻很難入睡，日漸煩躁。失去掃羅的農舍，感覺空蕩蕩，一片寂靜，空氣中瀰漫著烹飪油的香味。一天下午，雅各拿起手機，打給他認識的人裡最遊手好閒的一位。他問海洛因是什麼感覺。對方回答，舒服。你不會再在乎世上任何事。

那就是他想聽到的。自雅各有記憶以來，他一直都在關心，關心到心都要炸開了，還要再關心一點。努力做好人的結果，對他自己、對掃羅，對他所認識的任何人都沒好處。現在該是全心做點壞事的時候。

清算

掃羅在狹小的牢房裡醒來，四周是水泥磚牆，他躺在冰冷的水泥地上，全身疼痛。他明明在室內，怎麼會聽到鳥叫呢？等到眼睛適應之後，他發現牢房一半的屋頂不見了，少掉的部分框出一片方形的瓷藍色天空。

他在家中被抓，途中就開始遭到毆打，入獄後持續毆打。掃羅的綁架者將他從房間移到暗室，讓他失去了方向感。他想不起那些人的臉，或是進入這間牢房的過程。他的脖子上被扣了一具生鏽的鐵項圈，他一定是在夜裡試圖掙脫，因為他的指尖染上橘色。

過了一會兒，鋼門打開了，進來四名衣衫整齊、看似華人的男子。一人蹲下移除他的項圈。他把掃羅拉起來，背靠在牆上。

我在哪？

最高戒備區。

我犯了什麼罪？

不服從。未經授權與西方國家接觸。不愛國行為。

你們是魏學剛的人？

他們忽略這個問題。我們知道**你**是誰。

我是誰？

你是中情局的貴賓。

這些人有他多年來前往清邁的所有行程紀錄。他們知道比爾・楊，但認定他是現役中情局幹員。掃羅抗議：「我這輩子從沒跟中情局講過話」，但這只是讓他的綁架者更不爽。他們說緝毒局跟中情局是同一個機構，沒有必要裝蒜。展開審問之後，他們問的是關於緝毒局的「熱點行動」（Operation Hotspot），又叫「找尋毒梟行動」（Spot a Druglord）的問題。這個行動是九天前啟動。1

掃羅說他從沒聽過這個行動。他說的是實話。

這次行動是由美國緝毒局幹員在泰國執行。他們將魏學剛（過時二十年）的照片印在海報、衣服、火柴盒、杯墊跟其他小物件上，在泰緬邊境附近的低級夜店及大城市紅燈區裡發送。曼谷、普吉島跟芭達雅的色情酒吧員工，穿著印有「通緝魏學剛——懸賞高達兩百萬美元」字樣的T恤；調酒師在啤酒瓶外面，套上印有魏學剛照片跟緝毒局熱線的保冷套。

緝毒局稱這是「積極的社區外展行動」，意圖敲打樹叢來抖出一些線索。但整個計畫建立在荒謬的想法上，他們認為魏學剛可能偶爾會溜進泰國，在迎合西方遊客的夜店裡喝啤酒、瞧瞧比基尼女孩。根本沒考慮到魏學剛不喝酒，也鮮少離開他的邦桑豪宅，更何況他若在泰國被抓，將面臨死亡注射的命運。

伴隨這次行動的媒體宣傳中，緝毒局官員將魏學剛標榜為佤邦聯合軍的「財務天才」，也是「犯罪組織的執行長」。或許，把魏學剛的照片貼得到處都是，是想讓這名毒梟心煩意亂。也許，稱魏學剛為組織的「執行長」而非鮑有祥，是希望激化鮑魏兩人之間的競爭。根據一份美國機密文件顯示，兩人關係有如「火藥桶」，一觸即發。[2] 但掃羅無法解釋緝毒局的想法，他跟熱點行動無關，他的上線比爾・楊及約翰・惠倫幹員也跟此事無關。這是以曼谷為中心的緝毒局遠東部門所構思的。

掃羅的綁架者卻不這麼認為，他們打算用木棍逼出真相。無論何時，只要他們一出現，有時兩人，有時四人，就會把掃羅壓倒，擊打赤裸的後背，傷及內臟。他們手法精練且冷靜，幾乎從沒因為憤怒而提高聲量。一個月後仍無結果，掃羅的說法不曾改變，於是審問者改變作法。簽這個，他們說，拿出一份列印好的聲明：「我，掃羅，是中情局間諜及國際毒品販子。」他搖頭拒絕。審問者沒有咒罵或大喊，只是拔出木棍，繼續他們的工作。

掃羅幾乎從未離開牢房。多數時候，他都是獨自一人，縮成一團保持溫暖。他們每天餵他兩頓稀薄的碎米粥跟芥菜；偶爾一名佤族守衛，會偷偷送來瑪麗做的家常菜或一些藥物。掃羅總是口渴，知覺如流動的凍結泥漿。十二月的細雨打在露天的水泥地上，但當掃羅退到乾燥角落時，門就會大開，審問者將他拖回潮濕的那一邊，逼他在寒冷細雨中濕透。

無雲的日子裡，掃羅會展開疼痛的身體，躺在被陽光曬暖的水泥地上。他的思緒飄回一九六七年的冬天。他在班歪的頭幾個月，看到佤族母親，胸前奶著嬰兒，從木屋走出來，在寒冷清晨裡尋找一塊陽光之地。去罌粟田之前，她們會把赤裸的嬰兒放在陽光照射的地面，讓他們的身體暖起來。掃羅曾說，姊妹，這冷得足以把水凍成冰！為什麼不給這些嬰兒裹上棉布？她們只是茫然回望。我們就是這樣，年輕人，我們過得很好。

關押的第三個月，掃羅的嘴唇失去感覺，雙腳麻木得像石頭。他脖子上有一道永遠不會癒合的傷口，倘若扭動頭部，鐵項圈就會把鐵銹揉進血裡。毆打的力道愈來愈強。有一次，綁架者打得太用力，棍子竟然斷成兩截，鈍的一端飛出，砰的一聲撞到牆上。他們不再費心展示假的認罪書，只是揍掃羅，然後把他留在地上呻吟。

為什麼不一顆子彈送進腦袋呢？

為什麼要這樣慢慢謀殺他？為了要給他最多痛苦嗎？

掃羅不這麼認為。魏學剛不是個好戲拖棚的人，更可能的是他算過，直接殺了掃羅會激怒佤邦聯合軍的鮑有祥主流派，這個派系以掃羅的同情者聞名。審訊中造成「意外」死亡，可能比較容易被接受，給他的生意帶來最低干擾。魏學剛本來可能預期掃羅會在頭幾週就死掉；多數六十六歲糖尿病患者都會死掉。但掃羅最後的反抗行為，就是打算以最慢的速度死去，激怒他的敵人。

鮑主席的核心圈子很清楚，掃羅是個麻煩人物。但他是**他們的**麻煩。

多年來，他們讓掃羅留在身邊，因為他以坦率直白的方式，鼓勵大家無論有多不方便，都應該去做正確之事。他對「正確之事」的詮釋，有時跟現實脫節，但他們總是願意聽他說。隨著魏學剛的影響力漸長，掃羅的吸引力也在增加。特別是，佤族領袖認為魏學剛基本上是個中國人，且他象徵著中國過度干涉佤族事務。對他們而言，佤邦聯合軍的統治需要像掃羅這樣的人，敢於說出讓人不安的真相，無悔捍衛他們種族的人。

整體來說，即便他跟熱點行動無關，魏學剛的指控確實戳中掃羅。不服從？有。未經授權與西方國家接觸？這是典型的掃羅。但不愛國的行為？這要看你怎麼看。掃羅對佤族國家的愛，就像父母愛一個誤入歧途的孩子。然而魏學剛，除了錢跟權以外，一點也不假裝對任何事情有愛，儘管錢與權都沒給他帶來明顯歡樂。

到了二〇一一年初，掃羅仍勉強維持著生命時，鮑有祥面臨兩個選擇。選擇一，讓魏學剛處理掉掃羅。畢竟，魏學剛揭露了掃羅是個告密者。雖然鮑有祥跟其他領導人並不知道掃羅背叛佤邦聯合軍的程度——他們並不知道九年前那場流產的「威士忌阿爾法政變」。但無可否認的，掃羅確實向佤邦聯合軍的公開敵人美國告密，這類「未經授權的接觸」犯行，當然該受懲罰。然而，對高級佤族軍官來說，美國正變成抽象遙遠的威脅，他們反而更加關注這場對峙的種族動態：貧窮的純佤族前領袖掃羅，被很少露面的華裔混血毒梟抓在手裡。

鮑有祥的第二個選擇呢？從魏學剛的掌控下救出唯一有勇氣挑戰毒品大亨的人。這是更加危險的舉動。魏學剛憤怒之下，可能會切斷維持佤族政府運轉的關鍵收入。在鮑有祥還在深思熟慮之際，掃羅的情況逐漸傳開，現下他不再只是個囚犯，他成了主席能否控制財政首長的嚴峻考驗。掃羅的命運將揭示誰才是真正的掌權者。

「所有軍官都在議論紛紛。」雅各說：「我被拉到一邊告知：『你岳父捲入一場巨大的政治風波。別被拖下水。』」

這個警告直接來自雅各的新指揮官，鮑有祥的侄子之一。雅各在憂鬱症發作期間，聽從朋友的建議放棄教育部門，追求真正的權力。他很快被負責納高（Naung Khit）區的旅指揮官收編；納高是佤邦聯合軍的西部區域，緊鄰緬甸本土。指揮官聘他做副官。「我想要在一通電話打給伯父就能輕鬆成事的人底下工作。」雅各告訴我：「而且很開心他不打麻將。」

這位指揮官是個五十多歲、體格壯碩、頭髮剪得很短的勤奮男子，也不喝酒。他得保持腦袋清醒。鮑家是個大家族，許多子侄互相競爭重要職位。這名侄子通過清廉生活跟辛勤工作爬到頂端。他將過去罌粟覆蓋的起伏山峰，轉成橡膠樹、稀有木材跟粉紅興奮劑的利潤之地。「我想你知道我在說什麼。」雅各說：「卡車總是在深夜進進出出，把東西運到邊境。」

身為副官，雅各管理指揮官的行程。他安排跟外國投資者（中國跟緬甸）及其他佤邦聯合軍軍官的會議。兩人來回穿梭在納高跟首都之間，雅各駕駛一輛黑亮的豐田休旅車，車窗貼上深色隔熱膜，連佤邦交通部門發出的車牌也是黑色。雅各的正式薪水仍舊很糟，每月大約二十美元，但這只是他實際收入的一小部分。指揮官時不時會抽出一百元人民幣，塞進雅各的胸前口袋。

為了你的家庭，他這麼說。

但大部分現金都流向雅各的藥頭。

「我能說什麼？我是個壞人。抽煙、喝酒，有時候粉紅藥丸。但多數用四號。」這是毒販的行話。罌粟經過四個階段變成海洛因。第一步：收集鴉片。第二步：將它煮沸，加入化學物質，曬乾成塊狀嗎啡粉末。第三步：進一步精煉成可以注射的焦糖海洛因。第四步：純化成中國白粉。只需三十元人民幣（五美元），雅各就可以買到一顆「四號」，大小跟顏色就像智齒。搖晃袋子，將毒品粉化，撒在錫箔上，然後從塑膠吸管吸煙。「第一次之後，我就停不下來了。不到幾星期，我就上了癮，得靠它才能做事。」但雅各認定自己很低調，指揮官對他幾乎天天要用海洛因的習慣一無所知。

現在他可是鮑家侄子的左右手，雅各利用他已經提高的地位，說服一些獄警幫忙讓掃羅活下來。他們在典獄長的眼皮子底下，偷偷帶進家常菜跟藥物。但三月初，其中一名聯絡人告訴雅各，他的岳父正處在死亡邊緣。一名佤族守衛發現掃羅在牢房內，哭泣昏迷，右半身無知覺，彷彿跟大腦斷開連接。掃羅無法站立或說話，需要立即醫療救助。緊急訊息傳出，驚動高層進行磋商。

鮑有祥沒有多餘時間可以考慮，他被迫採取行動。幾小時內，主席辦公室下達指示：將掃羅送往中國的醫院。雲南省公安廳可能不會喜歡佤邦聯合軍，將奄奄一息的親美間諜送進他們國家，但鮑有祥可以向他們解釋。最接近的像樣醫院在東邊一百多英哩的中國城市普洱。鮑有祥命令屬下盡快將掃羅送到那裡去。

幾週後，雅各接到電話。你岳父活下來了，他正從普洱的醫院回來。來邦桑邊境接他。

雅各開車到橫跨南卡河的橋，那是佤邦通往中國的主要門戶。他開過一座飾有黑色石牛頭的巨大石拱門，來到邊境檢查站。掃羅坐在輪椅上等，孤身一人，面色灰暗，飽受風霜。

雅各停下車，走近，掃羅脖子上的東西讓他倒退了一步。那是個火山般的傷口，結滿白痂。掃羅用沙啞的聲音轉述中國醫生的診斷。他勉強撐過中風，但右半邊身體會間歇性癱瘓，很可能永遠如此。他的血壓高得嚇人，腎臟幾乎都壞了。掃羅說，我也許還能活一段時間，也許不行。儘管掃羅的刑事案件尚未解決，佤邦聯合軍中央委員會已經下令，允許他在家休養，但要受魏學剛「特別警察」的嚴密監視。

你呢，孩子？你還好嗎？

雅各遲疑了。他感受到昔日導師的目光：審視，評判。他努力忍住淚水。

我還好，父親。

我希望如此。我需要你堅強。

他們開車回到農舍，雅各幫助岳父上床。最初的幾天，掃羅大多在睡覺。掃羅的消瘦讓瑪麗和葛蕾絲大為震驚，準備了富含維他命的飯菜來為他補身體：水煮豌豆、牛肉湯和大量青菜。

但家裡沒人能放鬆下來。魏學剛的手下臉色陰沉，腰間掛著手槍跟警棍，不時不請自來，四處查看。瑪麗說，隨便看，看看他，他能傷害誰，他連走路都不行。有時候魏學剛的手下立刻離開；有時候在門廊上徘徊，抽菸。

掃羅等了約一星期才展開行動。某天夜裡，他用健全的手臂掀開毯子，滾下床，倒在地上。他的右半邊並非完全癱瘓，只要努力，他還是能爬行。他像烏龜一樣移到臥室門口，穿過房子，進入庭院。他繼續前進，一寸一寸爬到果園。掃羅找到正確的位置，用左手抓掘鬆軟的土壤。祈禱他們還沒找到它。當手指摸到土壤下的塑膠硬物時，他讚美上帝。

掃羅將愛立信衛星電話的六點四英吋天線全部拉開，按下電源按鈕。螢幕發出原子綠光。他腦袋裡記得那個號碼。

當比爾以低沉的聲音接通時，掃羅在舌頭能動的幅度內盡快交代，怕電話斷線前沒法講完一切情況：虐待，中風，魏學剛的人隨時可能出現。你得幫我，比爾。

比爾？

嘶嘶聲中，掃羅聽到醜陋粗重的呼吸聲。比爾說，我很抱歉。你是好人。掃羅，緝毒局打破對你的承諾。他們讓你失望了。我很抱歉。

聽起來比爾似乎在哭，或者溺水。掃羅不知道該說什麼，只好說再見。兩人再也沒有交談。隔週，二〇一一年四月一日，比爾．楊用柯爾特點三二口徑手槍自盡。清邁警方發現他在家中身亡，手中握著手槍，另一手握著祖父的銀製凱爾特十字架。

儘管掃羅一生嚮往美國及其所謂的救贖倫理，但如今沒有哪個美國人能救他。他能否存活完全端視自己的同胞，亦即飽有祥跟他的佤邦聯合軍派系。在農舍裡，他躺在毯子下，等待著命運的到來。此刻他甚至覺得比在水泥磚牢房裡還要孤獨。

他可能死於器官衰竭，或被暗殺。佤邦聯合軍也許會採取正式途徑，順魏學剛所願，蒙住掃羅的眼睛，在那個土丘上處決他。或者，也許在跟魏學剛的拉鋸戰中，佤邦領導層裡的同情者會勝出，讓掃羅繼續在家中軟禁，而非入獄，至少可以在自己床上逐漸衰退。

掃羅不知道的是，一些佤邦聯合軍中央委員會的官員正忙著謀劃讓他自由。他們急於將他悄悄送出佤邦，盡快、無聲，以免魏學剛再次出手。幾個月來，他們跟緬甸軍方的對口單位進行談判，這個國家正處於動盪之中。第一書記欽紐已不再是獨裁者，其他軍方將領在二〇〇四年的內部政變奪位。緬甸的新政府意圖改頭換面。軍政府希望蛻變，建立一個由退役將領組成的文人政府，穿著紗籠而非綠色軍裝的立法者，自稱民主人士。他們希望通過美化國家形象，說服西方國家解除嚴厲的制裁，帶來外國資金，減少緬甸對鄰國中國令人憂慮的過度依賴。

二〇一一年三月，大約是掃羅獄裡中風的同一時間，緬甸軍政府正式解散。甚至還讓翁山蘇姬離開軟禁，並在六月允許她在仰光家中會見美國參議員約翰·麥坎（John McCain）。此舉為後續更驚人的訪問鋪路。國務卿希拉蕊·柯林頓（Hillary Clinton）也造訪了蘇姬的湖畔宅邸，並給她的寵物犬送上一個咀嚼玩具。隨後，巴拉克·歐巴馬（Barack Obama）總統飛赴緬甸，解除制裁，親吻蘇姬的臉頰，並鼓勵美國公司投資這個曾遭譴責的國家。

佤邦聯合軍中央委員會成員抓住美緬之間這場前所未有的「愛的盛會」。他們敦促緬甸官員寬宥老叛徒掃羅，讓他返回緬甸本土——這次不會再把他吊在樹上。他們說，他現在無害了，太虛弱，沒辦法再跟美國人搞什麼名堂了。緬甸官員默認，佤邦聯合軍的二把手與副司令肖明亮，開始策劃在黑暗掩護下撤離掃羅。「肖明亮來我家告訴我這個消息。」掃羅說：「他臉上流著淚，他說：『掃羅，我真希望不必這樣。我們會記著你。你永遠留在我們心裡。』」

七月中旬，全家在日出前悄悄離開邦桑。掃羅、瑪麗、葛蕾絲跟兩名孫子，乘坐的車輛由肖明亮的持槍護衛陪同，以防萬一。他們沿著柏油路蜿蜒下山時，黎明正當破曉。掃羅人生中最後一次看著佤山像龍脊一樣朝向天際隆起。下山途中，松樹愈長愈高，空氣變得濃厚，堵住了他們的耳朵。他們穿過最後一個佤邦聯合軍檢查站，就在緬甸城市當陽（Tangyan）附近；每個人都承認，緬甸側的道路比中國工程師修建的佤邦道路要差得多。當他們到達山腳時，雨水打在擋風玻璃上，風中帶著熱泥的氣味。

他們開到臘戌山上的舊屋前停下。家看起來跟他們離開的時候差不多，海沫綠的房子，有些泛黃的百葉窗。親戚把房子維護得很好，正如鄰里佤人精心維護著對街的紅磚教堂。白色閃耀的教堂大門外側，畫著血紅十字架。前方粗鍊上仍舊懸吊著氧化成棕粉色的彈殼。

但這個家少了一個人。雅各並未一同撤離到臘戌。他選擇留在佤邦，在那裡他可以安心地自我毀滅。

像穿著一頂鉛斗篷一樣，雅各為憂鬱沮喪所襲罩。有段時間，海洛因就像廣告所說的那樣有效：減輕他的疲累，帶來幸福的冷漠感——對他的同胞、他的家庭及他自己的存在。但他抽得愈久，恍惚迷幻的時間就愈短暫，直到海洛因只能緩解腸絞痛跟不停流鼻涕的發燒，好讓他能以清醒的頭腦厭惡自己。

他的家人搬離邦桑農舍後，雅各搬進位於納高鄉下的指揮官鄉間別墅。他住進副官住處，居家空間整潔精緻，還有僕人供使喚。外面土地上停著福特和豐田的車，一整隊卡車跟休旅車，而雅各擁有每輛車的鑰匙。留在我身邊，飽有祥的侄子對他說，你將什麼都不缺。

雅各只想要他的希望回來。深夜時分他會坐著，懷裡抱著一本聖經，翻動極薄的紙頁，對神低語。主啊，我怎麼了？生活感覺如此沉重。我試著做個好父親，好丈夫，好女婿。但這份負擔太沉重了。他曾希望搬到邊陲地區，遠離他在邦桑的藥頭，就能迫使自己戒毒。但不到幾天，他就開始哀求佤邦聯合軍的運輸卡車司機，代他在首都買點毒品，偷偷帶進納高。雅各流失體重，眼睛上覆著黃膜。「我不知道怎麼可能四個月來指揮官都沒發現。但最終他還是發現了。他很失望。『像你這樣聰明的人？怎麼會吸**海洛因**？』」

指揮官告訴雅各，躲在房裡，出汗排毒。必要的話，可以消失幾個月。無論如何，都要解決它。雅各，只管解決它。不到一星期，雅各又開始吸海洛因。於是指揮官把雅各送到當地禁閉室，把他關進去，說六個月後回來接他。佤邦聯合軍的看守把雅各的綠制服換成薄袍，將他送進一間關滿逃兵、小偷跟其他吸毒者的院子。除了雅各，每個人都戴著腳鐐；看守不會給高級副官戴上腳鐐。

他的身體發生暴動，肌肉抽搐，關節嚎叫，液體從上下兩端噴出。戒斷症狀消失時，一種比他過往經歷更加深重的憂鬱等著他。某個邪惡的聲音在他的靈魂裡棲身，引誘他結束這一切。生活如地獄般的單調，六個月彷彿一世紀。

雅各被釋放的那天，他的指揮官在監獄門口接他，遞給他一支黑色電子鑰匙，一輛停在附近的越野車鑰匙。現在你好多了，他說，我可以幫你買棟房子跟車子。你可以把妻子帶來這裡，她可以開一家賣山羊的小店。把全家都搬過來；當然，除了你岳父以外。雅各往前開的時候，指揮官持續喋喋不休，指揮著雅各未來的生活。

雅各抓緊方向盤，直視前方，盯著彎曲的柏油路，兩側擠滿矮樹，樹枝像手指一樣。他已經好幾個月沒跟葛蕾絲說過話。他要怎麼跟指揮官解釋，他的妻子因為佤邦糟蹋毀壞她的父親，而憎恨這裡；她也憎恨雅各沉溺於熱鋁箔上的海洛因煙霧，放棄了家庭？

長官，我在想。也許我可以去跟家人過聖誕節。

指揮官在位子上動了動。不，不，不。我得緊盯著你。別讓我再說一次。

那週稍晚，指揮官有個首都會議，通常身為副官的雅各會隨行記錄。他的指揮官寫字時相當吃力。但雅各推辭了，請求更多休息時間，適應出獄後的生活。指揮官說，好吧。我走後，你好好休息。幾天後見。

第二天一早，雅各起了個大早，走到納高市場。兩手深深插在口袋裡，身體縮起來抵禦寒冷。

他看到水泥地對面停著一輛沒熄火的皮卡貨車，便走過去。兩名佤邦聯合軍軍官喊著他的名字——雅各！你去哪？嘿！——但他沒回頭。他敲了敲卡車的擋風玻璃，舉起一捆現金讓司機看見。一捆深紅跟寶藍色鈔票，總共六萬緬元。大約七十美元。送我去臘戍，這些就是你的。司機要他上車。

行程花了四小時。下午，雅各就站在岳父家熟悉的綠屋車道上。他少年熱戀時期，曾在這房子裡的黑白電視上，看著可怕的緬甸宣傳片，只為了坐在葛蕾絲身旁，這位後來有一天在掃羅主婚下娶的女孩；他孩子的母親；他為了中國白粉而忽略的妻子。

雅各走進屋子，發現老人坐在客廳裡。他站在他面前，落魄潦草。脊椎像條撐不住的濕麵條，臉上帶著羞愧。他述說自己的罪行，乞求寬恕。他知道，無論掃羅如何衰弱，無論在祖國有多少醜聞纏身，他依然是家庭事務的最終裁決者。大家長一旦下了決定，雅各這個海洛因毒癮逃兵，就將面臨逐出家庭的命運，再也不能跟妻子同床共枕，也無法再感受到孩子的愛。

沉默令人難以忍受。然後，掃羅開口。「兒子，你碎成片片。但這不是哭泣的理由。這表示你需要重建。」

家人把雅各送進一處浸信會戒毒所：藏在緬甸山區的竹蓬營地。他跟其他康復者一起住在露天宿舍裡。所有人都將自己的身心交給叢林裡的信仰治療師，這些眼神火熱的人用洗禮儀式治癒毒癮慾望，狂熱的拍打中，將人反覆往後壓進冷水裡。

毒癮者清早起床下田工作。慵懶的午後，他們閱讀聖經。每晚，他們手牽手，在歌聲裡讚美上帝。雅各沉浸在儀式中。他變得不再是擁有自己渴望的離散靈魂，而是融入群體中，成了人流中的漣漪。「我學會放手。我的皮膚下潛藏太多憤怒。我一直想著在教育部門的失敗。通過放手——放棄控制世界的欲望——我接受了上帝的旨意，最終找到平靜。」

我問他掃羅是否也曾找到同樣的平靜。

「說實話，派屈克，我不知道。也許沒有。直到最後，他都想在世上留下自己的印記。」

二〇一九年十月三十一日。

臘戌。一個無風的下弦月夜晚。

掃羅躺在樓上的床上。大約晚間七點半，他的手機響了起來。葛蕾絲的名字閃爍在螢幕上。他接了電話。他的女兒從她家後花園打來，踱步在香蕉樹下，提到晚餐桌上的白人。他想見你，父親。我該怎麼說？

美國人？

我想是的。

帶他過來。我下來。掃羅從床上起身，重新繫上他的長裙。他的右側癱瘓現在已經半痊癒，只是偶爾發作。他給禿頭戴上一頂藍色棒球帽，然後喊來女傭。有客人來了。煮茶。

當掃羅搖搖晃晃下到客廳時，陌生人站在那裡，穿著黃褐色長褲跟淡藍色襪子。皮膚白皙的尖鼻高個男子，凝望著牆上一幅仿金框裡的照片。照片中看著美國人的，是一九九三年春季時節的掃羅，肖像裡的他身著全套佤邦聯合軍軍裝。肩上配有黃銅肩章，腰間佩戴一把左輪手槍的瀟灑身影。當時掃羅四十八歲，那是他人生中最重要的歲月。趙尼來主席剛任命他為外交部長。透過美國緝毒局，他正準備將佤族跟美國文明結成永久聯盟。這個夢想在他心中熾熱閃耀，照片中掃羅的瞳孔像閃閃發光的黑珍珠。

那天晚上，掃羅跟我一直聊到近午夜。這是後來多次相遇的開始。多年後我問瑪麗，她丈夫對於一個在黑夜裡出現，手拿筆記本，滿腦子刺探問題的外國人是什麼看法。「你確實讓我們很震驚。他不得不想，他是緝毒局幹員嗎？還是中情局？我們討論過。但他認為你只是個普通人。『瑪麗，』他說：『我認為那個人要寫一本關於我的書。』」

我不得不笑。那天晚上意外闖進掃羅的生活時，我幾乎無法理解他所說的一切——頭顱、軍閥、海洛因——也幾乎不知道該相信什麼。直到後來，找到那些曾經跟掃羅一起戰鬥或密謀的人，甚至是對抗他的人（包括那些名字不能出現在這些頁面的消息來源），我才相信他的故事是真的。除了一些自然的記憶失誤之外。掃羅視自己是遭到歷史忽視的傳奇人物，直到我的出現：一個不知情的上帝工具，在最後一刻被派來糾正這個錯誤。雖然他永遠也看不到那個十月晚上他所預言的這本書。

二〇二一年夏季。

緬甸。從山麓到海岸都騷動不安的國家。

軍方跟民主派的調情大概持續了十年。將領自認為受到廣泛愛戴；然而令他們沮喪的是，一系列選舉中，人民持續把票投給翁山蘇姬的政黨，而非軍方的政治傀儡。因此他們發飆了。那年二月，軍方把坦克開上街，抓捕當選官員，宣布軍政府再度掌權。

嘗到一點自由滋味後，群眾的反抗比以往更盛。對和平遊行感到厭煩，新一代的低地異議分子奔向邊境地區，懇求少數民族——克倫人、克欽人、欽人跟克倫尼人——教他們怎麼戰鬥。他們買來黑市槍支，學習製造炸彈。他們將軍政府官員射殺在家中，用路邊炸彈炸毀軍隊的車隊。軍政府為了發洩怒氣，一把火燒了涉嫌藏匿革命分子的地方，各地的寺廟與診所、整個社區，甚至還有孩子在內的學校。軍政府甚至將異議人士斬首，曝屍街上供眾人觀看。[3]

與這場內戰同步發生的，是新冠病毒在緬甸各地蔓延。軍政府占領醫院，囤積氧氣罐供應自己軍隊使用，許多早因戰時食物短缺而營養不良的人民，因為缺乏基本藥物而死亡。普通家庭別無選擇，只能把自己鎖在家裡。雅各發給我的簡訊愈發嚴峻。「兄弟，這個國家是場惡夢。每個人都感染病毒。請為我們祈禱！」

但從獵頭人、共黨游擊隊跟各種奇詭酷刑中生還下來的掃羅，並不怕瘟疫。儘管家人警告，他也不願留在室內。「我岳父好像自帶魔法一樣。他想跟人們在一起，即便街上空無一人。」

七月二十八日，雅各通過加密聊天發來一張掃羅的照片。我看到他躺在床上，頭迎著枕頭，聖經放在木製床頭板上。死亡的蠟白顏色。一名身著藍色生物危害防護衣的醫務人員坐在床上，帶著橡膠手套的手捏捏掃羅的臉。他們來移走他的屍體。

嗶。

又一張照片。更多身著藍色防護衣的模糊人形，站在一處土墳上。腳上沾染紅土，他們凝視著一具木棺。

掃羅的葬禮在匆忙中舉行，只有瑪麗跟幾名穿戴口罩與防護衣的人參加。這肯定不是掃羅想要的葬禮，他預期的應該是有著大批崇敬者紀念他升天的儀式，現在甚至連他的子女跟孫子女都不在場，他們大多因為感染病毒或內戰阻隔而無法出門。「我覺得很難過，」雅各告訴我：「在最後一刻，他身邊沒幾個人。掃羅肯定討厭這樣。」

他的墓前矗立著刨光硬木十字架，上面漆著白色字母。

安息

達掃羅

安息在主基督懷裡

後話

每個國家都有她的故事。關於來自何處，取得什麼成就的史詩。何為神聖，又有哪些失落。傷害了誰，為何有權傷害他們。在其他國家的故事裡，佤族總是扮演壞人的角色，但我想知道他們自己講述的故事。這是我撰寫本書的初衷。

一開始遇見掃羅是意料之外的運氣，因為他就是佤族故事的作者，如他所說的「歷史創造者」，他也證實了這一點。年輕時推動廢除獵頭，後來發起拒絕罌粟的運動，這項努力雖然遭到中情局破壞而延遲，最終仍然實現了。掃羅將自己描繪成英雄，勇敢而不屈不撓。但整理他的回憶的過程中，我意識到他是個悲劇英雄。對掃羅來說，撰寫歷史從來不夠。內心深處，他想成為寫下佤族故事的**主要作者**，而不僅是眾多作者之一。他犧牲了一切，甚至是自己的肉體，想實現一個永遠不可能實現的目標：將國家的命運跟美國的命運融合在一起，不是當時的美國，而是他心目中抽象神聖的美國。

掃羅可能比大多數美國緝毒局幹員更相信反毒戰爭。在許多方面，他是反毒戰爭教條的擬人形象，但也具有相同缺陷。他很少質疑自己的正義，或敵人的墮落。他帶著福音派傳教士的狂熱，努力淨化他的社會，「打破（毒販）的枷鎖」，這些毒販正如尼克森總統所稱，是「我們時代的奴隸販子」。掃羅就像一名真正的反毒戰士，即便失敗當前，也從未放棄。

反毒戰爭是美國歷史上最長的戰爭，已經持續了半個多世紀。由於主戰場在拉丁美洲跟美國的城市，多數人都忘記了它起源於東南亞。正是在這裡，美國大兵首次品嘗了金三角的海洛因，其中很多是從佤族農民種植的罌粟提煉而成。他們的成癮引發家鄉的恐慌，繼而引發了美國發動聖戰，挑戰外國土地上的毒品軍隊。然後就是今天的情況。

東南亞仍然是這場戰爭中的一條前線，儘管這條前線相當安靜。緝毒局仍在追捕佤邦聯合軍，但成效甚微。緝毒局總部沒有任何現任官員願意跟我討論佤族。他們說，不能討論「進行中的調查」，但他們卻不斷就墨西哥販毒集團之事接受採訪。我想緝毒局對佤邦聯合軍應該沒什麼好話，很難支持由所謂的超級反派勝出的戰爭，更難的是面對美國跟佤族的祕密歷史。這段漫長奇異的編年史，上演著中情局支持的佤族軍閥、竊聽家具、食言毀諾及惡毒的美國政府內鬥。

誠實講述佤族故事，就會威脅到美國政府，傷害我們的國家神話。另一位反毒戰爭偶像雷根總統，稱美國是世上「最強大的善良力量……團結一致」對抗「那些以毒品緩慢而確實地扼殺並威脅美國的人」。[1] 幾十年後，美國政客仍然這樣說。然而佤族經驗證明，美國並不總是團結一致，也非毫無疑問的善良力量。最多只能說，它確實強大。

哪個故事更真實？美國是對抗毒品的高尚復仇者嗎？還是個陰險帝國，講台上譴責毒梟，幕後卻與他們密謀？寫作這本書的過程中，我遇到許多善良的緝毒局幹員，致力於減少人類的痛苦，他們相信比個人更崇高的志向。就像多數人一樣，我可以接受我的政府是一部錯綜複雜的機器，各部門追求不同目標，有時會相互衝突。「美國」不是個一致的故事，而是許多故事的混合體。

是不是我們也能給予佤族這樣的寬容——同時具有多種身分的權利。捍衛先祖土地而遭到迫害的人民、兒童兵徵召者、世界帝國陰謀下的倖存者、圍繞著冰毒集團成立的國家與人民。以上皆是。事實上，佤邦就像許多其他國家，政府由年長者管理，有些人無情，有些人無私，但多數人都是介在中間。

我跟掃羅的最後一次對話，是他去世前兩個月，我問他對佤邦未來的預測。他回憶起一九六七年目睹的一幕：幾乎全裸的佤族男男女女，擠在樹幹彎曲處，那裡塞著一顆人頭。他以蒼老粗糙的聲音說，即便國家今日面臨種種困境，但永遠不會再回到那樣可怕的過往。對此，他心懷感激。

這也算是公允。但我仍想尋求他的洞見，在科技跟新興地緣政治力量塑造的世界中，佤人將面對一個什麼樣的未來。我將試著回答這個問題，分別檢視佤族社會的兩個層面：毒品精英與普通人。

冰毒生產者可以期待未來光明的前景。從佤邦湧出的甲基安非他命數量之大令人震驚。亞洲史上最大的毒品緝獲行動，發生在二〇二一年十月的泰寮邊境，五千五百萬顆粉紅藥丸及一點五公噸冰毒，藏在啤酒箱裡。泰國毒品官員向我保證這是「佤邦冰毒」，類似巨量的毒品經常偷偷越過邊境沒被發現。龐大產量歸功於一項突破性發展，佤邦聯合軍與其犯罪同謀，已經成功發展出一項新技術，可以自己合成的化學前驅體。

超大型的冰毒實驗室需要一項關鍵成分，即偽麻黃鹼或稱「偽麻」。製造一公斤冰毒，需要十公斤液態偽麻。問題在於，這是高度管制的化學物質，難以取得。因此，佤邦經營者開始大量購入一種不受管制的常見化學物質，可以輕易從中國工廠取得。這種化學品叫丙醯氯（propionyl chloride），是一種易燃的尿液色物質，用在廉價染料及殺菌劑等各種產品上。但在優秀的化學家手裡，它也是可以用來製造偽麻黃鹼的**前前驅體**。

這是新時代的煉金術，把鉛轉成黃金。任何能夠無限生產偽麻的人，都有如拿到一張不折不扣的印鈔許可證。人們很容易就認為這項創新出自魏學剛的天才腦袋。但也許不是。

「魏學剛？他現在像個退休老人。」

這話來自狐狸。狐狸是試圖把我弄進佤邦的邦桑商人。他知道。後來我發現，我跟狐狸溝通的這段時間裡，他一直都是佤邦財政部的賺錢者，回報給一位經常跟魏學剛聯繫的副手。

魏學剛雖比掃羅活得久，但他也不會永遠活著。[2] 魏學剛即將進入八十高齡，根據狐狸的說法，他正逐漸退出自己創立的帝國。雖然尚未指定繼承人，至少沒有公開指定，但得他信任的小圈子，已經開始管理財政部許多日常運作。

魏學剛的副手正致力於讓收入更加現代化及多元化。狐狸告訴我：「資訊科技是未來。」在這個脈絡下，這個詞鬆散描述了從加密貨幣到性愛網站等所有可能，最有利可圖的是線上賭場。就惡習來說，玩百家樂遠比吸食速效丸更受歡迎。「年輕的科技人不太看得起毒品交易，」他說：「他們寧願討論加密貨幣，而不是實驗室或臭兮兮的植物。那些字母人」——意指中情局跟緝毒局——「還在找毒品。但這些人穿著睡衣，通過加密貨幣賺進大把鈔票。」

狐狸不參與毒品交易，也遠離資訊業最惡毒的一面：敲詐勒索。佤邦騙徒會用假號碼打電話給世界各地的外國人，假冒保險公司、員警甚至親戚。他們欺騙人們的終身積蓄，有時甚至「色情敲詐」：付錢，不然我們就把你在網路上的淫亂行徑告訴你老婆跟老闆。這些電話中心被稱為殺豬盤。「整個程序就跟屠宰場一樣。豬飼料、屠夫，全部都是屠宰場術語。你會看到拿著三萬美元的人說：『我剛剛宰了一頭大豬。』」

但就跟毒品精煉廠一樣，這些企業的基層工作都是由非佤族的普通平民來完成，而非佤邦聯合軍軍官。他們不喜歡直接管理任何業務，「他們的目標始終是作為股東，提供『業務安全的保障』。」狐狸說：「軍官是房東跟交易掮客，除非有必要，很少積極涉入。」這種放手模式讓財政部官員能專注擴大投資組合。他們是佤邦最富有的人，住在邦桑的蛋黃區。這個首都外圍的區域，擁有「玻璃帷幕、現代主義建築，看起來像是由德國或義大利建築師設計。」狐狸說：「裡面全是金色、翠綠色家具。冰箱裡全是拉菲酒莊（Lafite Rothschild）的酒」，一瓶波爾多紅酒售價一千五百美元。

「他們用熊掌湯慶祝投資勝利。或是吃螞蟻的那種東西。」

穿山甲？

「對。然後他們把它發到微信上。整天都是穿山甲跟那些東西。」

一般佤人永遠不會體驗到這類奢華。他們只是勉強過活。他們的生活常常跟佤邦聯合軍交纏，因為軍隊要求每個家庭都要有一個兒子從軍。年輕女性也加入軍隊，只是為了獲得穩定三餐、醫療照顧跟微薄的人民幣薪水。儘管佤族士兵以強硬聞名，但他們很少參戰。佤邦聯合軍是金三角的頂級掠食者，就算是專業軍隊，也沒有外人敢挑戰他們的地盤。平常日子裡，基層士兵會開貨車、耕田或者重新鋪路。許多人變得像是市府員工，而非突擊隊員。

佤邦幾乎沒有中產階級，只有精英跟平民。超過半數以上的佤人從不上學。[3] 常見疾病仍然沒有得到治療。癌症等同判了死刑。近年來，佤邦政府頒布了一項具有前景的法令：所有收入的百分之十必須用在教育跟醫院，但執行得很差。[4] 這才是佤邦真正的悲劇。它的領袖本可以融合掃羅的願景跟魏學剛的財富，像挪威跟阿拉伯聯合大公國等石油國一樣，為公民提供高品質的教育跟醫療照護；只不過佤邦是透過冰毒來資助他們的福利國家。然而就跟大多數國家一樣，富人只為自己囤積財富。

至少，佤邦大眾現在有了聲音。英國國家廣播公司將佤邦描述成「地球上最神秘的地方之一」，這一點仍然為真。但因為社群媒體的出現，現在正逐漸改變。佤邦流行兩款中國的手機應用程式，一是微信，讓用戶分享照片跟影片的超級應用程式，以及抖音，中文版的TikTok。

這些應用程式讓人們一窺佤人的生活。部分線上影片果真不負佤邦十分粗糙的名聲。我曾看過邦桑夜店裡進行互甩巴掌比賽的影片。一群人把小偷綁在籃球架上，拿拖鞋打他。甚至還有公開處決的場面，三名被指控殺害佤邦金店老闆的中國人，被領上泥濘山坡槍決。[5]但是愉快畫面還是遠遠超過這些醜陋發文。彈奏吉他演唱佤邦國歌的一排士兵，或是穿著佤邦聯合軍制服的街舞舞團，在公路中央尬起舞來。最常見的發文，是佤邦聯合軍的士兵，無論男女，透過柔和濾鏡擺拍出夢幻姿勢。這是Z世代普遍的交配儀式，不過這實在跟他們毒品戰士的名聲格格不入。

至於佤邦的政治未來，新的危機會出現，但國家本身非常穩定。這與它跟中國的連結有很大的關係。儘管**山寨中國**一詞具有貶義，但佤邦政府確實就是個附庸國。佤邦聯合軍中央委員會不必服從北京每一個小要求，但它確實會徵詢中共聯絡人的意見，他們對佤邦的重大政策變更擁有否決權。[6]佤邦領袖對自己的從屬角色並不滿意，但只要中國提供武器、燃料、設備、電信基礎設施等等，他們就得屈服於龐大鄰國的慾望。

新興國家把自己的命運跟崛起的超級大國掛在一起，並非前所未有。台灣跟以色列身為美國的附庸國，同樣蓬勃發展。佤邦身為中國附庸國也是如此，特別是若中國的力量在二十一世紀持續崛起。與此同時，佤邦領導人巧妙維持著一個萬無一失的政策，避免中國吞併他們的土地。因為佤邦位於緬甸境內，中國無法直接吞併佤邦領土，除非它要入侵一個聯合國承認的主權國家。

位於緬甸這個混亂的國家之內，反而強化了佤邦的地位。緬甸軍事政權在情況最好的時候，都無法打敗佤邦聯合軍，更別提全國各地都叛亂肆虐之時。所以緬甸基本上放佤邦自生自滅。倘若軍政府贏得刻正進行的內戰，對佤人來說沒什麼改變；倘若民主派革命者獲勝，由一組新的低地人接管國家，佤人亦將要求他們尊重國內之國的安排。無論如何，佤人都不會輸。

佤邦最大的威脅仍舊是內部分裂，儘管佤邦聯合軍領袖已經採取措施防止。鮑有祥主席有個繼任計畫，當他年事已高難以統治時（這一天不會很久），指揮權將落入他受過良好教育的兒子與侄子手中。他們從一出生就受到王子一樣的培育。整體來說，鮑有祥跟魏學剛的關係還過得去，但魏學剛最終也會離去。這兩名佤邦領袖將帶著緝毒局起訴書進墳墓去。

下一波佤族領袖頭上不會再頂著緝毒局的指控。聯合國可以藉此轉機，與佤邦建立更好的關係，反之亦然。佤族官員若想讓援助多元化，不只是依賴中國，聯合國或許能為他們的人民提供良好教育跟醫療照護。此外，如果佤邦聯合軍想再次嘗試擺脫毒品交易，他們也會需要聯合國協助。現任領導人堅稱他們已經放棄製毒；這個狡猾的說法，是建立在冰毒實驗室是由中國販毒集團經營，他們只是收租跟徵稅並未直接經營工廠之上。但佤邦聯合軍如果決定真正戒毒，他們將需要聯合國專家來證實這項成果。

與此同時，「國際社會」（主要是指：西方及其盟友）需要跟佤邦政府建立真正的外交管道。西方可能還沒意識到佤邦的重要性，但未來將會有所意識。每一年過去，將會愈來愈難否認，東南亞大陸的中心坐落著一個未被承認的國家，面積大小排名世界第一百三十七名，人口則是排名第一百七十。這個中小型國家擁有強大軍力，對亞洲的未來有發言權。佤邦不只是個需要被瓦解的毒品集團。

佤邦爭取自治的奮鬥過程並不美麗。但通過機智、流血，當然還有毒品，他們實現了長期困擾巴斯克人、切羅基人、圖博人跟全球其他少數民族的夢想：成功保留下他們的祖居地。

致謝

這本書充滿了祕密和痛苦。別人的祕密。別人的痛苦。

撰寫本書的過程中，我突然出現在陌生人的生活裡，要求他們講述那些心碎的經歷，或者引導他們分享也許不該分享的資訊。我要深深感謝與我交談的幾十位採訪對象，其中許多人我無法透露姓名。對於名字出現在本書上的人，我很努力展現你們的故事，闡明你們的動機與情況的複雜性。任何不足之處，我深感抱歉。有些人一開始很陌生，現在卻成了我親近的朋友，令我心生感激。

我想特別感謝：

白琳．魏德爾（Pailin Wedel），精彩的說故事大師，也是我的至愛。嫁給一個擁有驚人執著的傢伙，不是件容易的事。當我跟這本書都四分五裂的時候，謝謝你把我們黏回來。可能正如你說的，我是個「南方敘述者」——喜歡在抵達目的地前不停繞路——至少你總是能把我帶回正確的道路。

大衛．勞威茨（David Lawitts），比爾．楊官方傳記的作者，以及即將出版的《美國軍閥》（*American Warlord*）一書的作者。先生，你是東南亞毒品交易的學者，若少了你的洞見與編輯，我無法完成這本書。同時感謝《鴉片女王》（*Opium Queen*）的作者蓋比．帕盧奇（Gabby Paluch），在初期編輯跟寶貴資訊來源建議上提供的協助。

致凱莉．法爾科納（Kelly Falconer），出色的版權代理：感謝你在這本書還只是混亂半成品的時候，就相信它的潛力，並且一直支持我，直到我完成這本書。我很幸運有你站在我這邊。

致 PublicAffairs 與 Icon Books：能跟這兩家非凡的出版商合作，是我的榮幸。感謝克萊夫．普利多（Clive Priddle）與阿努帕瑪．洛伊－喬都里（Anupama Roy-Chaudhury）看中這本書的潛力，並引導直至開花結果，同樣感謝鄧肯．希斯（Duncan Heath），如果沒有《你好，陰影之地》，就不會有《毒梟烏托邦》。

致丹．洛席安（Dan Lothian）、麥修．貝爾（Matthew Bell）及《世界》節目團隊的其他成員：能為美國廣播電台的最佳外國新聞節目效力，是我的榮幸。

致我的祖母瑪姬．溫（Margie Winn）：感謝你在孩提時期培養我對閱讀的熱愛，並在我腦中灌輸一項道德規範，至今我仍然持續追求。

感謝幫我安排訪談的記者與研究人員：緬甸的 Saw Closay、清邁的 Cece Geng，以及清萊的 Theresa Somsri。曾任坤沙秘書，傑出的昆賽（Khuensai Jaiyen），對撣邦事務有著深入分析，他是無價的資源。同樣重要的是，泰國傣族（撣族）社群以及泰北的雲南人社群中的其他人，特別是現在以泰國公民身分蓬勃發展的前流亡者之子。感謝我優秀的長期家教老師 Pornpatima Yenbut 幫我準備泰文訪談。

我很感激人類學家Magnus Fiskesjö、Andrew Ong及Hans Steinmüller。比起媒體對佤族的淺薄報導，他們的工作成果提供更多關於佤族社會的洞察。

我最衷心的感謝要獻給掃羅一家人，特別是雅各，感謝你為這位極度好奇的外國人敞開家門，待我如同失散多年的親人。你教了我許多關於信仰者的一切。願你及所有佤人都能得到滿足、尊嚴與自由。

附錄：掃羅的宣言

一九九三年初，掃羅向美國緝毒局提出以下提案。緝毒局密探比爾．楊協助起草這份文件。

〈鴉片的枷鎖〉

佤族的痛苦：提案與請求

我們，佤邦聯合黨與佤邦聯合軍的領導人，向有意者提出，我們將在佤族控制的所有領土上，根除鴉片種植，並停止生產海洛因。我們願意實施此項提議，也能迅速完成。我有充分權力代表佤邦聯合黨及佤邦聯合軍，兩者具有足夠權力實施此項提議。

請求

請求是提議的必須要件。我們發展替代作物的同時，需要為人民提供食物。我們的人民已經非常窮困，若取消鴉片生產卻未提供食物，這意味著飢餓。此外，我們還需要各種適當協助，實現從鴉片經濟轉型成新型態農業經濟。三十年來，佤族一直試圖根除鴉片種植，但我們反而愈發依賴。就像我們種植的鴉片造成海洛因成癮者一樣，我們也陷入枷鎖。我們正尋求協助來打破這個枷鎖。

目前，佤邦地區是東南亞最大的鴉片生產地之一。緬甸政府的官方政策是壓制鴉片種植。這種「櫥窗裝飾」政策，只是為了給西方留下好印象。過去，美國甚至向緬甸提供援助來實施這項政策。然而實際上，緬甸官員鼓勵種植鴉片並助其銷售，以謀求自己的利益。他們分得一大筆「利益」。

佤族人民一直是他人暴力破壞遊戲中的棋子。我們曾作為尼溫（Ne Win）政府的打手跟緬甸共產黨的軍事側翼。這兩支軍隊都不是佤族軍官領導。佤族為了衣食，為他人打仗。最後，我們終於意識到，我們被利用來互相殘殺。

尼溫透過緬甸社會主義綱領黨間接鼓勵種植鴉片，而緬甸共產黨的巴登頂（Ba Thein Tin）也敦促佤族人民這樣做。[1]

當我們佤人終於明白我們被利用來相互殘殺時，我們決定起義。一九八九年四月，我們拒絕了緬甸共產黨的領導，將緬共領導人送去中國。一九八九年十月，我們跟緬甸國家法律和秩序恢復委員會簽署了和平協議，並非出於對緬甸的任何同情，而是為了保護我們剩餘的人民和家園。我們疲憊不堪，長達二十二年的戰爭疲憊，貧窮，又依賴鴉片。我們還擁有一支夠大的軍隊，足以控制自己的地區，確保一段和平時期。

一九八九年以來，我們已經成為一統的佤族人民，擁有佤族領袖。有史以來第一次，我們以單一人民群體發聲和行動。這是第一次，我們可以期望擺脫對鴉片的依賴。現在，我們有可能停止區域內的鴉片種植。

發展

現在我們想擺脫鴉片經濟的奴役。我們認為停止種植鴉片符合我們的利益，也符合世界其他地方的利益。僅靠我們自己無法辦到；就像想要戒除毒癮的海洛因上癮者一樣，我們需要外界幫助才能成功。我們有決心，我們需要支持。

首先，也是最迫切的，我們需要為人民提供食物。如果我們要求他們放棄目前的生計方式，我們得提供生存所需。我們的人民很貧困，他們擔不起任何農業變革的風險，除非能保證他們不會挨餓。

此外，受到外界壓力去種植鴉片的地方，他們的安全若沒有得到保證，他們無法冒著風險停止種植。

長達二十二年的戰爭中，超過一萬兩千名佤人遭到殺害，留下數千名孤兒寡婦，以及無數傷殘人士。在缺乏外界機構協助，也欠缺內部照護結構或機構的情況下，我們努力照顧這些弱勢族群。

過渡期間，我們必須為人民提供食物。我們拿不出食物，也缺乏購買的金錢。要開展根除鴉片跟佤族國家重建的過程，食物至關重要。世界各地都有慷慨捐助國，向挨餓人民提供食物援助，部分地方目前因為政治因素拒絕接受援助。我們不會像波士尼亞，我們將歡迎並加速食物分發，但我們不希望人民先挨餓才能獲得食物。食物供給必須與停止鴉片種植並進，而非之後的某個時間。

跟一般的饑荒救助不同，給予佤人的暫時食物支援，不僅是為了餵飽饑餓的人。此外，它還將推動鴉片經濟的毀滅，成為佤族人民復原並發展全新經濟的關鍵起點。

其次，在生存的基礎上，我們不僅要重建我們的區域，還要推動發展。培育鴉片替代作物至關重要。替代作物已經在泰國取得成功，它也可以在佤邦實現。我們需要必要的協助來實現這個目標。

我們需要讓我們的農業多元發展；我們需要改善種子庫存跟畜牧品種；我們需要學習更具生產力的農業實踐。幫助其他民族發展農業的國際援助計畫，目前都還未能向我們提供協助——首先是因為戰爭，現在是因為緬甸施加的孤立。

第三，我們迫切需要建設道路並發展基礎設施，以支持新經濟。目前佤邦地區沒有鋪設任何道路，甚至連碎石路都沒有。現有的道路是沿著既有步道人力打造而成，或是為了將大砲運到山頂而設計的戰略道路。這些道路只有旱季能夠通行。我們沒有為機動車輛交通而設計的現代工程道路。緬甸媒體報導中的道路跟其他改善措施，僅存於新聞媒體之中。

第四，現代醫療完全不存在。我們沒有醫院，甚至沒有診所。我們需要藥品；我們需要醫療設施；我們需要醫療培訓機構；我們需要為障礙人士提供復健，為孤兒提供照顧中心。我們正在盡己所能。我們將建立十六個盲人與障礙人士的照顧中心，而且我們已經開始為第一個照顧中心整地。

第五，我們需要學校。絕大多數的佤人從未受過正規教育。只有少數非正式小學，由只上過小學的教師指導。這些學校必須自給自足。我們沒有教育體系。即便有學校，也只有很少數孩子能夠上學，他們必須工作以取得食物。我們需要學校培養領導人才；我們希望能讓人民識字；我們還想保存、發展並傳播我們的文化、傳統與習俗；我們希望聚焦並突顯我們的佤族認同；我們想給人民他們應該得到，卻遭到持續戰爭摧毀的一切。

第六，我們需要協助，在裸露的山坡上重新造林，並尋找區域內的自然資源。我們迫切需要各種形式的發展援助——補助金、貸款、技術建議、農業援助。我們歡迎來自各方的援助。

民主

我們的政治目標是恢復全緬甸的真正民主，一個由多數統治，等同重要的是，也保護少數者權利的民主，即便少到只有一個人。我們爭取所有公民的平等。

我們追求的民主，不是緬甸國家法律與秩序恢復委員會的虛假「民主」。他們的假選舉是為了討好西方而進行的鬧劇。假民主並未將權力移交給壓倒性多數當選的人，反而因此使政治反對派的領袖檯面化，然後系統性對其施加威脅、監禁、軟禁或追捕。翁山蘇姬、吳努（U Nu）與吳丁武（U Tin Oo）只是最著名的案例。其他知名度較低的人則沒那麼幸運。

我們希望在緬甸內部恢復佤邦。我們並非分裂主義者，但希望我們的人民能擁有一些自治權。英國統治時期直到一九六二年，緬甸的東北角有個佤邦。[2] 一九六二年尼溫政變後，他的政府重劃地圖，佤邦就這樣消失了，它被吞到撣邦中。我們在薩爾溫江以東，從果敢往南到泰國邊界的區域，擁有歷史根源及歷史所有權。我們希望在緬甸聯邦之下治理這塊區域。

我們不要求武器。我們也不像坤沙那樣，要求美國買下我們的鴉片作物；我們不想像緬甸國家法律與秩序恢復委員會那樣為西方作表面文章。我們主動提議停止種植鴉片。佤邦領導人隨時可以停止鴉片種植與精煉，但是，我們的人民得有飯吃。

最後，佤邦聯合黨跟佤邦聯合軍的首要任務是：

1. 在佤邦消滅罌粟，

2. 實現佤族自治區，

3. 佤邦的復原與發展，以及

4. 恢復緬甸真正的民主。

你們希望自己的人民過上更好的生活，這意味著沒有海洛因的生活。我們共同合作對雙方都有利。請接受我們的提議，回應我們的請求。

此致，掃羅

註釋

作者的話

1. 根據聯合國毒品和犯罪問題辦公室二〇一九年的數據，東南亞的毒品經濟每年價值高達七百一十七億美元：其中冰毒占了六百一十四億美元，海洛因帶來一百零三億美元。根據國際貨幣基金組織的數據，二〇二二年緬甸的國內生產毛額爲六百九十二億美元。

前言

1. Magnus Fiskesjö, *The Fate of Sacrifice and the Making of Wa History* (Chicago: University of Chicago Press, 2000).
2. James George Scott, *Gazetteer of Upper Burma and the Shan States*, Vol. 1 (Rangoon: Superintendent of Government Printing in Burma, United Kingdom, 1899).
3. United Nations Office on Drugs and Crime, "Organized Crime Syndicates Are Targeting Southeast Asia to Expand Operations," press release, July 18, 2019.

初相遇

1. 據支持中國共產黨的英國記者魏寧頓 (Alan Winnington) 所言。他在一九五七年造訪佤族村莊。

頂峰上的陌生人

1. 這段旅程中，掃羅跟瑪麗從勐冒 (Mong Mao) 出發往東行。這片佤族居住區域在班歪以西約二十英哩，設有一處小型緬軍哨所。
2. Magnus Fiskesjö, *Stories from an Ancient Land: Perspectives on Wa History and Culture* (New York: Bergahn Books, 2021), 96：「每名男性，通常每名女性也是如此，都被視爲獨立自主。這種精神高度強調平等，受到榮譽感及道德規範支持。」
3. G. E. Harvey, *Wa Précis: A Précis Made in the Burma Secretariat of All Traceable Records Relating to the Wa States* (Rangoon: Office of the Superintendent, Government Printing, 1932).
4. Scott, *Gazetteer of Upper Burma and the Shan States*.這位英國探險家描述一八九七年進行的佤地探險。
5. 出自英國外交官哈維 (G. E. Harvey) 的一九三三年文件。Harvey, *Wa Précis*。
6. 這種飄渺的生命力量稱爲「si aob」，據信也存於老虎體內，但其他物種，如鹿或蝸牛則沒有。
7. 撣 (Shan) 跟暹羅 (Siam，專制君主統治下的泰國舊名) 是同一民族名稱的不同發音。撣族自稱爲傣 (Tai)，傣的發音比泰 (Thai) 更少些氣音。
8. 威廉·馬庫斯·楊共有三個兒子；其中一名在嬰兒時期，連同楊氏的妻子，被厭惡楊氏在中緬邊界傳教的中國幹員毒死。
9. Harold Young, *Burma Headhunters* (Bloomington, IN: Xlibris, 2014).
10. 版納位於今日中國的糯福 (Nuofeng) 。
11. David Lawitts, "The Transformation of an American Baptist Missionary Family into Covert Operatives," *Journal of the Siam Society* 106 (2018): 295–308.
12. Young, *Burma Headhunters*.
13. 佤族各氏族對人類起源有不同理論。其中之一認爲，出自山區沼澤裡裂開的葫蘆，最先爬出來的是漢人跟緬人。然後是撣族、拉祜族等等。葫蘆底下的泥漿中有一群黑色蝌蚪，爬出來後長成佤人。
14. G. E. Barton, *Barton's Wa Diary* (Rangoon: Office of the Superintendent, Government Printing, 1933)。引述哈洛德·楊在一九三二年的發言。

15. C. P. Fitzgerald, *The Birth of Communist China* (Harmondsworth, UK: Penguin Books, 1964).

16. 清朝《雲南通志》，一七三六年。Fiskesjö, *The Fate of Sacrifice*書中部分引用。

17. Fiskesjö, *The Fate of Sacrifice*。中國對佤族領土的殖民始於一九五〇年代初期，但在佤族之中，一九五八年成了災難的代名詞。Fiskesjö寫下，這一年裡，「佤族儀式生活中多數宏大的面向都結束了……村外的頭顱大道，一度是給旅人或入侵者最強大的最後提醒，提醒他們這片土地的主人兇猛成性，也遭到摧毀或遺忘」。

18. 緬甸的佤族區域約有六千五百平方英哩，約等同科威特的大小。

19. 英帝國並未直接將緬甸的控制權交給獨裁政權。一九四八年獨立後，緬甸曾短暫成爲多黨派民主國家，直到軍政府在一九六二年政變中上台。

20. 佤人的工作倫理體現在一句常見的佤諺中：「公雞啼是『用力拉！』；天破曉就『開始織！』」出自Justin Watkins, "A Themed Selection of Wa Proverbs and Sayings," *Journal of Burma Studies* 17, no. 1 (2013): 29–60。

21. 比較大型的武器是布倫輕機槍，每分鐘可發射五百發子彈。較小型的武器是斯登衝鋒槍，僅重七磅，更適合近距離攻擊。

槍枝、毒品與間諜活動

1. 其稱號包括雲南反共救國軍、「孤軍」（俗稱），及國民黨第九十三師。

2. 這些飛機以泰國跟台灣註冊的多家人頭公司名義營運。東南亞供應公司 (Southeast Asia Supply Company) 和民航空運公司 (Civil Air Transport) 是其中兩間公司的名稱。中情局提供的武器也越過泰國邊界，走私到緬甸叢林中。

3. Richard M. Gibson and Wen H. Chen, *The Secret Army: Chiang Kai-shek and the Drug Warlords of the Golden Triangle* (Singapore: Wiley, 2011)。一九五一年五至六月，中情局飛機在雲和村 (Yungho) 周圍空投武器，該村幾乎位於緬甸境內，距班歪非常近。更多武器則投放到佤族聚居的營盤（銀城）周圍。

4. 這次行動比古巴豬玀灣災難性的入侵行動早了十年。中情局又採用相同手法，儘管他們在對付中國的行動中已經慘敗。

5. CIA, "Background Information on the Wa States," information report, March 11, 1953. Accessed from the CIA's Freedom of Information Act Online Reading Room.

6. 鴉片生產數據來自多個來源。一是柏提爾．林納的〈金三角鴉片貿易〉(Bertil Lintner's "The Golden Triangle Opium Trade," Asia Pacific Media Services, March 2000)；另一則是波頓．赫許的《老男孩：美國精英與中情局的起源》(Burton Hersh's *The Old Boys: The American Elite and the Origins of the CIA* (Saint Petersburg, FL: Tree Farm Books, 2001))。後者書中提到的「三分之一」數字，來自一九四九至一九五二年的中情局遠東分部主管理查．史提爾威爾 (Richard Stilwell)。

7. 關於中情局從緬甸空運鴉片的指控，首次出現在一九五三年緬甸政府發布的《國民黨對緬甸的侵略》(*Kuomintang Aggression Against Burma*) 中。緬甸向聯合國曝光此事後，這個作法就終止了。

8. 本書中所稱之「流亡者」集團，既是現代意義上的販毒大集團，也是古典意義上的聯合壟斷組織。流亡者包含兩個各別運作的派系，合作並共謀制定價格。他們也會聯手攻擊侵略者。李文煥領導的派系比較強大，總部位於泰國的唐窩 (Tam Ngob)。他稱自己的團體爲「第三軍」，源於一九五〇年代爲國民黨作戰時的經歷。儘管在一九五〇年代末期，他們已逐漸停止接受來自台灣國民黨的直接指揮，卻依舊沿用「第三軍」這個名稱。另一支派系則位於泰國美斯樂 (Mae Salong)，由中國流亡者段希文 (Tuan Shi-wen) 領導。出於跟「第三軍」相同的理由，他稱自己的派系爲「第五軍」。兩支派系均由泰國軍方保護，後者與中情局關係密切。

9. CIA, "Thailand: Military Actions Against Narcotics Traffickers," memorandum, March 23, 1983. Accessed from the CIA's Freedom of Information Act Online Reading Room。該檔案稱，中國流亡者「幾乎控制了（泰緬邊境）所有走私路線」。

10. CIA, "Northwest Thailand: Geographic Factors Affecting the Illicit Movement of Opium from Burma's Shan State," March 1973. Accessed from the CIA's Freedom of Information Act Online Reading Room.

11. Paul Chambers, *Knights of the Realm: Thailand's Military and Police, Then and Now* (Bangkok: White Lotus, 2013)。Chambers寫道，冷戰期間，美國經常提供泰國大筆軍事預算，甚至是該國國防預算的絕大部分。例如，一九五三年華盛頓提供泰國國防預算的七〇%，一九七二年則提供四七%的國防預算。

12. 泰國軍方允許流亡者控制泰國北部邊境大部分地區，這個決定在許多當地人之間並不受到歡迎。清邁當地的報紙《*Thin Thai*》於一九八二年五月十四日刊出一篇匿名社論：「（泰國）政府允許這個邪惡團體進入國內……儘管他們知道這個邪惡團體涉入毒品交易。他們聲稱這個作法，是爲了讓他們充作防禦共產黨的防線，這是不合理的……這個國家的主人，泰國人，卻不能涉足（那個邊境區域）。」

13. 合成一公斤海洛因約需十公斤鴉片與一系列化學品。

14. 跟任何商品一樣，鴉片和海洛因的價格每年都會波動。這些數字是從中情局的備忘錄及前流亡者軍官提供的資訊估算出來。引自CIA, "Narcotics Prices and Composition of Traffic in Southeast Asia," October 1975. Accessed from the CIA's Freedom of Information Act Online Reading Room。

15. CIA, "Opium Production and Movement in Southeast Asia," January 1971. Accessed from the CIA's Freedom of Information Act Online Reading Room。泰國員警同時直接販運流亡者的鴉片，也向獨立卡車司機收取費用。報告中提到：「通往曼谷的幾個檢查站中，通常會賄賂泰國皇家陸軍（RTA）、邊境巡警（BPP）及稅務官員。『保護』費若非走私集團預先支付，就是由司機在檢查站支付。」

16. Alvin M. Shuster, "G.I. Heroin Addiction Epidemic in Vietnam," *New York Times*, May 16, 1971。在曼谷價值一千美元的海洛因磚，走私進越南後，可以賣到五千美元的價格。西貢的街頭幫派可以將海洛因稀釋成三塊磚的量，並以每瓶兩美元的價格出售。

17. 根據中情局資料的推算，一九六〇年代末期至一九七〇年代初的高峰時期，兩支流亡者集團營收加總可能達到數億美元之譜。以今日幣值計算，數字可能會在三十億至五十億美元之間。但難以確認精確數字。

18. CIA, "Overseas Chinese Involvement in the Narcotics Traffic," January 1972. Accessed from the CIA's Freedom of Information Act Online Reading Room.

19. 「我們若不在這，共產黨就會在這。我們是北部門戶的看門狗。」這是經營半數流亡者集團的領袖段希文所說。他接受《紐約時報》的Peter Braestrup訪問時說了這句話，報導標題："Exiles from China Wait in Thailand," September 8, 1966。

20. John D. Marks and Victor Marchetti, *The CIA and the Cult of Intelligence* (New York: Dell Publishing, 1980), 256。維克多·馬爾切蒂（Victor Marchetti）曾是中情局長的特助。他在書中描述了一九五〇與一九六〇年代時，中情局與台灣的關係。

21. 一九七五至一九七七年間在美國國務院泰緬辦公室工作的前國務院官員理查·吉布森（Richard M. Gibson），在一九八八年一月向外交研究與培訓協會（ADST）描述了此次行動：「中情局曾在（泰國北部的清邁府）進入中國進行情報活動……中情局在那裡是公開的秘密。清邁的每個人都知道。我們是爲了毒品進入那裡……我們還能做的是監控無線電通信。據我所知，這些中國人非常狡猾，這些國民黨（前國民黨）人，因爲他們有在台灣受過訓練的人。他們有密碼，而且非常難以破解。」(ADST, Foreign Oral History Project, 1998)。

22. 時任中情局副局長特助的維克多·馬爾切蒂在一九六八年左右接受《閣樓》雜誌（*Penthouse* magazine）訪問。"Interview with Morton Kondracke," January 1975 issue。訪談中提到：「中情局曾支持緬甸的國民黨幫派，他們也是一群毒販。對抗共產黨的過程中，情報人員往往會結交一些非常奇怪的盟友。」

23. CIA, "[REDACTED] Situation on the Burmese-Chinese Border and the Position of the Chinese Nationalist Troops," March 8, 1954. Accessed from the CIA's Freedom of Information Act Online Reading Room.

軍閥聯盟

1. Young, *Burma Headhunters*, 14：楊氏傳教士讚許佤族獵頭者不吸食鴉片。人間之神的兒子哈羅德·楊寫到毒品的「馴化」效果，指出「野生動物馴化後會削弱其輝煌野性」。

2. 這些自衛隊的正式緬文名稱是「Ka Kwe Ye」。

3. 撣族有許多王室家族，有的受到緬甸軍方收編或控制，有的則公開反叛尋求獨立。

4. 佤族軍閥沙赫深入中國的襲擊，跟中情局以寮國爲基地的類似行動，是同時發生的；後者派遣瑤族與拉祜族幹員深入中國，竊聽電報線，並破壞共產黨基礎設施。見Michael Morrow, "CIA-Backed Laotians Said Entering China," *Washington Post*, January 26, 1971。

5. 沙赫的前手下艾納坤尼（Ai Nap Khun Nyi）說：「對親近他的人，沙赫就像兄弟一樣，甚至很和善。但對大衆，對普通人，他表現出極爲殘忍的形象。他需要那種名聲，因爲他的民兵隊規模很小。」出自作者訪談，二〇二〇年。

6. 前述的艾納坤尼也認識麻哈散，證實了掃羅的評價。「麻哈散很有商業頭腦。如果你跟他友好，他就沒問題，甚至還有點好笑。但最好別干擾他的生意，否則他會拔槍射你。」出自作者訪談，二〇二〇年。

7. 「軍閥聯盟」是這個聯盟所使用的鬆散且變動不拘的名稱的翻譯。每個軍閥都會給聯盟起上自己喜歡的暱稱，通常像是「佤族領袖集團」這樣的名字。掃羅口頭上稱之爲「掃羅的自衛隊」（Saw Lu's Ka Kwe Ye group）。

不再奴役

1. 趙尼來早期生活的細節，是由他的女兒艾鳳來及另一位跟趙尼來年齡相近的親戚艾納坤尼提供。艾納坤尼曾跟趙尼來一起在中國農場中生活。出自作者訪談，二〇二〇年。
2. 中國對佤族的殖民在一九五八年達到暴力高峰。在此之前，中國官員曾試圖以比較不激烈的方式統治佤族，但到了一九五八年，毛澤東政府已經厭倦這種方式。正如人類學家馬格努斯·費斯克（Magnus Fiskesjö）指出，中國側的佤族視一九五八年為切割過去與現在的一年，類似於西元前與西元後。
3. 人民解放軍部隊數字出自：CIA report "Construction of Military Installations and Transportation Facilities in the China-Burma Area," September 9, 1985. Accessed from the CIA's Freedom of Information Act Online Reading Room。
4. 本書側重為緬甸共產黨而戰的佤族游擊隊小組，但緬共在其他邊境地區，如克欽、果敢及勐拉，還有其他游擊小隊。每個地區分別由不同的當地人指揮官領導。佤山是最重要的戰場。緬甸共產黨在此地建立自己的總部，亦即中國邊界上的佤族聚落——邦桑。
5. 根據掃羅的說法，那片土地為緬甸軍方所贈。

無法言說

1. 我通常稱她「道·瑪麗」（Daw Mary）。「道」（Daw），在緬語中是「阿姨」的意思，是對年長女性的尊稱。

天才

1. 中情局官員自己不稱「幹員」（agent）。令人困惑的是，他們用「幹員」這個詞來指稱他們的線人，例如提供機密的外國官員或商人。
2. 根據一名曾駐曼谷的中情局承包商說：「中情局的首要任務是收集情報。他們不一定要使用那些情報。只有在符合國家利益的情況下，他們才會利用情報來製造混亂。但最重要的是，他們最不想看到的，是有人切斷情報流通。」出自作者訪談，二〇二〇年。
3. 貝瑞·布洛曼（Barry Broman），一九九〇年代中期駐緬甸的中情局站長。出自作者訪談，二〇二一年。
4. 魏學剛的早期生命，是原就晦澀不明的生命史中最神祕的篇章。這段敘述是由過去相關人士回憶的二手細節構成。關於魏學剛生命早年的資料來源，包含作者對一名前撣國高級軍官、一名佤民族軍軍官、生活在泰國的李文煥家族成員、一名緬甸情報局局長及其他人士的訪談。部分內容上，他們的說法並不一致，因此我優先考慮能獲得多個來源及其他證據強烈支持的細節。
5. 魏學剛的監聽站可能收集了大量加密訊息，這些訊息是台灣與美國的間諜都無法破解的密碼。在 Marks and Marchetti 的 *The CIA and the Cult of Intelligence* 書中，前中情局官員維克多·馬爾切蒂寫道，一九六〇年代，美國情報部門積累了大量無法破解的蘇聯與中國訊息錄音帶，塞滿倉庫，希望有一天能夠解碼。
6. 緬甸政府前緝毒局幹員暨警方上校坎昂（Hkam Awng）說：「魏學剛還很年輕，十幾歲的時候，坤沙就收養了他。坤沙喜歡他的主動跟聰明才智。這是魏學剛成為他的左右手的原因。」出自作者訪談，二〇一九年。
7. 一九六〇年代後期，掃羅創建軍閥聯盟後，張奇夫（後來的坤沙）向他提出交易。張奇夫造訪位於佤族高地的掃羅，提出大量資金，希望掃羅能讓他獨家取得佤族鴉片收成。「他說：『你要多少錢？多少武器？無論你要什麼，我都會張羅。』我說：『聽好，我們是對立的。你是商人。你想買下緬甸所有鴉片，那是你的事，你的權利。但我的工作是確保我的種族的未來。』」掃羅拒絕他的提議。那是他們唯一一次會面。出自作者與掃羅的訪談，二〇二〇年。
8. 作者於二〇二〇年訪談李文煥將軍的子女。引述為二手回憶。
9. CIA, "Opium Production and Movement in Southeast Asia," January 1971，accessed from the CIA's Freedom of Information Act Online Reading Room。內含寮國軍隊毒品販運行動的細節：「接著毒品集中在永珍（寮國首都）轉運，通常是由寮國皇家空軍的飛機送到寮國的其他城市如百色（Pakse）的沙灣拿吉（Savannakhet），或運往國際市場。」
10. Alfred McCoy, *The Politics of Heroin in Southeast Asia* (Brooklyn, NY: Lawrence Hill Books, 1972)。寮軍用T-28飛機轟炸共產黨，而C-47飛機則用來將海洛因從寮國送到南越。McCoy是首位詳細描述寮國木材廠戰役的人。
11. CIA, "Opium Production and Movement in Southeast Asia," 描述這段時期張奇夫的追隨者「遁入地下」，過去「在（緬甸）交通繁忙路線上穿梭」的人，現在「被迫改為秘密行動」。
12. 勒凡借用義大利語「Capo di tutti i capi」，意指「所有老大中的老大」。

13. 一九七二年的一百萬美元，相當於二〇二四年的七百萬美元。

14. CIA, "CIF Involvement in Narcotics Trafficking," date obscured, likely 1985–1986. Accessed from the CIA's Freedom of Information Act Online Reading Room：「達成（停止毒品販運）的協議後不久，中國非正規軍向泰國皇家政府交出二十六噸鴉片供銷毀，但中國非正規軍的毒品販運活動幾乎立即重啟……中國非正規軍跟曼谷及香港的華人集團之間的緊密聯繫，讓中國非正規軍維持國際市場最佳毒販的領導地位。」

15. William F. Mooney and William Clements, "CIA Linked to Killing of Drug Charge," *Chicago Daily News*, June 19, 1975.

16. Khun Sa, *General Khun Sa—His Life and Speeches* (Shan State, Burma: Shan Herald Agency for News, 1993).

17. Khun Sa, *General Khun Sa*。坤沙說獄中看守只允許他擁有一本書：十四世紀的中國小說《三國演義》，這是一部比《戰爭與和平》更廣闊的治國討論。他聲稱這本書是他的靈感來源，儘管許多親近者表示他幾乎不識字。

18. 饒開瓦（音譯）是在一九五〇年代十五歲時，於雲南遭到強徵入伍。這起事件發生時，他是年近四十的排長。出自作者於清萊的訪談，二〇二〇年。

19. 多年來坤沙的國家有幾個不同的名稱（如「蒙傣」[Muang Tai]或撣地[Land of the Shan]）。多數大致譯爲「撣國」（Shanland）①。他的軍隊被稱爲撣聯合軍（SUA）。

20. Bo Gritz, speaking to US Congress, "U.S. Narcotics Control Efforts in Southeast Asia: Hearing Before the Committee on Foreign Affairs, House of Representatives, One Hundredth Congress, First Session, June 30 and July 15, 1987"。格里茲是一名前美國特種部隊軍官，曾在一九八〇年代中期見過坤沙。他說坤沙眞正的野心是「成爲喬治·華盛頓」。坤沙跟華盛頓都是武裝叛軍領袖；他們都是自己想建立的國家中最富有的人；兩個國家都因爲致癮植物而致富，在華盛頓的狀況是煙草。兩人都不愛交稅。

21. 紅獅徽章可能並非源起撣邦，但被坤沙跟其他組織用來表示高純度海洛因。

22. CIA, "The Golden Triangle: New Developments in Narcotics Trafficking," September 1978. Accessed from the CIA's Freedom of Information Act Online Reading Room。報告描述撣國從流亡者手中奪走鴉片市場，後者在美國情報部門中稱爲「中國非正規軍」(CIF)。

23.作者在二〇一九及二〇二〇年訪問坤沙前秘書昆賽（Khuensai Jaiyen）。

24. 美國國務院東亞事務局泰國事務官員維克多·湯姆塞斯（Victor Tomseth）談到清邁的美國領事館時說：「中情局在那裡的運作規模很大，監聽行動至今仍舊繼續進行。他們有（幹員）進出，薪資名冊上有各種不法之徒。」Tomseth interview with the ADST, May 13, 1999. (ADST, Foreign Oral History Project, 1999)。

25. 前國務院官員在背景採訪中透露。出自作者訪談，二〇二二年。

26. James Mills, *Underground Empire: Where Crime and Governments Embrace* (New York: Doubleday 1986).

27. US Congress, "World Drug Traffic and Its Impact on US Security: Hearings: Ninety-Second Congress, Second Session. 1, Southeast Asia. August 14, 1972" (Washington, DC: US Government Printing Office, 1972)。聽證會上，路易士·華特（Lewis Walt）將軍說：「史上並無先例……讓甲政府賦予乙政府在其領土內派駐執法代表的權利，這些代表還經營自己的情報系統及線人網絡。他們唯一沒有的就是逮捕權。」他指的是他曾經常合作的美國緝毒局前身——美國毒品與危險藥物管理局。

28. CIA, "Worldwide Report: Narcotics and Dangerous Drugs," March 17, 1982. Accessed from the CIA's Freedom of Information Act Online Reading Room.

29. 這處地下監獄被稱爲「葫蘆監獄」，牢房形狀就像葫蘆。關押人數僅限三人。即便站在彼此的肩膀上，他們也無法從頂端逃脫。

30.前美國駐清邁領事館副領事湯瑪斯·米勒（Thomas Miller），是邁克·鮑爾斯的朋友，在二〇一〇年對外交研究與培訓協會如此描述鮑爾斯。

31. 自那以後，鮑爾斯隱晦透露，中情局讓他搭配一支「越南非正規軍（的機密部隊）……包含前獄囚等……（他們）是群很強悍的人」。鮑爾斯與前緝毒局官員拉瑞·佛雷塔（Larry Forletta）的對話，見 "Mike Powers: A True Legend of DEA," *Forletta Investigates* (podcast), May 18, 2021. Accessed on Apple Podcasts。

32.前世界海洛因調查計畫副主管理查·拉瑪尼亞（Richard LaMagna），在二〇二一年的HBO紀錄片《販毒者：金三角內部》（*Traffickers: Inside the Golden Triangle*）中的發言。

---

① 本書將 Shanland 譯爲撣國，而非常見的撣邦，乃是爲了避免兩者混淆。撣邦爲緬甸的行政區；坤沙建立的撣國包含撣邦的部分，但非全部。

33. 魏學剛是否確實挪用撣國資金，並不清楚。他並未遭到立即處決，表示坤沙並不全然相信他有罪。此事件的另一個版本，來自前緬甸軍事情報官桑本（San Pwint），他說坤沙決定以他的侄子取代魏學剛，同樣是因爲毒品大亨對財務主管的忠誠起疑。「但魏學剛沒做錯任何事，」桑本說，「他做的一切都是對的。坤沙不得不編造一些理由來除掉他。」出自作者訪談，二〇二〇年。

成功先生

1. 保護他的人是瓊端·頓坎（Kheunduan Tungkham），是坤沙的親密心腹。出自作者訪談，二〇一九年。
2. CIA, "Political Stability: The Narcotics Connection," March 1968. Accessed from the CIA's Freedom of Information Act Online Reading Room。「過去，包括江撒總理（Kriengsak）在內的泰國軍方高級官員都曾涉及毒品貿易。」
3. US Congress, "Drug Enforcement Activities in Southeast Asia: Hearing Before the Subcommitte on Crime," December 1982.
4. 匿名社論，Anonymous op-ed in *Ban Muang*, a Bangkok-based newspaper, January 28, 1982。
5. Gritz, "U.S. Narcotics Control Efforts in Southeast Asia".
6. 前緝毒局局長湯瑪斯·康斯坦丁（Thomas Constantine）在一九九四年接受路透社訪問。引自 "Myanmar Drug Lord Khun Sa Dead" by Reuters staff, October 30, 2007。
7. Bertil Lintner, "The Politics of the Drug Trade in Burma," Indian Ocean Centre for Peace Studies, 1993。林納指出，坤沙在魏學剛越獄後，「處決了幾名士兵」。
8. 佤民族軍這名字，由兩支派系鬆散共用。一支是由沙赫領導，另一支則由麻哈散土司領導。兩人是姻親關係。後者藏身泰國湄宏順府附近的鴉片小徑。沙赫則住在清邁府的安康山（Ang Khang）上。魏學剛加入沙赫這一派。
9. 自從清萊流亡者「第五軍」派系的領導人段將軍在一九八〇年去世以來，他的繼任者傾向將勢力範圍變成茶園／旅遊勝地。如今，段希文的總部美斯樂，已經成爲泰國最美的山區度假小鎮之一。有人稱之爲「小瑞士」。
10. 「我需要一個擁有強大關係的人。我需要百萬美元現金。柯里昂先生，我需要你口袋裡像零錢一樣多的政客。」Virgil Sollozzo in Mario Puzo, *The Godfather* (New York: G. P. Putnam's Sons, 1969)。
11. CIA, "Narcotics Review [REDACTED]," August 1968. Accessed from the CIA's Freedom of Information Act Online Reading Room：「對李文煥將軍暗殺未遂後，中國非正規軍暗殺了多名撣聯合軍的掮客與手下。雙方現在都派出暗殺隊來消滅敵方關鍵人員。」
12. CIA, "CIF Involvement in Narcotics Trafficking".
13. 作者於二〇一九年訪談一名泰國前反毒高級官員。
14. CIA, "Thailand's Changing Strategic Outlook: Implications for Thai-US Security Relations," November 1987. Accessed from the CIA's Freedom of Information Act Online Reading Room。檔案指出，一九八〇年代泰國軍方「幾乎完全依賴美國」。
15. Unsigned report in *Siam Rat Sappada Wichan* (newspaper), March 14, 1982。這篇未署名的泰文報導，稱佤民族軍「提供攻擊滿星疊的相關訊息，爲美國及（泰國）反毒部隊工作」。更多關於佤民族軍與泰國軍方的關聯，見CIA report, "Narcotics Review," October 1985. Accessed from the CIA's Freedom of Information Act Online Reading Room：「當（佤民族軍與坤沙的撣聯合軍的）戰鬥外溢進入泰國，威脅一處村落時，泰國皇家軍隊加入對抗撣聯合軍。」
16. 佤民族軍還獲得FN突擊步槍（Fabrique Nationale），這是泰軍使用的另一種武器。至於AK-47步槍，佤族傭兵從黑市購入或從敵人屍體上拿走。
17. 船名爲「Jai Rak Samut」，泰文意爲「熱愛海洋之心」。

誕生

1. 緬甸共產黨控制的區域，相當於美國紐澤西州的面積。
2. 二〇〇五年，中文頻道鳳凰衛視在名爲「兩名佤族英雄」的節目中，訪問了鮑有祥：「我們過去活得跟猴子一樣，兩三家形成一個社區，每個社區之間距離很遠。要花費大把力氣跟耐性才能找到鄰居，因此你就沒心情交流⋯⋯（看）看城市人，整天講個不停，吸收大量資訊。猴子一樣的村民好幾天都看不到其他人，因此發展上就落後了。」影像爲作者持有。

3. 同上。一九五〇年代的童年時期，鮑有祥跟家人一起種罌粟，把鴉片刮進大鍋中，拿來賣掉換食物。所有人都禁止吸食毒品。「我父親討厭吸鴉片的人，」鮑有祥告訴鳳凰衛視：「他說他們很可恥。所以我們都聽他的話。如果我們不聽話，他會一陣狠踢，叫我們去吃屎。」
4. 一九八〇年代末期，緬共內部叛變的佤族成員試圖自行合成海洛因，卻未能掌握流程。他們製作出來的粉末粗糙，純度低，通常呈淺粉紅色。
5. 出自二〇二〇年作者訪談前緬共高級官員丹素奈（Than Soe Naing）：「大約下午六點……北方司令趙尼來喝得很醉，說出了像『我要殺掉他們全部』跟『他們長期壓迫我們』這樣的話。鮑有祥跟他商量，把他從前線帶走。」丹素奈親眼目睹起事經過，並提供其他一手細節。邦桑解放之後，他獲得叛變者特赦，得以留在邦桑。
6. 緬共文件的銷毀是一大損失，令歷史學家甚至緬甸軍情官員哀歎不已。數十年的文件、照片及宣言均付之一炬。
7. Tom Kramer, "The United Wa State Party: Narco-Army or Ethnic Nationalist Party?," East-West Center, January 1, 2007.
8. 這是個非正統的安排，但西方國家也存在類似作法。美國內含納瓦霍國家（Navajo Nation）。某個程度上，這個國家可以部份擁有自己的法律。然而佤族跟納瓦霍及其他美國原住民部落不同，他們擁有自己的軍隊及對原生土地的全部控制權。
9. 由於佤邦這個詞讓緬甸官員不舒服，因此軍政府稱其爲第二特區（Special Region Two）。
10. Wa State government, *Thirty Years of Endeavoring to Paint a New Image of Wa State*, a historical film released in 2019。影片爲作者持有。
11. 根據佤邦聯合軍的紀錄，佤邦在緬中邊境的北部故土，占地約六千五百平方英哩。當時的南佤司令部僅涵蓋約一百平方英哩，甚至比紐約市的布魯克林區還小。
12. 南佤司令部的總部位於泰國清邁府湄艾縣。
13. 佤邦政府有個名爲佤邦聯合黨（UWSP）的政治側翼，但實際上跟佤邦聯合軍並無明顯區別。最初，趙尼來曾是兩個組織的領導人；今日則由鮑有祥兩者兼領。這兩個組織的領導階層高度交織，以至於從過去到現在的許多觀察者，都將整個佤邦治理機構稱爲佤邦聯合軍。聯合國工作人員有時會使用「佤邦中央當局」（Wa Central Authority）一詞來指稱UWSP-UWSA。
14. 趙尼來與魏學剛總是以中文交談，這是魏學剛偏愛的語言，趙尼來也很流利，儘管他在讀寫方面有困難。
15. McCoy, *The Politics of Heroin*。麥考伊聲稱，佤邦聯合軍在一九八九年成立後的一年內，至少開設了十七處新的鴉片精煉廠。緬甸軍政府甚至允許佤族使用政府道路，往南運送鴉片，只要緬甸員警能拿到回扣。
16. "Myanmar," *Global Illicit Drug Trends 2001*, United Nations Office on Drugs and Crime.
17. "US Urges More Anti-drug Efforts in Pakistan," UPI, August 8, 1991.
18. 關於緬甸武裝團體在一九九〇年生產將近兩千噸鴉片的數字，出自聯合國毒品和犯罪問題辦公室（*UNODC; Global Illicit Drug Trends 2001*）。至於多少海洛因流入美國，中情局報告稱，一九八二年美國國內銷售的海洛因中，約有一五%來自緬甸。到了一九九〇年，根據前述的聯合國毒品和犯罪問題辦公室報告，緬甸供應了五六%的美國海洛因。另見CIA, "Golden Triangle: Increased Military Actions Against Narcotics Traffickers," October 1983. Accessed from the CIA's Freedom of Information Act Online Reading Room。
19. A. W. McCoy, "Lord of the Drug Lords: One Life as Lesson for US Drug Policy," published in the journal *Crime, Law, and Social Change* (University of Wisconsin, Madison, 1998)。尤其紐約市特別淹沒在金三角海洛因中。一九八四年，東南亞海洛因僅占當地出售的海洛因的五%。到了一九九〇年，比例上升到八〇%。
20. 美國供應商幾乎全都向華裔走私者購入佤邦聯合軍跟撣國出產的海洛因。這讓人誤以爲海洛因是中國產品。
21. Ronald J. Ostrow, "Casual Drug Users Should Be Shot," *Los Angeles Times*, September 6, 1990。洛杉磯警察局長達洛·蓋茨（Daryl Gates）在一九九〇年九月的參議院聽證會上說了這段話。

一隻可以踢的貓

1. 前美國緝毒局國際行動負責官員馬蒂·馬赫被要求評價薩拉迪諾的工作時，他說：「是個優秀幹員。他有技巧跟專業。知道如何處理線人。他能處理充滿問題的行動，並找到解決方法。」出自作者訪談，二〇二二年。
2. 此謠言在緬甸廣爲流傳。據信當時緬甸軍政府首腦尼溫將軍以海豚血浸浴。據推測可能指的是緬甸特有的伊洛瓦底江豚。
3. 二〇一〇年七月外交研究與培訓協會對伯頓·勒文（Burton Levin）的訪談。一九八八年八月緬甸大屠殺的死亡人數，估計在三千至一萬人之間。根據勒文的說法：「這場恐怖血腥……的規模可能比天安門事件還大。」

4. 一九九九年五月十三日，外交研究與培訓協會對美國職業外交官維克多·湯姆塞斯的訪談。
5. 引述哈德爾的話有兩個來源：二〇二一年作者對哈德爾的訪談，及二〇一五年哈德爾與外交研究與培訓協會的訪談。他說「可以踢的貓」這句話，來自一位不具名的「澳洲大使」。
6. 被移除職務的緝毒局幹員名爲葛瑞格·科尼洛夫 (Greg Korniloff)。安傑羅·薩拉迪諾是科尼洛夫的繼任者。
7. 掃羅一度爲緝毒局運作超過一百名地方線人。出自作者訪談，二〇二一年。
8. 關於她跟掃羅的見面地點，比安的記憶跟薩拉迪諾有所不同。她記得他們是在大使館安排的住所之一會面，她還說：「我不記得有安全屋。」當時的緝毒局內部報告提到安全屋的存在。出自作者訪談，二〇二一年。
9. 這些表單的正式名稱是「DEA 103表格……支付資訊及購買證據的憑證。」
10. 據掃羅所言，趙尼來主席讓他保留這筆錢。他把大部分用來建立一個緬甸內部的全佤人政黨——亦即緬甸政權開放選舉，立刻可以參選的政黨。佤族政黨確實參與了一九九〇年的選舉，雖然未能贏得任何席次，卻也無關緊要，因爲軍政府很快宣布這次選舉無效。出自作者訪談，二〇二一年。
11. 緝毒局緬甸站估計，一九九〇年緬甸生產了一千五百至一千八百噸鴉片。作者取得之機密資料。
12. CIA, "1986 International Narcotics Control Strategy Report—— Burma," December 1985：中情局自身文件哀嘆「幾乎完全依賴航空攝影，對（緬甸）產量進行估計」。
13. 粗略來說，一顆罌粟果莢產出不到一公克鴉片。一公頃的罌粟平均產量爲十一到十二公斤鴉片。但這些數字每年都有所不同。
14. 「聽著。從（比安的眞實姓名）那裡取得的任何東西——她應該被關進牢裡——都要有點懷疑。她或他們辦公室任何人對我們的所作所爲都毫無概念，好嗎？因爲這都是機密。」出自作者與一名前駐緬中情局官員的訪談，二〇二一年。
15. 助理國務卿梅爾文·列維茨基 (Melvyn Levitsky) 在華府記者會上的發言。他的話於一九九〇年五月一日的哥倫比亞廣播公司 (*CBS*) 新聞報導中播出。影像於二〇二二年從范德堡電視新聞檔案館 (Vanderbilt Television News Archives) 取得。
16. 根據前代辦富蘭克林·「潘喬」·哈德爾的說法，一九九三年左右，中情局是個「大單位」，控制了緬甸美國大使館「五十三名工作人員中的十七人」。出自作者訪談，二〇二一年。
17. 差點成爲美國駐緬甸大使的中情局間諜，是菲德烈克·佛里蘭 (Frederick Vreeland)。他是時尚偶像的兒子，後來在自己的推特帳戶 (@FreckVreeland) 上，公開他在國務院內擔任中情局線人的工作經歷。他在二〇二一年十月二十六日發文，他當時過著「雙面人的生活」。

焚燒

1. 這趟行程總共燒毀了六或七處實驗室：部分位於佤邦聯合軍經營的區域，少數位於鄰近的果敢與勐拉。佤邦聯合軍的實驗室位於名叫那賽 (Na Sai) 的地區。同一趟行程中，薩拉迪諾跟斯塔布還參與了佤邦鄰近區域海洛因精煉廠的燒毀工作。這些區域包含北邊的果敢與南邊的勐拉。緬甸政權在其「邊境地區發展計畫」(Border Area Development Plan) 下，監督這些清除行動；這項計畫的目的是要將基礎建設帶到對中邊境，基本上卻無成效。一般情況下，緬甸軍方與佤邦政府的發展協議，都會涉及這些鄰近的果敢與勐拉。兩地由各自軍閥統治，但都是佤邦聯合軍的盟友。佤邦聯合軍的策略是將勐拉跟果敢視爲佤人的影響圈。
2. 緝毒局官員爲遠東部門主管約翰·安德列科 (John Andrejko)，及全球海洛因調查主管菲利克斯·希門內茲 (Felix Jimenez)。他們在一九九〇年十月會見緬甸國家法律與秩序恢復委員會反情報部門主管丹頓上校 (Than Tun)。根據一份關於這次會議的緝毒局機密備忘錄描述：「希門內茲與安德列科強烈表達希望擴大緝毒局／緬甸毒品情報分享，並希望具體了解緬甸政府認爲緝毒局可以提供的反毒援助及專業知識領域。」
3. US Congress, "Review of the 1992 International Narcotics Control Strategy Report: Hearings Before the Committee on Foreign Affairs and the Subcommittee on Western Hemisphere Affairs, House of Representatives, One Hundred Second Congress, Second Session, March 3, 4, 11, and 12, 1992" (Washington, DC: US Government Printing Office, 1992).
4. Bertil Lintner, *Burma in Revolt: Opium and Insurgency Since 1948* (Bangkok: Silkworm Books, 1999).
5. United Nations Office on Drugs and Crime, "Opium Poppy Cultivation in the Golden Triangle," October 2006.
6. 哈德爾特別提及紐約州衆議員查爾斯·蘭格爾 (Charles Rangel) 是緝毒局的堅定支持者。出自作者訪談，二〇二一年。

7. 緬甸軍政府喉舌《勞動人民日報》(*Working People's Daily*) 指一九九〇年三月美國之音 (VOA) 的報導，是美國抹黑緬甸國家法律與秩序恢復委員會的「毫無根據的謊言」，包括指控被焚毀的實驗室「只是做做樣子」，以及「特定反叛團體——佤族獲准交易毒品」。該報告還指出，「毒品問題的眞正原因，首先是帝國主義者 (指英帝國) 將鴉片引入緬甸。其次則是帝國主義者的教子，即白種中國人的國民黨 (指中情局支持的流亡者)。第三，則是各色族群的反叛分子。」

8. 緝毒局總部最終在六週後才讀到這封信，當時薩拉迪諾傳眞了一份加密版本。一名審閱過該信的緝毒局主管表示，該信的意圖雖然正當，但措辭過於強烈：「我會有不同寫法。」出自作者與薩拉迪諾的訪談，二〇二二年。

9. 當時在美國國務院本身的反毒部門工作的派克・伯格，積極爭取成爲美國駐緬甸大使。此職位當時仍舊出缺。柏格是國務院的反恐專家，早已熟悉情報界，包括中情局在內。他在二〇〇二年八月十二日接受外交研究與培訓協會的外交事務口述歷史計畫訪問時提及這一點。

10. 緝毒局內部對比安的吹哨事件的調查結論指出：「毫無爭議的是，一九九一年六月十八日及十九日，申訴人與馬修・馬赫會面時，向緝毒局監察部門提出多項指控，後來還向美國國會審計總署 (General Accounting Office) 提出指控。在此期間，申訴人對 (駐緬代表) 薩拉迪諾與緬甸政府提出質疑，見一九九一年三月十五日致 (第一書記) 欽紐之備忘錄。同時也就他處理緝毒局機密線人的方式提出質疑。」調查結論指出，比安指控薩拉迪諾的「虛假」海洛因實驗室，是出自「她純屬推測的陰謀論」。

11. 二〇二二年馬赫接受作者訪問時表示，他不記得要求掃羅簽名。然而薩拉迪諾清楚回憶起馬赫在仰光安全屋裡要求簽名的情景。當被問及比安的指控時，馬赫說：「如果忽略這些指控，會有遺憾。」並補充道：「那樣的人爲了支持自己，什麼話都講得出口。不論眞假，還是無關緊要。」

魚雷

1. 「我很清楚登埃少校因爲放行那些卡車，收到幾百萬緬元。他們因爲我擋了財路，想把我殺掉。」出自作者與掃羅的訪談，二〇二〇年。

2. 掃羅的助手班傑明・明 (Benjamin Min) 在他的個人檔案中，描述了這起事件。根據一份一九九三年七月題爲「MI (意爲軍情單位) 逮捕掃羅」的檔案，一名軍官告訴掃羅，只要幾百塊錢，他可以說服警衛不再騷擾瑪麗。掃羅給孩子寫了一張便條，要他們把現金交給拿著欠條的士兵。他們拿了賄賂之後，就放過瑪麗。作者持有此檔案。

3. 一九九一年四月，時任美國聯合參謀總長的柯林・鮑威爾將軍接受《陸軍時報》(*Army Times*) 訪問。引自Fred Kaplan, "Powell: The US Is Running Out of Demons," *Boston Globe*, April 9, 1991。

4. 老布希總統已經根據一九六一年的《外國援助法案》(Foreign Assistance Act of 1961)，將緬甸列爲「毒品生產國」。該法案要求美國反對「國際金融機構」提供貸款，除非總統根據毒品執法情況改進而提出豁免。此外，一九九一年八月，老布希總統還引用一九九〇年的《關稅與貿易法案》(Customs and Trade Act of 1990)，此法案具體點名緬甸，賦予總統權力「於他認定適當的時機，施加經濟制裁，包含一九八六年《毒品控制貿易法》(Narcotics Control Trade Act of 1986) 之下的適當制裁。」

5. David Sikorra, *Search for the Authentic: Navigating the Currents of Life for Meaning and Purpose* (Searcy, AR: Resource Publications, 2021).

6. 這段對話後來由趙尼來告知掃羅。出自作者與掃羅的訪談，二〇二一年。

7. 瑞克・霍恩的律師布萊恩・萊頓 (Brian Leighton)，於一九九六年十月二十五日致信參議院情報委員會：「霍恩幹員致力於保護緝毒局僅存的聲譽與行動動能，於任內重新評估緝毒局行動的安全性。霍恩幹員發現，前任 (站長) 建立一套作法，每天早上都取得一份緝毒局所有電報的副本。」作者持有此信影本。

8. 同上。

9. US Court of Appeals, District of Columbia Circuit, "Declaration of Plaintiff Richard A. Horn in Support of Plaintiff's Supplemental Reply" (signed by Horn on July 7, 1995).

10. 掃羅的「外交部長」職稱更直接的翻譯，更像是「特別外交事務主管」。他另一個頭銜是「佤邦聯合反毒軍團團長」，這指的是他類似緝毒局的武裝部門：佤邦聯合反毒組織 (UWADO)。

11. Benjamin Min, "Saw Lu (Saul) Arrested by MI," July 1993：「國家法律與秩序恢復委員會的軍官很快開始要求達來 (即趙尼來主席；達 [tax] 爲佤語中的敬稱) 及達潘 (潘[Pang]是鮑有祥的暱稱) 讓掃羅返回臘戌。國家法律與秩序恢復委員會則被告知，由於掃羅的佤族追隨者會反對讓他離去，現在是個棘手問題。此外，雙方都同意掃羅應留在佤邦。畢竟，他是佤族領袖。一個月後，達來接到國家法律與秩序恢復委員會的消息，指稱掃羅實際上是中情局線人，是佤邦的麻煩製造者，並堅持要將他交給國家法律與秩序恢復委員會。兩位領導人再次拒絕，並回應，國家法律與秩序恢復委員會應親自與掃羅會談，讓他自願返回臘戌。」

12. “Opium’s Destitutes,” *Bangkok Post*, April 2, 1995，引述趙尼來主席的話：「我們知道我們被視爲壞人，但我們的人民卻是毒品金錢中受益最少的一群。因此，我們準備要說服他們放棄鴉片生產，轉而從事其他活動。但爲此，我們需要外界協助。我們需要農學家、地質學家、醫生及其他類型的專業知識。」

13. 當時佤邦聯合軍的鴉片收益可能在一千萬至兩千萬美元之間。前述〈鴉片的窮人〉一文指出，一九九四年佤邦聯合軍至少從鴉片獲得九百萬美元的收入。一份題爲〈佤邦自畫像〉的國務院報告（二〇〇二年十二月四日），引用了佤邦內部數據，估計鴉片收入爲兩千萬美元，「比許多人假設的數字要少得多」。報告出自維基解密（WikiLeaks）。

14. Brian Leighton, “The Facts: Letter to Senator Shelby,” January 21, 1997：霍恩駐緬期間，國家法律與秩序恢復委員會「將該國的反毒工作小組數量，從一九八八年的五個，提升到一九九三年的十六個」，一九九二年的海洛因繳獲量增加了五〇%，並完成「首次」鴉片產量研究。

高峰會

1. 一九九三年一至五月期間，掃羅與斯塔布幹員在比爾家中，進行數次馬拉松式會議。掃羅多次往來班歪與清邁之間，斯塔布則往返仰光。出自作者與掃羅的訪談，二〇二〇年。

2. 請閱讀附錄〈鴉片的枷鎖〉全文。

3. 據馬赫所言，美國國務院對此計畫的抵制幾乎是必然。「這是他們腦袋首先會想到的事。我們知道他們會想：『等等，如果緬甸政府決定合作，而我們也同意，那麼我們就失去說他們什麼都沒做、不斷敲頭的警棍。』」這裡的「警棍」指的是美國國務院一直聲稱緬甸官員被毒品貿易完全腐化，根本不打算進行大規模根除。出自作者與馬赫的訪談，二〇二二年。

4. 當時跟現在，美國都是聯合國反毒辦公室最大的捐助國，能左右其政策。當時稱爲聯合國國際毒品控制計畫（UNDCP），現在的名稱則是聯合國毒品和犯罪問題辦公室。「聯合國的目標跟我們的長期願景一致。提到緝毒局，你會想到把人關進牢裡。但他們知道，用其他東西來取代罌粟是個好主意。」出自作者與大衛·西柯拉的訪談，二〇二二年。

5. 哈德爾說，他個人對於美國對緬政策，持比較務實看法。他不認爲制裁或是威脅制裁，會改變政權的行爲。「緬甸有生活艱苦的人民，豐富的自然資源，以及樂於進行貿易的鄰國。這是任何制裁所能面對的最糟情況。你只是因爲糟糕的政府來懲罰人民。」然而，美國國務院卻覺得「得採取某種行動。要產生影響。這注定無法實現。」出自作者與哈德爾的訪談，二〇二一年。

6. Leighton, “The Facts”：「布朗……向霍恩保證他強力支持這項計畫。但在霍恩背後，他卻幫哈德爾嘲弄這項計畫，並向華府總部發出訊息，認爲此計畫不值得支持或考慮。」

7. 關於高峰會的確切日期，各種紀錄與各方記憶均不同，但普遍一致認爲發生在一九九三年六月下旬。

8. 沒有任何接受作者訪問的緝毒局人員，能證實五千萬美元這個數字。雖然掃羅堅信這是緝毒局在非正式對話中的承諾。出自作者訪談，二〇二一及二〇二二年。

9. Leighton, “The Facts”：「從緝毒局的角度來看，緝毒局的目標僅是促成鴉片生產者領袖、緬甸中央政府高級官員及聯合國國際毒品控制計畫代表之間的會議……聯合國國際毒品控制計畫當地代表及其總部持審慎樂觀態度。他們視此爲一個獨特機會，開始讓鴉片生產者退出毒品生產。緬甸政府則對計畫持懷疑態度，但最後還是願意聽聽看。」

10. Leighton, “The Facts”.

11. 至於據稱中情局又是如何取得出事的〈鴉片的枷鎖〉版本，以下是根據馬蒂·馬赫及霍恩的律師萊頓向美國參議院委員會描述的情況。一九九三年，緝毒局仰光站僱用了一名秘書，是嫻熟處理機密文件的老手。馬赫說：「她知道我們的規則，也會遵守。」當秘書準備離職，緝毒局試圖以另一名忠誠的緝毒局成員取而代之。「但大使館卻反對我們這樣做。他們說：『我們不希望另一個美國人進入這國家。』」在人事問題上，國務院的指示具有最高決定權。「他們說：『就聘個使館夫人吧』」，這指的是嫁給駐緬美國職員的女性。文書工作持續累積，「我們感到很吃力」，馬赫說。緝毒局最後屈服，聘了一名女性，她的丈夫替國務院工作並受代辦哈德爾管轄。根據萊頓的說法，哈德爾施壓新秘書，要她交出〈鴉片的枷鎖〉的原始版本。這個檔案通過哈德爾傳給中情局，最後交到了國家法律與秩序恢復委員會官員手中。萊頓指出，此背叛行徑可能引發對掃羅的激烈報復，同時「貶低緝毒局在緬甸政府眼中的信譽，並破壞整個計畫。一舉多得。」引述馬赫的話，出自作者與馬赫的訪談，二〇二二年。

12. 根據馬赫的說法，國務院下令霍恩離開大使館之前，他們試著要求緝毒局將霍恩調離緬甸。「他們要你把瑞克·霍恩從緬甸弄走。我說，我不會這樣做。他們說，好吧，如果你不照做，我們就對他發布「不受歡迎人物」（persona non grata，簡稱PNG）。」PNG是外交用語，指的是排斥某人，讓他們無法工作。「我說：『那就這樣吧，對他發佈PNG。因爲我不會把他弄走。我不想讓他以爲自己做錯了什麼。因爲他沒有。』」出自作者與馬赫的訪談，二〇二二年。

13. Matthew Heller, "The Coffee Table with Ears," *Daily Journal*, June 2010.

14. US Court of Appeals, District of Columbia Circuit, "Re: Sealed Case: No. 04-5313," December 14, 2006：「公開（一般調查員）報告的這些內容，將會增加秘密幹員、組織架構與職能、情報收集來源、方法及能力的曝光風險。」

15. 代表前中情局官員亞瑟·布朗的摩里森及福斯特（Morrison & Foerster）律師事務所發出聲明：「亞瑟·布朗並未做出任何霍恩想像中一九九三年發生之事，和解協議也未承認或證實霍恩的怪異指控。」這則聲明由美國律師媒體（American Lawyer Media）於二〇〇九年十一月四日發布。

16. US Court of Appeals, "Re: Sealed Case: No. 04- 5313"：法官注意到「哈德爾貌似不可能通過合法手段得知對話內容。」

17. 哈德爾至今仍舊否認霍恩的指控。「如果你對某人進行竊聽，你會在電報裡提到你正在竊聽他們嗎？想一想。我想你是個聰明人。沒有比這更蠢的事了。」他稱這起訴訟「可能是我在政府裡看過最糟糕的事。瘋子帶著免費律師……那間一人事務所甚至不在馬丁戴爾—哈伯爾法律名錄裡。」作者與富蘭克林·「潘喬」·哈德爾的訪談，二〇二一年。

18. Judge Royce Lamberth, Chief Judge of the US District Court, "Memorandum ——Horn v. Huddle," March 30, 2010.

19. Ko-lin Chin, *The Golden Triangle: Inside Southeast Asia's Drug Trade* (Ithaca, NY: Cornell University Press, 2009)：「雙方（中國與佤邦聯合軍）簽署了一份備忘錄，明定佤邦領導人不得利用中國路線走私海洛因。」犯罪學家陳國霖引述一名佤邦聯合軍軍官描述一九九六年鮑有祥、李自如跟當時雲南省公安廳長劉雙躍（Liu Shuanyueh音譯）之間的會議。

20. 魏學剛的哥哥魏學龍於一九九〇年代初期移居邦桑，打點魏家兄弟跟佤邦聯合軍總部的關係。整個一九九〇年代，魏學剛大多數時間都留在南佤。

21. 柯林頓擊敗老布希的勝選，可能救了坤沙一命。「我們需要那個致命發現，從柯林頓那裡卻拿不到。若是老布希就會給。」出自作者與前中情局官員巴瑞·布羅曼（Barry Broman）的訪談，二〇二二年。

22. 就像攻擊九頭蛇希德拉一樣，美國緝毒局跟泰國警方同時逮捕了十多名坤沙副手，以「斬斷所有頭顱，令怪物動彈不得」。前世界海洛因調查計畫副主管理查·拉瑪尼亞，在二〇二一年的HBO紀錄片《販毒者：金三角內部》中的發言。

23. 出自作者與前中情局官員巴瑞·布羅曼的訪談，二〇二二年。緬甸軍方正式同意與佤邦聯合軍合作消滅撣國，但布羅曼表示：「緬軍並未真正發動嚴肅攻勢。進行戰鬥的是佤人。」

24. 佤邦聯合黨，「戰火煙硝裡與艱難條件中鑄就的和平豐碑」（Monument of Peace Forged in Flames of War and Hardship），慶祝佤邦國家建國三十週年的佤邦聯合軍／佤邦聯合黨宣傳影片，二〇一九年四月發布。一開始發布於中文社群媒體應用程式「微信」上。作者持有這部影片。

天命

1. 勐拉軍為俗稱。該組織的正式名稱是個名詞雜燴：全國民主聯盟軍（National Democratic Alliance Army, NDAA）。由前中國紅衛兵轉為海洛因毒販的林明賢（Lin Mingxian）領導。

2. 二〇一七年，北卡羅萊納州的約翰·曹（John Cao）牧師遭到逮捕。見 "John Cao," US Commission on International Religious Freedom, 2022。

大移民

1. Chin, *The Golden Triangle*.

2. 一九九五年以來，佤族領袖一直與聯合國的反毒機構（當時稱為聯合國國際毒品控制計畫）保持零星聯繫，但直到一九九八年才開展嚴肅合作計畫。

3. US State Department, "Evaluation of the Wa Alternative Development Project," January 17, 2003。聯合國的佤邦替代發展計畫年度預算每年都有波動，到了二十一世紀初期，達到年平均約兩百五十萬美元，直到計畫在二〇〇七年崩潰。

4. 出自影片「戰火煙硝裡與艱難條件中鑄就的和平豐碑」：「移民大遷徙……這在世界移民史上也是少有的壯舉……徹底告別了傳統罌粟種植，開啟了新的生活方式。」

5. 罌粟農民的話，引自Lahu National Development Organization's April 2002 "Unsettling Moves"。這是目前為止對此宗強迫遷徙最詳盡的報導。

6. 同上。拉祜民族發展組織估計，光在二〇〇〇年，就有約四千名佤人在南佤地區死於瘧疾。

香草口味速效丸

1. US House of Representatives, "Drug Trade and the Terror Network: Hearing Before the Subcommittee on Criminal Justice, Drug Policy and Human Resources of the Committee on Government Reform House of Representatives, One Hundred Seventh Congress, First Session, October 3, 2001" (Washington, DC: US Government Printing Office, 2002).
2. Chin, *The Golden Triangle*.
3. 將東南亞海洛因走私到歐洲並不是個有利可圖的選擇。主導歐洲海洛因走私路線的販毒集團，傳統上從黃金新月地區（伊朗、巴基斯坦和阿富汗）取得海洛因。

威士忌阿爾法叛變

1. 超過五百億顆的數字，是基於聯合國毒品和犯罪問題辦公室及泰國禁毒委員會編纂的扣押數據。二〇〇〇年以來，東亞及東南亞當局至少扣押了六十億顆ya-ba藥丸。要估計毒品的實際生產數字是件棘手的事，但聯合國毒品和犯罪問題辦公室採用一〇%原則：他們假設當局抓獲所有走私毒品的一〇%，並由此推斷。扣押六十億顆ya-ba藥丸表示生產了約六百億顆ya-ba藥丸，儘管難以確認眞正數字。聯合國毒品和犯罪問題辦公室的東南亞代表傑瑞米·道格拉斯（Jeremy Douglas）在二〇二一年告訴作者，他的辦公室估計所有以緬甸爲基地的組織（包括佤邦聯合軍及較小的生產者）每年產出量在二十億至六十億顆之間。比起冰毒，芬太尼（Fentanyl）可能被認爲是更嚴重的問題，因爲它高度致命，造成大量美國人死亡，占據了新聞頭條。但就實際使用人數來說，芬太尼無法跟冰毒相提並論。如聯合國所言，冰毒在世界「合成毒品市場中占據主導地位」。而東南亞這個最主要的冰毒市場裡，ya-ba藥丸就是王者。即便在美國這種芬太尼的主要市場，根據美國衛生與公共服務部二〇二〇年的資料，僅有不到〇．一%的人口使用這種毒品。根據聯合國毒品和犯罪問題辦公室所言，在ya-ba藥丸猖獗的國家如泰國，冰毒使用率曾一度達到人口的三到五%。見United Nations Office on Drugs and Crime, "Global Illicit Drug Trends 2003"。
2. 星巴克很少公布具體的銷售數據，但在二〇一六年，星巴克公司在臉書上宣布，前一年全球售出超過六億七千一百萬杯咖啡。同年，麥當勞透露每年賣出五億五千萬個大麥克漢堡。見"Creator of McDonald's Big Mac Dies at 98, Ate One Burger a Week: Family," *CNBC*, November 30, 2016。
3. UNODC, "Global Illicit Drug Trends 2003"：「泰國同時回報甲基安非他命盛行率全球最高（兩百五十萬人或十五到六十四歲人口的五·六%），然而部分媒體報導的估計高達三百萬人。」自此統計記錄以來，金三角的冰毒生產量（根據東南亞地區毒品扣押量來衡量）已經急速擴大。
4. ya-ba藥丸的高劑量使用可能導致嚴重心理問題，但比起鴉片類藥物，上癮後的致命率要低得多。泰國與其他東南亞國家缺乏毒品相關死亡案例的確切統計數字，但美國數據顯示，過量使用的死亡案例中，以酒精與鴉片類藥物爲大宗。多數跟冰毒有關的死亡案例，涉及冰毒跟其他藥物的混合使用。
5. "New Roles of the Thai Military: Readjusting for the 21st Century," National Defense College of Thailand, 2002.
6. Wassana Nanuam, "Army Alert for Wa Infiltrators," *Bangkok Post*, February 15, 2001.
7. 卓克是一名要求匿名的現役泰國士兵的假名。他曾在泰北軍區的第三軍服役，該軍區擁有配備最精良的反毒部隊。
8. 運動團體包括非政府組織（NGO），例如非營利慈善機構。
9. Maxmillian Wechsler, "Maha Sang: Man of the People? Or Drug Runner," *The Big Chilli Magazine*, January 2000.
10. 鮑有祥在這個假設的統治委員會裡是否能夠保留較低職位，一直未有定論。總的來說，掃羅同情鮑有祥，比爾·楊則否。
11. 佤邦聯合軍領導人的收入估值差異甚大。二〇〇二年《時代雜誌》委託研究表示，當年度他們可能累積了約五億五千美元。見Andrew Marshall and Anthony Davis, "Soldiers of Fortune," *Time*, December 16, 2002。二〇〇五年，美國財政部鎖定佤邦聯合軍領袖擁有的資產時，向企業體要求一億零三百萬美元的賠償。
12. 二〇〇五年鮑有祥接受鳳凰電視台節目「兩位佤邦英雄」專訪。
13. 魏學剛結過婚，可能有多名妻子，其中一名遭美國指控幫他在泰國洗錢。他是否有子女一事並不清楚，只知道任何兒女——倘若確實存在——都沒有公開資料。《詹氏防務週刊》（*Jane's Defence Weekly*）二〇〇七年三月號標題爲〈魏學剛：佤邦聯合軍的毒品頭目〉的情報報導，提及魏學剛於一九八八年與泰國情婦生下一子。
14. 「我個人鼓勵魏學剛離開（南佤）。我想的是，見鬼的，中情局、緝毒局或泰國人可能會試圖來殺他。」作者訪談第一書記欽紐旗下的前任首席情報官桑本，二〇二〇年。

15. 美國國務院外洩電報："GOB Cancels UNODC Trip to WA Territory," January 18, 2005, and "UWSA Drug Indictments: One Week Later," February 1, 2005。兩份電報都由維基解密公布。

16. 作者訪問曾派駐佤邦的聯合國援助工作者，二〇一九年。

17. Associated Press video, "Suspected Asian Drug Lord Indicted," January 25, 2005。

18. DEA, "Eight High-Ranking Leaders of Southeast Asia's Largest Narcotics Trafficking Organization Indicted by a Federal Grand Jury in Brooklyn, New York," press release, January 24, 2005.

19. 鮑有祥，「兩位佤邦英雄」，鳳凰電視台，二〇〇五年。作者收藏影片。

20. Ronald Renard, UNODC Wa project manager in 2006–2007, "The Wa Authority and Good Governance, 1989–2007," *Journal of Burma Studies* 17, no. 1 (2013): 141–180.

21. 佤邦聯合黨，「戰火煙硝裡與艱難條件中鑄就的和平豐碑」影片。

22. James Risen, "Poppy Fields Are Now a Front Line in Afghan War," *New York Times*, May 16, 2007。「阿富汗和美國官員表示，中情局及軍方對大軍閥或他們拱上位的政治人物的毒品相關活動，視若無睹。」

23. Scott Baldauf, "Afghanistan Riddled with Drug Ties," *Christian Science Monitor*, May 13, 2005.

24. Treasury Department, "Treasury Action Targets Southeast Asian Narcotics Traffickers," press release, November 3, 2005.

山寨中國

1. 這是二〇〇九年前後，緬甸軍方在邊境地區創建新民兵過程的簡要概述。實質上，這是重現一九六〇年代將山區少數民族武裝團體轉成自衛隊的行動。軍方要求這些團體組成「人民戰爭」單位（Pyi Thu Sit，通常不超過一百名戰士，有些只有十幾名成員），以及比較大型的邊境警備隊（Border Guard Forces , BGF）。這類軍團大小的民兵由三百名以上的士兵組成，占領高戰略價值的邊境地帶。二〇〇九年，緬甸官員施壓佤邦聯合軍轉型成邊境警備隊。佤人覺得遭到羞辱而拒絕，鮑有祥主席堅持佤邦作爲「民主自治區」的立場。

2. "Data Set: Deaths Due to Homicides," National Institute of Statistics and Geography (INEGI), an autonomous Mexican government agency.

清算

1. 「熱點行動」始於二〇一〇年八月二十五日，持續數月的時間。「熱點行動的概念，是針對區域內最重要的毒品走私者魏學剛、佤邦聯合軍及亞洲境內其他大型毒品走私組織。美國緝毒局及泰國皇家警察麻醉藥物管制局（NSB）製作了相關訊息產品，在毒品走私可能性高的地區發放。」（二〇一〇年十一月二十六日美國駐泰國大使館新聞稿）

2. US State Department, "Implications of Operation Warlord Indictments," cable, January 14, 2005。此電報提及，「高層財務與政策分歧」引起鮑有祥與魏學剛兩派長期爭端，並補充：「許多觀察家認爲佤邦……是個火藥庫。」

3. Rajeev Bhattacharyya, "Decapitation Video Points to Increasing Military Atrocities in Myanmar," *The Diplomat*, July 6, 2022.

後話

1. "Remarks at a White House Kickoff Ceremony for National Drug Abuse Education and Prevention Week," Ronald Reagan Presidential Library, October 6, 1986.

2. 在佤邦，魏學剛也以慈善家著稱，資助修建偏遠山區的道路、水壩及橋梁。曾負責聯合國毒品和犯罪問題辦公室佤邦發展計畫的官員傑瑞米．米爾森（Jeremy Milsom）表示：「在支持貧困罌粟農民斬斷作物依賴方面，魏學剛的貢獻比緬甸任何個人或機構都來得更多。」見Jeremy Milsom, "Trouble in the Triangle: Opium and Conflict in Burma," Transnational Institute, July, 22, 2005。

3. World Food Programme, "Wa Self-Administered Division: WFP Myanmar," Operational Brief 2019.

4. Andrew Ong and Hans Steinmüller, "Communities of Care: Public Donations, Development Assistance, and Independent Philanthropy in the Wa State of Myanmar," *Critique of Anthropology* 41, no. 1 (March 2021): 65–87.

5. 這次公開處決發生在二〇二〇年五月十四日，位於佤邦南鄧區（Namtip）。

6. 截至二〇二三年為止，中國對佤邦聯合軍的最高層級聯絡官是鄧錫軍（Deng Xijun）。這位重要的中國外交官，過去曾派駐阿富汗及東南亞國協。

附錄：掃羅的宣言

1. 掃羅誤解了緬甸共產黨的反鴉片政策，也許是為了將毒品責任全都推到非佤族的外人身上。該黨有時會容忍佤族村民採收罌粟，甚至對其徵稅，但通常禁止大規模走私。部分佤族指揮官違背黨的意志，從事大規模鴉片走私。

2. 掃羅提到一九八九年革命前的「佤邦（Wa State）」，他指的是英國殖民時期所稱的「眾佤邦（Wa States）」，當時的英國測量師描述此地為，比緬甸其他地區「更低度發展」的「眾多小國」。基本上，掃羅的意思是佤人未曾被任何國家統治過，而是在星羅棋布的軍閥領地及寨堡中自治——找不到更好詞語來描述這些小「國家」。他並不是指存在著一個擁有健全政府的單一「佤國（Wa State）」——一如這個詞在今日脈絡中的意涵。掃羅的觀點是，緬甸軍方在一九六二年完全掌權後，應該劃出一塊獨立區域或省分，給予佤人某種程度的自治。

Horizon 視野 008

毒梟烏托邦：

解密逃出中情局掌握的亞洲販毒集團

NARCOTOPIA : In Search of the Asian Drug Cartel That Survived the CIA

作者　派屈克・溫（Patrick Winn）
翻譯　林玉菁

總編輯　林奇伯
文字編輯　張雅惠
文稿校對　張雅惠、楊鎮魁、李宗洋
封面設計　韓衣非
美術設計　走路花工作室

出版　明白文化事業有限公司
地址：231 新北市新店區民權路 108-3 號 6 樓
電話：02-2218-1417　傳真：02- 8667-2166
發行　遠足文化事業股份有限公司（讀書共和國出版集團）
地址：231 新北市新店區民權路 108-2 號 9 樓
郵撥帳號：19504465 遠足文化事業股份有限公司
電話：02-2218-1417
讀書共和國客服信箱：service@bookrep.com.tw
讀書共和國網路書店：https://www.bookrep.com.tw
團體訂購請洽業務部：02-2218-1417 分機 1124
法律顧問　華洋法律事務所 蘇文生律師
印製　博創印藝文化事業有限公司

出版日期　2024 年 10 月初版
定價　680 元
ISBN　978-626-98658-3-3（平裝）
9786269865840（EPUB）
書號　3JHR0008

國家圖書館出版品預行編目（CIP）資料

毒梟烏托邦：解密逃出中情局掌握的亞洲販毒集團 / 派屈克．溫 (Patrick Winn) 著；林玉菁譯．-- 初版．-- 新北市：明白文化事業有限公司出版：遠足文化事業股份有限公司發行, 2024.10
面；　公分．-- (Horizon 視野；8)
譯自：Narcotopia : in search of the Asian drug cartel that survived the CIA.
ISBN 978-626-98658-3-3(平裝)

1.CST: 地緣政治 2.CST: 國際關係 3.CST: 經濟發展 4.CST: 緬甸

571.15　　113012155